सिर्फ़ यही थी मेरी उम्मीद

सिर्फ़ यही थी मेरी उम्मीद

मंगलेश डबराल

वाणी प्रकाशन

वाणी प्रकाशन

4695, 21-ए, दरियागंज, नयी दिल्ली 110 002

फ़ोन : +91 11 23273167 फ़ैक्स : +91 11 23275710

शाखाएँ

अशोक राजपथ, पटना 800 004, बिहार

कॉफ़ी हाउस कैम्पस, महात्मा गांधी मार्ग, इलाहाबाद 211 001, उत्तर प्रदेश

महात्मा गांधी अन्तरराष्ट्रीय हिन्दी विश्वविद्यालय, वर्धा 442 001, महाराष्ट्र

सुल्तानिया रोड, मोतिया पार्क, भोपाल 462 001, मध्य प्रदेश

www.vaniprakashan.com
marketing@vaniprakashan.in
sales@vaniprakashan.in

Sirf Yahi Thi Meri Ummeed
by Manglesh Dabral

ISBN : 978-93-5518-123-7
Criticism

प्रथम संस्करण 2021

मूल्य : ₹ 695

आर. टेक ऑफ़सेट प्रिंटर्स, दिल्ली-110032 में मुद्रित

वाणी प्रकाशन का लोगो मक़बूल फ़िदा हुसेन की कूची से

भूमिका

यह हाल ही में दुखद रूप से दिवंगत एक कवि, मंगलेश डबराल के गद्य का संचयन है जो उन्होंने स्वयं विन्यस्त कर दिया था। कवियों के गद्य की हिन्दी में एक लम्बी परम्परा है और उसे, उचित ही, कविता के विस्तार के रूप में देखा–सराहा जाता रहा है। मंगलेश कवि होने के साथ पत्रकार भी थे। उनका गद्य कवि–पत्रकार का गद्य है जिसमें मानवीय गरमाहट और मर्मस्पर्शी सहानभूति के साथ सम्प्रेषणीयता और साफ़गोई है। उनकी असन्दिग्ध वैचारिक प्रतिबद्धता उन्हें निर्भीक बनाती है और किसी बाधक आत्मसंशय से बचा लेती है। गद्य के कई रूप भी यहाँ हैं : निबन्ध, व्याख्यान, टिप्पणियाँ, डायरी आदि।

कविता और गद्य के अन्तर को मंगलेश ने कुछ ऐसे समझने की चेष्टा की है, "....शायद वह कोई संवेदना है, कोई मानवीय आवेग और सघनता और गहराई और विचलित करने वाली कोई वैचारिक भावना, जो किसी अभिव्यक्ति को कविता बना देती है। इसी वजह से कई बार बेहद नीरस–शुष्क गद्य भी बड़ी कविता में तब्दील हुआ है। एक कवि की उक्ति को कुछ बदल कर कहें तो भाषा के तमाम शब्द जैसे किसी बारिश में भीगते हुए खड़े रहते हैं और कुछ शब्द होते हैं जिन पर बिजली गिरती है और वे कविता बन जाते हैं। शायद बिजली से वंचित शब्द गद्य ही बने रहेंगे।" इसी रूपक को थोड़ा बढ़ायें तो कह सकते हैं कि मंगलेश का गद्य 'शायद बिजली से वंचित' नहीं, बल्कि बिजली गिरने के ठीक पड़ोस का गद्य है जिसमें असाधारण स्पन्दन और द्युति है।

मंगलेश ने अपने सर्जनात्मक आसपास के कई कवियों जैसे निराला, मुक्तिबोध, शमशेर, रघुवीर सहाय, श्रीकान्त वर्मा, विष्णु खरे, आलोक धन्वा, केदारनाथ सिंह, चन्द्रकान्त देवताले, विनोद कुमार शुक्ल से लेकर बांग्ला कवि नवारूण भट्टाचार्य, पंजाबी कवि पाश, गुजराती कवि राजेन्द्र शाह, कश्मीरी कवि रहमान राही, मराठी कवि चन्द्रकान्त पाटील, उर्दू कवि फ़ैज़ अहमद फ़ैज़ पर समझ, संवेदना और सहानुभूति से लिखा है। हिन्दी–उर्दू, कविता में गाँधी, संस्कृति–अपसंस्कृति–विकृति, कोरियाई कविता पर विचारणीय ढंग से लिखे गये लेख भी हैं।

उनके परिवार और प्रकाशक के आग्रह पर मैंने इस पुस्तक का नाम 'सिर्फ़ यही थी मेरी उम्मीद' रखा है। और सामग्री का किंचित विन्यास किया है। लगातार नाउम्मीदी जगाने–पोसने वाले हमारे अभागे समय में उनकी चिन्ता एक तरफ़ मानवीयता बचाये रखने की थी तो दूसरी तरफ़ हमारे साधारण सामान्य जीवन में हर तरह से उम्मीद के हाशिये खोजने की। कोई भी सच्चा कवि स्वयं कविता से बहुत अधिक अपेक्षा नहीं करता पर उसके शब्द बढ़ते अँधेरे की काली तख़्ती पर उम्मीद की वर्णमाला ज़रूर उकेरते हैं। मंगलेश का गद्य उनकी कविता में अन्तर्भूत उम्मीद का ही विस्तार है।

–अशोक वाजपेयी

अनुक्रम

कितनी दूर तक भटक सकते हैं

कविता के संसार में ऐसे रचनाकार हमेशा से कम रहे हैं, जिन्होंने कविता में प्रस्थापना–परिवर्तन किया और कविता के इतिहास में भी बदलाव किया। हिन्दी कविता की लम्बी अवधि में कबीर, निराला, शमशेर बहादुर सिंह, नागार्जुन, गजानन माधव मुक्तिबोध, रघुवीर सहाय, कुँवर नारायण, धूमिल, विनोद कुमार शुक्ल आदि कुछ नाम सहसा याद आते हैं। विष्णु खरे (2 फ़रवरी 1940–19 सितम्बर 2018) भी इसी परम्परा के कवि–आलोचक–अनुवादक–पत्रकार थे, जिनके जीवनकाल में प्रकाशित सात कविता संग्रहों में हमारे समय, उसके विभिन्न कायाकल्पों, समकालीन मनुष्य के हाल, सत्ताओं की बर्बरता और उसके प्रतिरोध के दृश्य और चेहरे न सिर्फ़ दर्ज हुए हैं, बल्कि उनके विकल्पों की भी शिनाख़्त की मिलती है। वह एक ऐसी कविता है जो 'अन्धकार की शक्तियों' से समझौता नहीं करती। उनकी पहली कविता–पुस्तिका 'विष्णु खरे की कविताएँ' में 'वर्ष–राग', 'एकान्त', 'स्मरण', 'रुदन' जैसी रचनाएँ हालाँकि उस दौर के प्रचलित मुहावरे में हैं, लेकिन जल्दी ही विष्णु खरे एक तत्कालीन मुहावरे में कहें तो, एक नयी ज़मीन तोड़ते दिखायी देते हैं और फिर उनकी कविता लगातार बदलती, पूर्ववर्ती काव्य–संवेदना में तोड़फोड़ करती जाती है।

विष्णु खरे का सातवाँ और अन्तिम संग्रह 'और अन्य कविताएँ' (2017) उनके 'जैविक पिता सुन्दर मुरलीधर खरे और सृजन–पिता गजानन माधव मुक्तिबोध की दुर्धर्ष स्मृतियों को' समर्पित है। एक असामयिक और दुखद मृत्यु से पहले तक वे

मुक्तिबोध की कविताओं के अँग्रेज़ी अनुवाद कर रहे थे और उनके दस आलोचनात्मक निबन्धों का अनुवाद भी उनकी परियोजना में शामिल था। उनका विश्वास था कि मुक्तिबोध की कविता और आलोचना का अँग्रेज़ी में आना उन्हें विश्व के महान कवियों की बिरादरी में शामिल कर सकेगा। असल में, विष्णु खरे का रचना–संसार बड़ी हद तक उन बेचैनियों और दुःस्वप्नों से निर्मित हुआ था जो मुक्तिबोध और रघुवीर सहाय की रचनाओं के केन्द्र में थीं।

'टेबल' पहली कविता है जिसे विष्णु खरे की 'बदली हुई' कविता का प्रस्थान–बिन्दु माना जा सकता है। यह लम्बी कविता एक सरहद, एक सीमान्त है जिसके बाद उनकी कविता का नया देश और काल आरम्भ हुआ। सन् 1972 में 'आलोचना' त्रैमासिक में प्रकाशित इस कविता में उनकी आगामी कविताओं की संवेदना और स्वभाव की सभी ख़ूबियाँ बीज–रूप में मौजूद हैं : निबन्ध सरीखा गद्य शिल्प, सपाटबयानी, ग़ैर–भावुक संवेदना, भाषाई वस्तुपरकता और कहानी और कविता के दायरों के विलयन की प्रक्रिया। 'टेबल' एक फोल्डिंग मेज़ की यात्रा का वृत्तान्त है, जिसे मुरलीधर नाज़िर ने सन् 1938 में बनवाया था और जिस पर उन्होंने अपनी ज़िन्दगी के तमाम कामकाज–अँग्रेज़ बहादुर को अर्ज़ी से लेकर मुहब्बतनामा लिखने तक–निपटाये और अन्त में अपने बेटे सुन्दरलाल को सौंप गये। सुन्दरलाल ने भी इस विरासत का लगभग वैसा ही इस्तेमाल किया जैसा उनके पिता करते थे। उनके जीवन में सिर्फ़ एक हारमोनियम का इज़ाफ़ा हुआ और उनकी मृत्यु के बाद मेज़ की विरासत उनके बेटे को मिली, जो 'अब बड़े शहर में गंजा और भद्दा होता हुआ एक मँझोला अफ़सर था'। उसने अपना सारा ग़ैर–ज़रूरी, कबाड़ जैसा सामान पुरानी और लगभग अनुपयोगी मेज़ पर रख दिया है। उसकी तीन बरस की बेटी के लिए वे 'ग़ैर–ज़रूरी किताबें, पुराने ख़त, बेकार दवाइयाँ, कम्पनियों के सूची पत्र, टूटे और गुमे हुए तालों की चाबियाँ, जापानी दूरबीन, टाइप राइटर की घिर्रियाँ'

से बना वह कबाड़ किसी आश्चर्यलोक से कम नहीं है और वह उझक–उझक कर उसे उसी तरह देखती है जैसे चौबीस साल पहले उसका अफ़सर–पिता देखता था। कविता के अन्त में वह आईना भी मेज़ के हिलने की वजह से हिलता है जिसमें मरहूम मुरलीधर दाढ़ी बनाते हुए ख़ुद को देखते थे।

यह कविता पारिवारिक उत्तराधिकार को एक अलग दृष्टि से देखती है : एक मेज़ की विरासत, जिस पर रखा हुआ सामान, सारा जीवन आख़िरकार एक कबाड़ में बदल जाता है और फिर भी पीढ़ी–दर–पीढ़ी हस्तान्तरित होता रहता है, और साथ ही पूर्वजों के स्वभाव का भी कोई अंश, उत्सुकता या कुतूहल भी भविष्य का सफ़र करते रहते हैं। हिन्दी में परिवार और उसकी धरोहरों पर लिखी गयी कविताओं की कमी नहीं है, लेकिन 'टेबल' विरासत को एक बहुत बारीक, मामूली लेकिन विडम्बना के बिन्दु पर परखती है। कविता के प्रकाशित होते ही कहा गया कि ऐसा ब्यौरेदार मुहावरा हिन्दी में पहले नहीं था। कविता की भाषा भी एक मार्मिक कथ्य को वस्तुपरक ढंग से, बिना भावुकता के चित्रित करने वाली थी जैसे कवि यह बता रहा हो कि शब्द किसी करुण अनुभव को भी कितने संयत ढंग से सँभाल सकते हैं।

विष्णु खरे की 'दोस्त' उस दौर की दूसरी महत्त्वपूर्ण कविता है जो एक पुलिस अफ़सर के ज़रिये मनुष्य के उस भ्रष्ट कायाकल्प को दर्ज करती है जिसे हम अपने इर्द–गिर्द आज भी देख सकते हैं। वह एक नौजवान पुलिस अफ़सर है जो स्वाभाविक तौर पर लालसाओं से भरा हुआ है, उसे अपनी वर्दी की बजाय टी–शर्ट पहनना, मुँह से सीटी बजाना, होस्टलों–पिकनिकों के क़िस्से सुनाना, 'दो आरज़ू में कट गये, दो इन्तज़ार में' जैसी चीज़ें गाना और लड़कियों के कॉलेजों के पास ड्यूटी लगवाना पसन्द है जहाँ 'नौजवान गर्म शरीर सुबह पढ़ने जाते हैं।' लेकिन सिर्फ़ दो–तीन वर्ष के अन्तराल में मंज़र उलट गया है : वह अब एक मोटा, कसी हुई वर्दी में 'यत्नपूर्वक साँस' लेता हुआ, माचिस की सींक से दाँतों को कुरेदता हुआ, पेट से गैस निकालता हुआ

आदमी है और अपने दोस्त को 'सियासत और बड़े लोगों की रंगीन रातों की कुछ अत्यन्त गोपनीय बातें' बता रहा है। वह उस जगह तैनात है जहाँ जनता एक विरोध–प्रदर्शन कर रही है, सड़क रस्से लगाकर बन्द कर दी गयी है और पुलिस तमाशबीनों को भगा रही है। जब उस अफ़सर को दूर 'भीड़नुमा कुछ' नज़र आता है तो 'मेहनत के साथ वह उठते हुए कहता है/अच्छा, अब तुम उठ लो, वे मादरचोद आ रहे हैं।'

इस रूपान्तरण और विरोधाभास से विष्णु खरे हमारे समय का एक रूपक निर्मित करते हैं जहाँ उमंग से भरा हुआ और लड़कियों जैसे कोमल हाथों वाला नौजवान ताक़त के तन्त्र का पुर्जा बनकर देखते ही देखते क्रूर, पतित और संवेदनहीन बन जाता है। वह एक किसी पुलिस अफ़सर की कहानी होती तो कविता नहीं हो सकती थी। लेकिन वह हमारे वक़्त की दास्तान है और सत्ता–तन्त्रों पर एक टिप्पणी भी। यह कविता पाठक के भीतर एक गहरा विडम्बना–बोध और आश्चर्य पैदा करती है और उसी आश्चर्य के साथ उसकी निगाहें अपने परिचित या आसपास के पुलिस अफ़सरों की ओर घूम सकती हैं। यह कविता संवेदनात्मक संरचना में 'टेबल' से कुछ अलग होने के बावजूद अन्दाज़े–बयाँ में वैसी ही गद्यात्मक, वस्तुगत और विवरणपरक है जो कथ्य को और भी उभारने का काम करता है। दरअसल, विष्णु खरे एक दोहरे तनाव को निर्मित करते हैं : एक मार्मिक कथ्य और वस्तुपरक भाषा के बीच का तनाव और अन्तर्वस्तु के आपसी विरोधाभासों का तनाव। इन्हीं अन्तरालों में उनकी कविता सम्भव होती है। यह प्रविधि आगे भी उनकी बहुत–सी कविताओं में बनी रही।

'कार्यकर्ता', 'मुकाबला' और 'देर से आने वाले लोग' सरीखी कविताओं ने विष्णु खरे की एक अलग राह की सम्भावनाओं को और भी उजागर किया। इन्हीं में वह मर्मस्पर्शी कविता 'कोशिश' भी है, जो उन दिनों प्रसिद्ध चित्रकार जे. स्वामीनाथन के कैनवसों में चिड़ियों की उड़ान के अति–यथार्थ शैलीकृत चित्रण से प्रेरित

(और उन्हीं को समर्पित) थी, जिसमें कवि चिड़ियों की अज्ञात मृत्यु के रहस्य को खोजना चाहता है और उस क्षण को ख़ुद अपने लिए भी पाने की कोशिश करता है जब चिड़िया अपनी आख़िरी उड़ान के लिए तैयार होती है : *न मैं चिड़ियों का संकल्प पा सकता हूँ न उड़ान/मैं सिर्फ़ अपनी मृत्यु में उनकी कोशिश करना चाहता हूँ।*

विष्णु खरे के तीसरे संग्रह 'ख़ुद अपनी आँख से' (जो बाद में कुछ और कविताओं के साथ 'पिछला बाकी' में शामिल किया गया) और चौथे संग्रह 'सबकी आवाज़ के परदे में' (1994) के बीच सोलह वर्ष का अन्तराल है। बहुत मुमकिन है, इतने लम्बे समय तक वे आत्मसंघर्ष से गुज़रते रहे हों जो एक बदली हुई कविता की आगे की अवस्थाओं के लिए ज़रूरी था। नतीजतन, 'सबकी आवाज़ के परदे में' का प्रकाशन एक उपलब्धि से कम नहीं था। इस संग्रह सरीखे वक़्त के बुखार को नापने और इन्सानी जज़्बे को रेखांकित करने वाले दूसरे संग्रह हिन्दी कविता में ज़्यादा नहीं हैं। कबीर की सांगीतिक शब्दावली में कहें तो उसकी अनेक कविताएँ एक अनहद का स्पर्श करती हुई हैं। संग्रह का शीर्षक 'सबकी आवाज़ के परदे में' मीर तकी मीर के एक शेर से लिया गया और वह पूरा शेर फ़ारसी ख़ुशख़त में भी दिया गया है : *गोश को होश के टुक खोल कर सुन ए शोरे–जहाँ/सबकी आवाज़ के परदे में सुखन–साज़ है एक।* इस प्रसंग में विष्णु खरे एक वाक़या सुनाते थे कि जब वे शेर की किताबत के लिए जामा मस्जिद इलाक़े में एक क़ातिब से मिले तो उसने उसे लिखने के बाद कहा, 'बहुत अच्छे शेर कह लेते हैं, हुज़ूर!' बहरहाल, यह संग्रह समकालीन और बदली हुई कविता की स्वरलिपि का पर्दा साबित हुआ।

'लालटेन जलाना' इस संग्रह की ऐसी कविता है जिसकी अपनी एक मिथकीयता बन चुकी है और जिसमें विष्णु खरे और आधुनिक हिन्दी कविता, दोनों की रूपकीय ऊँचाइयाँ देखी जा सकती हैं। यह भी एक अपेक्षाकृत लम्बी, निबन्धात्मक कविता है–

विवरण और सपाट गद्य से भरी हुई। उसका आरम्भ 'लालटेन जलाना उतना आसान नहीं है जितना समझ लिया गया है' जितना आसान है, लेकिन वह जल्दी ही लालटेन जलाने के औसत काम को प्रश्नांकित कर देती है और तब एक जटिलता का प्रवेश होता है। वह लालटेन के ऊपर जमा गुल या कार्बन को आहिस्ता से झाड़ने, चिमनी को एहतियात से माँजने, बत्ती को सही काटने, टंकी में केरोसीन की मात्रा भरने, चिमनी पर ढक्कन को धीमे से बिठाने जैसी हिदायतें इस अन्दाज़ में देती है कि पूरी प्रक्रिया बेहद दिलचस्प हो उठती है और लालटेन जलाना एक रोमांचक कार्यकलाप बन जाता है।

लालटेन जलाने की प्रक्रिया में लालटेन बुझाना
या कम करना भी शामिल है
जब तक विवशता ही न हो तब तक रोशनी बुझाना ठीक नहीं
लेकिन सोने से पहले बाती कम करनी पड़ती है
कुछ लोग उसे इतनी कम कर देते हैं
कि वह बुझ ही जाती है
या उसे एकदम हल्की नीली लौ तक ले जाते हैं
जिसका एक तरह का सौन्दर्य निर्विवाद है
लेकिन लालटेन के हिलने से या हवा के हल्के से झोंके से भी
उसके बुझने का जोखिम है
लिहाज़ा अच्छे जलाने वाले
लालटेन को अपनी पहुँच के पास लेकिन वहाँ रखते हैं
जहाँ वह किसी से गिर या बुझ न जाये
और बाती को वहीं तक नीची करते हैं
जब तक उसकी लौ सुबह उगते सूरज की तरह
लाल और सुखद न लगने लगे।

हालाँकि इस कविता को हम सिर्फ़ लालटेन जलाने के आनन्द और उसकी स्मृति की तरह पढ़ सकते हैं, लेकिन वह

सतह के भीतर ख़ुद को प्रकाशित करने का पाठ है–जीवन का रूपक। लालटेन को जलाना सिर्फ़ एक सतह है, एक प्रत्यक्ष गतिविधि, जिसे गाँवों–क़स्बों में बहुत से लोगों ने रोज़ ही किया होगा, लेकिन उसके नीचे मनुष्य–जीवन को साफ़ रखने, उसकी कालिख दूर करने, उसे चमकाने और सुन्दर ढंग से प्रज्वलित करने और अन्ततः उसकी लौ को सुबह के उगते सूरज की तरह रखने की सक्रियता है। केदारनाथ सिंह ने विष्णु खरे की 'प्रतिनिधि कविताएँ' (2017) की भूमिका में लिखा है : 'वे लालटेन 'लिखते' नहीं, उसे 'देखते' हैं और इस तरह देखते हैं कि वह ज़िन्दा होती जाती है–जैसे कि कोई जला रहा हो....यहाँ कोई कथा नहीं है–कोरी लालटेन है–सिर्फ़ उसकी स्मृतियाँ जो खुलती चली जाती हैं। जैसे क़स्बाई खूँटी पर वह उसी तरह टँगी हो। विष्णु खरे अतीत के कबाड़ से उसे फिर से ढूँढ़ लाते हैं। आलोचक रवीन्द्र त्रिपाठी की निगाह में, ''लालटेन जलाना' रोज़ाना के क़स्बाई और गँवई अनुभव की कविता है जो आज के विद्युतीकरण के ज़माने में भी हमारे जीवन में मौजूद है। लेकिन देश में पूरी तरह बिजली आ जाये और लालटेन नाम की चीज़ ख़त्म हो जाये तब भी इस कविता का तेज प्रकाशित होता रहेगा क्योंकि यह सिर्फ़ लालटेन जलाने के बारे में न होकर सामान्य जीवन की बहुस्तरीय बुनावट के बारे में है।'

'अपने आप', 'दिल्ली में अपना फ्लैट बनवा लेने के बाद एक आदमी सोचता है', 'लड़कियों के बाप', 'बेटी', 'जो टेम्पो में घर बदलते हैं', 'एक कम', 'सिंगल विकेट सीरीज़', 'कवर ड्राइव', 'लापता', 'साम्बवती', 'द्रौपदी के विषय में कृष्ण', 'इकबाल', 'एक कम' जैसी कई कविताएँ 'सबकी आवाज़ के परदे में' को ऐसे संग्रह का दर्जा देती हैं जो बहुत से लोगों की निगाह में विष्णु खरे का सबसे उत्कृष्ट संग्रह है। उसकी कविताओं में उनके लगभग सारे सरोकार और आयाम भी दिख जाते हैं : परिवार और स्वजन, समाज के हाशियों पर पड़ी उपस्थितियाँ, जीवन के रूपक सरीखा क्रिकेट, समकालीन राजनीति और मिथकीय विषय,

ख़ासकर महाभारत के अनोखे और अति–यथार्थ तक पहुँचते हुए चरित्र। पूर्वजों और परिवार के दाय से उनका ख़ास सम्मोहन है, जो 'टेबल' के बाद 'अपने आप' में फिर लौटता है। कविता में एक पुत्र अपने पिता को अकेले में अपने आप से वार्तालाप या एकालाप करते हुए देखकर चकित रहता है और उनकी मृत्यु तक जान नहीं पाता कि वे किससे और क्यों वह सब कहते थे। लेकिन एक दिन जब अधेड़ हो चुका पुत्र भी अचानक ख़ुद पिता जैसा एकालाप–'अपने सांसत, अपनी ओछी सफलताओं और थोथी विफलताओं के बारे में'–करने लगता है तो पिता के ख़ुद से बात करने के अर्थ खुलते जाते हैं, हालाँकि उसके सवाल और संशय अनुत्तरित ही रहते हैं। कविता इन मार्मिक पंक्तियों के साथ समाप्त होती है :

यह पिता की मौत के बाईस साल बाद हुआ
और बुदबुदाते हुए मैंने यह भी सोचा
कि जो मुझ पर पचास साल का होने पर गुज़री
उससे कहीं ज़्यादा वे तीस साल में ही देख चुके थे
अब अक्सर बातें कर लेता हूँ अपने आपसे
क्योंकि उसके दौरान पिता से बात कर लेने की स्वतन्त्रता
भी रहती है
ख़ूब जानते हुए कि वे मेरी किसी चीज़ का जवाब नहीं देंगे
इस तरह इशारा करते हुए
कि तुम ख़ुद ही पाओ जवाब अपने से अपने सवालों के।'

विष्णु खरे शायद हिन्दी के अकेले कवि हैं जिन्होंने क्रिकेट (जो उन्हें बहुत प्रिय भी था) पर तीन कविताएँ लिखीं, जिनमें से एक 'सिंगल विकेट सीरीज़' फिर से अपनी रूपकीयता के कारण स्मरणीय है। खेल का मैदान जीवन का रूपक है, जहाँ दूर से 'अश्वारोही जैसा तेज', 'काली–सी पोशाक में' चोगे जैसा उड़ता हुआ 'कोई पोशीदा' 'सर झटक कर' गेंद फेंकता है, जिसकी गेंद की बौछारों में *मेरे पैर सीसे के हो गये/मेरा बल्ला पत्थर का/कलेजा और हाथ सर्द होंठ सूखे पपड़ाये हुए'....'ये एकाएक*

बत्तियाँ किसने बुझा दीं / देखने वाले क्यों हो गये गूँगे / स्टेडियम में यह क्या सिर्फ़ हवा की सांय–सांय है। कविता के अन्त में एक अति–यथार्थ सी स्थिति निर्मित होती है :

अपने तिरते हुए वेग में वह आ चुका होता है मेरे पास
कन्धे पर महसूस करता हूँ मैं
उसकी ढाढस बँधाती मगर मज़बूत साग्रह पकड़
फिर अँधेरे में ही आख़िरकार उसके काले नक़्श पहचान कर कहता हूँ
वेल बोल्ड सर
पिच मैदान बुझी बत्तियाँ अँधेरा स्टेडियम
सब जैसे नीचे होते जाते हैं तब तलक
फिर वह गेंद फेंकता रहता है मेरे हाथों में और मैं वापस उसे
जब हम ओझल होते चलते हैं
कहीं और किसी अगले दौर के एकल खेल के लिए।

यह कविता अपने परिवेश और संरचना में कहीं मुक्तिबोध की लम्बी कविता 'अँधेरे में' जैसे भीषण अकेलेपन की सृष्टि करती है और अनुभव को बहुत दृश्यात्मक बनाती है, जैसे हम क्रिकेट के खेल को 'देख' रहे हों। पुराने ज़माने में सिंगल विकेट कुलीन तबक़ों में काफ़ी चलन में था जो दो खिलाड़ियों के बीच खेला जाता था और बाक़ी सभी खिलाड़ी फ़ील्डर का काम करते थे। लेकिन इस कविता वह कौन 'पोशीदा' बोलर है जिसकी तेज़ गेंदों का सामना कवि को करना पड़ रहा है? क्या वह ज़िन्दगी है? या मृत्यु है? अँधेरे में अपनी तेज़ गेंदें फेंकती हुई? क्या ऐसा है कि हम हर पल जीवन या मृत्यु नाम के बोलर के प्रहार झेलते रहते हैं और अन्त में कहना पड़ता है–'वेल बोल्ड सर?' यह कविता इस सवाल को अनुत्तरित छोड़ देती है ताकि पाठक ख़ुद कल्पना कर सके कि आख़िर कौन उसके साथ गेंद फेंकने के लिए खड़ा है। यह कविता क्रिकेट के ज़रिये जीवन के समूचे खेल को रेखांकित करती है–'लालटेन जलाना' की ही तरह।

कुँवर नारायण ने उनकी कविता के सन्दर्भ में एक 'मूल्यवान जिजीविषा' का उल्लेख किया है जो क्रिकेट के खेल में भी रूपायित होती है। विष्णु खरे विश्व सिनेमा के भी गहरे अध्येता थे और यह कविता कहीं स्वीडी फ़िल्मकार इंगमार बेयरमान की प्रसिद्ध फ़िल्म 'द सेवेंथ सील' की याद दिलाती है जिसमें युद्ध से लौटकर आते हुए एक सेनापति को अकाल और तबाही से ग्रस्त अपने देश में मृत्यु के साथ शतरंज खेलना और उसे पराजित करना पड़ता है। कविता में वैसी ही सघन सिनेमाई दृश्यात्मकता भी है।

एक अपेक्षाकृत छोटी कविता 'एक कम' इसका बेहतरीन उदाहरण है कि विष्णु खरे सीमित कैनवस पर भी कितनी गहरी और व्यापक दुनिया को उकेर सकते हैं। यह कविता रघुवीर सहाय को भी बहुत प्रिय थी और खरे उसे पढ़ने से पहले यह ज़िक्र ज़रूर करते थे कि 'पता नहीं, रघुवीर सहाय क्यों इसे बार–बार सुनाने के लिए कहते थे।' कविता रघुवीर सहाय की रचनाओं की तरह हमारे तथाकथित लोकतन्त्र में उस आदमी का हाल बयान करती है जो लगातार 'मालामाल होते' तबक़ों के बरअक्स 'पच्चीस पैसे एक चाय या दो रोटी के लिए' अपने हाथ फैलाता है, और तब *मैं जान आता हूँ/कि मेरे सामने एक ईमानदार आदमी औरत या बच्चा खड़ा है/मानता हुआ कि हाँ मैं लाचार हूँ/...तुम्हारे सामने बिलकुल नंगा निर्लज्ज या निराकांक्षी/मैंने हटा लिया है अपने को हर होड़ से/मैं तुम्हारा विरोधी प्रतिद्वन्द्वी या हिस्सेदार नहीं/मुझे कुछ देकर या न देकर भी तुम/कम–से–कम एक आदमी से तो निश्चिन्त रह सकते हो।*

'बेटी' भी ऐसी ही विह्वल करती कविता है, जिसे पढ़ते हुए सिहरन होने लगती है या आँखें भीग सकती हैं हालाँकि कवि का यह उद्देश्य नहीं है। यह रोज़गार की तलाश करती एक युवती और उसके एक नियोक्ता की कथा है जिसमें इंटरव्यू में विफल रहने से आशंकित एक युवती कहती है कि मुझे बेटी समझकर ही रख लीजिए। उन दोनों की दो अलग–अलग विडम्बनाएँ हैं जिन्हें खरे एक विचलित करने वाले बिन्दु पर मिला देते हैं

और आँखों के सामने वे असंख्य बेरोज़गार लड़कियाँ घूम जाती हैं जो ख़ुद को किसी की बेटी बनाकर भी नौकरी हासिल नहीं कर पातीं :

सुबह फिर निकल जाती हैं मेरी बेटियाँ
एक परेशान डरी हुई अपमानित उम्मीद लिए
अपने असली पिताओं से अलग उस पिता की तलाश में
जो उन्हें बेटी या क़ाबिल माने न माने रख तो ले।

विष्णु खरे के संवेदन–तन्त्र का एक और विस्तार मिथकीय वृत्तान्तों से उनके गहरे लगाव में दीखता है। ख़ासकर महाभारत, उसके बीहड़, अति–यथार्थ क़िस्म के चरित्रों और उसके प्रणेता व्यास से। महाभारत में भी उन्हें नायक और वीर नहीं, बल्कि हाशिये के, उपेक्षित या उत्पीड़ित पात्र और प्रसंग ज़्यादा आकर्षित करते हैं : साम्बवती, द्रौपदी, महाभारत युद्ध के बाद लापता हुए 24,165 लोग, वृन्दावन की विधवाएँ, जनमेजय का सर्पसत्र, सत्य, अग्निरथोवाच आदि। लेकिन मिथकीय प्रकरणों की ज़्यादातर कविताएँ भी समकालीनता के रूपकों जैसी हैं। 'साम्बवती' में शहरी सड़कों पर प्रसव–पीड़ा से गुज़रने का स्वाँग रच कर मदद की गुहार करने वाली ग़रीब औरतों में विष्णु खरे महाभारत की साम्बवती की स्मृति का अनुमान करते हैं जिसने अपनी कोख में रखे हुए मूसल के लोहे से कृष्ण के यदुवंश के ख़त्म होने की भविष्यवाणी की थी :

कहीं से कोई शाप देगा
इस अक्षतयौवना गर्भवती की कोख से पैदा होगा एक मूसल
जिसे अगर पीस कर भी लहरों में फेंका जायेगा
तो वह लौट आएगा बनकर किनारे की संहारक घास।

इसी तरह, महाभारत में युद्ध में लापता हुए 24,165 लोगों के बारे में पड़ताल करते हुए कवि अनुमान लगाता है कि उन्होंने बचने के बाद क्या किया होगा और कहीं ऐसा तो नहीं कि आज की मानव जाति उन्हीं की सन्तान है और शायद उन्हीं में से कोई

महाभारत का दूसरा वृत्तान्त लिखे। 'द्रौपदी के विषय में कृष्ण' में दोनों के सम्बन्धों को एक अनोखी मानवीय दृष्टि से देखा गया है। यह अपनी अस्वाभाविक मृत्यु से पहले कृष्ण का एकालाप है जो द्रौपदी से उनके एक उदात्त, करुणामय और अतीन्द्रिय प्रेम का संकेत करता है। दरअसल, विष्णु खरे हमारे समकाल के महाभारत का, बीसवीं–इक्कीसवीं सदी में भारत के भीतर चल रहे एक और महाभारत का तरह–तरह से पीछा करते हैं और एक तकलीफ़देह तस्वीर उकेरते हैं। एक कविता 'अन्ततः' में वे लिख़ते हैं : *कहीं से उठाओ महाभारत को/मस्तिष्क के सैकड़ों टुकड़े कर देने वाले कथन दिखाई देते हैं।*

यह देखना दिलचस्प है कि महाभारत के मुरीद विष्णु खरे को राम–कथा से लगभग कोई लगाव नहीं है। उन जैसे संशयों और सवालों के कवि को 'राम–कथा सुन्दर करतारी/संशय विहाग उड़ावनहारी' रुचिकर नहीं लग सकती थी। एक लम्बी कविता 'प्रक्षिप्त' में राम का उल्लेख है, लेकिन वह भी वाल्मीकि से शम्बूक की शिकायत के रूप में है या एक और कविता में तुलसीदास के बहाने व्यंग्य के रूप में। अन्तिम संग्रह की एक कविता 'बढ़ती ऊँचाई' में हर साल रावण के पुतले के बड़ा होने और उसकी आग के भड़क उठने पर राम–लक्ष्मण की भूमिका निभा रहे अभिनेताओं द्वारा भाग कर सुरक्षित जगह में जाने का व्यंग्यपूर्ण ज़िक्र है। दरअसल, विष्णु खरे भक्तिकाल की कविता में तुलसी की 'लोकमंगलवादी दृष्टि' और उसके समर्थक आलोचकों की फ़ौज से असहमत थे और उनकी अपेक्षा कबीर, सूरदास और मीराबाई को अधिक प्रासंगिक मानते थे।

'काल और अवधि के दरमियान' (2003) के साथ विष्णु खरे का काव्य–संसार ज़्यादा स्याह, अभिधात्मक और क्रुद्ध होता जाता है। वे समसामयिक राजनीति, अमानवीय राजनीतिक नेताओं, साम्प्रदायिक उन्मादियों, अल्पसंख्यकों के ख़िलाफ़ हिंसा और मध्यवर्गीय पाखण्डों पर प्रहार करते हैं और उस दौर की निशानदेही करते हैं जहाँ *अन्धकार मिट नहीं जाता/प्रकाश के*

होने से/वह उससे भी तीव्र गति से कहीं और चला जाता है/या चालाक वह प्रकाश का रूप लेकर ही बना रहता है...कहते भी हैं कि पुराना प्रकाश रुग्ण होकर नया अन्धकार बन जाता है। अन्धकार की सत्ता को वे *झोंपड़ियों और अटट्टालिकाओं/शरीरों और दिमाग़ों/...मन्दिरों मस्जिदों कलीसाओं के भीतर और इर्द–गिर्द* पहचान लेते हैं और कहते हैं कि प्रकाश की तुलना में 'अन्धकार की रफ़्तार मापने की कल्पना किसी ने भी नहीं की है।' विभाजन के दौरान हत्याएँ करने वाले एक बुजुर्ग का इकबालिया बयान 'न हन्यते' भी हमारे भीतर के अँधेरे को सामने लाती है और 'शिविर में शिशु' गुजरात में मुस्लिमों के जनसंहार के बाद शरणार्थी शिविर में जन्मे पन्द्रह बच्चों के माध्यम से साम्प्रदायिक बर्बरता का प्रतिरोध करती है, लेकिन अलग तरीक़े से :

> *क्या इन बच्चों से कहूँ बच्चो बड़े होकर उस वहशियत से बचो*
> *जो हम में थी बचो हमारी नफ़रतों हमारे बुग्ज़ हमारी जहालतों से बचो*
> *तुम्हें अगर इंतकाम लेना ही है तो हम सरीखों से लो*
> *जिनसे तुम सरीखे बचाये नहीं जा सके थे।*

आख़िरी तीन संग्रहों 'काल और अवधि के दरमियान', 'पाठान्तर (2008) और 'और अन्य कविताएँ' (2017) में सीधे राजनीतिक व्यक्तियों पर लिखी हुई कविताएँ भी हैं, जिनमें एक कांग्रेस के उदारीकरण और उपभोक्ता बाज़ार को भारत में आमन्त्रित करने के ज़िम्मेदार नरसिम्हा राव जैसे नेता को मुलज़िम की तरह कठघरे में खड़ा करती कविता है और एक गाँधी–नेहरू परिवार से कवि के रिश्तों के बारे में। ये कविताएँ कुछ स्थूलता की शिकार हैं और उनके लिए कवि को आलोचना भी झेलनी पड़ी, लेकिन इसी दौर की 'क़ानून और व्यवस्था का उप–मुख्य सलाहकार चिन्तित प्रमुख मन्त्री को परामर्श दे रहा है' जैसी कविता भी है जिसमें देश में तेज़ी से फैलते जन–संघर्षों और उन्हें कुचलने की तैयारी करते सत्ता–तन्त्र

की ठण्डी क्रूरता और फासिज़्म की आहटें सुनाई देती हैं। किसानों–मज़दूरों की आत्महत्या, मानव सम्बन्धों का क्षरण, माओवादियों या किसी और के नाम पर निर्दोषों का मारा जाना, हज़ारों–सैकड़ों वर्षों से दरिन्दगी करते आये हत्यारे, बढ़ते हुए अन्याय और दुःख, समुद्र तट पर रेत में पड़े सीरिया के शरणार्थी बच्चे आलेन का लावारिस शव, और इस सबके प्रति कवि का ग्लानि–बोध, इन कविताओं का बुनियादी स्वर है। निश्चय ही यह मध्यवर्गीय ग्लानि है, लेकिन विष्णु खरे उसमें लिप्त नहीं हो जाते, बल्कि प्रतिरोध करने, अत्याचारी को मार कर मरने या किसी शोक सभा में दो मिनट का मौन रखने की बजाय विप्लव का आवाहन करने को तरजीह देते हैं। वह भले ही अराजकता को छूने लगे, लेकिन कवि की निगाह में वह निष्क्रियता से कहीं बेहतर है। वेद व्यास को समर्पित कविता 'संकेत' इक्कीसवीं सदी के भारत में हमारी आँख के सामने घटित हो रहे महाभारत का मानचित्र है और एक भयावह लगती भाषा में आशंकित क़यामत का भविष्य–कथन भी : *जब मन्त्रोच्चार और जप किये जाते हैं तो ऐसा प्रतीत होता है कि अज्ञात/भाषा बोलते हुए बर्बर आक्रमण कर रहे हों किन्तु कोई दिखायी नहीं देता।* यहाँ तक कि कवि वीणावादिनी सरस्वती को भी संहारक भूमिका में देखना चाहता है :

तुम अब नहीं रहीं चमेली चन्द्रमा और हिम जैसी श्वेत
यदि तुम्हारी वीणा के तार तोड़े नहीं गये
तो वह विस्वर हो गयी है
...हंस पर नहीं शार्दूल पर आओ भवानी
और रचने दो यहाँ अपना नूतन स्तोत्र
या देवी सर्वभूतेषु विप्लव रूपेशु तिष्ठिता।

बहुत पहले धूमिल ने कहा था कि 'कविता भीड़ में बौखलाये हुए आदमी का एकालाप है', विष्णु खरे के इस दौर की कविता पढ़ते हुए यह उक्ति सहसा याद आती है।

लेकिन विष्णु खरे की कविता का सिर्फ़ यह पक्ष नहीं है। उनकी आरम्भिक कविताओं में जो रागात्मकता और अनुभवों की

अन्तरंगता थी, वह बाद में भी बनी रही। तमाम अमानुषिकताओं की चीर–फाड़ करते हुए वे कोमलता और आत्मीयता के बारीक स्वरों को छेड़ते रहते हैं और उन अनुभवों को भी, जो अक्सर ख़ामोश, अस्पष्ट, धुँधले और अमूर्त रहते हैं, जिन्हें एहसासों और सिहरनों के अलावा कोई भाषा दे पाना कठिन होता है। 'वाक्पदीय' ऐसी ही कविता है, जो 'एक वाक्य बोलने' की कोशिश में अमूर्तन की ऊँचाई तक चली जाती है। इस कविता के बारे में केदारनाथ सिंह लिखते हैं : 'दरअसल कोई वाक्य यहाँ बनता नहीं–बीच की 'चुप्पी' के अलावा। कवि उसे छूना चाहता है–उस कथित–अकथित को शब्द में लाना चाहता है, पर हरेक वाक्य के बाद और–और गहन–अग्राह्य होता जाता है। असल में बोलने के भीतर छिपा वह अग्राह्य ही पकड़ में आता है और वाक्य बनता जाता है।' कुँवर नारायण भी उनकी कविता में 'दो स्पष्ट ध्रुवान्त' देखते हैं : 'एक तो उस प्रकार की कविताएँ हैं, जो मौजूदा यथार्थ की भीड़ में कन्धे रगड़ती हुई चलती हैं; दूसरी वे कविताएँ, जो हमें अनुभवों की अधिक अमूर्त शक्तियों का एहसास कराती हैं। दोनों के बीच फ़ासले हैं, किन्तु विरोध नहीं–यह आभास उनके काव्य–बोध को एक जटिल संगति देता है।' 'अर्थ', 'दूरियाँ', 'बरअक्स', 'खलल', 'प्रवाह', 'अक्स', आदि इसके कुछ उदाहरण हैं। 'आवाजाही', 'सुन्दरता', 'संकेत', 'कल्पनातीत' में विष्णु खरे पक्षियों की स्मृतियों, तितलियों, चींटियों, जुगनुओं, बकरियों की दुनिया में लौटते हैं और सौन्दर्य और प्रेम के अनोखे चित्र निर्मित करते हैं। 'आवाजाही' में एक ऐसे इलाक़े का स्मृति–चित्र है जो शायद रिहायशी बस्ती बसने से पहले बन्दरों, बगुलों, मोरों, बुलबुलों, कठफोड़वों, तोतों का घर था और कवि अब भी आधी रात के बाद उनकी तरह–तरह की ध्वनियाँ, उनकी 'अन्तरंग मन्द गेक–गेक' सुनता है और उसी के साथ हमारे देश में शहरीकरण की त्रासदी को भी उभारता है :

यहाँ दाना–पानी और पेड़ कितने कम हैं
फिर भी यह होता रहता है

मैं यहाँ दस बरस से ही बसा हूँ
और इधर बस्तियाँ खड़ी हुए तीस बरस से ज़्यादा नहीं हुए होंगे
तो उससे पहले क्या था यहाँ पर
कि ये सब अब भी नियमित रूप से आते–जाते हैं।

इस कविता का एक और आयाम है : मनुष्यों की तुलना में दूसरे प्राणियों का मूलभूत अस्तित्व और लगाव। कवि अब उस जगह जाने की सोच रहा है, लेकिन जानता है कि पक्षी–जन्तु जगत् अपने स्मृति–स्थल में आना नहीं छोड़ेगा। इसी तरह, एक कविता 'खलल' में शीशे की खिड़की से टकराते हुए पक्षी का चित्र है जहाँ कवि एक चिड़िया का 'काला छाया चित्र' चिपका देता है ताकि बाहर से वह चिड़िया वहाँ दख़ल न दे। लेकिन तब भी एक बार आकर शीशे से टकराती है जैसे वहाँ क़ैद अपने किसी 'हमज़ात को क़ैद समझकर छुड़ाने की कोशिश' कर रही हो।

आधुनिक हिन्दी कविता में गद्य की उपस्थिति अक्सर रेखांकित की गयी है। रघुवीर सहाय और कुँवर नारायण की कविता का बड़ा हिस्सा गद्य से ही निर्मित हुआ और उनके बाद की पीढ़ी में लीलाधर जगूड़ी, चन्द्रकान्त देवताले आदि ने भी उसका भरपूर उपयोग किया है। सच तो यह है कि कविता के केन्द्र में गद्य हमेशा मौजूद रहा। फ़ारसी की एक उक्ति है कि 'अच्छी नज़्म वही है जिसकी नसर न हो सके'। यानी वह पहले से ही गद्य हो। संस्कृत की छन्दोबद्ध कविता के काल में भी माना जाता था कि 'गद्यं कवीनां निकषं वदन्ति'। कबीर, तुलसी, मीर, ग़ालिब, सबकी महान कविता गद्य से ही निर्मित हुई है। लेकिन विष्णु खरे गद्य को ज़्यादा सपाट, शुष्क और निबन्धात्मक बनाते हैं और यह देखकर कुछ आश्चर्य होता है कि इसी से वे सघन, मर्मस्पर्शी अनुभवों को सम्भव करते हैं। 'सर पर मैला ढोने की प्रथा', 'न हन्यते', 'गूँग महल', 'लाइब्रेरी में तब्दीलियाँ', 'होनहार', 'हर शहर में एक बदनाम औरत होती है', 'प्रति–संसार' आदि कविताएँ इसके उदाहरणों के रूप में याद की जा सकती हैं।

लेकिन जैसा कि कुँवर नारायण ने अपनी एक सुन्दर टिप्पणी में कहा है, 'खरे की कविताओं को गद्य–पद्य के द्वन्द्वात्मक तरीक़ों में सरलीकृत न करके इस रचनात्मक कोशिश के रूप में जाँचना–परखना चाहिए कि वे किस हद तक वाक्यों में कविता के पुनर्वास को न केवल सम्भव, बल्कि प्रभावी बनाती हैं। ऐसा नहीं कि खरे के पास पारम्परिक काव्य–गुणों का अभाव है (उनकी छोटी कविताएँ, जैसे–'एकान्त', 'स्मरण', 'डरो' में इसका सफल निषेध है), लेकिन अपनी अपेक्षाकृत लम्बी कविताओं में जब वह यथार्थ को रेखांकित करना चाहते हैं, तो शायद शब्दों की कल्पना–प्रवरता को जानबूझकर अवरुद्ध करते हैं।' इस भाषा में कभी–कभी अति–विस्तार लगता है, लेकिन वह कवि की सायास कोशिश है। कुँवर नारायण के ही शब्दों में, 'खरे भाषा की एक फील्ड बनाते हैं, जिसमें एक तेज़ खेल लगातार चलता रहता है। वह भाषा को उसके सीमान्त तक ले जाकर फैलाते हैं।' कुँवर नारायण की एक दिलचस्प टिप्पणी यह भी है कि 'विष्णु खरे की कविता कविता के तमाम प्रचलित नियमों और नुस्ख़ों को लाँघ कर सम्भव होती है।'

विष्णु खरे की छवि आरम्भ से ही एक मूर्तिभंजक की रही। कविता और जीवन, दोनों में उनकी लीक से हटकर चलने की और बग़ावती भूमिका में इज़ाफ़ा होता रहा। मुक्तिबोध की ही तरह *परम अभिव्यक्ति अनिवार/आत्म–सम्भवा* को पाने के लिए *अब अभिव्यक्ति के सारे ख़तरे/उठाने ही होंगे/तोड़ने होंगे ही मठ और गढ़ सब* पर उनका गहरा विश्वास था। उनकी तड़प और मध्यवर्गीय आत्म–ग्लानि भी काफ़ी कुछ 'मुक्तिबोधीय' थी, जिनकी अनुगूँजें बहुत–सी कविताओं में हैं। एक कविता में वे कहते हैं: *हैसियत और कूवत क्या थी और क्या है मुझ सरीखों की/ख़ुद अपने ही प्रेत हैं अब पछतावे में मुक्ति खोजते भटकते हुए।* बहुत से लोगों की निगाह में उनकी टिप्पणियाँ फौरी तौर पर अतिवादी होती थीं, लेकिन अक्सर उनकी पृष्ठभूमि में कोई सच्चाई रहती थी। यह भी सच है कि हिन्दी में उनके जैसी

कविता लिखने या उनका अनुसरण करने की बहुत कोशिशें हुईं और अपने बेबाक़–बेलौस रवैयों के बावजूद वे युवा पीढ़ी के बीच लोकप्रिय बने रहे। यह बेवजह नहीं था : कविता में मूलगामी बदलाव लाने के साथ–साथ वे अपने बाद की पीढ़ी की रचनाधर्मिता को पैनी निगाह से देखते थे और उससे बहुत उम्मीदें भी बाँधे रहते थे। उन्होंने कविता, कवियों और कविता संग्रहों पर व्यापक रूप से लिखा, लेकिन अपनी कविता और काव्यात्मक प्रस्थापनाओं के बारे में मितव्ययी रहे। एक चयन 'कवि ने कहा' की छोटी–सी भूमिका में वे लिखते हैं : 'मैंने अपनी कविताओं का न बचाव किया है, न उनकी पैरवी...हिन्दी के कई वरिष्ठ, मेरे समवयस्क, और अनेक समसामयिक युवा कवियों–कवयित्रियों का मैं प्रशंसक रहा हूँ और उम्मीद करता हूँ कि उनमें जिन तत्त्वों की मैं सराहना करता हूँ, उनमें से शायद कुछ मेरी कविताओं में भी हों।' दिवंगत अवधेश कुमार के कविता संग्रह 'जिप्सी लड़की' पर क़रीब 23 वर्ष पहले लिखते हुए मैंने कहा था : 'यदि मुझसे पूछा जाये कि आज की कविता में क्या देखा जाना चाहिए तो मैं कहूँगा कि आदमी के अस्तित्व और उसके सामने खड़े सारे संकटों को लेकर चिन्ता और प्रतिबद्धता, मानव होने के रोमांचक मामले में गहरी दिलचस्पी, जीवन और रिश्तों के अनन्त वैविध्य के प्रति उत्सुकता, और इन सबको अपनी भाषा और शैली में रख पाने की क्षमता। हो सकता है एक कविता 'सत्य' में विष्णु खरे का यह कथन शायद उनकी कविता के बारे में भी सच है : *सत्य जानना चाहता है/कि उसके पीछे हम कितनी दूर तक भटक सकते हैं।* दरअसल, उनकी कविता अनवरत सत्य का पीछा करती हुई कविता है।

सत्य का पीछा कविता

कवि–आलोचक विष्णु खरे (2 फ़रवरी 1940–19 सितम्बर 2018) अपने अन्तिम दिनों में गजानन माधव मुक्तिबोध की कविताओं के अँग्रेज़ी अनुवाद करने में लगे थे और उनके क़रीब दस निबन्धों को भी अँग्रेज़ी में लाना चाहते थे ताकि 'अन्तरराष्ट्रीय पाठक समुदाय उनके महान कृतित्व से परिचित हो सके।' उनका विश्वास था कि मुक्तिबोध की कविता और आलोचना का अँग्रेज़ी में आना उन्हें विश्व के महाकवियों–विचारकों की बिरादरी में शामिल कर सकेगा।

विष्णु खरे की दोस्ती का कैनवस भी बड़ा था, लेकिन शायद ऐसे दोस्त बहुत कम होंगे, जिनसे उनका कमोबेश विवाद न हुआ हो। डॉ. नामवर सिंह, ज्ञानरंजन, अशोक वाजपेयी, राजेन्द्र यादव आदि से उनके लगाव और दुराव की कहानियाँ लेखक समाज में प्रचलित हैं। लेकिन ख़ास बात यह थी कि ऐसे झगड़ों की ज़िन्दगी कुछ ही देर की होती थी। अपने कई समकालीनों से उनका रिश्ता इसी तरह का रहा–उन्हें छोड़कर, जिनकी निष्ठा पर उनका सन्देह पुख़्ता हो गया हो। कुछ कवियों के पहले कविता संग्रह भी उनके प्रयत्नों से सम्भव हुए जिनमें उन्हें सम्भावना नज़र आयी थी। मेरे पहले संग्रह 'पहाड़ पर लालटेन' की पाण्डुलिपि भी उन्होने मँगवायी थी, लेकिन तब तक उसे पंकज सिंह, राधाकृष्ण प्रकाशन में तब के निदेशक अरविन्द कुमार को सौंप चुके थे। कई समकालीन मित्र ऐसे थे, जिनसे उनकी ठनी हुई रहती थी लेकिन उनके बग़ैर उनका काम भी नहीं चलता था।

सन् 1970 के आसपास विष्णु खरे कुछ समय चेकोस्लोवाकिया की राजधानी प्राग में रह कर लौटे थे और उनका रुख काफ़ी आलोचनात्मक था। शायद प्राग को समाजवादी अपेक्षाओं के अनुरूप न पाकर वे हताश थे। दिल्ली के मोहन सिंह प्लेस के कॉफ़ी हाउस में जब हम कुछ दोस्त उनसे उलझ रहे थे तो आलोक धन्वा ने आजिज़ी से पूछा, 'आपके हिसाब से वहाँ कुछ नहीं है, तो क्या कोई चिड़िया भी नहीं है?' इस पर उन्होंने ज़ोर से कहा, 'नहीं, चिड़िया भी नहीं है।' बाद में पता चला कि चीन समेत कई समाजवादी देशों में फसलों की हिफ़ाज़त के लिए चिड़ियों को मारने का अभियान चलाया गया था। तीखी बहसों के बावजूद हमारी पीढ़ी से रिश्ता हमेशा बनाये रखा। दरअसल नयी रचनाशीलता को इतनी पैनी और सजग निगाह से देखने वाला कोई दूसरा कवि नहीं हुआ है। उनमें यह कहने का साहस था कि 'अटल बिहारी वाजपेयी कोई कवि नहीं हैं' और 'आचार्य रामचन्द्र शुक्ल नहीं, मुक्तिबोध हिन्दी के सबसे बड़े आलोचक हैं'। वीरेन डंगवाल को जब साहित्य अकादेमी पुरस्कार मिला तो कुछ प्रतिष्ठानी लेखकों–आलोचकों ने शायद निर्णायकों या अकादेमी की सत्ता–संरचना से हिसाब बराबर करने की गरज से एक तकनीकी मुद्दे पर विरोध करना शुरू किया और यह सुझाव दे डाला कि वीरेन को पुरस्कार लेने से इनकार कर देना चाहिए जिससे वे हीरो बन जायेंगे। विष्णु खरे तब जर्मनी में थे, लेकिन वहाँ से उन्होंने वीरेन की कविता की प्रशंसा और पुरस्कार के समर्थन में अपनी टिप्पणी भेजी। कुछ समय बाद उत्तर प्रदेश की राजनीति में समाजवादी पार्टी और बहुजन समाज पार्टी के मुद्दे पर दोनों कवियों में गहरा विवाद हो गया। लेकिन जब लम्बी बीमारी से जूझते हुए वीरेन संसार से गया तो उन्होंने एक मार्मिक श्रद्धांजलि लिखी, जिसमें उसे 'पहाड़ में पैदा हुए सभी कवियों में सर्वश्रेष्ठ' कह कर याद किया।

विष्णु खरे के कामों में चार बहुत महत्त्वपूर्ण हैं। पहला यह कि उन्होंने हिन्दी कविता में एक मौलिक और दूरगामी बदलाव

को सम्भव किया, जिसका व्यापक असर हुआ और कविता वह नहीं रही जो पहले थी। आगे चलकर बहुत से कवि उनके ग़ैर–पारम्परिक शिल्प में लिखने लगे। विश्व कविता के कई बड़े कवियों की रचनाओं का अनुवाद उनका दूसरा बड़ा काम था। गोइठे, ग्युंटर ग्रास, अत्तिला जोज़ेफ, मिक्लोस राद्नोती, बर्टोल्ट ब्रेश्ट, सेस नॉटेबॉम, आदि कवियों और एस्टोनिया और फिनलैंड के लोक–महाकाव्यों के उनके अनुवाद उल्लेखनीय हैं। उन्होंने उन्नीस साल की उम्र में बी.ए. में पढ़ते हुए ही टी. एस. इलियट की 'वेस्टलैंड' और कुछ दूसरी कविताओं को हिन्दी में 'मरु प्रदेश और अन्य कविताएँ' नाम से अनूदित किया। हिन्दी कविता को अनुवाद के ज़रिये अँग्रेज़ी और जर्मन, डच आदि भाषाओं में पहुँचाना उनका एक और उल्लेखनीय काम था और उन्होंने जर्मनी के हिन्दी विद्वान प्रो. लोठार लुत्से के साथ हिन्दी कविता के जर्मन अनुवादों का पहला संकलन सम्पादित किया। हिन्दी कविता के अँग्रेज़ी और डच अनुवाद भी उनके प्रयत्नों से सम्भव हुए।

आलोचक के रूप में विष्णु खरे ने चन्द्रकान्त देवताले की एक प्रमुख कवि के रूप में पहचान की। हिन्दी आलोचना आम तौर पर छिटपुट और धँधई ढंग से कविता की पड़ताल करती रही है, लेकिन देवताले पर खरे का काम कुछ उसी तरह का है जैसा मलयज ने शमशेर बहादुर सिंह पर किया था। विष्णु खरे शास्त्रीय और फ़िल्म संगीत और सिनेमा के भी गहरे जानकार थे और उनकी किताबों को हिन्दी और विश्व सिनेमा की बुनियादी पाठ्य–सामग्री की तरह पढ़ा जा सकता है। मिथक, इतिहास और पुरातत्त्व में भी उनकी गहरी रुचि थी। सरोकारों के इतने विपुल संसार को समेटे हुए विष्णु खरे उन कवियों में गिने जायेंगे जिनके कारण समकालीन कविता के व्यक्तित्व और उसके इतिहास में भी बदलाव आया।

कुछ टिप्पणियाँ टूटी हुईं बिखरी हुईं

कवियों की अगर दो श्रेणियाँ बनायी जायें, जिन्हें मिसाल के लिए 'काव्यात्मक' और 'ग़ैर–काव्यात्मक' या 'साहित्यिक' और 'ग़ैर–साहित्यिक' कवि कहें, तो शमशेर, नागार्जुन, केदारनाथ अग्रवाल और अज्ञेय को कहाँ–कहाँ रखा जा सकता है? शायद शमशेर और नागार्जुन 'ग़ैर–साहित्यिक' कवि के रूप में दिखेंगे और अज्ञेय और केदारनाथ अग्रवाल अपनी वैचारिक भिन्नता और घोषित मतभेदों के बावजूद 'साहित्यिक कवि' माने जायेंगे। अज्ञेय की यह मान्यता ही थी कि 'कविता का जन्म कविता से होता है'। केदार, शमशेर और नागार्जुन की कविता का यथार्थ, उसका कथ्य और उसकी विषयवस्तु बहुत अलग हैं। नागार्जुन ज़मीन के कवि हैं और जैसा कि नयी पीढ़ी के आलोचक प्रणय कृष्ण ने अपने एक लेख में कहा है, 'शमशेर समुद्र और आकाश के कवि हैं।' नागार्जुन का कवि 'हरे बाँस की छड़ी लेकर ज़मींदार के अमलों' को भगाता है तो शमशेर का कवि 'दो कुहनियों से पहाड़ को ठेलता हुआ' आगे बढ़ता है, जिसे बादलों के दो तार उलझाते' रहते हैं। कथ्य की दूरियों के बावजूद दोनों कवियों की भावभूमि एक ही है। दोनों का शिल्प ऊबड़–खाबड़ है। उनकी कविता छँटी हुई तराशी हुई चुस्त–दुरुस्त पंक्तियों से निर्मित नहीं हुई है, जैसा कि अज्ञेय और केदारनाथ अग्रवाल की कविता में अक्सर दिखता है। अज्ञेय और केदार की लगभग सभी कविताएँ उत्कृष्ट 'क्राफ्ट्समैनशिप' का उदाहरण हैं। उनके शब्दों का चयन, उनका विन्यास और मितव्ययिता एक जैसी लगती है।

इसके बरअक्स नागार्जुन और शमशेर सौन्दर्य की कविता को भी 'रफ़' तरीक़े से लिखते हैं और उनके शिल्प में एक ढीलाढालापन, एक अनगढ़ स्थापत्य साफ़ दिखाई देता है। यहाँ तक कि तत्सम शब्दों को इस्तेमाल में लाते समय वे शिल्प की कोई सावधानी बरतने की ज़रूरत महसूस नहीं करते और कभी–कभी विराम–अल्पविराम चिह्नों, डैश–हाइफन आदि का प्रयोग भी इस तरह करते हैं जैसे काट–छाँट–तराश वाले कवि शायद नहीं करेंगे। क्या यह शमशेर का शिल्प उनके मुज़फ़्फ़रनगरी जाट होने का उदाहरण है और नागार्जुन का विन्यास बिरादरी से बाहर जा चुके कुजात ब्राह्मण का? हम यह भी जानते हैं कि नागार्जुन शमशेर के प्रिय कवियों में सबसे पहला स्थान रखते थे और नागार्जुन को 'सेलिब्रेट' करते हुए उन्होंने जो एक मार्मिक कविता लिखी थी, वह कुछ इस तरह है :

बाबा हमारे, अली बाबा
नागार्जुन बाबा
खुल सीसेम सबों के सामने
कहते सबों के सामने–
ख़ज़ानों की गुफाएँ
सबों के लिए खुल पड़तीं
चुटकी बजा–बजाकर
मौज से भूख और अभाव को बहलाते हुए
कविताओं के जाम चढ़ाये
अभावों की गहरी छाने। बेफ़िक्र, मस्त;
इसी मस्ती से क्रोध और आवेग के
कड़ुवे घूँट को
किसी तरह मीठा–सा कुछ बनाये
जनता के, जलते हुए अभावों की आग में
नाचते हुए
युग की गंगा में गोते लगाते
अद्‌भुत स्वाँग रचाये
आये मेरे बाबा।

इस कविता की चाल में शमशेरीय बेढंगापन है, लेकिन बाबा का व्यक्तित्व और उनके प्रति कवि का प्रेम अद्‌भुत ढंग से आलोकित हो उठता है। कुछ और समानताएँ ढूँढ़ने की कोशिश करें तो दो कविताएँ देखने लायक हैं, जो सन् 1935 और '37 के बीच लिखी गयी थीं। नागार्जुन की कविता दुनिया में पूर्णकाम न होने वाले और विफल रहने वाले लोगों की अभ्यर्थना करती है। 'उनको प्रणाम' नामक कविता की पंक्तियाँ हैं :

जो नहीं हो सके पूर्ण काम
मैं उनको करता हूँ प्रणाम
जो छोटी सी नैया लेकर
उतरे करने को उदधि पार
मन की मन में ही रही, स्वयं
हो गये उसी में निराकार
—उनको प्रणाम
जिनकी सेवाएँ अतुलनीय
पर विज्ञापन से रहे दूर
प्रतिकूल परिस्थितियों ने जिनके
कर दिये मनोरथ चूर–चूर
—उनको प्रणाम।

इसके साथ संघर्ष, विफलता और ज़िद की ऐसी ही भावना से भरपूर और उसी दौर में लिखी गयी शमशेर की कविता 'फिर भी मैं करता हूँ प्यार' को पढ़ें, जिसमें कुछ सरल दृश्य हैं :

द्रव्य नहीं कुछ मेरे पास
फिर भी मैं करता हूँ प्यार
रूप नहीं कुछ मेरे पास
फिर भी मैं करता हूँ प्यार
सांसारिक व्यवहार न ज्ञान
फिर भी मैं करता हूँ प्यार
शक्ति न यौवन पर अभिमान
फिर भी मैं करता हूँ प्यार

कुशल कलाविद् हूँ न प्रवीण
फिर भी मैं करता हूँ प्यार
केवल भावुक दीन–मलीन
फिर भी मैं करता हूँ प्यार।

इन दोनों कविताओं का कथ्य बहुत अलग है, लेकिन उनकी छन्द–योजना, गति, लय और सबसे बढ़कर उनका भावनात्मक धरातल एक समान है। वे दो भिन्न यथार्थों के लिए एक ही कवि की अभिव्यक्तियाँ लगती हैं। यानी शमशेर अगर नागार्जुन की 'उनको प्रणाम' लिखते तो इसी तरह लिखते और नागार्जुन 'द्रव्य नहीं कुछ मेरे पास' लिखते तो शमशेर की तरह लिखते। हम अगर कुछ देर के लिए इनके रचनाकारों को भूल जायें, उनके नाम हटा दें और स्वतन्त्र ढंग से एक साथ दोनों को पढ़ें तो यह नहीं लगेगा कि ये दो भिन्न कवियों की रचनाएँ हैं। यह समानता क्या और क्यों है? इसका कारण यही है कि दोनों कवियों का दुनिया को देखने का तरीक़ा एक है, उनका संवेदन–तन्त्र और विवेकदृष्टि लगभग समान है। इस सिलसिले में अगर नागार्जुन की कविता में मौजूद अत्यधिक 'स्पष्ट और मुखर' संवेदनों और शमशेर की दुर्बोध–अमूर्त कविताओं की संरचनात्मक पड़ताल की जाये तो इस समानता के और भी बिन्दु दिखाई देंगे।

तो क्या नागार्जुन और शमशेर एक ही काव्य–व्यक्तित्व के दो पहलू हैं? एक–दूसरे के ऑल्टर ईगो?

असल चीज़ कैचमेंट एरिया है। नदी विभिन्न स्रोतों से अपना पानी हासिल करती है, जो उसी नदी का पानी बन जाता है। यह नदी का कैचमेंट एरिया है–जलागम क्षेत्र। शमशेर को पढ़ते हुए उनका विशाल कैचमेंट एरिया दिखता रहता है, जिसमें मनुष्य, भूगोल, इतिहास, ज्ञान, विभिन्न भाषाएँ, जनता के संघर्ष और साम्यवादी समय, चाँद–तारे और उनका स्पर्श करने जा रही लम्बी–लम्बी घासें, नदी की लहरों से प्रेम करती हुई मछलियाँ और हवा में उड़ते तिनके और नींद के पहाड़ हैं और ग्वालियर के

मज़दूरों के सुलगते हृदयों से लेकर अफ्रीका के मुक्ति आन्दोलनों की आहट भी है। यानी एक पूरा ब्रह्माण्ड। उनकी 'अमन का राग', 'एक नीला दरिया बरस रहा', 'ओ युग आ', 'बैल' और बहुत–सी छोटी कविताओं में भी यह नज़र आता है कि वे कहाँ–कहाँ से अपनी काव्य सामग्री ले रहे हैं। भाषा के स्तर पर देखें तो यह जलागम क्षेत्र अरबी, फ़ारसी, ग्रीक, हिन्दी, उर्दू, मणिपुरी और चीनी भाषाओं तक फैला हुआ है। मणिपुरी लिपि, ग्रीक वर्णमाला और चीनी चित्रभाषा पर लिखी हुई उनकी अत्यन्त प्रयोगशील कविताएँ उल्लेखनीय हैं, जिन्हें हिन्दी में अभी ठीक से नहीं समझा गया है। शमशेर को संसार की तमाम भाषाओं से अन्यतम प्रेम था, वे मनुष्य की भाषाओं, बोलियों और संकेतों के नशे में डूबे रहते थे और ऐसी भाषाओं तक से प्रेम करते थे, जो भविष्य के गर्भ में छिपी हुई हो सकती हैं। उनकी एक कविता कहती है : 'सारी भाषाएँ एक हैं, जैसे कि मेरा ख़ून'।

शमशेर को बार–बार यह कहना पड़ता है कि मार्क्सवाद में उनका गहरा विश्वास है और वे उसे 'प्राणवायु' की तरह मानते हैं। सन् 1976 में श शेर के 65 वर्ष पूरे होने पर उनसे नेमिचन्द्र जैन और मलयज ने जो काफ़ी लम्बी बातचीत की थी, उसमें उन्होंने अपने स्वभाव से कुछ अलग हटकर 'दिल से निकली है तेरी बात, खरी है शायद' जैसी अपनी ही पंक्ति के अन्दाज़ में अपने समकालीन कवियों पर दो टूक राय व्यक्त की और कई जगह ज़ोर देकर यह दोहराया कि उन पर मार्क्सवाद का कितना गहरा असर रहा। वे कहते हैं, 'जहाँ तक मेरा ख़याल है, नेमिजी, यह जो मार्क्सवाद कहिए या प्रगतिशील आन्दोलन कहिए, इसका असर, प्रभाव भी बहुत गहराई से जहाँ तक सम्भव था, मेरे अन्दर काम करता रहा। यह एक तरह की ज़िद तो नहीं कहूँगा, लेकिन एक बड़ी उत्कट इच्छा मेरे अन्दर रही कि मैं एक आम आदमी की अपनी अभिव्यक्ति के लेवल पर अपनी कॉम्प्लेक्स बातें भी कह सकूँ, उसके टर्म्स में। एक तरह का दोनों का सहयोग–सा स्थापित हो।'

नेमिजी और मलयज उन्हें बार–बार रूपवाद और सौन्दर्यवाद, अमूर्तन, क्लासिकवाद आदि की ओर ले जाने की कोशिश करते हैं, लेकिन शमशेर हर बार अपनी मार्क्सवादी और प्रगतिशील टेक पर लौट आते हैं। मुक्तिबोध के बारे में डॉ. रामविलास शर्मा की मान्यता को ख़ारिज करते हुए वे कहते हैं, 'मुक्तिबोध मार्क्सवादी थे।' उन्हें उनमें 'मायकोव्स्की का पैरलल' दिखाई देता है और यह भी कि 'मुक्तिबोध उस मेहनत में टूट गये, लेकिन उनकी वही मेहनत थी और वह मेहनत और किसी में नज़र नहीं आती।' क्या यह हिन्दी की कम नज़री का प्रमाण है कि शमशेर के जितने भी इंटरव्यू जन्मशती वर्ष में पुनःप्रकाशित हुए हैं, सभी में वे बार–बार अपना मार्क्सवादी होना बतलाने को विवश होते हैं? विनोद दास से एक बातचीत में वे कहते हैं : 'कम्युनिस्ट पार्टी से सम्पर्क के बाद 'मेरे व्यक्तित्व और सोच' में व्यापक परिवर्तन हुआ। पार्टी की पत्रिका 'नया साहित्य त्रैमासिक' का सम्पादन भी किया, पार्टी मेरे सम्पादन में कोई हस्तक्षेप नहीं करती थी।' उनकी यह मान्यता भी ग़ौरतलब है कि–'मेरी राजनीतिक कविताएँ इसीलिए अभिधा में होती हैं, क्योंकि मैं उस समस्या को ख़ुद पहचानना चाहता हूँ और दूसरे को पहचनवाना चाहता हूँ।'

जीवन के अन्तिम दिनों में शमशेर से एक बहुत महत्त्वपूर्ण बातचीत रमण सिन्हा ने उस समय की थी, जब वे अस्वस्थ होकर सुरेन्द्र नगर में रहते थे। 'पक्षधर' पत्रिका में प्रकाशित यह शायद शमशेर का अन्तिम इंटरव्यू है, जिस पर हिन्दी के चालू स्वभाव को देखते हुए कोई ज़्यादा चर्चा नहीं हुई, लेकिन इसमें शमशेर अपनी रचना प्रक्रिया के बारे में जो बातें कहते हैं वे कई भ्रान्तियों को दूर करने वाली हैं। कई बार यह देखा गया है कि मार्क्सवाद पर गहरा विश्वास रखने वाले नेता, लेखक, ट्रेड यूनियनिस्ट जीवन की सान्ध्य वेला में धर्म, अध्यात्म और जातिवाद की शरण में चले जाते हैं, लेकिन शमशेर घोर अस्वस्थता की हालत में भी उस पक्षधरता को नहीं छोड़ते और कहते हैं : ''दूसरा सप्तक' के वक्तव्य में लिखा भी है मैंने, जिसे रघुवीर सहाय ने उद्धृत किया है।

दो चीज़ें ज़रूरी हैं–एक ऑक्सीजन, दूसरे मार्क्सवाद। ऑक्सीजन कैसे प्राप्त होती है, एक तो खुले में रहने से, बन्द–बन्द जगहों में बँधे–खिंचे रहने से वह प्राप्त नहीं होती, जैसा कि होना चाहिए। दूसरे मार्क्सवाद, जो बौद्धिक–मानसिक स्वास्थ्य के लिए आवश्यक है। वह आधुनिक हिन्दू की गीता है और आधुनिक मुस्लिम के लिए कुरान की आयतें है।' इसी बातचीत में आगे–'कम्युनिस्ट मेनिफेस्टो देखिए, इतनी पतली एवं संक्षिप्त किताब है मार्क्स की, इसमें इतने छोटे–छोटे चार वाक्य इतने सिंपल सेंटेंस हैं–एक भाव के लिए एक ही वाक्य; चार वाक्य में लाकर नहीं कहे गये हैं। उनकी भाषा देखिए, एकदम स्पष्ट।' शमशेर ये तमाम बातें कहते हैं, लेकिन डंके की चोट पर बिगुल बजाते हुए नहीं कहते क्योंकि यह उनका स्वभाव नहीं था।

कविताएँ कब पुरानी पड़ती हैं? शायद जब उन्हें पढ़ने वाले या ख़ुद कवि को भी अगर वह आत्ममुग्ध या आत्मश्लाघी न हों–यह लगने लगे कि उसका अनुभव उन कविताओं के अनुभव से आगे बढ़ चुका है और अब वे उसके संवेदनों के उतने काम में नहीं आ रही हैं, जितना पहले आती थीं। बहुत–सी कविताएँ अपने समय में बहुत अच्छी थीं, उस दौर की आहट और उसका शिल्प उनमें भरपूर था, लेकिन यथार्थ के बदलने पर उनकी प्रासंगिकता चुक गयी, उनका रंग–रोगन उतर गया। इसी के विरोध में ग़ालिब ने यह अमर वाक्य लिखा होगा : 'उड़ने से पेशतर भी मेरा रंग ज़र्द था।' इस लिहाज़ से शमशेर की बहुत कम कविताएँ ऐसी हैं–शायद बीस या पच्चीस–जो पुरानी या बासी या बदरंग हुई हों और कोई नया अर्थ देने में सक्षम न हों। एक अद्‌भुत प्रेम कविता के रूप में प्रतिष्ठित हो चुकी उनकी 'टूटी हुई बिखरी हुई' का ऐसा व्यक्तित्व है कि नज़र पड़ते ही उसे तत्काल पढ़ा जा सकता है और हम उसे रोज़ भी पढ़ सकते हैं और एक बार पढ़ चुकने के बाद फिर से पढ़ना शुरू कर सकते हैं। वह एक भरी–पूरी समग्र कविता है, उसका हर अंश एक समग्र कविता है,

हालाँकि वह सिर्फ़ प्रेम की कविता नहीं। वह प्रेम के माध्यम से मनुष्य और उसकी चेतना की मुक्ति की कविता है, जो सिर्फ़ : *हाँ, तुम मुझसे प्रेम करो/जैसे कि मछलियाँ लहरों से करती हैं/जैसे हवाएँ मेरे सीने से करती हैं/जिनमें वे फँसने के लिए नहीं आतीं/जिसको वह गहराई तक दबा नहीं पाती हैं/तुम मुझसे प्रेम करो जैसे मैं तुमसे करता हूँ* से ही ध्वनित नहीं होती, बल्कि 'प्यास के पहाड़ों पर एक झरने की तड़प और सूरज की किरणों की लपट और जंगली फूलों से टपकती ओस' में परिवर्तित होने की आकांक्षा तक चली जाती है। अपने समकालीनों में शायद ऐसी कविताएँ शमशेर के पास सबसे अधिक हैं जो अपने रचनाकार से मुक्त होकर पाठकों के बीच अपना एक स्वतन्त्र जीवन जी रही हैं।

शायद सिर्फ़ रघुवीर सहाय 'टूटी हुई बिखरी हुई' को सबसे अच्छी तरह पढ़ और समझ सके। अपनी एक छोटी–सी टिप्पणी में वे इस कविता के साथ अपने अहं के विसर्जन को याद करते हैं। वे इस कविता में 'एक ऐसे आदमी को निरावरण होते देख रहे थे, जो रोता है और यह नहीं कहता कि देखो मैं अपने आँसू किसी को नहीं दिखा रहा हूँ, पर वह दिखाता नहीं।' रघुवीर सहाय की निगाह में यह 'आज़ादी की कविता है। व्यक्ति अपूर्णता की बेचैनी और पूर्ण होने की बेचैनी की कविता है।' लेकिन वे यह कहना नहीं भूलते कि 'खड़ी बोली की प्रेम कविता में कवि इतना अधिक लेटे हुए सिसकते रहे हैं कि उसके पाठकों का मन शमशेर की यह आज़ादी समझने लायक आज़ाद नहीं रह गया है।' वे यह भी सुझाते हैं कि इस कविता का वाचन या पाठ किस तरह किया जाये। उसके किस छन्द में संगीत की लय हल्की–सी बदल जायेगी, कौन–सी पंक्तियाँ द्रुत में पढ़ी जायेंगी और कहाँ से लय फिर से विलम्बित हो उठेगी। शमशेर की कविता का यह संगीत रघुवीर सहाय इसलिए पकड़ पाते हैं कि वे कविता के मंचीय पाठ और वाचन को लेकर कई तरह के प्रयोग सोचते थे। शमशेर के संगीत के बारे में उनका यह लिखा हुआ याद रखने

लायक है कि–'वह उनकी कविता में नहीं है। वह उस कविता से पैदा होता है, ऐसा भी नहीं है। जब आप उनकी पंक्तियाँ पढ़ते हैं, वह अलग कहीं पैदा होता है–समानान्तर, हाँ, पर इसी संसार की ध्वनियों और गतियों से। आप उसे इसी संसार के पदार्थों में चलता देख भी सकते हैं। वह कोई चीज़ है। कई साज़ों के अनमेल से पैदा एक हाहाकार–सी कोई चीज़, एक पवित्र हृदय से मुस्कुराता और कुछ न माँगता चेहरा।'

यह प्रेम का उपभोग करने की नहीं, बल्कि प्रेम को प्रतिष्ठित करने की कविता है। पाब्लो नेरूदा ने अपनी एक कविता में कहा है : *मैं उस प्रेम से प्रेम करता हूँ/जो ख़ुद को फिर से प्रेम करने के लिए मुक्त कर देता है।* मुक्ति की यह कामना सिर्फ़ रूपवादी या सौन्दर्यवादी परिघटना नहीं है। ख़ुद शमशेर ने कहीं कहा है कि–'इसकी जो भावभूमि है वो बहुत पीछे तक चली गयी है, कई सालों तक और उसमें जो अनुभूतियाँ मुझे हुईं, बस वही मैंने प्रतीक रूप में ले ली हैं। वह किसी एक वक़्त के विरह या मिलन की कविता नहीं है...यह एक सीरियल है। एक साथ अनुभूतियों का सिलसिला है यह–प्रेम की अनुभूतियों का, निराशा में, आशा में....मेरे अन्दर जो बात घुमड़ती रही थी, मैं दबाता गया था तो एकाएक डायरी लिखने बैठा।'

किसी एक वक़्त के नहीं, बल्कि तमाम वक़्तों के विरह और मिलन का वह महान संवेदन पानी की तेज़ धाराओं की तरह फूटता हुआ इस कविता में एक अद्भुत गति देता है। इसे पढ़कर अनायास रघुवीर सहाय की ही एक बेजोड़ कविता 'दे दिया जाता हूँ' याद आती है। अपने पूरे अमूर्तन के साथ। लेकिन 'दे दिया जाता हूँ' स्थिरता या गति के विराम की कविता है, जबकि 'टूटी हुई बिखरी हुई' की यात्रा में एक तेज़ रफ़्तार है और एक बड़ी दृश्यात्मक उथल–पुथल तक चली जाती है : *बहुत–से तीर बहुत सी नावें, बहुत–से पर इधर/उड़ते हुए आये, घूमते हुए गुज़र गये। मुझको लिये, सबके सब।*

इस महान कविता को अगर संगीतबद्ध किया जा सकता,

जिसमें ज़रा भी कोई गायन न होता, बल्कि सिर्फ़ अलग–अलग पंक्तियों के साथ विलम्बित और द्रुत, मन्द्र, मध्यम और तार सप्तकों में उमड़कर बजता हुआ धीमा साज़ होता और अन्त में कवि की भावनात्मक विकलता और उद्वेलन को व्यंजित करते द्रुत सुर होते तो शायद इसके अर्थ और भी उभरकर आते।

और वह कोई चीज़ है, जिसने इस कविता को इतने वर्षों बाद भी पुराना नहीं पड़ने दिया है। आख़िर वह क्या है, जो निराला की 'सरोज स्मृति' जैसी कविता को हमेशा समकालीन और प्रासंगिक बनाये रखता है हालाँकि उनकी 'राम की शक्ति पूजा' जैसी भव्य–उदात्त महाकाव्ययी आयामों वाली रचना एक समय के बाद अकादमिक और लाक्षणिक महत्त्व की रह जाती है। शब्दों के पीछे वह कौन–सा अनुभव है, जो मुक्तिबोध की 'अँधेरे में' को नये अर्थों, प्रासंगिकताओं और अनिवार्यताओं की गहराई देता रहता है, लेकिन अज्ञेय की 'असाध्य वीणा' तमाम हस्तलाघव के बावजूद पुरानी पड़ती जाती है। और भी कई कविताएँ ऐसी हैं–नरेश मेहता की 'समय देवता', धर्मवीर भारती की 'प्रमथ्यु गाथा' और 'कनुप्रिया' आदि। शायद समय की एक बारीक छलनी है, जो कविताओं को भी छानती रहती है और उसमें से 'अमन का राग', 'टूटी हुई बिखरी हुई' या मुक्तिबोध की 'अँधेरे में और 'ब्रह्मराक्षस' जैसी कविताएँ निकलती हैं और अपने नये–नये कैचमेंट एरिया बनाती हुई विशाल नदी का रूप लेती रहती हैं। क्या सिर्फ़ विषयवस्तु के चुनाव के कारण ऐसा होता है या फिर कवि की विश्वदृष्टि उन्हें यह अजेयता देती है? निकारागुआ के मार्क्सवादी पादरी और कवि एर्नेस्तो कार्देनाल की एक छोटी–सी कविता एक तानाशाह और एक कविता की तुलना करते हुए कहती है कि तानाशाह एक दिन ख़त्म हो जायेगा, लेकिन उसके ख़िलाफ़ लिखी गयी कविता पढ़ी जाती रहेगी। अर्थात विषय भले ही पुराना पड़ जाता हो, उसके प्रतिरोध करने के लिए जो रचना हुई है, वह नयी बनी रहती है।

'टूटी हुई बिखरी हुई' में शमशेर का जो सिनेमा दिखाई पड़ता है, उसी का एक और रूप उस 'गुट्ठल काली कड़ी कूब वाले बैल' में भी नज़र आता है और जब–तब सामने खड़ा हो जाता है। अपनी डायरी में कहीं शमशेर ने लिखा है–'रात का काला बैल'। इसे पढ़ते ही वह बैल दिखने लगता है। इस तरह की दृश्यात्मकता निराला की बहुत सारी कविताओं में भी है कि वे जब जिस शब्द को लिखते हैं, तो वह शब्द जीवित होकर दिखने लगता है। मसलन, *शिशिर की शर्वरी/हिंस्र पशुओं से भरी।* लेकिन शमशेर की यह कविता बैल जैसे निरीह प्राणी पर शायद पहली और अब तक की अन्तिम हिन्दी कविता हो। यह एक बहुत विचलित करने वाला बैल है, जो *स्टेशन से दूर गोदाम तक छह मील ठेले के ऊपर तक लदा हुआ सामान* खींच कर ले जा रहा है, जिसकी आँखें बाहर को निकली हुई, त्योरी चढ़ी हुई, नथूने फूले और साँस और दम अपनी ज़ोर–आज़माई में लगे हुए हैं। यह एक दूसरे धरातल पर, एक दूसरे यथार्थ में 'डिस्टर्ब' करता है। 'टूटी हुई बिखरी हुई' में प्रेम है तो 'बैल' में श्रम है। श्रम की इतनी उत्कट उपस्थिति कि लगता है इसे ऐसा ही कोई कवि लिख सकता था, जो श्रम की भीषणता, उसके पीछे छिपे हुए अन्यायों और वर्गीय संघर्षों को गहराई से पहचान रहा हो। इस बैल का श्रम 'अपनी शाम के, अपनी सुबह के बँधे हुए चारे के लिए' है क्योंकि 'उससे मीठी, उससे नमकीन और प्यारी चीज़ दुनिया में कोई और नहीं है।' बैल का मालिक उसकी रग–रग से वाकिफ़ है यानी जानता है कि अपने दास को किस हद तक निचोड़ा जाये। स्वामी और दास के रिश्ते को शमशेर सरलीकृत ढंग से नहीं, बल्कि उसकी पूरी जटिलता में देखते हैं और वह जटिलता कुछ इस तरह है कि ठेले को लगातार 'खींचते बैल के श्रम' और 'मीठी जागती नींद' में कोई अन्तर नहीं रह जाता है और 'पुट्ठों को श्लथ करने वाला श्रम' उसकी नींद की यातना में तब्दील हो जाता है और इससे बैल को महसूस होता है कि उसका ज़ोर और बढ़ गया है और

यह ज़ोर भी उसके मालिक के ही काम आता है। यातना और मुक्ति के बीच प्रतिकार का एक क्षण वह भी है, जब बैल अपने मालिक को एक गन्दे और नाटे से बैल की तरह देखना शुरू करता है और अन्ततः पूरी दुनिया ही उसे एक बैल मालूम होती है, जो 'बाँ बाँ बाँ' कर रही है। आश्चर्य कि यह कविता सन् 1972–73 में आज से क़रीब चालीस वर्ष पहले लिखी गयी थी। पता नहीं क्यों यह कविता ज़रा भी चर्चित नहीं हुई, लेकिन इसमें प्रगतिशील चेतना का इतिहास एक विचलित करने वाले ढंग से समाया हुआ है और यह हमारे दौर के कवियों की ईर्ष्या या उनके काव्य–स्वप्न की तरह हो सकती है। यह बैल एक ठहरी हुई रात में आकाश के तारों, कुत्तों के पागल शोर, पहरुओं की ठक–ठक, सीटियों, गाय की गले की घण्टियों और हवा में मासूम कच्ची–सी ख़ुशबू को महसूस करता है और उन घोड़ों को भी, जो *खोखले गर्व से और / बिना किसी वजह बार–बार ज़मीन पर टापें मार रहे हैं।* रात के ये चित्र बहुत निबिड़ और सघन हैं, जिनमें बैल अपनी यातना से बाहर एक ऐन्द्रिय अनुभव में चला जाता है। लेकिन खोखले गर्व से भरे हुए घोड़े क्या बैल की निरीहता के बरअक्स किसी सत्ता और अहंकार के रूपक हैं? और क्या यह कविता सिर्फ़ एक बैल के बारे में है या वह बैल से परे जाकर मनुष्य के जीवन तक चली जाती है और हम उसमें शोषित, उत्पीड़ित, भीषण श्रम में जोत दिये गये सर्वहारा को देखने लगते हैं? क्या यह शमशेर के अपने जीवन की कविता है–'ताउम्र' खटते रहने का एक पर्सनल रूपक? 'टूटी हुई बिखरी हुई' के बारे में भी आलोचकगण जब–तब, दबी ज़बान से सही, यह कहते रहे हैं कि यह शमशेर के व्यक्तिगत प्रेम की कविता है। यह जानना कठिन है और निरर्थक भी है कि इन दोनों कविताओं का शमशेर के अपने जीवन से क्या सम्बन्ध है। शमशेर ख़ुद इस बारे में कुछ नहीं बताते हैं लेकिन एक बातचीत में साफ़ कहते हैं कि–'विजन पहले आता है...क्योंकि मेरी आँखें जिस चीज़ को ग्रहण कर रही हैं, उसको ग्रहण करने में जो प्रतिबिम्ब आता है, सामने जो है, वह नहीं, बल्कि उसके

सहारे जो आता है, तो हम उसकी शक्ल देखते हैं, उसको बनाते हैं।' कोई बात है कि दोनों ही कविताओं में शमशेर प्रेम और श्रम के 'विज़न', उनकी अन्तर्दृष्टि के कवि के रूप में सामने आते हैं।

शमशेर की कविता हर समय एक अच्छे इन्सान की कल्पना करती है। उन्होंने कहा भी है : *मिलते हैं मुझको अदीब कलाकार बहुत / मगर इन्सान का मिलना है मुहाल।* 'बैल' कविता में भी बैल के मार्फ़त एक इन्सान की कल्पना की गयी है। यानी कितना अच्छा हो अगर हम बैल को भी इन्सान मानें। कभी–कभी लगता है अगर इस कविता को इस देश के मज़दूरों, असंगठित क्षेत्र के कामगारों, दिहाड़ी पर या दूकानों में हाड़तोड़ काम करने वाले लोगों के बीच पढ़ा जाये तो उनकी क्या प्रतिक्रिया होगी। क्या वे इसमें अपनी–अपनी छवियाँ देखेंगे?

शमशेर के प्रति एक और अन्याय हमारी हिन्दी के सत्ता–तन्त्र ने यह किया कि उनकी कविता और वैचारिक दृष्टि को एक–दूसरे से विच्छिन्न करने का षड्यन्त्र किया। इसे द्विभाजिता, द्वैध, फाँक, दुचित्तापन जैसे विशेषणों से जाँचा गया है। ज़्यादातर आलोचक, जिनमें मार्क्सवादी कहलाने वाले भी शामिल हैं, यह मानते हैं कि शमशेर विचारों से वामपन्थी ज़रूर थे, लेकिन उनकी कविता में वामपन्थ या जनवाद पर्याप्त मात्रा में व्यक्त नहीं हो पाया। यह बहस बौद्धिक रूप से तब गम्भीर हुई, जब कवि–आलोचक विजयदेव नारायण साही ने अपने एक बहुचर्चित लेख में शमशेर के यहाँ 'अनन्त और अपार लीला', 'सुन्दरता का अवतार', 'तीन ब्रह्माण्ड', 'शान्त इंगित', 'विष्णु तत्त्व' जैसी अभिव्यक्तियों के ज़रिये उन्हें रूपवादी और विशुद्ध सौन्दर्य के एकमात्र कवि के रूप में प्रतिष्ठित करने की कोशिश की। साही शमशेर की कविता के यथार्थ और कल्पना, उनके मार्क्सवाद और अतियथार्थवाद, उनकी आत्मपरकता और वस्तुपरकता के बीच एक बड़ी फाँक देखते हैं और उनके अनुसार मूल द्वन्द्व यह है कि–'मार्क्सवाद या वस्तुपरकता वह है जिसका कवि कायल है, लेकिन जिसे वह काव्यानुभूति में ला नहीं पाता।

अतियथार्थवाद वह है जो बरबस काव्यानुभूति में फूटा पड़ता है, लेकिन कवि जिसका कायल नहीं है और जिसे दबाकर, निकालकर कविताओं में से अलग कर देना चाहता है।' पश्चिमी काव्य प्रवृत्तियों के अपने अध्ययन के बावजूद साही ने इसे अनदेखा कर दिया कि अतियथार्थवादी आन्दोलन में मार्क्सवाद का गहरा प्रभाव था और स्पानी गृहयुद्ध में अनेक वामपन्थी कवियों और बुद्धिजीवियों ने सक्रिय हिस्सा लिया था। पाब्लो नेरूदा, लुई अरागां, पॉल एलुआर, एमे सेजार, चेजारे पावेसी, पॉल सेलान जैसे कितने ही वामपन्थी कवि हैं, जिनकी कविता अतियथार्थवाद के कारण सम्भव हुई। यह भी एक बहुत विचित्र विडम्बना है कि रूपवादी परिमल समूह के प्रमुख स्तम्भ साही की ही तरह भैरव प्रसाद गुप्त और डॉ. रामविलास शर्मा की समझ भी यही थी कि शमशेर रूप के, सौन्दर्य के कवि हैं। रामविलास शर्मा को शमशेर नव्य रहस्यवादी, कहीं–कहीं रीतिवादी नज़र आते हैं तो अज्ञेय उन्हें रूमानी–बिम्बवादी कहते हैं। हद तो यह है कि अज्ञेय शमशेर के तमाम इकबालिया बयानों को अनदेखा करते हुए पता नहीं किस आधार पर उनकी कविता में निहित मूल्यदृष्टि में और उनकी घोषित राजनीतिक दृष्टि में लगातार एक विरोध को भी देख लेते हैं और फ़रमाते हैं कि–'वे प्रगतिवादी आन्दोलन के साथ रहे, लेकिन उन सिद्धान्तों में उनका पूरा विश्वास भी कभी नहीं रहा।' हिन्दी के तमाम अर्थ शमशेर की कविता के सन्दर्भ में इस कदर 'अनर्थज्ञ' दिखायी देते हैं। शायद यह दोनों खेमों के आलोचकों की गम्भीर अक्षमता थी जिसे दोनों ने शमशेर की समस्या बना दिया। दिलचस्प यह भी है कि 'दोनों खेमों में यह धारणा जितनी गहरी आबद्ध हुई, शमशेर उतने ही बेपरवाह अपना काम करते गये। अकारण नहीं कि गालिब का यह शेर उन्हें बहुत प्रिय था :

फ़रियाद की कोई लै नहीं है/नाला पाबन्दे–नै नहीं है।

सन् 1952 में 'अमन का राग' और 'ये शाम है' जैसी कविताएँ लिखने वाले शमशेर वर्षों बाद सन् 1988 में प्रकाशित संग्रह 'काल तुझसे होड़ है मेरी' की भूमिका में इस शेर का अर्थ करते

हुए कहते हैं, 'बाँसुरी कभी अन्तर की आह–कराह को बाँध नहीं सकती, क्योंकि नाला बाँसुरी बजाने की कला के अधीन नहीं है, इससे आज़ाद है। इसी आज़ादी की खोज मेरी कविता है।'

रूपवादी आलोचकों के लिए शमशेर की कविता 'इतने पास अपने' की अन्तरंगता, प्रयोगवाद, रूमान, रहस्यात्मकता, मौन, कोमलता, आत्मविलोपन के 'प्रेम लपेटे अटपटे' व्यक्तित्व तक सीमित रहती है। दरअसल वे शमशेर को जिस तरह पढ़ना और पढ़वाना चाहते हैं, उसे देखकर हँसने का मन करता है। इसलिए भी कि शमशेर का प्रत्येक शब्द और अधिकांश जीवन ताईद नहीं करता। जब शमशेर अपराजित काल में वास करते हुए उससे होड़ लेने की बात कहते हैं तो उसमें वास करना ही उनके लिए सौन्दर्य बन जाता है, जिसमें सब कुछ है : *क्रान्तियाँ, कम्यून/कम्युनिस्ट समाज के/नाना कला विज्ञान और दर्शन के/जीवन्त वैभव से समन्वित/व्यक्ति मैं/मैं, जो वह हरेक हूँ/जो, तुझसे, ओ काल, परे है।*

शमशेर से बार–बार यह भी कहा गया कि उनकी कविता 'दुर्बोध, जटिल और अमूर्त' है। वह कम सम्प्रेषणीय है और उसे समझना कठिन है। ऐसे ज़्यादातर सवालों के जवाब में शमशेर ने अपना बचाव नहीं किया, बल्कि उन्हें स्वीकार कर लिया, लेकिन यह भी कहा कि–'सच्चे कवि में विचारों का होना अनिवार्य है।' गोविन्द प्रसाद से एक बातचीत के दौरान जब उनसे पूछा जाता है कि 'रामविलास जी ने आपकी कविताओं में रहस्यवाद लक्षित किया है', तो उनका ज़वाब वाकई देखने लायक है कि–'उन्होंने ठीक ही कहा है', और फिर आगे–'...नहीं। रहस्य 'भावना', यह 'वाद' के स्तर पर नहीं है।' भावना को वाद बताने वालों के लिए यह जवाब आज भी प्रासंगिक है। वे आगे कहते हैं : 'अमन का राग' जैसी कविता मैं कम्युनिस्ट पार्टी में आये बिना लिख ही नहीं सकता था। पहले–पहल यह 'हंस' में छपी...मार्क्सवाद मेरे लिए प्राणवायु की तरह है। सवाल में जैसे जरब–तक्सीम (गुणा–भाग) करते हैं, समाज के विकास और आपसी रिश्तों को समझने की

भी वह पद्धति है। यहाँ तक कि प्रेम जैसी चीज़ को भी मार्क्सवाद विश्लेषित करके सही रास्ते पर लाता है। मैंने मार्क्स की एक ही किताब पढ़ी है–'मैनिफेस्टो'। यह गीता जैसी किताब है। इसकी शक्ति व्यक्तित्व को उन्नत करने और अपने को 'आब्जेक्टिफ़ाइ' करने में है। 'मैनिफेस्टो मार्क्सवाद की गीता है।' इसी में उनका एक ठेठ देसी ढंग देखिए : 'विचारधारा से रचनाकार का सम्बन्ध वैसा ही सहज होना चाहिए जैसा कि आम आदमी का सम्बन्ध तीज–त्योहारों से है कि वो उसकी ज़िन्दगी का एक हिस्सा हैं। वो अगर ऊपरी तौर से ग्रहण करता है तो बेकार उसका श्रम जाता है।' शमशेर का मार्क्सवाद बुनियादी तौर पर था, ऊपरी तौर पर या यान्त्रिक नहीं, जैसा कि प्रायः हिन्दी के कहीं ठस तो कहीं पिलपिले दिमाग़ वाले आलोचकों का होता है।

शमशेर की कविता की पहली समीक्षा गजानन माधव मुक्तिबोध ने की थी, जिसमें वे उसे 'अभिव्यक्ति का एक प्रभावशाली भवन' मानते हैं। 'उस भवन में जाने से डर लगता है–उसकी गम्भीर, प्रयत्नसाध्य पवित्रता के कारण।' आगे वे कहते हैं कि 'शमशेर सामान्यीकृत भावनाओं सामान्यीकृत रूपों के कवि नहीं हैं...शमशेर पर लगाया गया यह दोषारोपण कि वे उलझे हुए हैं और उनकी बात समझ में नहीं आती, उस आदत को सूचित करता है, जिसे हम सामान्यीकरण की आदत कह सकते हैं।' यह भी कैसा संयोग है कि मुक्तिबोध जैसे 'कठोर और कड़ियल' कवि के जीवन और कविता की अन्तिम समीक्षा प्रेम और सौन्दर्य के कवि शमशेर ने लिखी। सन् 1964 में असमय मृत्य के बाद प्रकाशित मुक्तिबोध के पहले कविता संग्रह 'चाँद का मुँह टेढ़ा है' की यह भूमिका अद्‌भुत है, जिसमें शमशेर यह देख लेते हैं कि सन् 1964 के मध्य में, 'गजानन माधव मुक्तिबोध एकाएक हिन्दी संसार की घटना बन गये। कुछ ऐसी घटना जिसकी ओर से आँख मूँद लेना असम्भव था। उनकी एकनिष्ठ तपस्या और संघर्ष, उनकी अटूट सचाई, उनका पूरा जीवन, सभी एक साथ हमारी भावना के केन्द्रीय मंच पर सामने आ गये। और हमने अब उनके कवि और विचारक

को एक नयी आश्चर्य–दृष्टि से देखा।' यह भूमिका इस मानी में ऐतिहासिक है कि उसमें शमशेर ने मुक्तिबोध की 'अँधेरे में' का आने वाले समय की सबसे महत्त्वपूर्ण और प्रामाणिक कविता के रूप में पूर्वाभास कर लिया था।

मुक्तिबोध और शमशेर में शायद ऊपरी समानताएँ बहुत कम हैं, लेकिन दोनों विवेक और मूल्यदृष्टि के बिन्दुओं पर मिलते हैं। एक यातना का कवि है और दूसरा प्रेम का। यातना का कवि जब दुनिया से चला जाता है तो उसकी विरासत की हिफ़ाज़त में प्रेम का कवि आता है। शायद इन पंक्तियों के लेखक की यह एक कविता दोनों कवियों की कथा कुछ बतला सके :

प्रेम के सबसे सघन कवि को प्रेम नहीं मिला।
उसके सामने दूध रोटी और दवा का हिसाब था
जिसे वह कभी समझ नहीं पाया
दुनिया आईनों से भरी हुई थी जिन्हें वह स्याही की तरह
अपने अन्तर्जल में घोलता रहा
मनुष्य की भाषाएँ तमाम बोली कबूतरों की
उसकी तड़प को उठाने में असमर्थ थीं
वह बहता रहा प्यास के पहाड़ों पर सुन्दरता का प्रपात

यातना के सबसे बीहड़ कवि को यातना ही मिली
कड़ी मारें और एक से एक दुःस्वप्न
प्रेम के कवि का एक सच्चा दोस्त वही था
वह एक जंगल की तरह रहा बार–बार अपने शब्द काटता हुआ
उसे चौराहे ही मिले जीवन में भागता रहा दम छोड़
जिन्होंने संसार में प्रेम नष्ट किया यातना पैदा की
उसने देखे रात में उनके जगमग जुलूस
इन दिनों वे दिन में भी जगह–जगह निकलते दिखते हैं।

यातना का कवि जल्दी ही इस संसार से चला गया

तब प्रेम के कवि ने सोचा मुझे रहना चाहिए यहीं कुछ दिन और
अन्ततः प्रेम ही यातना का प्रतिकार है
अन्याय का प्रतिशोध
फिर वह अकेला झेलता रहा सारी यातना रह सका जितनी देर

नागार्जुन, केदारनाथ अग्रवाल और अज्ञेय के बारे में लगभग तय है कि वे किस तरह के कवि हैं। उनका जनवाद, मार्क्सवाद, लोकवाद, सौन्दर्यवाद, व्यक्तिवाद और समष्टिवाद जन्मशती वर्ष में तरह–तरह से रेखांकित हुआ है। इनमें अकेले शमशेर बहादुर सिंह हैं, जिनकी समस्यामूलकता बरकरार है। कविता जनवादी हो या रूपवादी, परिमलीय हो या प्रगतिशील, उसे पढ़ने, उसके भीतर जाने और उसे समझने की जो पद्धतियाँ और साँचे हिन्दी में प्रचलित कर दिये गये हैं, उन्हीं के कारण शमशेर की कविता दिक्क़त–तलब रही है। रचनाकार की संवेदना में द्वन्द्व हमेशा मौजूद रहता है और उसकी पहचान का स्तर भी उसकी रचना की स्तरीयता निर्धारित करती है। लेकिन ऐसे द्वन्द्व नेरूदा, नाज़िम हिकमत, लोर्का, मायकोव्स्की, अरागां जैसे बड़े कवियों में भी रहे। लेकिन वे कभी इतने बड़े या गम्भीर नहीं होते कि कवि की संवेदना दो फाँक हो जाये या उसके व्यक्तित्व में दो परस्पर न मिलने वाले छोर निर्मित हो जायें। कुल मिलाकर ये द्वन्द्व यूटोपिया और वास्तविकता, कल्पना और यथार्थ के बीच होते हैं और वे इसलिए अनिवार्य भी होते हैं कि उनमें से किसी एक की अनुपस्थिति बड़ी रचना को जन्म नहीं देती। और फिर शमशेर ने तो ख़ुद ही अपने एक शेर में इस संकट की ओर बेहतरीन ढंग से इशारा कर दिया है : *हक़ीक़त को लाये तखैयुल से बाहर/मेरी मुश्किलों का जो हल कोई लाये।* वास्तविकता और कल्पना के इस जटिल रिश्ते के सन्दर्भ में देखें तो शमशेर प्रेम की कविता को जन–कविता की तरह लिखते हैं और जन–संघर्ष की कविता को प्रेम की कविता की तरह। इसीलिए शमशेर एक साथ जनवादी और सौन्दर्यवादी कवि के मर्मस्पर्शी उदाहरण के रूप में बचे रहेंगे : *मैं डोल रहा हूँ जहाँ/वहाँ/एक जहान जैसे डोल रहा है।*

स्त्रीवाची निराला

कुछ समय पहले उत्तराखण्ड में राष्ट्रीय शैक्षणिक और अनुसन्धान परिषद् (एनसीएआरटी) द्वारा आयोजित अध्यापकों के एक प्रशिक्षण शिविर में इन पंक्तियों के लेखक ने महाकवि निराला का प्रसिद्ध गीत 'वर दे वीणावादिनी वर दे' एक शिक्षिका के स्वर में सुना था, जो इस रचना की प्रचलित धुन से अलग और बहुत सुरीला था। उसे सुनते हुए लगा, यह सरस्वती की सबसे अधिक प्रचलित वन्दना *या कुन्देन्दु तुषारहारधवला/या शुभ्रवस्त्रावृता* से, उसकी परम्परा से कितना भिन्न है। इसमें कोई प्रार्थना नहीं है, सरस्वती का दिव्य वर्णन नहीं है, बल्कि लगभग वैदिक ऋचाओं के शिल्प में एक निरन्तर नवता का आवाहन है—एक नयी गतिशीलता, एक नये राग, एक नये रव और एक नये प्रकाश की पुकार : *नव गति नव लय ताल छन्द नव/नवल कण्ठ नव जलद मंद्र रव/नव नभ के नव विहग वृन्द को/नव पर नव स्वर दे।* निराला पृथ्वी पर नयी गति से लेकर एक नये आकाश और नये पक्षी—स्वर की माँग करते हैं। यह पारम्परिक वन्दना या भक्तिगीत की दूसरी परम्परा है—अलौकिकता से बिलकुल अलग और लौकिक आग्रहों से भरपूर। हममें से जो लोग कभी—कभी क़स्बाई विद्यालयों में जाते हैं वे अक्सर देखते होंगे कि 'वर दे वीणावादिनी' संस्कृत की सरस्वती वन्दनाओं जितनी ही या कभी—कभी उनसे भी अधिक लोकप्रिय है। दरअसल, यह हिन्दी का सबसे अधिक गाया जाने वाला प्रार्थनागीत बन चुका है और हर बड़ी रचना की तरह अपने रचनाकार से विच्छिन्न होकर और एक स्वतन्त्र व्यक्तित्व

ग्रहण करके लोकक्षेत्र (पब्लिक स्फीयर) में व्याप्त हो चुका है। वह भक्तिकाल की रचनाओं की याद नहीं दिलाता, बल्कि एक तरह की ग़ैर–धार्मिक प्रार्थना है। इसी तरह की विशेषता निराला के 'तिमिर दारण मिहिर दरसो' जैसे गीत में भी दिखाई देती है जिसमें कवि फिर वैदिक ऋचाओं की तर्ज पर सूर्य का आवाहन करता है कि वह अपने प्रकाश के हाथों से छूकर इस संसार के अँधेरे कारागार को प्रकाशित करे। इसमें मनुष्य के खोये हुए जीवन को, उसके गिरते हुए स्वत्व को ऊपर उठाने, उसमें प्राणों का संचार करने और उसे ज़्यादा गतिमान बनाने का आग्रह है। यहाँ तक कि निराला यह उदात्त कामना करते हैं कि सूर्य हर कली को फूलों की क्यारी में परिवर्तित कर दे। सूर्य के लिए ऐसी पुकार किसी दूसरी कविता में नहीं मिलती। यह सूर्य की एक नयी भूमिका है :

खो गया जीवन हमारा
अन्धता से गत सहारा
गात के संपात पर
उत्थान देकर प्राण सरसो
...क्षिप्रतर हो गति हमारी
खिले प्रति–कलि कुसुम क्यारी।

मैं या मेरे दूसरे समकालीन कवि अगर निराला की कविताओं का अपनी रुचि का एक संचयन तैयार करें तो वह कैसा होगा? उसमें कौन–सी कविताएँ होंगी और क्यों? शायद यह भी देखना ज़रूरी हो कि उसमें कौन–सी कविताएँ नहीं होंगी। ऐसा चयन करना आसान नहीं होगा क्योंकि निराला की ज़्यादातर कविताएँ हमारी पीढ़ी के कवियों को विभिन्न कारणों से विलक्षण और अद्‌भुत लगती रही हैं–कोई अपनी अपूर्व विषयवस्तु के कारण, कोई सघन दृश्यात्मकता के लिए, कोई गहरी प्रतिबद्ध दृष्टि के कारण, कोई अकल्पनीय प्रयोगशीलता और कोई समृद्ध ध्वन्यात्मक गुण और सांगीतिकता की वजह से, कोई इस कारण से कि उसमें दलित जन के लिए अपार करुणा है

और कोई इसलिए कि किसी पारम्परिक शैली के तत्सम पदावली से भरपूर विन्यास में अचानक कोई ऐसी अभिव्यक्ति या शब्दयोजना आ गयी है जिसकी कल्पना उस दौर में सम्भव नहीं थी और जिसे अपने युग से आगे देखने वाला कोई कवि ही कर सकता था। मसलन, *खड़ी है दीवार जड़ को घेर कर/ बोलते हैं लोग ज्यों मुँह फेर कर* या *देखते हैं लोग लोगों को सही परिचय न पाकर।* ऐसे चयन में निराला की कई कविताएँ इसलिए भी शामिल होंगी कि उनमें एक अपार मितव्ययिता के साथ बहुत कम शब्दों में इतने अधिक क्रियाशील बिम्ब भर दिये गये हैं कि उनका हर शब्द और अक्षर भी हलचल करता, स्पन्दित और फड़फड़ाता दिखता है :

मधुऋतु रात
मधुर अधरों की पी मधु
सुध–बुध खो ली...
उठी सँभाल बाल, लट,
पट दीप बुझा, झट बोली, रही यह एक ठिठोली।

एक उल्लेखनीय कारण शायद यह भी होगा कि निराला के बहुचर्चित और लगभग किंवदन्ती बन चुके शरीर–सौष्ठव और पौरुषेय छवि के बावजूद उनकी कविता में एक स्त्री–स्वर लगातार गूँजता है और वह दरअसल उनकी एक प्रमुख छायावादी रचना 'तुम और मैं' से ही शुरू हो जाता है, जिसमें कवि स्वयं को एक स्त्री–संवेदन के रूप में कल्पित करता है : *तुम आशा के मधुमास और मैं पिक–कलकूजन–तान/तुम मदन–पंचशर–हस्त। मैं हूँ मुग्धा अनजान।* या *तुम अम्बर मैं दिग्वसना/तुम चित्रकार घन–पटल–श्याम/मैं तड़ित्तूलिका रचना।* पिक और तड़ित्तूलिका जैसे प्रत्ययों में स्वयं को देखना एक स्त्री–संवेदना से ही सम्भव है।

मेरी पीढ़ी के बहुत से कवियों के दिमाग़ में निराला की कविता का ऐसा संचयन ज़रूर सुरक्षित होगा। कह सकते हैं कि हमारी पीढ़ी ने अपने लिए एक ऐसे निराला को ईजाद किया, जिसमें बहुत नयापन था। बहुत पहले 15 या 16 वर्ष की उम्र में

मैंने जयशंकर प्रसाद और सुमित्रानन्दन पन्त की बहुत–सी कविताएँ पढ़ ली थीं क्योंकि हमारे घर का वातावरण ही ऐसा था, लेकिन निराला की सिर्फ़ एक कविता 'तुम और मैं' से मेरा परिचय हो पाया : *तुम तुंग हिमालय शृंग और मैं चंचल गति सुर सरिता।* इस गीत में इतनी अलंकृति, प्रासमयता, ध्वनि–सुन्दरता और इतनी चपलता थी कि मैंने सम्मोहित होकर उसकी नक़ल पर लगभग वैसा ही एक गीत लिख डाला। कई वर्ष बाद जब निराला को फिर से पढ़ा तो उनकी रचनाओं में नवता के आग्रह और सघन दृश्यात्मकता ने अभिभूत किया। यह कविता सिर्फ़ चित्रात्मक नहीं थी, सिर्फ़ बिम्बपरक नहीं थी, बल्कि एक नया ही दृश्य निर्मित करती थी। इस दृश्य–कला में मूर्त और अमूर्त की अद्भुत आवाजाही थी, जैसे श्वेत–श्याम छायांकन के युग की कई महान सिनेमाई कृतियों में मिलती है—एक आत्यन्तिक, सघन और चरम, और अन्तिम क़िस्म का दृश्यबन्ध, जो यथार्थ से कल्पना तक और जागरण से स्वप्न तक को समेट लेता है और जिसमें यथार्थ देखते ही देखते स्वप्न के कोनों–अन्तरों में घूमने लगता है या स्वप्न अनायास एक यथार्थ के दरवाज़े खोल देता है। निराला अनुभव के अमूर्तन को सहज ही मूर्तिमान कर देते हैं और मूर्त को बहुत आसानी से अमूर्त में बदल देते हैं : *शिशिर की शर्वरी/हिंस्र पशुओं से भरी* या *गाढ़ तन आषाढ़ आया* या *आभा फागुन की तन सट नहीं रही है। झूल चुकी वह खाल ढाल की तरह तनी थी/पुनः सबेरा एक और फेरा है जी का* या *लू के झोंकों झुलसे हुए थे जो/भरा दौंगरा उन्हीं पर गिरा/उन्हीं बीजों के नये पर लगे/उन्हीं पौधों से नया रस झिरा* भी ऐसी ही दृश्य अभिव्यक्तियाँ हैं, जिन्हें हम न सिर्फ़ पढ़ते हैं, बल्कि 'देख' भी सकते हैं।

यह सर्वमान्य–सी बात है कि निराला छायावाद के सबसे बड़े कवि हैं, लेकिन छायावाद के भीतर से उसका अतिक्रमण करने, उसमें तोड़फोड़ करने और उसके साँचों को ध्वस्त करने वाले सबसे

बड़े कवि भी वही हैं। 'जुही की कली', 'बादल राग' और 'हिन्दी के सुमनों के प्रति पत्र' जैसी तत्सम काव्य भाषा से लेकर 'महँगू महँगा रहा', 'कुकुरमुत्ता', 'राजे ने अपनी रखवाली की', 'झींगुर डट कर बोला' जैसी देशज और बोली–बानी वाली भाषा तक निराला का कैनवस इतना विस्तृत है कि एकबारगी यह विश्वास करना कठिन हो जाता है कि ये सब एक ही कवि की रचनाएँ हैं। बल्कि निराला की एक विलक्षणता यह भी है कि वे लगभग एक ही समय में संस्कृतनिष्ठ 'उच्च' शब्दावली की कविता और 'मेरे प्रिय सब बुरे गये, सब भले गये' जैसी ठेठ कविताएँ लिख सकते हैं। उनके समकालीन सुमित्रानन्दन पन्त की कविता भी विकास करती है, लेकिन वह 'स्वर्णधूलि' या 'स्वर्णकिरण' या 'लोकायत' तक ही आ पाती है और उसमें कोई गुणात्मक बदलाव नहीं दिखाई देता।

किसी अनुभव की भौतिकता को एक ऊँचाई पर ले जाकर एक अमूर्त लोकोत्तरता में बदल देना या एक निराकार भावना को ठोस भौतिक आकार में परिवर्तित कर देना निराला की ऐसी विशेषता है जो शेष छायावादी कविता में नहीं मिलती। शायद इसकी वजह यह है कि निराला किसी अनुभव को उसकी आवयविकता में, उसकी तात्त्विकता–ऑर्गेनिकैलिटी– में देखते हैं और उस अनुभव का एक ऐसा नया आकार निर्मित कर देते हैं जो पाठक को पहले से ज़रा भी परिचित नहीं रहता। हम लोग जो कविता में जीवन के ज़्यादा बुनियादी और अकाट्य दृश्यों और बिम्बों को खोजते थे, उन्हें निराला की कविता एक साथ ठोस और पारदर्शी दिखाई देती थी : *रुग्ण तन, भग्न मन, जीवन विषण्ण वन* या *जानता हूँ नदी झरने / थे मुझे जो पार करने / कर चुका हूँ।* दरअसल किसी बड़े कवि की एक पहचान इस बात से भी होती है कि वह जीवन–मृत्यु, आरम्भ–अन्त, करुणा–प्रेम और ऐसे ही दूसरे मानवीय आवेगों के कितने समग्र और मूलगामी रूपों तक जाता है। निराला की कविता जैसे इन आवेगों के आद्यरूपों के दृश्यालेख प्रस्तुत करती है। किसी भी भौतिक या मानसिक

अनुभव के आद्यरूप को, उसके अन्तरतम को एक उदात्त सतह पर ले आने की विशेषता निराला की कविताओं में अन्त तक थी : *पुष्प–पुष्प से तन्द्रालस लालसा खींच लूँगा मैं/अपने नव जीवन का अमृत सहर्ष सींच लूँगा मैं।*

शायद यही कारण था कि जब हमारे साथ के लोग प्रसाद, पन्त और महादेवी वर्मा की किताबों को हमेशा के लिए बन्द कर चुके थे, निराला की कविताओं के पन्ने खुले ही रहते थे। उनकी दुख की कथा कभी समाप्त नहीं होती थी : *दुख ही जीवन की कथा रही/क्या कहूँ आज जो नहीं कही,* और उनका वह अदम्य आशावाद भी कभी हार नहीं मानता था : *अभी न होगा मेरा अन्त/अभी–अभी तो आया है मेरे जीवन में मृदुल वसन्त।* अन्त और वसन्त का यह द्वन्द्व, विरोधाभासों की यह टकराहट एक ऐसा काव्य अनुभव था जिसने हमारी उस पीढ़ी को बुनियादी रूप से प्रभावित किया जो विडम्बनाओं की अन्तःक्रिया और विरोधाभास को कविता के सबसे विश्वसनीय औज़ारों की तरह देखती थी।

इसी के साथ निराला की वह प्रसिद्ध कविता 'हिन्दी के सुमनों के प्रति पत्र' भी याद आती है जिस पर आलोचकों ने बहुत कुछ लिखा है और जिसे आने वाली पीढ़ियों से उनका एक मर्मस्पर्शी संवाद माना जाता है। इटली के प्रसिद्ध मार्क्सवादी विचारक एंटोनियो ग्राम्शी ने द्वितीय विश्वयुद्ध के बाद मनुष्य सभ्यता के सांस्कृतिक संकट के बारे में एक महत्त्वपूर्ण बात कही थी कि 'पुराना नष्ट होने को है और नया जन्म नहीं ले पा रहा है।' निराला यह जानते हैं कि पुराना नष्ट हो रहा है या होने वाला है इसलिए वे बार–बार नये जन्म, नये आरम्भ की बेचैनी से गुज़रते दिखते हैं। इस कविता में आगतों के प्रति एक साथ स्नेह और आशंका का भाव है। वे अपने को वसन्त के अग्रदूत अर्थात उसे सम्भव करने और उसकी सूचना देने वाले पतझड़ के रूप में चित्रित करते हैं : *मैं हूँ केवल पद–तल आसन/तुम सहज विराजे महाराज/ईर्ष्या कुछ नहीं मुझे यद्यपि, मैं ही वसन्त का अग्रदूत।* निराला की दृष्टि नयी पीढ़ी के भविष्य

तक चली जाती है : *देखो पर क्या पाते तुम फल / देगा जो भिन्न स्वाद रस भर / कर पार तुम्हारा भी अन्तर / निकलेगा जो तरु का सम्बल।* सन् 1937 में लिखी कविता शायद समूचे छायावाद की पहली 'भविष्यवादी' कविता भी रही होगी। इसमें निराला नयी पीढ़ी के लिए उस फल की परिकल्पना करते हैं जो 'भिन्न स्वाद और रस' से भरा हुआ हो। यानी एक नयेपन का आग्रह यहाँ भी मौजूद है। निराला की कविताओं से सर्वाधिक प्रभावित होने वाले हमारे एक बड़े कवि त्रिलोचन ने निराला के जीवित रहते हुए अपने एक निबन्ध 'निराला की नयी कविता' में इसी नवीनता की ओर इशारा किया था : 'निराला जी ने चली आती हुई रूढ़ि के प्रति थोड़ी–सी भी अनुरक्ति नहीं दिखायी। इसी कारण निराला जी को सबसे अधिक विरोध का सामना भी करना पड़ा। बहुत पहले निराला जी ने कहा था : *जला दे जीर्णशीर्ण प्राचीन / क्या करूँगा तन जीवन विहीन।* जीर्णशीर्ण–जीवनहीन–प्राचीन के प्रति निराला जी के मन में कोई मोह नहीं है। इसी कारण वे आज जीवन की ढलती वेला में भी नव–नवीन बने हुए हैं।'

पौरुषेय छवि के नेपथ्य में एक स्त्री–छवि निराला की कविता का बेहद आकर्षक पहलू है। उद्दाम, उदात्त, भव्य, विराट और यूनानी वग़ैरह जैसे जितने भी विशेषण उनकी कविता और उनके व्यक्तित्व के सम्बन्ध में प्रयुक्त किये जाते हैं, उन सभी का चरित्र पौरुषेय ही है। निराला की यूनानी मूर्तिशिल्पों जैसी देशयष्टि का काफ़ी नख–शिख वर्णन हुआ है और डॉ. रामविलास शर्मा सहित कई आलोचकों ने उनके कसरती बदन और पहलवानी अभ्यास के चित्र भी खींचे हैं। लेकिन निराला की आरम्भिक कविताओं में भी, मसलन 'सखि वसन्त आया' या 'प्रिय यामिनी जागी' या होली गीत 'नयनों के डोरे लाल गुलाल भरे', *प्रिय पथ पर चलती / सब कहते शृंगार / कण–कण किण–किण / किणन–किणन किंकिणी / रणन–रणन नूपुर, उर लाज / लौट रंकिणी* या 'जुही की कली' में *विजन–वन–वल्लरी पर / सोती थी सुहाग–भरी–स्नेह–स्वप्न–मग्न– / अमल–कोमल–तनु तरुणी–जुही की कली / दृग बन्द*

किये, शिथिल–पत्रांक में जैसी पंक्तियाँ पढ़ने पर लगता है जैसे वे एक स्त्री–संवेदना द्वारा अंकित की गयी हों। निराला की यह प्रारम्भिक स्त्री, यह 'किसलय वसना नववय लतिका' बाद की कविताओं में कई नये, आधुनिक और कई बार बड़े दारुण आयाम ले लेती है और यह भी सिर्फ़ एक संयोग नहीं है कि निराला के जो गीत भक्ति और शरणागति की भावना से आप्लावित हैं, उनमें भी प्रायः सभी 'माँ, मातः, जननि' जैसी मातृसत्ता को सम्बोधित हैं। छायावाद के दूसरे कवियों में मातृशक्ति के प्रति इस तरह की पुकार और गुहार नहीं सुनाई देती, बल्कि उसका स्वर अधिकतर पुरुषवाची ही है। निराला की 'माँ, मातः या जननि' में भी कोई साकार एक देवी–रूप नहीं है, उनकी सरस्वती भी कोई 'ब्रह्माच्युतशंकर प्रभृतिभिर्देवै सदा वंदिता' नहीं है, बल्कि वह एक आद्य मातृ–रूप है, उसका अमूर्तन, एक भावना, जो उनके भीतर की स्त्री का ही एक बाहरी प्रतिरूप है। दरअसल यह हिन्दी पट्टी की नहीं, बल्कि बंगाल की माँ है। कोमलकान्त, सुकुमार सुमित्रानन्दन पन्त 'बाले तेरे बाल–जाल में अपने लोचन' नहीं उलझाना चाहते तो जयशंकर प्रसाद 'कामायनी' के मनु–श्रद्धा को एक उदात्त धरातल पर स्थापित करने के बावजूद जिस समरस सभ्यता की परिकल्पना करते हैं, वह एक भव्य पौरुषिक अवधारणा ही है। पन्त की अधिकतर कविताओं का स्वरूप तो हमेशा पुरुषवाची ही है और वे स्त्री को 'देवि, माँ, सहचरी, प्राण' का सम्बोधन देकर पुरुष–आश्रित बने रहने देते हैं।

निराला की स्त्री–संवेदना का एक बेजोड़ उदाहरण 'तोड़ती पत्थर' नामक प्रसिद्ध कविता है जिसकी हिन्दी में अनेक व्याख्याएँ हुई हैं। पत्थर तोड़ती एक मज़दूर औरत पर यह हिन्दी में अभी तक एकमात्र कविता के रूप में बनी हुई है और इतनी आधुनिक है कि श्रम करने वाले लोगों पर लिखने वाले परवर्ती कवि भी इस अनुभव को इस तरह नहीं बता पाये। इस कविता में मज़दूर औरत के हथौड़े की चोटों के तीन अर्थ–स्तरों की काफ़ी चर्चा हुई है :

इलाहाबाद की मज़दूरिन का वह हथौड़ा, जो एक साथ पत्थर पर चोट कर रहा है, सामने खड़ी अटट्टालिका पर चोट कर रहा है और एक चोट उस स्त्री के जीवन पर भी पड़ रही है। लेकिन उस मज़दूरिन के जीवन का सबसे मार्मिक और आधुनिक वर्णन इस अंश में मिलता है :

देखते देखा मुझे तो एक बार
उस भवन की ओर देखा, छिन्नतार
देखकर कोई नहीं,
देखा मुझे उस दृष्टि से
जो मार खा रोयी नहीं।
सजा सहज सितार,
सुनी मैंने वह नहीं जो थी सुनी झंकार
एक क्षण के बाद वह काँपी सुघर,
दुलक माथे से गिरे सीकर,
लीन होते कर्म में फिर ज्यों कहा–
'मैं तोड़ती पत्थर!'

हम याद कर सकते हैं कि निराला की मज़दूरिन की वह दृष्टि जो मार खा रोयी नहीं, बाद में रघुवीर सहाय की काव्य संवेदना में प्राप्त हुई और विष्णु खरे की एक कविता का तो शीर्षक ही 'जो मार खा रोयी नहीं' है। यह कहना ग़लत नहीं होगा कि निराला की यह पंक्ति सत्तर–अस्सी के दशकों की कविता की प्रस्थापनाओं में शामिल हो गयी। इसी तरह वीरेन डंगवाल की 'आयेंगे उजले दिन ज़रूर' और ज्ञानेन्द्रपति की कुछ कविताओं में निराला की चेतना निवास करती है। निराला की लम्बी और महाकाव्यात्मक मानी जाने वाली कविता 'राम की शक्तिपूजा' भी स्त्रीवाची स्वर से मुक्त नहीं है। यह राम–रावण युद्ध की पृष्ठभूमि में राम के द्वारा शक्ति के आह्वान की कविता है जिसमें आवेग, उदात्तता और पौरुषेय कही जाने वाली सुदृढ़ता भरी हुई है, लेकिन जिस महाशक्ति को प्राप्त करने के लिए राम अपने नेत्रों को अर्पित करना चाहते हैं वह एक स्त्री, माँ और देवी का ही प्रतिरूप है।

निराला के स्त्री–स्वर की परम अभिव्यक्ति 'सरोज स्मृति' में मिलती है, जो अपनी बेटी की असमय मृत्यु पर रचा गया एक शोकगीत है। एक त्रासद एकालाप, जिसे विश्व के सर्वश्रेष्ठ शोकगीतों–एलेजी–में शुमार किया जा सकता है और जिस पर डॉ. रामविलास शर्मा, मलयज और दूसरे कई आलोचकों ने गम्भीरता से विचार किया है। शायद यह कहना सही होगा कि स्त्री हुए बिना या अपने भीतर एक स्त्री की उपस्थिति को महसूस किये बिना या स्त्री के चेतन–अवचेतन में प्रवेश किये बिना ऐसी कविता की रचना सम्भव नहीं थी। अठारह वर्ष की, मातृविहीन और टीबी से ग्रस्त सरोज की मृत्यु के आईने में निराला अपने जीवन की दारुण यात्रा की भी कई प्रतिच्छायाएँ देखते हैं :

जाना तो अर्थागमोपाय
पर रहा सदा संकुचित–काय
लख कर अनर्थ आर्थिक पथ पर
हारता रहा मैं स्वार्थ समर।
शुचिते, पहनाकर चीनांशुक रेशमी
रख सका न तुझे अतः दधिमुख।
क्षीण का न छीना कभी अन्न,
मैं लख न सका वे दृग विपन्न,
अपने आँसुओं अतः बिम्बित
देखे हैं अपने ही मुख–चित।

इस कविता में निराला की कविताओं की तमाम विशेषताएँ–आद्यबिम्बात्मकता, इतिवृत्तात्मकता, करुणा, व्यंग्य, अमर्ष और आत्मग्लानि–भी समाहित हैं और उनकी जीवन यात्रा के कठिन द्वन्द्व, उनकी निराशा और साहस, अपनी निर्धनता और ब्राह्मणत्व की जातीय बर्बरता भी अपने चरम रूप में दर्ज हुए हैं। यह भीषण टकराहट *मैं कवि हूँ पाया है प्रकाश* और *धन्ये मैं पिता निरर्थक था/तेरे हित कुछ कर न सका* या *हो इसी कर्म पर वज्रपात* के बीच है। यही द्वन्द्व 'राम की शक्तिपूजा' में

अन्याय जिधर, हैं उधर शक्ति की विकट विडम्बना के रूप में व्यक्त हुआ है। यह विडम्बना इतनी सार्वभौमिक सार्वकालिक है कि कई वर्ष बाद पोलैंड की नोबेल पुरस्कार से सम्मानित कवि विस्वावा शिंबोर्स्का अपनी एक कविता 'यह सदी' में जैसे इसी को ध्वनित करती हैं : 'उम्मीद थी कि सौन्दर्य और ताक़त एक ही मनुष्य में होंगे। लेकिन सुन्दर और ताक़तवर आज भी दो अलग–अलग मनुष्य हैं।'

'सरोज–स्मृति' के उन अंशों में भी, जो सरोज के बचपन और उसके खेलों से सम्बन्धित हैं, निराला की गहन मातृदृष्टि मिलती है। अपने बच्चों के क्रीड़ा–कौतुक को निराला के भीतर वास करने वाली स्त्री ही इस तरह देख सकती थी :

तू सवा साल की जग कोमल
पहचान रही ज्ञान में चपल
माँ का मुख, हो चुम्बित क्षण–क्षण
भरती जीवन में नवजीवन
वह चरित पूर्ण कर गयी चली
तू नानी की गोद जा पली
सब किये वहीं कौतुक–विनोद
उस घर निशि–वासर भरे मोद
खायी भाई की मार विकल
रोयी उत्पल–दल–दृग छलछल
चुमकारा सिर उसने निहार
फिर गंगा–तट–सैकत–विहार करने को लेकर साथ चला
तू गहकर चली हाथ चपला।

और इसी के साथ फिर अपने जीवन की एक भीषण विडम्बना और हताशा :

तब भी मैं इसी तरह समस्त
कवि–जीवन में व्यर्थ भी व्यस्त
लिखता अबाध गति मुक्त छन्द
पर सम्पादकगण निरानन्द

वापस कर देने पढ़ सत्वर
दे एक–पंक्ति–दो में उत्तर।

'सरोज–स्मृति' एक कवि और एक मनुष्य, कला और सांसारिकता के बीच द्वन्द्व और विरोधाभास का जटिल विमर्श है। यह 'प्रकाश पाये हुए' एक कवि और 'एक निरर्थक पिता' का आमना–सामना है, जिसमें दोनों अपनी–अपनी दारुणता के तर्क रखते हुए भी एक–दूसरे को अपने पक्ष में नहीं कर पाते, जीवन की गुत्थी को सुलझा नहीं पाते। रचना के संसार और वास्तविकता के संसार की टकराहटों के कई परिणाम जब–तब विभिन्न विधाओं के अनेक रचनाकारों के जीवन में दिखते रहते हैं, लेकिन उनके बीच कोई सन्तुलन कभी नहीं खोजा जा सका है। हिन्दी कविता में वर्षों बाद सरोज की स्मृति चार पंक्तियों की छोटी लेकिन विचलित करने वाली एक कविता का विषय बनी और वह थी असद ज़ैदी की कविता–त्रयी। 'कला दर्शन' शीर्षक शृंखला की यह एक कविता इस तरह है :

सरोज के लिए योग्य वर खोजना आसान नहीं था
ब्राह्मणत्व की आग से भयंकर थी कविता की आग
अन्त में एक कवि अमर हो जाता है, एक पिता रोता–पीटता
मर–खप जाता है

अमर कवि और रोते हुए पिता के बीच की इस विडम्बना पर अलग से कुछ कहना बहुत प्रासंगिक नहीं होगा, सिवा इसके कि शायद पहली बार किसी कवि की कविता और उसके जीवन की इस फाँक को इस तरह समस्याग्रस्त किया गया है और उससे भी आगे एक सार्वभौम सचाई को छुआ गया है।

हम सभी जानते हैं कि निराला ने परवर्ती कवियों को कितने बहुविध रूपों में प्रभावित किया। इस प्रभाव पर कवियों–आलोचकों ने बार–बार लिखा है और आगे भी लिखा जाता रहेगा। तमाम उल्लेखनीय परवर्ती कवि निराला का ऋण स्वीकार करते आये हैं। शायद एकमात्र अपवाद अज्ञेय रहे हैं जिन्होंने निराला के प्रभाव

को स्वीकार नहीं किया, बल्कि अँग्रेज़ी में लिखे गये एक आलेख में यहाँ तक कहा कि निराला की मृत्यु हो चुकी है–'निराला इज़ डेड ऐज़ अ पोयट'। दरअसल, अज्ञेय निराला की अपेक्षा मैथिलीशरण गुप्त और सुमित्रानन्दन पन्त की कविता से प्रभावित रहे हैं और उनकी प्रकृति सम्बन्धी कविताएँ तो पन्त की पादुकाओं में ही पैर रख कर चलती हैं। लेकिन उस दौर के बड़े कवियों में निराला निरन्तर प्रतिध्वनित होते हैं। शमशेर बहादुर सिंह उनके लिए *तुम्हीं झलके हे महाकवि/सघन तम की आँख बन मेरे लिए* जैसा सम्बोधन देते हैं तो 'धरती' नामक संग्रह में अपने महाकवि को पुकारते ही त्रिलोचन की समस्त निराशा दूर हो जाती है : *जब–जब हारा/तुम्हें पुकारा/तुम आये पूछा/क्या कमज़ोरी है। मैंने कहा कुछ नहीं।* इसी तरह, नागार्जुन की दो या तीन कविताएँ निराला को सम्बोधित हैं और उनकी और त्रिलोचन की कविताओं में आये चरित्र और व्यक्तिवाचक नाम दुखहरण मास्टर, कल्लू रिक्शावाला, नगई महरा, चम्पा जैसे निराला की ही कविताओं से निकल कर आये हैं। ये चरित्र रघुवीर सहाय की कविता में मैकू, कमला, दयाशंकर, दयावती जैसे नामों से कुछ भिन्न परिवेश में अवतरित होते हैं। निराला की कविता के लोगों के बग़ैर परवर्ती कवियों की रचनाओं में लोगों का आना शायद सम्भव नहीं था। समाज की निचली तहों या हाशियों पर रहने वाले, ग्रामीण व्यक्तिवाचक अस्मिताओं को इतने ठोस रूप में अभिव्यक्त करने वाले आदिकवि निराला ही हैं : महँगू, झींगुर, कुल्ली भाट, चतुरी चमार, बिल्लेसुर बकरिहा और कई जातिवाचक सर्वनाम धोबी, पासी, तेली, चमार भी हिन्दी कविता में पहली बार निराला के यहाँ प्रकट हुए। तब क्या जिस कविता में निराला कहते हैं कि *आज अमीरों की हवेली/किसानों की होगी पाठशाला/धोबी, पासी, चमार, तेली खोलेंगे अँधेरे का ताला,* उसे हिन्दी की पहली दलित कविता कहा जा सकता है?

यह बात भी बहुत आकर्षक लगती है कि निराला की कविता हिन्दी परम्परा से काफ़ी भिन्न है। हिन्दी में निराला कोई प्रत्यक्ष

पूर्वज नहीं, बल्कि उनके सीधे पुरखे रवीन्द्रनाथ हैं, और उनके प्रति उनके मनोभाव भी अत्यन्त जटिल हैं–कभी उनके अनुसरणकर्ता, उनके गतानुगतिक, कभी उनके आलोचक और विरोधी, कभी उनकी तरह होने की इच्छा रखने वाले, लेकिन उनके जैसी सुविधा और साधन सम्पन्नता से पूरी तरह वंचित। उनके अवचेतन में रवीन्द्रनाथ अपनी पूरी भव्यता और समृद्ध पारिवारिक पृष्ठभूमि के साथ बसे हुए हैं। वे रवीन्द्रनाथ होने का स्वप्न देखते हैं, लेकिन उनका यथार्थ उन्हें रवीन्द्रनाथ नहीं होने देता और यह उनके विक्षोभ का कारण है, जो उन्हें रवीन्द्रनाथ की आलोचना करने के लिए भी प्रवृत्त करता है। निराला में अवधी या ब्रजभाषा का वह संस्कार लगभग नहीं मिलता, जिसने हिन्दी कविता को सम्भव किया था। बेशक निराला ने तुलसीदास पर भी कविता लिखी, लेकिन तुलसी के प्रति उनकी अनुरक्ति बाद की घटना है, जब उनका ध्यान अपनी बैसवाड़े की जन्मभूमि और उसकी अवधी परम्परा की ओर गया। और क्या उन्होंने तुलसी का आश्रय इसलिए भी लिया कि इसके बग़ैर दिग्गज आलोचकों की सवर्ण सत्ता–संरचना में स्वीकार्यता पाना नामुमकिन था? आचार्य रामचन्द्र शुक्ल से उनके असहज सम्बन्ध और निराला की कविता के प्रति शुक्ल जी के पूर्वग्रह में इसे देखा जा सकता है।

एक बड़े कवि का कहना है कि पुराने कवियों की संवेदना नये कवियों में स्थानान्तरित नहीं होगी, लेकिन उनका विवेक हमेशा आगामी पीढ़ियों तक पहुँचता रहता है। हमारी पीढ़ी ने बेशक निराला के प्रति अपनी आस्था या अपनी प्रतिक्रिया प्रत्यक्ष रूप से व्यक्त नहीं की, लेकिन निराला के विवेक और जीवन से वह अनुप्राणित होती रही। नागार्जुन, शमशेर, त्रिलोचन, रघुवीर सहाय, विष्णु खरे, ज्ञानेन्द्रपति, वीरेन डंगवाल की कई कविताएँ और असद ज़ैदी की 'कला दर्शन' निराला के काव्य विवेक के स्थानान्तरण के कुछ उदाहरण हैं।

(इलाहाबाद में 'निराला स्मृति व्याख्यान माला' के तहत पढ़ा गया निबन्ध)

आग का एक और स्मारक

एक साहित्यिक गोष्ठी के दौरान जब लोग खाना खा रहे थे तो वीरेन डंगवाल ने चन्द्रकान्त देवताले को आवाज़ दी, 'चन्द्रकान्त देवताले, भात खा ले!' यह सुनकर देवताले के चेहरे पर बच्चे जैसी ख़ुशी चमकी और वे वीरेन के गले में बाँहें डाल कर बोले, 'हाँ यार, भात मुझे बहुत ही पसन्द है।' इसके बाद यह वाक्य आम हो गया और जब भी हम लोग देवताले के साथ किसी सभा में होते तो खाने के समय 'देवताले, भात खा ले!' ज़रूर सुनाई देता। उम्र में क़रीब ग्यारह साल बड़े होने के बावजूद देवताले के व्यक्तित्व में ज़रा भी वरिष्ठता की गन्ध नहीं थी–वे हर उम्र के लेखकों के साथ इतने अनौपचारिक और उत्फुल्ल हो जाते जैसे वे उन्हीं की उम्र के हों। जीवन के अस्सी वर्षों तक उनकी यह मासूमियत और ख़ुशमिज़ाजी बरकरार रही। आख़िरी वर्षों में जब उनके शरीर में ख़ून की कमी हो गयी और वे कमज़ोर होने लगे तब भी अपने समकालीनों और युवा पीढ़ी के बीच उनका चेहरा उसी पुरानी ख़ुशी से भर उठता था। वे नयी पीढ़ी के लिए कवियों की उस क़तार में व्यक्ति के स्तर पर सबसे प्रिय और पसन्दीदा कवि थे जो रघुवीर सहाय और कुँवर नारायण के बाद उभर कर आयी। मराठी में भी उनकी कविता का बहुत सम्मान था और बांग्ला की बेजोड़ लेखिका महाश्वेता देवी उन्हें इतना मानती थीं कि एक बार कोलकाता में तीन दिन के प्रवास के दौरान हर सुबह उनसे भेंट में एक फूल लेना नहीं भूलीं।

देवताले ने अपनी राजनीतिक स्वर वाली एक कविता में कहा है :

'माँ ने एक बार मुझसे कहा था–
दक्षिण की तरफ़ मुँह करके मत सोना
वह मृत्यु की दिशा है–और यमराज का क्रोध करना
बुद्धिमानी की बात नहीं
...मैंने यमराज के घर का पता पूछा था
उसने बताया था–
तुम जहाँ भी हो वहाँ से हमेशा दूर दक्षिण में
...पर आज जिधर भी पैर करके सोता हूँ
वह दक्षिण दिशा हो जाती है
सभी दिशाओं में यमराज के आलीशान महल हैं
और वे सभी में एक साथ
अपनी दहकती आँखों सहित विराजते हैं
माँ अब नहीं है
और यमराज की दिशा भी वह नहीं रही
जो माँ जानती थी।

देवताले कुछ समय की बीमारी के बाद अन्ततः ख़ुद यमराज की दिशा में चल दिये, लेकिन उनके बारह संग्रहों में फैली हुई कविता, गजानन माधव मुक्तिबोध पर उनकी दो किताबें और मराठी से तुकाराम के अभंगों और दिलीप चित्रे की कविताओं के हिन्दी अनुवाद हिन्दी कविता और विमर्श में अपनी विशिष्ट जगह बना चुके हैं। कविता में नयी प्रस्थापनाओं और गहरी मनुष्यता का ज़िक्र जब भी होगा, देवताले की कविता कई स्तरों पर याद की जायेगी।

हिन्दी कविता में रघुवीर सहाय की पीढ़ी के बाद जो दस–बारह कवि प्रमुख रूप से उभर कर आये, उनके कथ्य और शिल्प में अपनी–अपनी अलग ख़ूबियाँ थीं, अनुभव के विभिन्न संस्तरों की चीरफाड़ करने का अपना हुनर था। ख़ास बात शायद यह है कि एक ही दौर में होने के बावजूद इन सभी का काव्य संसार और संवेदना का स्वभाव एक–दूसरे से काफ़ी अलग था।

इनमें धूमिल, चन्द्रकान्त देवताले, विनोद कुमार शुक्ल, ऋतुराज, विष्णु खरे, अशोक वाजपेयी, लीलाधर जगूड़ी, सौमित्र मोहन और कमलेश के नाम प्रमुख हैं, हालाँकि हिन्दी आलोचना के पास ज़रूरी दृष्टि और औज़ारों के अभाव में नेहरू युग का बिखराव देखने वाली इस पीढ़ी के काम की व्यापक पड़ताल नहीं हो सकी। सामाजिक सरोकारों की बहुतायत के अलावा भी कुछ कवियों में व्यक्तिगत और अन्तरंग स्वर मुखर थे। कुछ कवियों ने थोड़े समय के लिए 'अकविता' के सड़ते हुए पानी में भी हाथ धोया, जिसका उन दिनों काफ़ी बोलबाला था, लेकिन जल्दी ही उनका मोहभंग हो गया। इनमें धूमिल और जगूड़ी के साथ देवताले भी थे। हालाँकि उनकी कविता में वैयक्तिक असन्तोष और गुस्सा तो था, लेकिन स्त्रियों के प्रति अकविता में बहुतायत से पाया जाने वाला शारीरिक उन्माद और मर्दवाद लगभग नहीं था या बहुत कम था। देवताले इसलिए भी बचे रहे कि उनकी मराठी जड़ों की पृष्ठभूमि में विद्रोही सन्त कवियों तुकाराम, नामदेव आदि की छायाएँ थीं।

आग चन्द्रकान्त देवताले की कविता का सबसे प्रिय विषय है। उनमें आग की इतनी छवियाँ और अर्थस्तर हैं कि हम चमत्कृत रह जाते हैं। उनके दो कविता संग्रहों के नाम में ही यह आग है : 'आग हर चीज़ में बतायी गयी थी' और 'भूखण्ड तप रहा है'। एक कविता में वे अपने को 'आग की रोशनी में नहाता', 'आग का फूल' और तमाम कवियों को 'सुलगती उम्मीदों का प्रवक्ता' मानते हैं। यह दार्शनिक या बुद्ध जैसी आग नहीं है जिसमें व्यक्ति और संसार दोनों जलते हुए नज़र आते हैं, बल्कि यह किसी जन्म को सम्भव करने वाली आग है—आदिम, आदिवासी और जैविक। वह जीवन को चलाती है, मृत्यु के द्वार पर भी मौजूद रहती है और रुदन और शोक से मुक्ति दिलाती है : *पैदा हुआ जिस आग से/ खा जायेगी वही एक दिन मुझको/आग का स्वाद ही तो/कविता, प्रेम, जीवन संघर्ष/और मृत्यु का प्रवेश–द्वार भी जिस पर लिखा है—मना है रोते हुए प्रवेश करना।* इस कविता के अन्त में देवताले

अपने पूर्ववर्तियों को भी 'आग के स्मारकों' की तरह याद करते हैं : *याद हैं मुझे कई पुरखे हमारे/जो ताज़िन्दगी बनकर रहे/सुलगती उम्मीदों के प्रवक्ता/मौजूद हैं वे आज भी/कविताओं के थपेड़ों में/आग के स्मारकों की तरह।* देवताले की स्त्रियाँ भी एक 'जलती हुई सुन्दरता' का रूपक हैं जिसकी 'आँच की छाया में परिन्दे सुस्ताते हैं और पत्थर गाते हैं'। एक रोमानी–सी कविता प्रेम में विदा होने को भी आग से जोड़कर देखती है : *तुमने नदी के पानी को/नदी से बाहर जाते हुए देखा होगा/मैंने आग को आग से बाहर जाते देखा है/हम होंगे साथ–साथ एक दिन/फिर विदा होंगे आग से आग पानी से पानी की तरह।* ज़िन्दगी को 'आग के स्वाद' की तरह महसूस करने वाले देवताले मृत्यु को भी इस तरह रेखांकित करते हैं :

मैं मरूँगा जहाँ वहीं उगेगा आग का पेड़
उस पर बसेरा करेंगे पानी के परिन्दे
परिन्दों की प्यास के आसमान में
जहाँ थोड़ा सा सूर्योदय होगा
वहाँ एक छायाविहीन काया
मेरा पता पूछती मिलेगी

हिन्दी में स्त्री, पत्नी और दाम्पत्य पर केदारनाथ अग्रवाल की कविताओं की काफ़ी चर्चा हुई है। संख्या के लिहाज़ से उनके बाद देवताले आयेंगे, लेकिन सघनता और मर्मस्पर्शिता के स्तर पर उनकी कविताएँ केदार जी से बहुत आगे चली जाती हैं। दाम्पत्य की कविताएँ अधिकतर अपनी पत्नी कमला–सम्बोधन का नाम 'कमा' से मुख़ातिब हैं और प्रेम की नाजुक और बारीक संवेदनाओं को कई तरह के रूपकों के ज़रिये प्रकट करती है। 'तुम्हारी हथेली पर' शीर्षक कविता में वे स्त्री के प्रति अपनी कृतज्ञता जैविक ढंग से व्यक्त करते हैं :

मैं आग से घिर जाता
डूब जाता पानी में

हवा में बिखर जाता
पर तुम आग में पानी, पानी में आग
और हवा में मिट्टी की तरह मुझे थामे रहीं
...तुम चाहतीं तो बन जाता मैं भी चतुर दुनियादार
शामिल हो जाता कहीं भी मुखौटे ख़रीदती
भद्रजनों की भीड़ में
पर तुम जतन से पोंछती रहीं पतझर
और कड़वे दिनों के धब्बे।

एक दूसरी और सघन कविता में प्रेम के ये रूपक देखने लायक हैं :

मैं आता रहूँगा उजली रातों में
चन्द्रमा को गिटार सा बजाऊँगा
तुम्हारे लिए
और वसन्त के पूरे समय
वसन्त को रुई की तरह धुनकता रहूँगा
तुम्हारे लिए।

ऊपर की पंक्तियों में अपनी प्रेमिका–पत्नी के लिए प्रयुक्त रूपकों का प्रयोग अपने नयेपन के कारण चकित करता है। चन्द्रकान्त देवताले की ऐसी कविताएँ माँ, आजी, पत्नी आदि रूपों के चिर–परिचित, बहुत इस्तेमालशुदा कथ्य को नयी रूपकीयता में देखती हैं। 'घर में अकेली स्त्री' के निबिड़ एकान्त पर उनकी एक कविता स्त्री के ऐन्द्रिक उल्लास और उसकी विडम्बना को एक साथ बतलाती हैं :

'तुम नहाओ जी भर कर
आईने के सामने कपड़े उतारो
आईने के सामने कपड़े पहनो
फिर आईने को देखो इतना कि वह तड़कने को हो जाये
पर तड़कने से पहले अपनी परछाईं हटा लो
घर की शान्ति के लिए यह ज़रूरी है।

ऐसी अभिव्यक्तियों का अतियथार्थ देखने लायक है। देवताले की कविता पर शायद अनजाने ही अतियथार्थवाद गहरा असर

डालता रहा है जो उनकी ज़्यादातर प्रेम कविताओं, माँ, पिता, आजी और बेटियों पर लिखी गयी कविताओं में मुखर है। इन कविताओं में पाब्लो नेरूदा की 'बीस प्रेम कविताएँ और निराशा का एक गीत' या 'कैप्टन की कविता' सरीखी ख़ूबी है हालाँकि नेरूदा के पुरुषवाची स्वर से क़रीब–क़रीब मुक्त है और वह शमशेर बहादुर सिंह की उस संवेदना के निकट है जो प्रेम में मुकम्मल तौर पर समर्पित हो जाना चाहती है, अपने वजूद को मिटा देना चाहती है।

स्त्री–जीवन पर देवताले की सबसे महत्त्वपूर्ण कविता 'औरत' मानी जाती है, जो कम–से–कम चालीस वर्ष पहले लिखी गयी थी और अब ट्रेडमार्क और क्लासिक का दर्जा हासिल कर चुकी है। इस कविता ने हिन्दी में स्त्रियों को बेहद मानवीय कोमलता से देखने की खिड़की खोली और महिलाओं के श्रम, शोषण और उनकी अस्मिता की खोज और अस्तित्व की पहचान के बारे में लिखी गयी दूसरी कई परवर्ती कविताओं पर कहीं–न–कहीं इसकी छायाएँ मौजूद हैं। रूसी लेखक एंटोन चेखव ने कहा था कि तमाम रूसी कहानियाँ निकोलाई गोगोल के 'ओवरकोट' से निकली हैं। इसी तर्ज पर कह सकते हैं कि महिलाओं पर लिखी गयी ज़्यादातर हिन्दी कविताएँ देवताले की 'औरत' की कोख से पैदा हुई हैं। यह कविता ख़ुद भी देवताले की संवेदना में एक नया प्रस्थापना बिन्दु बनी, जिसके बाद उनकी कविता घर, परिवार, माँ, पिता, गृहस्थ और आदिवासी स्त्रियों की दुनिया के ज़रिये राजनीतिक वक्तव्य भी तैयार करने लगी। 'औरत' बेहद चर्चित कविता है, लेकिन उसका ज़िक्र किये बग़ैर उनकी स्त्री–संवेदना की बात हमेशा अधूरी रहती है। 'औरत' अपने उदात्त बिम्बों और एक सघन, कसी हुई संरचना के लिए भी जानी गयी। 'धूप के तार पर कपड़े सुखाने', 'दोपहर के पत्थर से एड़ियाँ घिसने', 'अनन्त पृथ्वी को अपने स्तनों में समेटे दूध के झरने बहाने' और 'कबसे सबसे अपना पता पूछते पाँव' जैसे बिम्ब हमेशा समय के पार जाते रहते हैं :

वह औरत
आकाश और धूप और हवा से वंचित घुप्प गुफा में
कितना आता गूँध रही है?
गूँध रही है मनों आटा गूँध रही है
असंख्य रोटियाँ सूरज की पीठ पर पका रही है।

पत्नी के अलावा माँ, बेटी, शोषित–उत्पीड़ित, आदिवासी या श्रम में खटती हुई औरतों पर भी देवताले की कविताएँ बहुत मर्मस्पर्शी हैं। माँ पर हिन्दी में बेशुमार कविताएँ लिखी गयी हैं, लेकिन देवताले बहुत अलग क़िस्म के रूपक निर्मित करते हैं : *मैंने धरती पर कविता लिखी है/ चन्द्रमा को गिटार में बदला है/ समुद्र को शेर की तरह आकाश के पिंजरे में खड़ा कर दिया/ सूरज पर कभी भी लिख दूँगा कविता/ माँ पर नहीं लिख सकता कविता।* 'बालम ककड़ी बेचने वाली लड़कियाँ', 'बेटी के घर से लौटना', 'दो बेटियों का पिता होने से', 'नीबू माँग कर', 'माँ जब खाना परोसती थी' और बहुत–सी दूसरी कविताएँ इस सरोकार के सुन्दर उदाहरण हैं। इन रचनाओं में एक आदिवासी क़िस्म की चेतना है जिसे 'बालम ककड़ी बेचने वाली लड़कियाँ', 'काली लड़की', 'देवी वध' और 'बाई, दरद ले' में देखा जा सकता है। 'बाई, दरद ले' में देवताले एक आसन्न–प्रसवा आदिवासी महिला को इस तरह सम्बोधित करते हैं कि वह उसकी आन्तरिक शक्ति का गुणगान बन जाती है :

बाई! तुझे दरद लेना है
ज़िन्दगी भर पहाड़ ढोये तूने
मुश्किल नहीं है तेरे लिए
दरद लेना।

पत्नी की मृत्यु के आसपास लिखी गयी उनकी एक कविता 'अन्तिम प्रेम' जैसे उस गहन प्रेम को पुकारती हुई लगती है :

जैसे कभी–कभी मरने के ठीक पहले
या मरने के तुरन्त बाद कोई अन्तिम प्रेम के लिए तैयार
खड़ा हो जाता है

मैं इस उजाड़ में इसी तरह खड़ा हूँ
मेरे शब्द मेरा साथ नहीं दे पा रहे
और तुम सूखे पेड़ की तरह सुन्दर
मेरे इस जनम का अन्तिम प्रेम हो।

देवताले की कविता के रूपक, बिम्ब और व्यवहार बीसवीं सदी में रूस के दो साहित्य समालोचकों विक्टर स्कालोव्स्की[1] और मिखाइल बाख्तिन द्वारा प्रचलित की गयी 'अपरिचयीकरण'–की अवधारणा की याद भी दिलाते हैं। यानी प्रेम जैसे अति–परिचित अति लिखित विषय...।

लेकिन यह देवताले की कविता का सिर्फ़ एक पक्ष है। उनके शुरुआती संग्रह 'लकड़बग्घा हँस रहा है', 'दीवार पर ख़ून से' और 'हड्डियों में छिपा ज्वर' अगर अपने समय के विद्रूपों और कुरूपताओं की बग़ावती तेवर के साथ चीरफाड़ करते हैं तो 'भूखण्ड तप रहा है', 'आग हर चीज़ में बतायी गयी थी', 'रोशनी के मैदान की तरफ़', 'उजाड़ में संग्रहालय', 'पत्थर की बेंच', 'पत्थर फेंक रहा हूँ' और आख़िरी संग्रह 'ख़ुद पर निगरानी का वक़्त' आदि एक प्रतिबद्ध कवि के राजनीतिक–सामाजिक प्रतिरोध के दस्तावेज़ की तरह हैं, जिनमें वे अपने आसपास से लेकर दूर–दूर तक समकालीन दशा–दिशा पर पैनी नज़र गड़ाये रखने के साथ 'ख़ुद पर भी निगरानी' रखे हुए मिलते हैं और 'अन्तिम साँस तक डोंडी पीटने' की ज़िम्मेदारी स्वीकार करते हैं। भ्रष्ट, अमानवीय सत्ताओं, भूमण्डलीकरण की ताक़तों और आवारा पूँजी के साम्राज्य का प्रतिरोध देवताले की कविता की एक और भूमिका है। विभिन्न आक्रामक शक्ति–संरचनाओं

1. The purpose of art is to impart the sensation of things as they are perceived and not as they are known. The technique of art is to make objects 'unfamiliar', to make forms difficult, to increase the difficulty and length of perception because the process of perception is an aest+hetic end in itself and must be prolonged. Art is a way of experiencing the artfulness of an object; the object is not important. (Shklovsky, 'Art as Technique', 12)

के विरुद्ध 'चीखते रहने' का कवि–कर्म उनके आख़िरी संग्रह में शिद्दत से रेखांकित हुआ है। उसमें देश के 'अन्नदाता' किसानों की आत्महत्या से लेकर 'ताक़तवर दैत्यों का चहुँतरफ़ हमला' और 'विनाश के शिलान्यास का महापर्व' दिखता है, जहाँ 'नदियाँ वेंटिलेटर पर पड़ी हैं', 'यकीनों के जंगल धू–धू कर' जल रहे हैं और 'अच्छाई का अपहरण' हो रहा है। लेकिन देवताले यह भी पूछते चलते हैं कि आख़िर ऐसा क्यों हुआ और इसके परदे में कौन–सी ताक़तें हैं। बहुत–सी कविताओं में वे सत्ता के हुक्मरानों, श्रीमन्तों–महामहिमों–महाप्रभुओं–पन्त प्रधानों से दो टूक सवाल करते हैं और ऐलान भी करते हैं कि ताक़त के तन्त्रों द्वारा पेश की जा रही 'उम्मीद' भी *एक मुहावरा है/गुमराह करने को।* उनकी कविता अपने समय से सन्त्रस्त और हताश ज़रूर है और जानती है कि उसकी भाषा हाँफ रही है और 'छातीकुट्टा' कर रही है, लेकिन उसे छातीकुट्टा करने और उसके डोंडी पीटने से ही उम्मीद है और उन लोगों से भी है, जो कवि के अपने लोग हैं, *जिन्हें दुनिया को बचाना है* और *ज़मीन में गड़ी जिनकी आँखें/देखती हैं आकाश के सपने।*

देवताले पड़ाव–दर–पड़ाव के बाद जैसे एक नयी राह पा जाते थे इसीलिए उनके लगभग सभी संग्रह नये कथ्यों के साथ सामने आते हैं। वे अपनी उपलब्धियों और कविता को भी कुछ संशय से देखते हुए कहते थे कि 'पता नहीं वे कविताएँ बन पायी हैं या नहीं।' उनके बारे में यह धारणा भी प्रचलित थी कि वे बहुत लिखते हैं और तय नहीं कर पाते कि कौन–सी कविता बेहतर है। शायद इसलिए कि उनके अनुभव संसार में निरन्तर वह आदिम और जैविक आग सुलगती थी जो स्वतःस्फूर्त और आकस्मिक ढंग से कविता को पैदा करती रहती थी। शायद इसीलिए उनकी कविता भी 'आग के स्मारक' की तरह बची हुई है।

यह अपनी ज़बान है

कुछ दिन पहले एम्स्टर्डम के हिन्दी विद्वान और हिन्दी कविता के डच अनुवादक डिक प्लुकर ने उर्दू पढ़ने वाली अपनी एक छात्रा से परिचय कराते हुए मुझसे पूछा था : क्या आप उर्दू जानते हैं? मैंने 'नहीं' कहा तो वे कुछ देर सोचते रहे और फिर आहिस्ता से बोले, 'हिन्दी के हर लेखक को उर्दू जाननी चाहिए, उसके बग़ैर वह कुछ अधूरा है।' मैंने कुछ शर्मिन्दगी के साथ कहा, 'कई बार सीखने की कोशिश की लेकिन अख़बारी नौकरियों की मसरूफ़ियात की वजह से यह मुमकिन नहीं हुआ।' मैं उनसे कहना चाहता था लेकिन कह नहीं पाया कि पहले ऐसा नहीं था। शमशेर बहादुर सिंह ने 'दिनमान' के तत्कालीन सम्पादक रघुवीर सहाय के आग्रह पर हिन्दीभाषियों को आसानी से उर्दू सिखाने के लिहाज़ से कुछ नयी तरह के पाठ लिखे थे जिनमें नागरी और फ़ारसी लिपियों को लगभग चीनी चित्रलिपि की शैली में समझाया गया था। शमशेर जी के ये पाठ 'दिनमान' की पुरानी फ़ाइलों में दबे होंगे और उनके उद्धार की भी फ़िलहाल उम्मीद नहीं है। उस दौर में बहुत से लोगों ने इन पाठों के ज़रिये उर्दू सीखी और इससे प्रेरित होकर रघुवीर सहाय ने मलयालम आदि कुछ दूसरी भाषाओं के पाठ भी 'दिनमान' में प्रकाशित किये। ख़ुद शमशेर हिन्दी, उर्दू, फ़ारसी, अँग्रेज़ी और एक हद तक अरबी और स्पानी जानते थे और कभी–कभी इसका अफ़सोस करते थे कि वे संस्कृत नहीं सीख पाये और एक समृद्ध भाषा के ज्ञान से वंचित रह गये। भाषाओं से शमशेर जी का गहरा सरोकार था

जो उनकी कई कविताओं में व्यक्त हुआ है : 'सारी भाषाएँ एक हैं यानी कि मेरा ख़ून'।

हिन्दी और उर्दू के जन्म और आपसी रिश्तों का विवाद इतना पेचीदा है कि वह सुलझने का भ्रम पैदा करके फिर से उलझ जाता है। अकादमिक विद्वानों ने इस मसले पर अपनी बहुत सारी ऊर्ज़ा ख़र्च की है, लेकिन उनमें से बहुत से लोग कुछ देर तक विद्वानों की तरह भाषा में सोचते हैं और फिर उन नेताओं की तरह सोचने लगते हैं जिन पर भारतेन्दु की तरह 'निज भाषा उन्नति' का गुरुतर भार आ पड़ा हो। मसलन, दो दिग्गजों–डॉ. नामवर सिंह को लगने लगता है कि हिन्दी–उर्दू का सह–अस्तित्व 'बासी भात में ख़ुदा का साझा' जैसी कोई चीज़ है या डॉ. रामविलास शर्मा उर्दू के लिए सांस्कृतिक अल्पसंख्यकों की भाषा जैसी एक अजीबोग़रीब श्रेणी ईजाद करने लगते हैं। दरअसल हिन्दी और उर्दू जुड़वाँ बच्चों–सियामीज़ ट्विंस–की तरह हैं जिनकी गर्भनाल एक ही है, पेट भी एक है, रक्त संचार की एक प्रणाली है जिन्हें अलग करने की कोशिश उन्हें फिर से घायल कर देती है और उसके कुछ छींटे डॉक्टरों के हाथों पर भी लग जाते हैं। दोनों भाषाओं के उद्गम के बारे में विद्वानों को कमोबेश बहुत कुछ पता है जिसका पहला ज़िक्र मोहम्मद हुसेन आज़ाद की किताब 'आबेहयात' में इस तरह हुआ है कि 'उर्दू भाषा ब्रज भाषा से निकली है।' इस उर्दू को रेख़्ता भी कहा गया और मिर्ज़ा ग़ालिब बकौल ख़ुद, इस रेख़्ते के अकेले उस्ताद न थे, बल्कि 'अगले ज़माने में कोई मीर' भी था और यह मीर ऐसे शायर थे कि जब उनके रेख़्ते में कोई फ़ारसी–अरबी का लफ़्ज़ आ जाता तो वे कहते थे : 'आया नहीं है लफ़्ज़ ये उर्दू ज़बाँ के बीच'। मीर को हिन्दुस्तान की रेख़्ता ज़बान से इस क़दर प्रेम है कि वे एक दिलकश चुनौती देते हुए कहते हैं : 'गुफ़्तगू हमसे रेख़्ता में न कर। यह हमारी ज़बान है प्यारे'। यह अठारहवीं सदी की ज़बान थी जिसे तब हिन्दी ही कहा जाता था और नागरी में लिखी जाने वाली खड़ी

बोली हिन्दी अभी पैदा नहीं हुई थी। उसका जन्म उन्नीसवीं सदी के हिन्दी नवजागरण, भारतेन्दु मण्डल और आर्यसमाज के प्रयत्नों से हुआ। बाद में दोनों भाषाएँ सत्ता और अस्मिता की राजनीति का औज़ार बना दी गयीं, हिन्दी की परम्परा को संस्कृत से जोड़ने की कोशिशें हुईं और उर्दू की रिवायत फ़ारसी से मिल गयी। इस दुर्घटना पर अमृतराय की मशहूर 'हाउस डिवाइडेड' समेत कई किताबें लिखी गयी हैं। बाद में एक धारणा यह बनी कि अगर उर्दू फ़ारसी लिपि छोड़ दे और नागरी अपना ले तो भाषाई समस्या कुछ हल हो सकती है। इस तर्क में इस तथ्य को अनदेखा कर दिया गया कि नागरी उर्दू या हिन्दी में से किसी की मूल लिपि नहीं थी, उर्दू की लिपि फ़ारसी है और हिन्दी नाम की जिस भाषा का निर्माण उन्नीसवीं सदी के नवजागरण में हुआ उसने यह लिपि संस्कृत से या ब्रज–अवधी जैसी उस समय की काफ़ी समृद्ध भाषाओं से ग्रहण की। लेकिन उससे पहले पन्द्रहवीं सदी में उर्दू अपनी लिपि फ़ारसी से हासिल कर चुकी थी।

कुल मिलाकर इस तरह के तर्क भाषाई विवाद को और भी उलझा देने वाले साबित होते रहे हैं। उर्दू को नागरी लिपि में लिखने की हिमायत बाद में परिमल आन्दोलन के लोग, 'धर्मयुग' के सम्पादक धर्मवीर भारती और राही मासूम रज़ा जैसे लेखक भी करते रहे लेकिन उनके तर्क भाषा परम्परा के लिहाज़ से आधे–अधूरे थे।

भाषा आख़िर क्या है? अगर वह शब्दों का समुच्चय या भण्डार है तो उसकी अहमियत किसी शब्दकोश से ज़्यादा नहीं हो सकती। एक सॉनेट में त्रिलोचन कहते हैं : *भाषा की लहरों में जीवन की हलचल है/ध्वनि में क्रिया भरी है और क्रिया में बल है।* भाषाओं के विन्यास का आधार उनके क्रियापद हैं। इस लिहाज़ से हिन्दी और उर्दू को दो लिपियों में एक भाषा और उनकी लिपियों को एक भाषा की दो लिपियाँ माना जा सकता है। अँग्रेज़ उपनिवेशवादियों की नीतियों ने इनके बीच दरार पैदा की, उन्हें साम्प्रदायिक रंग

दिया और उन्हें पण्डित और मौलवी नाम के धर्मग्रस्त सत्ता–ध्रुवों में केन्द्रित कर दिया। दोनों भाषाओं के विमर्शकारों ने इस त्रासदी से उबरने की कोशिश करने की बजाय उसकी छाया में ही काम करना पसन्द किया। भाषाओं को जनविमर्श बनाने की बजाय सत्ताविमर्श में ढालने से सबसे अधिक नुक़सान उनके साहित्यकारों को उठाना पड़ता है। इस खेल में ज़ाहिर है कि उर्दू को अपदस्थ होना पड़ा जिसका दर्द काफ़ी समय तक उर्दू के कई तरक़्क़ीपसन्द शायरों की शायरी में व्यक्त होता रहा। बहरहाल, यह तय है कि उर्दू और हिन्दी दोनों की तामीर नागर–भाषाओं के तौर पर हुई। ये दोनों मिश्र और वर्णसंकर भाषाएँ हैं जो भारत और पाकिस्तान के अलावा कहीं नहीं बोली जातीं और उनकी जड़ें इसी ज़मीन की बोलियों में छिपी हैं। चौदहवीं सदी के शुरू में अमीर खुसरो सिन्धी, पंजाबी, कश्मीरी, मराठी, बांग्ला, असमिया, अवधी सबको 'हिन्दवी' करार देते हैं लेकिन संस्कृत को ब्राह्मणों की भाषा मानते हैं जिसकी बारीकियों से आम लोग बेख़बर थे। ग़ौरतलब यह है कि मीर और ग़ालिब के ज़माने की हिन्दी या हिन्दवी को उर्दू के नाम पर किनारे कर दिया गया और हिन्दी को उस नागरी में लिखा जाने लगा जिसमें ब्रज और अवधी का भक्ति और रीतिकाव्य लिखा गया था। हिन्दी के समर्थकों ने इस तथ्य की भी अनदेखी की कि वली दकनी कुली कुतुबशाह आदि अपनी भाषा को दक्खिनी हिन्दी कहते थे और वह फ़ारसी में लिखी जाती थी। इस तरह खड़ी बोली ने अपने विभिन्न स्रोतों और उद्‌गमों को काट दिया। खड़ी बोली हिन्दी के नाम पर नागरी प्रचारिणी सभा जैसी अनेक संस्थाओं, साहित्य समालोचकों, (जिनमें ज़्यादातर ब्राह्मण थे) धार्मिक सुधारवादी आन्दोलनों, बाद में उभर कर आये हिन्दी शिक्षण तन्त्र और पाठ्‌यक्रम निर्माताओं को कभी यह ख़याल नहीं आया कि साहित्य की कक्षाओं में उर्दू के महान साहित्य को भी पढ़ाया जाना चाहिए।

ख़ासकर प्रगतिशील धारा के कवियों का भाषाई व्यवहार ऐसा रहा है कि उसमें दोनों भाषाएँ घुल–मिल गयी हैं। मुक्तिबोध की कविता 'भूल–ग़लती' कहती है :

भूल–ग़लती
आज बैठी है जिरह
बख़्तर पहन कर
तख़्त पर दिल के
आँखें चिलकती हैं नुकीले तेज़ पत्थर सी
खड़ी हैं सिर झुकाए
सब क़तारें
बेज़ुबाँ बेबस सलाम में।

शमशेर की कविता में तो जैसे हिन्दी और उर्दू दो आईनों के पानी की तरह घुली–मिली हैं : *वह गुल मोतियों को चबाता हुआ सितारों को/अपनी कनखियों में घुलाता हुआ, मुझ पर एक ज़िन्दा इत्रपाश बनकर बरस पड़ा* या *पुट्ठों को श्लथ कर देने वाला/श्रम/स्वयं मेरी नींद का क़ब्र बन जाता है।* शमशेर अपनी कविताएँ और डायरियाँ फ़ारसी लिपि में ही लिखा करते थे और जो कविताएँ पूरी हो जाती थीं उन्हें नागरी में उतार लेते थे। उनकी डायरियाँ देखते हुए यह विश्वास करना कठिन था कि वे हिन्दी के इतने बड़े कवि हैं जो इस तरह की भाषा भी लिखते हैं : *अथाह शिला से केवल/अनिंद्य अवर्ण्य मछलियों के विद्युत/तुझे खनते हैं।* उनकी संवेदना पर ग़ालिब और इक़बाल का गहरा असर है। वे शायद हिन्दी में ग़ज़ल विधा को बचाये रखने के लिए भी (त्रिलोचन की ही तरह) ग़ज़लें लिखते थे और उनके कुछ मिसरों 'मेरे हिस्से की ताक पर धरी है शायद' या 'हम अपने को ख़याल से भी कम समझे थे', में ग़ालिब का सा अन्दाज़ दिखता है।

नागार्जुन की भी बहुत–सी कविताएँ पढ़ते हुए क्यों अचानक नज़ीर अकबराबादी याद आते हैं। दोनों में अनायास और अजब समानताएँ हैं। एक जैसा फ़क़ीराना अन्दाज़। गाँव–शहर की गलियों–सड़कों के दृश्य और हलचलें। भाषा की मिलती–जुलती भंगिमा और नाटकीय ढंग। दोनों को अपनी धरती से, अपने लोगों से,

एक जैसा प्यार है। पेट, रोटियाँ, आटे–दाल का भाव, तरबूज, खरबूज, जलेबियाँ, नारंगी, मक्खियाँ, रीछ का बच्चा, बुढ़ापा, जवानी वग़ैरह नज़ीर की कविताओं के विषय हैं तो नागार्जुन की कई कविताओं के शीर्षक भुस का पुतला, प्रेत का बयान, लक्ष्मी, सौदा, झण्डा, पुलिस अफ़सर, जयति नखरजिंनी, शासन की बन्दूक़, बाघिन, नेवला आदि हैं। नागार्जुन जैसे नज़ीर के जननाट्य को एक राजनीतिक विस्तार में ले जाते हैं। और क्या ऐसा नहीं लगता कि नज़ीर की नज़्म–*जब आदमी के पेट में जाती हैं रोटियाँ/फूली नहीं बदन में समाती हैं रोटियाँ/अल्लाह की भी याद दिलाती हैं रोटियाँ* को नागार्जुन लिख सकते थे और नागार्जुन की कविता– *कई दिनों तक लगी भीत पर छिपकलियाँ की गश्त/कई दिनों तक चूहों की भी हालत रही शिकस्त* नज़ीर की लिखी हुई हो सकती थी? नज़ीर का 'रीछ का बच्चा' जैसे नागार्जुन के यहाँ 'मादा सूअर' बनकर आ जाता है जो 'मादरे हिन्द की बेटी' है। रघुवीर सहाय की 'नश में दया' जैसी अनेक कविताओं की रंगत कुछ इस तरह है :

कितने बच्चे हैं? कहाँ के हो? यहाँ घर है कहाँ?
चार हैं, बिजनौर का हूँ। घर है मस्जिद में मियाँ।

मिली–जुली भाषा के ऐसे बहुत से नये प्रयोग विष्णु खरे, सुदीप बनर्जी, असद ज़ैदी और लीलाधर मंडलोई आदि बाद के कवियों में भी मिलते हैं। नागार्जुन की दो टूक राय यह थी कि– 'आज हिन्दी के साहित्यकारों की ख़ासतौर से यह ज़िम्मेदारी है कि वे उर्दू को उसका जायज़ जम्हूरी हक़ दिलाने की तहरीक़ की बागडोर अपने हाथों में लें और उर्दू के अदीबों, दानिशवरों एवं उर्दू बोलने वाले अवाम को मुस्लिम फ़िरक़ापरस्तों की साज़िशों का शिकार न होने दें।' इसके लिए उन्होंने यह बेहतर नुस्ख़ा तजवीज़ किया था : 'एम.ए. हिन्दी के साथ उर्दू का एक पर्चा अनिवार्य होना चाहिए और उर्दू एम.ए. करने वालों के लिए हिन्दी का एक पर्चा भी ज़रूरी होना चाहिए ताकि अदब के तालिबे इल्म दोनों ज़बानों की परम्पराओं और विशेषताओं से वाकिफ़ हों।'

हिन्दी के कुछ समर्थक आज भी यह तर्क पेश करते हैं कि उर्दू की लिपि बदल कर नागरी कर दी जानी चाहिए। नज़ीर जैसे शायरों के यहाँ फ़ारसी के शब्द काफ़ी कम हैं। इसी तरह दक्खिन के बड़े शायर, जिन्हें उर्दू या दक्खिनी हिन्दी का आरम्भिक निर्माता कहा जाता है, भी सरलतम अभिव्यक्ति का सहारा लेते हैं और *प्यारे तेरी बात प्यारी लगे* या *मिलना तुमन का ग़ैर से कोई झूठ कोई सचमुच कहे। किस–किस का मुँह मूँदूँ सजन, कोई कुछ कहे कोई कुछ कहे* जैसी अद्भुत खानी उनके यहाँ दिखती है, जिसे हिन्दी ही कहा जायेगा। लेकिन सवाल यह है कि क्या इनकी लिपि को बदला जाये? क्या सिर्फ़ इसलिए कि ज़्यादातर हिन्दीभाषी उसे नहीं जानते और शायद जानना भी नहीं चाहते हैं? उत्तर भारतीय आम हिन्दीभाषी के लिए प्रायः दक्षिण की लिपियाँ भी 'काला अक्षर' की तरह हैं तो क्या इस कारण से कन्नड़, तमिल, तेलुगु, मलयालम आदि की लिपियाँ परिवर्तित कर दी जानी चाहिए? क्या हमारा देश सिर्फ़ हाथियों, बाघों, नटों–बनजारों, साधुओं–बाबुओं के लिए ही जाना जाता, भाषाओं के लिए भी जाना जाता है। इतनी भाषाएँ और लिपियाँ किसी दूसरे देश में नहीं होंगी। भाषाओं–लिपियों का एक पूरा बागीचा पता नहीं कब से खिला हुआ है। शायद ऐसा एक भी विद्वान नहीं हुआ जो देश की सभी भाषाएँ लिख–पढ़ सका हो। लेकिन यह बात कितनी सुन्दर है कि ऐसी भाषाई विविधता कहीं और नहीं पायी जाती। ऐसे में उस उर्दू की लिपि बदलने की माँग किस तरह जायज़ है जिसका जन्म ही अपने यहाँ हुआ, नागरी हिन्दी से भी कई सदी पहले हुआ। और जिसमें बन्दानवाज़, कुली कुतुबशाह, वली, बेदिल, मीर, ग़ालिब जैसे महान शायर हो चुके हैं।

भारत में भाषावार प्रान्तों के गठन के समय हिन्दी और उर्दू के लिए कोई प्रदेश तय नहीं किया गया क्योंकि दोनों ही भाषाएँ पूरे उत्तर भारत में व्याप्त थीं। वे साझा संस्कृति की अभिव्यक्ति थीं। दोनों का जन्म भी उत्तर प्रदेश और दिल्ली में हुआ जिसकी

पहचान राहुल सांकृत्यायन 'कौरवी क्षेत्र' के रूप में करते हैं और कहते हैं कि–'कौरवी में 'आवै हैं' का प्रयोग आज भी होता है, उर्दू ने 'आता है' कर दिया तो हिन्दी भी इस लक्ष्मण–रेखा से बाहर जाने की शक्ति नहीं रखती।' अपने विद्वानों और उनके अथाह योगदान के प्रति पूरे सम्मान के बावजूद यह कहने से गुरेज़ नहीं होना चाहिए कि हिन्दी के राजनीतिक वर्चस्व, नागरी प्रचारिणी सभा, हिन्दी साहित्य सम्मेलन और हिन्दी के शिक्षण–तन्त्र ने एक ज़िन्दादिल भाषा को लिपि के मसले में बदल दिया। लेकिन लिपि भी सिर्फ़ एक तकनीकी मामला नहीं है। वह एक संकेतक है। एक समाज की भावनाओं के अंकन की शैली। उसकी स्मृति के आकार। जापान और पुराने कोरिया की जटिल लिपियों का उद्गम चीन की 'हांत्ज़' या 'कांज़ी' लिपि है, लेकिन दोनों देशों ने उसमें अपनी अलग पहचान बनाने के लिए काफ़ी परिवर्तन किये। लिपि बदलने का आग्रह उस समाज को कमतर आँकने का वर्चस्ववादी और नस्ली रवैया है जिसने उस लिपि को जन्म दिया है। 'मेरा दाग़िस्तान' के महान लेखक रसूल हम्ज़ातोव एक स्थानीय भाषा अवार में लिखते थे जिसे बोलने वालों की संख्या महज़ कुछ हज़ार थी, लेकिन उनकी रचनाएँ अनुवादों के ज़रिये विश्व–भर में प्रसिद्ध हुईं।

हाल ही में 'पहल' ने अपनी पुस्तिकाओं की श्रृंखला में बलराज साहनी का 'हिन्दी के साहित्यकारों के नाम' शीर्षक से एक लम्बा और अहम पत्र प्रकाशित किया है जो उन्होंने 1970 में कुछ पत्रिकाओं को भेजा था, लेकिन उसे किसी ने छापना गवारा नहीं किया। यह बहुत मार्मिक और ऐतिहासिक दस्तावेज़ है जिसकी पृष्ठभूमि में बम्बई में प्रगतिशील उर्दू लेखकों द्वारा आयोजित एक कन्वेंशन है जिसमें हिन्दी का कोई प्रगतिशील लेखक शामिल नहीं हुआ। बलराज साहनी बहुत तकलीफ़ के साथ लिखते हैं : 'और ऐसा लगा, जैसे हिन्दी–उर्दू के सवाल पर प्रगतिशील लेखक संघ का, अन्दर ही अन्दर, उसी प्रकार बँटवारा हो चुका है जैसे

हिन्दू–मुस्लिम सवाल पर हिन्दुस्तान का बँटवारा हो चुका है। मुझे गहरी निराशा हुई।' यह याद रखना ज़रूरी है कि बलराज साहनी सिर्फ़ एक बड़े अभिनेता नहीं थे उनकी कहानियाँ एक ज़माने में बहुत चर्चित थीं और इस ख़त में उन्होंने ठीक ही कहा है कि : 'बच्चन, अज्ञेय, अमृतलाल नागर, चन्द्रगुप्त विद्यालंकार, उपेन्द्रनाथ अश्क–सब मेरे समकालीन लेखक और प्रिय मित्र हैं।' इस दस्तावेज़ में बलराज साहनी संस्मरणों और आत्मकथा की शैली में हिन्दी, उर्दू, पंजाबी, उत्तर भारतीय राजनीति, अँग्रेज़ों की भूमिका, खड़ी बोली, गाँधी की भाषादृष्टि, मध्ययुगीन साहित्य, संस्कृतियों का सम्मिश्रण और जनभाषा का सवाल और लिपि जैसे मुद्दों पर विचार करते हुए बहुत बेबाक़ी और आवेग के साथ हिन्दी के सत्ता प्रतिष्ठान और ख़ासकर उसके लेखकों से जो कुछ कहते हैं वह याद रखने लायक है और उसे किसी नेकनीयत और आहत व्यक्ति की भावुकता कहकर नज़रअन्दाज़ नहीं किया जा सकता : 'अगर आपने आधुनिक हिन्दी के लिए ब्रज और अवधी जैसी महान भाषाओं को हटाकर (उन्हें उपभाषाएँ क़रार देकर) खड़ी बोली को अपनाया था तो उसके लिए फ़ारसी लिपि को भी खुले दिल से अपना लेना उचित था। द्वि–लिपिया भाषा होने से हिन्दी–उर्दू का कुछ भी नहीं बिगड़ जाता...जिस सिंहासन पर आप इस समय अधिकार जमाये बैठे हैं, वह आपको साम्प्रदायिक राजनीति और देश के बँटवारे की बदौलत मिला है। उस पर विराजमान होकर आप कभी भी असाम्प्रदायिक होने का दावा नहीं कर सकते...उर्दू का हक़ मारकर उत्तर प्रदेश के लोगों ने न ही पाकिस्तान को अँगूठा दिखाया है और न ही मुसलमानों की गर्दन मरोड़ी है, उन्होंने अपनी पवित्र मातृभाषा का अपमान किया है और अपने सामाजिक तथा सांस्कृतिक विकास पर कुल्हाड़ी मार दी है...।' बलराज साहनी यह गुज़ारिश करते हुए पत्र को समाप्त करते हैं कि–'उर्दू का जन्मसिद्ध अधिकार उसे उत्तर प्रदेश में ज़रूर मिलना चाहिए क्योंकि वह वहाँ की मातृभाषा है' और यह कि–'अगर आप दोनों ही शैलियों को संस्कृत और फ़ारसी की

गुलामी से आज़ाद करा लें, और अपनी भाषा का वैसे ही विकास करें, जैसे बंगाली और अँग्रेज़ी का हुआ है तो निस्सन्देह आप बहुत जल्द दोनों शैलियों को आपस में मिला सकते हैं और उन्हें फिर जनता की बोलचाल की भाषा और मुहावरे में ढाल सकते हैं।' इस ख़त का आख़िरी हिस्सा भी फिर से बतलाने लायक है : 'इस बड़े मोर्चे पर हिन्दी का मुक़ाबला अँग्रेज़ी के साथ है, किसी छोटे–मोटे पहलवान के साथ नहीं। केवल संस्कृत का शब्दकोश हाथ में लेकर यह मोर्चा जीता नहीं जा सकेगा। वह तो उस प्रकार की ख़ुशफ़हमी होगी, जिसके शिकार मेरे गुरुकुल के आचार्य जी थे, जो अष्टाधायी के सूत्र रटवाते समय हमें बताया करते थे कि किस प्रकार जर्मन लोग भारतवर्ष से वेद चुरा कर ले गये, और उनमें से रेल, इंजन, हवाई जहाज़, रेडियो और अन्य कई प्रकार के यन्त्रों का ज्ञान निकालकर यूरोप के देशों में बेच दिया।'

बलराज साहनी की आवाज़ हिन्दी के नक़्क़ारख़ाने में उस समय नहीं सुनी गयी लेकिन अब सुन ली जायेगी, इसमें भी सन्देह है क्योंकि भाषाओं की महान परम्पराओं से हम कटते जा रहे हैं, विद्वता का लगातार ह्रास होता जा रहा है और यह कहा जाने लगा है कि फैलता हुआ ग्लोबल बाज़ार हिन्दी को भी फैला रहा है और भाषाओं की एक नयी खिचड़ी बन रही है जिसके लिए 'हिंगलिश' या 'बिंगलिश' जैसे नाम ईजाद हो रहे हैं। दूसरी तरफ़, हिन्दी का तन्त्र अपने तथाकथित अन्तरराष्ट्रीय सम्मेलनों और भारतवंशियों की आबादी वाले देशों में खुली हुई ढेरों दकियानूस संस्थाओं के ज़रिये 'हिन्दी नागरी', 'भारत नागरी', 'विश्व नागरी' जैसे झूठे और भ्रामक नारों के माध्यम से एक निहायत इकहरी और संस्कृतिविहीन हिन्दी को प्रचारित करने में लगा है। जिसे घृणा पर टिकी हुई धार्मिक–आर्थिक धन्धेबाज़ी से भी जोड़ दिया गया है। यह हिन्दी की निकृष्ट राजनीति है, उसकी रचनात्मक अभिव्यक्ति नहीं।

हिन्दी और उर्दू का यह अलगाव पिछली पीढ़ी में लगभग नहीं था। शमशेर, नागार्जुन, त्रिलोचन, रघुवीर सहाय की पीढ़ी

उर्दू की जानकार थी और उसकी हिमायती भी। वैसे उर्दू के लिए हिन्दी के दरवाज़े बन्द करने का काम आचार्य रामचन्द्र शुक्ल के 'हिन्दी साहित्य का इतिहास' से ही शुरू हो गया था लेकिन प्रेमचन्द से शुरू होने वाली प्रगतिशील साहित्य की धारा लम्बे समय तक दोनों भाषाओं को साथ लेकर चली। इन पीढ़ियों के बाद उर्दू जानने की ज़रूरत का एहसास लगातार कम होता गया। दरअसल हमारी पीढ़ी के लेखक उस भाषाई तन्त्र के शिकार हुए जिसमें उर्दू को उत्तर भारतीय सांस्कृतिक जीवन के लिए ग़ैर–ज़रूरी मान लिया गया था।

भाषाओं के दमन को लेकर काफ़ी पहले एक ब्राज़ीली कहानी पढ़ने को मिली थी जिसका नाम शायद 'वनमानुस' था। इसमें एक मशहूर नृतत्वशास्त्री एक वनमानुस को पकड़कर अपने घर लाता है और उसे प्रशिक्षण देकर यह खोजना चाहता है कि क्या आधुनिक मनुष्यों के पूर्वज कहे जाने वाले वनमानुस की कोई भाषा थी या वे उसे सीख सकते हैं। वह पहले बहुत प्रेम से उसे सिखाने की कोशिश करता है लेकिन वनमानुस कुछ नहीं सीख पाता। बाद में तंग आकर नृतत्वशास्त्री उसे यातनाएँ देने लगता है लेकिन जब ये यातनाएँ बर्दाश्त से बाहर हो जाती हैं तो वनमानुस चीख़ते हुए कहता है : 'पानी, मालिक, पानी!' कई भाषाएँ हैं, जिन्हें साम्राज्यवादियों और अत्याचारी शासकों ने नष्ट कर दिया। जिन्हें बोलने वाले गहरी ख़ामोशी में चले गये और जंगलों में वनमानुसों की तरह रहने लगे। कुँवर सुरेश सिंह 'भारत के लोग' शीर्षक से छपे अपने विद्वतापूर्ण ग्रन्थ में हमें बता चुके हैं कि अकेले हिन्दुस्तान में सैकड़ों स्थानीय भाषाएँ, उपभाषाएँ या बोलियाँ कैसे समाप्त हो चुकी हैं। ब्राज़ीली कहानी का यह रूपक उर्दू के लिए सच न भी हो क्योंकि उसे बरतने वाला समाज मौजूद है, लेकिन असल मुद्दा यह है कि क्या हम अपनी ज़िन्दगी में उसकी ज़रूरत सचमुच महसूस करते हैं।

पोलैंड के कवि तादेउष रूज़ेविच की एक कविता है :

सड़क पर
एक बूढ़ी औरत एक रस्सी से
एक बकरी को बाँधे हुए चली जा रही है
वह बहुत ज़रूरी है
जो कोई भी यह महसूस करता है
कि वह ज़रूरी नहीं है
वह एक सामूहिक हत्या का अपराधी है।

इन पंक्तियों को भाषाओं और लिपियों के बारे में भी सच माना जाना चाहिए। दुनिया भर के शासकों ने अनेक बार भाषाओं को हथियार की तरह इस्तेमाल करके कितनी ही छोटी–बड़ी भाषाओं को नष्ट किया है। लैटिन अमेरिका में आज प्रचलित स्पानी और पुर्तगाली में भले ही बड़ा साहित्य लिखा जा रहा हो लेकिन सच्चाई यह है कि उनकी अपनी भाषाएँ थीं जिन्हें उपनिवेशवादियों ने समाप्त कर दिया। इसी तरह, अँग्रेज़ों ने ज़िम्बाब्वे जैसे अफ्रीकी देशों में स्थानीय भाषाओं को नष्ट करके वहाँ अँग्रेज़ी थोप दी जिसे क़ैदियों को कबूतरों जैसे दड़बों में बन्द किये जाने के कारण 'पिजिन इंग्लिश' कहा जाने लगा। यह दलित क़िस्म की अँग्रेज़ी है जिसमें व्याकरण के नियम टूट गये हैं, लेकिन इसमें जो साहित्य लिखा गया है वह अन्तरराष्ट्रीय स्तर पर जाना जाता है।

एम्स्टर्डम में डिक प्लुकर जब मेरे उर्दू ज्ञान के बारे में पूछ रहे थे तो शायद उनके दिमाग़ में प्रेमचन्द का वह भाषण रहा होगा जो उन्होंने 1936 में 'साहित्य का उद्देश्य' शीर्षक से आर्यसमाज के एक सम्मेलन में पढ़ा था और जिसमें कहा गया था कि–'हम दोनों ही के लिए, दोनों लिपियों का और दोनों भाषाओं का ज्ञान लाज़मी है। और जब हम ज़िन्दगी के पन्द्रह साल अँग्रेज़ी हासिल करने में कुर्बान कर देते हैं तो क्या महीने–दो महीने भी उस लिपि और साहित्य का ज्ञान प्राप्त करने में नहीं लगा सकते, जिस पर हमारी क़ौमी तरक़्क़ी ही नहीं, क़ौमी ज़िन्दगी का दारोमदार है?'

एक कवि के तौर पर मुझे अपनी भाषा से स्वाभाविक प्रेम है लेकिन मुझे उन तमाम दूसरी भाषाओं से भी, जिन्हें मैं नहीं जानता, कम प्रेम नहीं है और उनमें रचित महान साहित्य के सामने मैं ख़ुद को नगण्य महसूस करता हूँ। मलयालम, कन्नड़, फ़ारसी, चीनी, जापानी के अक्षर किसी रहस्य की तरह आकर्षक लगते हैं। उनकी कैलीग्राफ़ी इतनी सुन्दर है कि आप देखते रह जायें। शमशेर ने चीनी चित्रलिपि पर आधारित एक कविता भी लिखी है। अपनी भाषा से मेरा रिश्ता कुछ रघुवीर सहाय जैसा है और उसके प्रति बम्बइया फ़िल्मी भावुकता से मुझे वितृष्णा है जिसमें 'मैं हिन्दी की रोटी खाता हूँ' जैसे ख़राब वाक्य बोले जाते हैं। मेरा हिन्दीभाषी होना भी एक संयोग ही है। किसी भाषा की कविता या कहानी जब किसी दूसरी भाषा में अनूदित होती है तो वह उस भाषा की रचना भी बन जाती है। इतिहास, भूगोल या सामाजिक अध्ययनों की किताबें अनूदित होकर कविता, कहानी, उपन्यास की तरह दूसरी भाषा का हिस्सा नहीं बनतीं। कायाकल्प का यह वरदान सिर्फ़ साहित्य को प्राप्त है।

हिन्दी और उर्दू को क्रमशः हिन्दू और मुसलमान की भाषा बनाने का षड्यन्त्र अपने उद्देश्य में पूरी तरह सफल नहीं हो पाया क्योंकि इसके घाव दोनों भाषाओं को झेलने पड़े हैं। फ़र्क़ इतना ही है कि उर्दू में वे तुरन्त दिख जाते हैं और हिन्दी में एक विशाल तन्त्र होने के कारण वे दबे–ढँके रहते हैं। नौजवान हिन्दू या मुसलमान आज अगर ठीक से न हिन्दी जानते हैं और न उर्दू, तो क्या यह हम सबकी त्रासदी नहीं है?

ज्वालामुखी के मुहाने पर

इन दिनों जब यह कहा जा रहा है कि देश की संसदीय धारा की कम्युनिस्ट पार्टियों के पास समाज परिवर्तन और क्रान्ति का कोई स्वप्न बचा नहीं रह गया है और सबने मान लिया है कि पूँजी के ग्लोबल साम्राज्य में मूलगामी परिवर्तन असम्भव है, बांग्ला कवि और उपन्यासकार नबारुण भट्टाचार्य एक अपवाद की तरह थे। वे अन्त तक क्रान्ति के स्वप्न के पीछे चलते रहे। उनका व्यक्तित्व और रहन–सहन भी स्वप्नदर्शियों जैसा था : चश्मे के पीछे गहरी आँखें, अस्त–व्यस्त बाल और दाढ़ी, कुर्ता–पाजामा और कन्धे से लटकता झोला जो सन् 1980 के दशक के क्रान्तिकारी बुद्धिजीवियों की याद दिलाता था। हताशाएँ बहुत सारी थीं, लेकिन उनका यह यकीन कभी डिगा नहीं जो उन्होंने कई वर्ष पहले अपनी एक कविता में व्यक्त किया था :

मैंने हवा का हाथ देखा है
हवा एक दिन तूफ़ान बनकर
सबसे ऊँची अट्टालिकाओं को ढहा देगी
मैंने भीषण दुख की रात का हाथ भी देखा है
उसकी भोर हो रही।

अगर भारतीय भाषाओं की बड़ी कविताओं का कोई संकलन बनाया जाये तो उसमें नबारुण दा की कविता 'यह मृत्यु उपत्यका नहीं है मेरा देश' को शामिल किये बिना कोई चयन पूरा नहीं होगा। यह कविता सन् 1972 के आसपास एक विस्फोट और एक जलती हुई परिघटना की तरह सामने आयी थी और देखते ही

देखते बहुत–सी भाषाओं में अनूदित होकर उनकी अपनी कविता बन गयी। अगर कविता को प्रत्येक अनुभव का आख़िरी प्रारूप या 'ड्राफ्ट' माना जाये तो 'यह मृत्यु उपत्यका नहीं है मेरा देश' नक्सलबाड़ी क्रान्ति की संवेदना के आख़िरी मसविदे की तरह थी, जिसमें उस दौर में परिवर्तन के लिए बेचैन युवा पीढ़ी के भीषण उत्पीड़न, राज्यसत्ता के आतंक और हिंसा के विचलित करने वाले बिम्बों और 'कविता के गाँवों से कविता के शहर को घेरने' की नक्सलवादी राजनीतिक वैचारिकी के साथ क्रान्ति के आवाहन का एक महाकाव्य सरीखा और जादुई रेटरिक था। पश्चिम बंगाल में वह कांग्रेस सरकार और सिद्धार्थ शंकर राय के अत्याचारी शासन का दौर था जिसे अर्थशास्त्री अशोक मित्र ने 'अत्यन्त प्रतिभाशाली नौजवानों को कुत्तों की तरह मार दिये जाने के अँधेरे दौर' के रूप में चित्रित किया था। यह कहना अतिरंजित नहीं होगा कि इस कविता को सुनकर और पढ़कर हज़ारों नौजवान क्रान्ति के पक्षधर बने। काव्यात्मक विन्यास के रूप में भी वह एक बेहद सम्मोहक कविता थी :

मैं छीन लाऊँगा अपने देश को
सीने में छिपा लूँगा कुहासे से भीगी कांस–सन्ध्या और विसर्जन
शरीर के चारों ओर जुगनुओं की क़तार
या पहाड़–पहाड़ झूम खेती
अनगिनत हृदय, हरियाली, रूपकथा, फूल–नारी–नदी
एक–एक तारे का नाम लूँगा
डोलती हुई हवा, धूप के नीचे चमकती मछली की आँख जैसा ताल
प्रेम जिससे मैं जन्म से छिटका हूँ कई प्रकाशवर्ष दूर
उसे भी बुलाऊँगा पास क्रान्ति के उत्सव के दिन।

इस कविता ने दूसरी भाषाओं में भी क्रान्तिधर्मी और जनपक्षीय कविताओं की सम्भावना के दरवाज़े खोलने का काम किया। नक्सलबाड़ी दौर के बाद की कविताओं से नबारुण दा अपनी

पीढ़ी के सर्वश्रेष्ठ कवि के रूप में प्रतिष्ठित हुए और सुकान्त भट्टाचार्य, समर सेन और सुभाष मुखोपाध्याय की प्रतिबद्ध विरासत के वास्तविक वाहक बने।

कविता के अलावा बांग्ला कहानी और उपन्यास में भी नबारुण भट्टाचार्य का अहम योगदान माना जाता है। उनकी कहानियों और 'हरबर्ट' जैसे उपन्यास ने बांग्ला कथा साहित्य में एक नितान्त नये कथ्य और शिल्प की शुरुआत की जिसमें भद्र समाज से देशनिकाला पाये हुए, अँधेरे हाशियों पर एक भूमिगत क़िस्म का जीवन जी रहे लोगों की अराजक गतिविधि को फ़तासी, अतीन्द्रिय कल्पना और जादुई यथार्थवाद की शैली में व्यवस्था विरोधी स्वरूप दिया गया था। 'हरबर्ट' एक सशक्त उपन्यास है और बांग्ला में उसके टक्कर की कोई और कृति नहीं है। इस उपन्यास पर नबारुण को साहित्य अकादेमी पुरस्कार मिला और उस पर इसी नाम से एक फ़िल्म भी बनी। उपन्यास के मुख्य पात्र हरबर्ट को भद्र समाज से बहिष्कृत, नाकाम, खब्ती, हास्यास्पद और मृतकों से वार्तालाप करने वाले के रूप में चित्रित किया गया है, लेकिन आत्महत्या के बाद जब विद्युत शवगृह में उसका शव विस्फोट करता है और पूरी इमारत दरक जाती है तो हरबर्ट के बेतुके जीवन का एक राजनीतिक अर्थ स्पष्ट हो उठता है। यह नबारुण की प्रतिबद्ध अन्तर्दृष्टि थी जो एक व्यक्ति के लगभग अर्थहीन जीवन को भी एक वैचारिक आयाम से सम्पृक्त कर देती थी। अपने एक और उपन्यास 'कांगाल मालसाट' में भी नबारुण ने फ्यातरू, चोकटोर जैसे पात्रों की मार्फ़त उस अराजक दुनिया को फिर से उभारा जो कोलकाता जैसे महानगर की निचली सतहों की अँधेरी गहराइयों में रहकर छापामार युद्ध जैसी कार्रवाइयों से राज्यसत्ता के ख़िलाफ़ अपनी अजीबोग़रीब लड़ाई चलाती रहती है। ये ऐसे चरित्र हैं जिन्हें मध्यवर्ग के लोग 'लुंपेन' मानते हैं और जिनका चित्रण नबारुण की ही एक कविता में इस तरह किया गया है :

हर रात हमारे जुए में
कोई न कोई चाँद को जीत लेता है

चाँद को तुड़वाकर हम खुदरा तारे बना लेते हैं
हमारी जेबें फटी हुई हैं
उनके छेदों से तमाम तारे गिर जाते हैं
उड़ कर आकाश में चले जाते हैं।

ख़ास बात यह है कि ऐसे चरित्रों की सृष्टि करने के साथ–साथ नबारुण ने उन्हें वैचारिक नज़रिये से चित्रित किया और उनकी अराजकता को एक राजनीतिक रूप दिया। ऐसे सभी पात्रों के वैयक्तिक विद्रोह में नबारुण यथास्थितियों और व्यवस्थाओं के ख़िलाफ़ एक युद्ध की स्थिति का आविष्कार करते हैं। इन रचनाओं का शिल्प भी ख़ासा अराजक है और उनमें गोरिल्ला युद्ध की शब्दावली बहुतायत में मिलती है।

नबारुण भट्टाचार्य की संवेदना पर उनके पिता और 'नबान्न' जैसे कालजयी नाटक के लेखक–अभिनेता बिजन भट्टाचार्य का गहरा प्रभाव रहा। उनकी माँ और सुप्रसिद्ध बांग्ला लेखिका महाश्वेता देवी और बिजन भट्टाचार्य जब अलग हुए तो उनका ज़्यादातर समय अपने पिता के पास ही बीता और उन्हीं से नबारुण को अन्याय के आगे घुटने न टेकने और व्यावसायिकता की शर्तों पर काम न करने के संस्कार मिले। बिजन भट्टाचार्य को 'इप्टा' के सुनहरे दौर में बम्बई जाकर फ़िल्म उद्योग में काम करने के कई प्रलोभन मिले थे, लेकिन वे अपने लोगों और रंगमंच को छोड़कर नहीं गये। यह चेतना नबारुण के भीतर भी बरकरार रही और जब उनके एक उपन्यास 'ऑटो' पर बांग्ला के एक व्यावसायिक फ़िल्मकार ने फ़िल्म बनाने की पेशकश की तो उन्होंने आर्थिक अभाव के बावजूद इसकी स्वीकृति नहीं दी। नबारुण पर गहरा असर बांग्ला के महान फ़िल्मकार और उनके मामा ऋत्विक घटक का भी था जिनकी कुछ फ़िल्मों की शूटिंग के दौरान उन्होंने सहायक के रूप में छोटे–मोटे काम किये थे और अपनी कविता के लिए एक सशक्त सिनेमाई दृश्य विधान हासिल किया था। उनकी कई कविताएँ ऐसी हैं जिन्हें पढ़ते हुए लगता है जैसे हम उथल–पुथल के बिम्बों को देख रहे हों।

उनमें इतनी सघन दृश्यात्मकता है कि जब वे कहते हैं कि–*ज्वालामुखी के मुहाने पर/एक केतली रखी हुई है/वहीं निमन्त्रण है मेरा चाय के लिए/हे लेखक, प्रबल पराक्रमी कलमची/क्या आप वहाँ जायेंगे* तो एकबारगी इस दृश्य पर विश्वास होने लगता है। नबारुण ख़ुद भी एक ज्वालामुखी के मुहाने पर बैठे हुए व्यक्ति और लेखक लगते थे।

नबारुण भट्टाचार्य उन लोगों में से नहीं थे जो एक सत्ता तन्त्र का विरोध करने के लिए किसी दूसरे सत्ता तन्त्र की शरण में चले जाते हैं। वे वास्तविक अर्थों में ऐसे बुद्धिजीवी थे जिसे इटली के मार्क्सवादी चिन्तक एंटोनियो ग्राम्शी आवयविक–ऑर्गेनिक–बुद्धिजीवी कहते थे। द्वितीय विश्व युद्ध से कुछ पहले ग्राम्शी ने 'आवयविक बुद्धिजीवी' की अवधारणा प्रस्तुत की थी जो पारम्परिक बुद्धिजीवियों (प्रोफ़ेसर, अर्थशास्त्री, वैज्ञानिक वग़ैरह) के बरअक्स साधारण जन के हित में निरन्तर सक्रिय रहता है और उसका मक़सद प्रभुत्वशाली सामाजिक समूहों के पक्ष में काम करने वाली वर्चस्ववादी शक्तियों का विरोध करना होता है। ऐसा बुद्धिजीवी सार्वजनिक वक्ता या नेता नहीं होता, बल्कि वह कम बोलता है और उसकी जीवन शैली और पहचान भी विशिष्ट जनों जैसी न होकर उन लोगों की तरह होती है जिनके लिए वह काम करता है। नबारुण दा का व्यक्तित्व और काम दोनों इस परिभाषा पर खरे उतरते थे। पश्चिम बंगाल में वाम मोर्चा सरकार के समय उन्होंने सिंगूर और नन्दीग्राम में किसानों की ज़मीनें छीनने और उन पर गोलियाँ चलाने के विरोध में बंकिम पुरस्कार लेने से इनकार कर दिया था और जब वाम मोर्चे से मोहभंग के दौर में राज्य के बहुत सारे लेखक, कलाकार, अभिनेता और यहाँ तक कि महाश्वेता देवी जैसी हस्ती भी ममता बनर्जी की तृणमूल कांग्रेस का समर्थन करने लगी थी तो नबारुण दा तृणमूल के ख़तरे से आगाह करते हुए एक क्रान्तिकारी मार्क्सवादी विकल्प की तलाश पर ज़ोर दे रहे थे।

नबारुण दा से मिलना हर बार एक ऐसे एक्टिविस्ट बुद्धिजीवी से मिलने की तरह था जिसे सर्वहारा क्रान्ति के अधूरे छूट गये 'प्रोजेक्ट' का गहरा एहसास हो और जिसकी हर गतिविधि उसे पूरा करने से जुड़ी हुई हो। इन पंक्तियों के लेखक द्वारा एक बांग्लाभाषी पत्रकार मित्र संदीप राय चौधरी के सहयोग से किया गया 'यह मृत्यु उपत्यका नहीं है मेरा देश' संग्रह का अनुवाद उन्हें बहुत प्रिय था। भारतीय भाषाओं में लिखे जा रहे सामाजिक परिवर्तन से प्रतिबद्ध साहित्य को बांग्ला अनुवाद में प्रस्तुत करने के लिए उन्होंने 'भाषाबन्धन' नामक पत्रिका भी निकाली थी। बांग्ला समाज में यह अपने ढंग की अकेली पत्रिका थी, जिसे वे अन्त तक चलाते रहे। 'भाषाबन्धन' की ओर से ही इन पंक्तियों के लेखक की कविताओं के बांग्ला अनुवादों का संग्रह भी प्रकाशित हुआ था। मार्क्सवाद कितने अद्‌भुत इन्सान, कितने विलक्षण कवि और बुद्धिजीवी को गढ़ सकता है—नबारुण इसकी एक मिसाल थे।

कश्मीरियत को ज्ञानपीठ

गाँव की गचदार रंगीन कोठरी बारिश तले फँस गई
शहर की धूम मचाती मस्तियाँ ताबूत में दुबक गईं
अरी ओ कान की बाली! तू भी हिलती–झूलती हुई
एक दरिया बहता हुआ भागता हुआ

हाल ही में सन् 2004 के भारतीय ज्ञानपीठ पुरस्कार से सम्मानित कश्मीरी कवि रहमान राही की कविता 'एक दरिया बहता हुआ भागता हुआ' की ही तरह है जो अपने साथ इतिहास और वर्तमान को समेटे हुए एक सतत प्रवाह में चलता जाता है। राही उन कवि–आलोचकों में से हैं जिनकी संवेदना पर कई इतिहासों, संस्कृतियों और भाषाओं का, कश्मीर के शैवमत, रहस्यवाद, संस्कृत, फ़ारसी, उर्दू, अँग्रेज़ी, सूफ़ीवाद, मार्क्सवाद और पश्चिमी आधुनिकतावाद का गहरा प्रभाव पड़ा है और इन सबसे उनकी व्यापक मानवतावादी दृष्टि और भी समृद्ध हुई है। आज जबकि कविता सांस्कृतिक इकहरेपन से ग्रस्त होती जा रही है, राही जैसे रचनाकार संस्कृति की विभिन्न राहों के मिलन–स्थल की तरह नज़र आते हैं। व्यापक मानवतावादी सरोकारों की दृष्टि से उन्हें हिन्दी के कुँवर नारायण, बांग्ला के वीरेन्द्रनाथ चक्रवर्ती और शंख घोष, मराठी के विंदा करंदीकर, मलयालम के के. सच्चिदानन्दन और असमिया के नीलमणि फूकन जैसे कवियों के समकक्ष रखा जा सकता है। यह और बात है कि ऐसे संस्कृति–बहुल रचनाकार हमारी भाषाओं में अब लगातार कम होते जा रहे हैं।

महजूर और दीनानाथ नादिम जैसे बड़े और आधुनिक कवियों के बाद रहमान राही को कश्मीरी के सबसे प्रमुख कवि का दर्जा हासिल है। 1925 में जन्मे, बचपन में ही माता–पिता की छाया से वंचित और घोर आर्थिक अभाव में पले–बढ़े राही की काव्ययात्रा ने कई प्रतिमान बनाये हैं। अपने कविता संग्रह 'नौरोज़–ए–सबा' (नयी सुबह की हवा) के लिए जब उन्हें 1961 में साहित्य अकादेमी पुरस्कार मिला तो वे इसे पाने वाले सबसे कम उम्र के लेखक थे। इसी तरह साहित्य अकादेमी की रत्न–सदस्यता और अब ज्ञानपीठ से सम्मानित होने वाले पहले कश्मीरी लेखक का श्रेय भी उन्हें मिला है। यह सम्मान उन्हें ऐसे समय दिया गया है जब कश्मीर के सामाजिक और राजनीतिक हालात बदतर हैं, आम लोग बेहद परेशान हैं, विक्षोभ चरम पर है और अलगाव की आवाज़ें बहुत तेज़ हो गयी हैं। रहमान राही क्योंकि कश्मीरी भाषा और कश्मीरियत की भावना के प्रबल समर्थक हैं इसलिए ऐसे माहौल में यह सम्मान, एक छोटी हद तक ही सही, एक कवि के माध्यम से कश्मीर और शेष भारतीय समाज के छिन्न–भिन्न किये जा रहे रेशों को कुछ जोड़ने का काम कर सकता है। ख़ुद रहमान राही भी ज्ञानपीठ पुरस्कार को 'कश्मीरी भाषा और साहित्य की पहचान को मिली मान्यता' के रूप में देखते हैं। उन्होंने अपनी काव्ययात्रा हाफ़िज़, बेदिल, मीर और ग़ालिब के प्रभाव में फ़ारसी और उर्दू से शुरू की थी, लेकिन जल्दी ही प्रगतिशील कश्मीरी कविता के प्रकाश–स्तम्भ दीनानाथ नादिम से सम्पर्क में आकर वे कश्मीरी की तरफ़ मुड़ गये और आज एक ऐसे कवि के रूप में प्रतिष्ठित हैं जिसकी समूची अस्मिता कश्मीरी भाषा में ही निहित है। उनके शब्दों में, 'मेरा स्वप्न यही रहा है कि भाषा के माध्यम से कुछ तलाशना और पाना है, व्यक्तिगत अनुभव के मूल्यवान पहलुओं को भाषा के माध्यम से पकड़ना है। भाषा ही मेरा मार्गदर्शन करती है। उस क्षण में मेरी अन्तरात्मा उसमें पूरी तरह से सराबोर होती है।' राही अपनी कश्मीरी ज़बान को *तू ही मेरी चेतना / तू ही मेरी आत्मा* के रूप में सम्बोधित करते

हुए कहते हैं : *तूने अपने शाश्वत झरने में/मुझे भीतर–बाहर से धो डाला है।* कश्मीरी भाषा के संरक्षण और प्रसार के लिए भी राही ने विभिन्न संस्थाओं और स्कूलों के माध्यम से महत्त्वपूर्ण प्रयास किये हैं और उनकी निगाह में हालाँकि 'कश्मीरियत जैसे शब्द को राजनीतिक नेताओं ने प्रदूषित कर दिया है लेकिन इसका ताल्लुक़ भी भाषा से ही है।' राही ने कश्मीरी शायरी को भाषा और शिल्प के नये प्रयोगों से भी समृद्ध किया है और उन्हें छोटी कविताओं और 'नस्री नज़्म' यानी गद्य कविता का जन्मदाता माना जाता है। उनकी एक छोटी नज़्म कश्मीर के हालात को इस तरह बयान करती है :

वह कौन था, वह क्यों मारा गया, कहाँ है लाश
एक सौ सवाल
उपेक्षा से उभरे और ख़ामोश।

राही कुछ अर्से तक मार्क्सवाद और प्रगतिशील लेखक संघ से जुड़कर उसके सचिव और मुखपत्र 'क्वंगवोश' (केसर के फूल) के सम्पादक भी रहे। उस दौर की कविताओं में 'हमारे रक्त से अपने दामन में रत्न जड़ता है जागीरदार' जैसी अभिव्यक्तियाँ प्रमुख हैं लेकिन स्तालिनवाद–विरोधी हवा में वे अस्तित्व और नियति के प्रश्नों के समाधान के लिए कश्मीर की सांस्कृतिक परम्पराओं की ओर मुख़ातिब हो गये हालाँकि मार्क्सवादी राजनीति से दूर होने के बावजूद उसका सारतत्त्व उनकी चेतना में बना रहा। राही अपनी अनेक कविताओं में कश्मीर के क्लासिकी कवियों ललद्यद या लल्लेश्वरी, नुरुद्दीन या नुंदऋषि, हब्बा ख़ातून, फ़ारसी कवि रूमी के उस्ताद शम्स तबरेज़ी और आनन्दवर्द्धन और शैव–शाक्त मिथकों के सन्दर्भ बहुत मिलते हैं। एक कविता में वे कहते हैं :

तारों की मण्डलियाँ दलदल में फँस गयीं
सरों और चीड़ आँसुओं में बह गये
ओ लल्ला, तू बागीचे के दरवाज़े पर क़दम रखते ही ज़हर खायेगी

वह शिव और शक्ति सब निकल भागे और वह कश्मीर
उसे अब यों ही सा जान...।

अपनी काव्य विरासत से संवाद राही की कविता का उल्लेखनीय गुण है और वे यह मानते हैं कि–'आधुनिक भारतीय भाषाओं की तुलना में कश्मीरी का साहित्य अधिक प्राचीन है। लिखित इतिहास के मुताबिक हमारे पास आठ शताब्दियों का समृद्ध साहित्य है। भारतीय काव्यशास्त्र के प्रारम्भकाल के प्रमुख आचार्य कश्मीर के थे और 'राजतरंगिणी' के रचयिता कल्हण को भारत का प्रथम इतिहासकार मानना होगा।'

कश्मीरी काव्य की विरासत और नादिम जैसे प्रगतिशील–आधुनिक कवियों के अलावा राही की कविता पर कश्मीरी लोककाव्य की उन्मुक्त रागात्मकता का भी गहरा प्रभाव है। उनकी कविता एक तरफ़ मनुष्य की पीड़ा और बेचैनी की शिद्दत के साथ पड़ताल करती है, कश्मीर के अवसाद की ज़मीनी अभिव्यक्ति बन जाती है, लेकिन दूसरी तरफ़ उसका एक पाँव उन्मुक्त, हवा में तैरता दिखता है–अँग्रेज़ी कवि डब्ल्यू. एच. ऑडेन के 'डांसिंग फुट ऑफ़ पोयट्री' यानी कविता के नृत्य करते पाँव की तरह। उनकी शायरी कई बार लोक कविता की संवेदना को छूने लगती है :

सितारे आकाश में मोतियों की माला बना रहे हैं
या तुम अपनी लालसाओं की लड़ी बनाती बाहर निकली हो?

रहमान राही को समर्पित ज्ञानपीठ दरअसल कश्मीरियत के उस जज़्बे का सम्मान है जो लम्बे अरसे से भारतीय और पाकिस्तानी दोनों देशों के हुक्मरानों की मार झेल रहा है।

हम एक ही वृक्ष से उत्पन्न

शायद 1975 के शुरू में कोरिया के प्रसिद्ध कवि किम ची हा के एक कविता–संग्रह का अँग्रेज़ी में अनुवाद आया था जिसे हमारी पीढ़ी के कवियों ने एक गहरे लगाव और रोमांच के साथ पढ़ा क्योंकि किम प्रतिबद्ध और व्यवस्था–विरोधी कवि थे और उनमें एक ऐसा विक्षोभ था जो हमारी पीढ़ी के स्वभाव से मिलता–जुलता था। किम ची हा का रोमांच इसलिए भी बढ़ गया था कि वे शायद उस समय के पहले कवि थे जिन्हें कविता लिखने के कारण कारावास ही नहीं, मृत्युदण्ड की सज़ा भी दी गयी थी और इस सज़ा के विरोध में विश्व के अनेक प्रसिद्ध बुद्धिजीवियों ने एक मुहिम शुरू की थी जिनमें ज्याँ पॉल सार्त्र और नोम चोम्स्की जैसे लोग शामिल थे।

विश्व के इन बुद्धिजीवियों की वह अपील भी उस कविता संग्रह में छपी हुई थी। उन्हीं दिनों शायद कवि राजेश जोशी ने किम ची हा की दो कविताओं 'सोल का रास्ता' और 'भूख' का अनुवाद भी किया था। 'भूख' की एक पंक्ति स्मृति में जैसे खुदी हुई है : *मैं भूखा हूँ/हाँ, मैं पैसे भी खा सकता हूँ।* किम ची हा की कविताओं से हमारी पीढ़ी इसलिए जुड़ी कि किम की यातना, उनके विक्षोभ, यथास्थितिवाद के ख़िलाफ़ उनकी सक्रियता और अन्ततः एक असहायता में जैसे हमारी संवेदना का भी एक अक्स था। 'सोल का रास्ता' ठीक उसी विस्थापन की कविता थी जो हमारे समाज में भी एक बड़ी दुर्घटना रही है; गाँवों से ग़रीब, फटेहाल, अनपढ़ लोगों का शहरों की ओर पलायन,

उनका अपने घरों से उजड़ना, शहरों का नरक और उस नरक से बाहर न निकल पाने का क्षोभ। और अब दिविक रमेश द्वारा अनूदित–सम्पादित 'कोरियाई कविता संग्रह' को पढ़ते हुए भी पहला एहसास यह होता है कि इस कविता का अधिकांश हमारी संवेदना के कितने निकट है, हम इन कविताओं से एक मित्र की तरह बात कर सकते हैं। किम ची हा की कविता क्रान्तिकारी और यथास्थितिवाद की विरोधी थी इसलिए वह एकदम अपनी लगती थी। लेकिन दिविक रमेश ने जिन कविताओं का चयन किया है उनमें ज़्यादातर प्रेम, दुख, प्रकृति, अस्तित्व और नियति के प्रश्नों की कविताएँ हैं और तब भी वे बहुत जानी–पहचानी लगती हैं जैसे वे हमारी ही किसी भाषा की कविताएँ हों। इसकी क्या वजह है?

इस वजह को संक्षेप में बताया जाये तो यह है कि ये कविताएँ जैसे हिन्दुस्तानी कविताएँ हैं, बल्कि ज़्यादा सही यह होगा कि ये पूर्वी संवेदना की कविताएँ हैं और पश्चिमी ढंग की अभिव्यक्तियाँ यहाँ प्रायः नहीं हैं। आधुनिक पश्चिमी संवेदना वहाँ के यथार्थ की ही तरह कुछ सिंथेटिक क़िस्म की है, उसमें प्रेम करते हुए मनुष्य ही हैं, उनकी गहरी वेदना नहीं है, उसमें भूख है लेकिन भूखे लोगों के पेट और चेहरे नहीं हैं, उसमें संघर्ष है उसकी धार नहीं है, उसमें सपने हैं लेकिन स्वप्न देखने वाली आँख नहीं है और उसमें अनेक तरह की वर्जनाएँ हैं। दूसरी ओर, कोरियाई कविता का यथार्थ बहुत मानवीय, सरल और दृश्यात्मक जीवन का यथार्थ है।

क़रीब साढ़े बारह सौ साल पहले जन्म भिक्षुक कवि 'वॉल म्योंग' की एक कविता देखिए :

क्योंकि निकट है राह जीवन और मृत्यु की
हमारे जीवन में हैं मात्र उत्तेजनाएँ
जब तक हम चले ही नहीं जाते बिन कहे
कि हम जाते हैं
सहसा पतझरी हवा से बिखेर दिये गये पत्तों से

इधर–उधर
हम एक ही वृक्ष से उत्पन्न
नहीं जानते कहाँ जाते हैं हम

सेजो या सोलहवीं–सत्रहवीं सदी के कवि युन सॉन दो की एक यह कविता :

मुझे गिनने दो अपने दोस्तों की संख्या
जल और चट्टान
बाँस और चीड़
कितना आतंकित होता हूँ मैं सूर्य से
जो उदित होता है पूर्वी पहाड़ पर
और क्या चाहिए मुझे
इन पाँचों को छोड़कर।

चीन, जापान, कोरिया आदि देशों में बहुत कम शब्दों में अनुभवों का सार कह देने वाली कविता के कई छन्द प्रचलित रहे हैं : तीन पंक्तियों के हाइकू या चार से दस पंक्तियों या पैंतालीस वर्णों या अक्षरों के छन्द और कोरियाई सीजो, तांगा, ह्यांगा छन्द और आशु कविता की परम्परा, जिनके बारे में अनुवादक ने भूमिका में कुछ अच्छी जानकारियाँ दी हैं। हमारे साहित्य में भी संस्कृत की चतुष्पदियाँ–त्रिपदियाँ प्रसिद्ध हैं जो बाद में हिन्दी में भी लिखी जाती रही हैं। और आशु कविता तो प्राचीन कवियों से लेकर रीतिकालीन लोगों तक का प्रिय शगल और अनेक बार आजीविका का आधार भी रही है। कोरियाई और भारतीय ऐतिहासिक अनुभवों में और भी कई समानताएँ हैं। मसलन यह कि कोरिया में लम्बे समय तक जनसाधारण के पास कोई लिपि नहीं थी। उस पर सिर्फ़ राजाओं, श्रेष्ठियों और सामन्तों का एकाधिकार था। क़रीब एक हज़ार साल पहले वह जनसाधारण चित्रभाषा बनी। यह स्थिति हमारे यहाँ संस्कृत, प्राकृत और पालि के सम्बन्धों में देखी जा सकती है। कोरिया के जन्म के बारे में एक सुन्दर मिथक जो इस पुस्तक की भूमिका में दिया गया है इतना परिचित है कि किसी भारतीय मिथक का सुन्दर प्रसंग

भी हो सकता था। कहानी यह है कि एक रीछ तपस्या करके सुन्दर स्त्री का रूप ले लेता है और भगवान से विवाह करता है और इस तरह कोरिया का जन्म होता है। यानी कोरिया के जन्म की ऐतिहासिकता में एक लोक कथा की फ़ैंटेसी छिपी हुई है।

लेकिन यह सब पुराना समय है और उसकी कविता के जो थोड़े से उदाहरण इस संग्रह में हैं उन पर कोई भी विमर्श चीनी–जापानी कविता के विमर्श के बिना अधूरा ही होगा।

आधुनिक और समकालीन कोरियाई कविता की ओर आयें तो हान योंग उन की कविता 'एक रहस्य' ध्यान खींचती है :

एक और रहस्य
होकर टुकड़ा रक्तिम हृदय का
समा गया भीतर तुम्हारे सपने के
और नहीं कर सकता व्यक्त वह आख़िरी रहस्य
इतने शब्दों में
एक मौन गूँज सा।

यह एक प्रेम कविता है, लेकिन ग़ौरतलब यह है कि इस पर उस शैयनिज़्म यानी श्रमणवाद का भी गहरा प्रभाव रहा है जो कोरियाई लोक और जातीय संवेदना से घुलमिल गया था। दरअसल बुद्ध की वह क्रान्तिकारी करुणा समकालीन कोरियाई कविता पर अपनी एक स्निग्ध छाया हमेशा फेंकती रहती है। यह कविता अपनी लोक स्मृति से, अपने श्रमणवाद से, जातीय चेतना और लोक संवेदना से संवाद करती चलती है और तब भी आधुनिक संशयों और आशंकाओं को इस तरह व्यक्त कर देती है :

मेरे प्यार, फैला हुआ आकाश देखो
देखो यह पृथ्वी होने ही को है जो गर्क
देखो क्या मैं जीवित हूँ आज भी कल जैसा ही, मेरे प्यार
क्या जीवित हो तुम भी, बैठी मेरे पास, सचमुच?
('बँटवारा', यी संग ह्वा)।

ख़ास बात यह है कि कोरियाई कविता प्रकृति, पशु–पक्षियों और वनस्पतियों के दृश्य–बिम्बों के माध्यम से मौजूदा समय के

सवालों, दुखों और जीवन की उत्कटता को जीवन्त करने का अनोखा काम करती है। हन हा उने की 'नीला पंछी', गू सांग की 'कौवा', किम सू योंग की 'झरना', चो ज्योंग ह्वा की 'शंख', शिन तोंग जिप की 'कैक्टस' और किम नाम जो जैसी प्रसिद्ध कवयित्री की 'वृक्ष', अपनी प्रतिबद्धता के लिए भीषण यातनाएँ सहने वाले कवि छोन संग ब्योंग की 'ह्वा के अपने रास्ते हैं', किम यो जोंग की 'गर्मी में', यी गुन बे की 'ज्वारभाटा', पार्क सू जिन की 'मेरे तारे की ओर आती राह' इसके कुछ उदाहरणों के रूप में पढ़ी जा सकती हैं। किम नाम जो की 'वृक्ष' कविता में : *पत्ते और शाखाएँ वृक्ष का विवाह रचाते हैं* और *जल्दी ही झड़ जायेंगे पत्ते। और रह जायेंगी अकेली शाखाएँ।* चो प्योंग ह्वा की 'शंख' कविता में :

जितना गुज़रते जाते हैं सूरज और चाँद
उतना ही ज़्यादा देखता है/सपने समुद्र के
दिन भर समुद्र के किनारे
महसूस करता है अकेलापन
शंख।

किम ए' जोंग की कविता 'गर्मी में' को हम एक लोक कविता की तरह भी पढ़ सकते हैं और आधुनिक कविता की तरह भी :

गर्मी में
प्यार भी चला जाता है पहाड़ों पर
....गर्मी में
मृत्यु भी चली जाती है समुद्र में
एक भी पत्ता नहीं गिरता मृत्यु का
गलियों में।

एक और सुखद आश्चर्य जो इन कविताओं को पढ़ते हुए होता है—जीवन के प्रति एक विनयशीलता और अन्ततः हमारे मानवीय प्रयत्नों की एक उदासी, एक निस्सारता का बोध। शायद यह गहरा विराग कोरियाई कविता में एक अन्तर्धारा की तरह हमेशा मौजूद रहा है। वामपन्थी कवि पार्क नो हे कहते हैं :

आओ हम हो जायें छोटे
बहुत–बहुत छोटे
पूरी तरह
मेरे प्यार की शुरुआत है छोटी
मेरी प्रौढ़ता भी हो जायेगी छोटी
मेरी पूर्णता भी पहुँच जायेगी शून्य पर।

या उस प्रसिद्ध कवयित्री किम यांग शिक की कविताएँ देखें जिन्हें भारत से गहरा लगाव है और जो रवीन्द्रनाथ ठाकुर की स्मृति में कोरिया में एक संस्था चलाती हैं। 'शरद की एक सुबह' में वे कहती हैं :

टिक जाती हैं अचानक मेरी आँखें उनके बालों पर
झिलमिलाते हैं जो सुबह की धूप में
देखती हूँ वहाँ
आते हुए आने वाले साल उतनी ही तेज़ी से
जितनी तेज़ी से बीत गये थे वे।

शिक की एक विलक्षण कविता है 'मेरा भाई और मैं' :

जो चुके थे इक्कीस साल भैया
पन्द्रह की थी मैं
हो गये दिवंगत इक्कीस में
मैं थी पन्द्रह की ही तब भी
रह गये बस इक्कीस ही के
हो गयी मैं उनतालीस की
अब भी हैं वे इक्कीस ही के
रहेंगे सदा अब इक्कीस ही के
बस इक्कीस ही के
मेरी मौत पर भी।

एकबारगी ऐसा लगता है कि यह किसी हिन्दी कवयित्री की कविता हो। किम यांग शिक की भारत सम्बन्धी जो कविताएँ यहाँ दी गयी हैं उन पर तो शायद अलग से विस्तृत विमर्श किया जाना ज़रूरी है। यह देखने लायक है कि कैसे यह कवयित्री साधारण

को असाधारण मर्म छूने के अनुभव में बदल देती है। मैक्सिको के कवि–विचारक ओक्तावियो पास (अब दिवंगत) की भारत सम्बन्धी कविताओं से भी उनकी तुलना दिलचस्प हो सकती है। उनकी एक कविता 'बैल को देखते हुए' से सहसा यह भी याद आता है कि हमारे महाकवि शमशेर बहादुर सिंह ने भी बैल पर कविता लिखी है और केदारनाथ सिंह ने भी। उस कविता को पूरा पढ़े बिना हम शायद बैल के उस जीवन को भाँप नहीं सकते जिसमें उसका पार्थिव और मिथकीय अस्तित्व भी शामिल है :

जाना नहीं है महज़ जाना
और रहना नहीं है महज़ रहना
...लोग पशु और वनस्पतियों तक
रहता है हर कोई कि जैसे जा रहा हो
और जाता है कि जैसे रह रहा हो
...न स्वर्ग है धरती के बिना
और न ही पृथ्वी बिना स्वर्ग के
...रचे गये हैं सब एक–से, शुरू से
और रहते हैं एक–से ही, अन्त तक
...ऐसे ही
न कोई रहता है बिना जाते हुए
और न ही जाता है बिना रहते हुए।

एक और कविता 'भूसे को जाने दो' भी संकलन की स्मरणीय कविताओं में है। शिन तोंग यॉप किस तरह भूसे और दानों के ज़रिये एक गहरी राजनीतिक और क्रान्तिकारी कविता लिखते हैं, यह आश्चर्यजनक है :

जाने दो भूसा
अप्रैल
अपने भूसे को जाने दो
दाने बच जायें...बच जाये बस चीख़
तोंगहाक क्रान्ति की
इसका भूसा जाने दो।

दिविक रमेश ने निस्सन्देह एक बहुत ही सार्थक शुरुआत की है। मेरा मानना रहा है कि भारतीय कविता का सहज अन्तरंग सम्बन्ध पूरब के देशों की कविता से ही हो सकता है। चीन, जापान और कोरिया की कविता में हमारी कविता की आवाज़ सुनी जा सकती है। विडम्बना यह है कि हमारी साहित्यिक आकांक्षाएँ इतनी अधिक पश्चिमोन्मुखी हो चुकी हैं और हम अँग्रेज़ी और उससे किये गये अनुवादों पर इतने निर्भर हो चुके हैं कि कभी–कभी हमारा साहित्य भी पश्चिमी साहित्य का उपनिवेश जैसा दिखता है जबकि हमारी वास्तविक प्रेरणाएँ पूर्वी देशों में हैं और हमारे सम्भावित पाठक भी वहीं ज़्यादा मिलेंगे। सम्पर्क की कमी, भाषाई दूरी, लिपियों की अजनबीयत जैसी कुछ चीज़ों को इस राह में एक बाधा की तरह देखा जा सकता है। पर असल बाधा तो वह पश्चिमी बाज़ार है जो हैमबर्गर, चॉकलेट, जींस और कोला पदार्थों की तरह कविता की किताबों को भी एक आकर्षक उपभोक्ता उत्पाद बनाकर हमारे यहाँ भेजता है।

दिविक रमेश के इस अनुवाद में किम ची हा भी जैसे अन्तरराष्ट्रीय ख्याति के कवि भी हैं जिन्हें कविता लिखने के लिए मृत्युदण्ड की सज़ा सुनाई गयी थी और छीन सांग ब्योंग हैं, जिन्हें अपनी प्रतिबद्धता के कारण भयंकर यातनाएँ झेलनी पड़ीं, उनकी जनेन्द्रियों तक को बिजली से जला दिया गया और तब भी वे 'हवा के अपने रास्ते हैं' जैसी कविता में लिखते हैं : *हर दिशा में हैं हवा के रास्ते / हर जगह है वहाँ हमेशा एक राह।* यह अच्छी बात है कि ऐसे कई प्रतिबद्ध कवि इस संकलन में हैं जिनकी कविता कोरियाई जनसंघर्षों में शरीक रही है। किम ची हा की एक ही कविता 'पक्षी' इस संकलन में है, लेकिन 'सोल का रास्ता' या 'भूख' शायद उनका बेहतर प्रतिनिधित्व करती। इस संकलन में कुछ कवियों के परिचय नहीं दिये गये हैं जबकि कुछ के बारे में विस्तार से बताया गया है। उनके पते भी होते तो बेहतर होता। लोक कविता जैसी लगने वाली प्रेम, स्मृति और अवसाद की कविताओं के अनुवाद में दिविक रमेश बहुत सफल हैं,

लेकिन जटिल अभिव्यक्ति की कुछ कविताओं पर शायद कुछ और काम करने, उनके विन्यास और शिल्प को कुछ और निखारने की ज़रूरत थी। अनुवादों में अक्सर विभिन्न कवियों के अच्छे शिल्प या भाषा और विन्यास के प्रयोग ओझल हो जाते हैं। क्या शिल्प की वे बुनावटें या कहने के वे अन्दाज़ किसी तरह हिन्दी में नहीं लाये जा सकते हैं! लेकिन इस संकलन की ख़ूबियाँ इसकी ख़ामियों को ढँक देती है। कुछ इसलिए भी कि शायद एक अच्छी कविता अपने अनुवाद की कोर–कसर को भी लाँघ जाती है और अच्छी बनी रहती है। किम ग्वांग सॉप की एक कविता पंक्ति है : *ओ कविता के पक्षी, रो रहे थे उड़ान में/क्योंकि उड़ना है तुम्हें नक़्शे के बिना ही अन्धकार में।* कोरियाई कविता की बुनियादी उड़ान को दिविक रमेश प्रत्यक्ष कर देते हैं।

('कोरियाई कविता यात्रा' (1999) चयन और अनुवाद : दिविक रमेश' साहित्य अकादेमी, रवीन्द्र भवन, 25 फ़िरोज़शाह रोड, नयी दिल्ली।)

मनुष्य की मुक्ति का जागर

ऐसा कम ही होता है कि किसी रचनाकार का लेखन उससे अलग होकर, अपना एक स्वतन्त्र व्यक्तित्व ग्रहण करके समाज की स्मृति का हिस्सा बन जाये। जनकवि, लोकगायक, अभिनेता, नाटककार, रंगकर्मी और सांस्कृतिक एक्टिविस्ट गिरीश तिवारी गिर्दा के अनेक गीत ऐसे हैं जो पहाड़ की संवेदना में बस गये हैं, उनकी जड़ें उसके पत्थरों के भीतर तक चली गयी हैं। 'आज हिमाला तुमन कै धत्यूं छ/जागा जागा हे म्यारा लाल' या 'जैता एक दिन तो आलो/वो दिन यो दुनी में या 'उदिगो लाली' जैसे उनके गीत इतने लोकप्रिय हुए और इतने गाये गये कि आज वे अपने रचनाकार से दूर अपनी एक स्वतन्त्र सत्ता बना चुके हैं और लोक संस्कृति का हिस्सा बन चुके हैं। उनके गीतों के इस कालजयी स्वरूप को देखकर अनायास रवीन्द्रनाथ ठाकुर की याद आती है जिन्होंने एक बार कहा था कि उनका सब कुछ भले ही नष्ट हो जाये, लेकिन उनके गीत बचे रहेंगे क्योंकि वे बांग्ला मानस के भीतर गहरे प्रवेश कर चुके हैं। हम जानते हैं कि गिर्दा को रवीन्द्रनाथ की तरह क़रीब दो–ढाई हज़ार गीतों की रचना करने का अवसर नहीं मिला और न अस्सी वर्ष की उम्र नसीब हुई। लेकिन उनके गीत अपनी एक मिथकीयता और रोमांच हासिल कर चुके हैं। ऐसा इसलिए भी हुआ कि गिर्दा अपने जन समाज के भीतर तमाम दुखों और अभावों के बीच छिपी हुई बुनियादी आशा को, उसके मर्म को पहचानते थे : 'जयन्ता दुनिया में एक दिन तो वह दिन आयेगा' इसीलिए बेहद सच्चा और यकीन दिलाने वाला गीत बन सका है।

सांस्कृतिक परिवर्तन के लिए जितने मोर्चे उपलब्ध थे, गिर्दा उन सब में सक्रिय रहे। कविता और जनगीत उनमें एक मोर्चा था। हिन्दी, कुमाऊँनी और गढ़वाली में लिखे ये गीत उत्तराखण्ड आन्दोलन, छात्र युवा संघर्ष वाहिनी और ख़ासकर महिलाओं के संघर्षों के दौरान बहुत काम आये और उन्होंने राजनीतिक चेतना, प्रतिरोध और परिवर्तन की इच्छा को एक नयी गति दी। गिर्दा का ऐतिहासिक काम यह था कि उन्होंने झोड़ा, चांचरी, छपेली और जागर जैसे पारम्परिक नृत्यगीतों को एक ऐसा नया कथ्य दिया जो समाज को परिवर्तन के लिए प्रेरित करता था। उन्होंने पुरानी और प्रचलित धुनों, यथास्थिति की पोषक रचनाओं को नये अर्थों से आलोकित कर दिया। यह समाज में उपलब्ध रचनाशीलता को नये यथार्थ के लिए प्रासंगिक बनाकर समाज को लौटाने का ज़रूरी काम था। अपनी एक कविता में गिर्दा जैसे रचना की एक सैद्धान्तिकी प्रस्तुत करते हैं :

जन से लिया
मन ने मन्थन किया
फिर जन को ही लौटा दिया
सड़कों का कण्ठ खुला
जन ने सुना
जन ने गाया।

इसी तरह, जागर शैली में लिखी गयी एक दिलचस्प कविता में वे कहते हैं :

तुम्हारी ही व्यथा
तुम्ही को सुना रहा हूँ
आज इस कथा बेला में।

वर्षों पहले बृजेन्द्रलाल साह सरीखी प्रतिभाओं ने कुमाऊँ की लोक गाथाओं को सहेज कर उन्हें एक ठोस आकार में ढाला था। लेकिन वे उन्हें समकालीन यथार्थ के लिए प्रासंगिक नहीं बना सके। गिर्दा ने पारम्परिक गीत और नृत्यनाट्य रूपों की अपनी गहरी समझ के साथ लोक गाथाओं और गीतों में एक नया

आयाम पैदा किया और उनकी भूमिका को बदल दिया। गिर्दा से पहले इसी तरह का काम टिहरी, उत्तरकाशी और पौड़ी जन संगीतकार कॉमरेड गुणानन्द पथिक भी कर चुके थे।

गिर्दा की हिन्दी कविताएँ संख्या में कुमाऊँनी कविताओं से अधिक हैं। क्रान्तिकारी चेतना और व्यंग्य की पैनी धार से लैस इन कविताओं में देश–विदेश के कई जनकवियों की आवाज़ें भी घुली–मिली हैं। लोर्का, पाब्लो नेरूदा, नाज़िम हिकमत, एर्नस्तो कार्देनाल, फ़ैज़ अहमद फ़ैज़, नागार्जुन, पाश जैसे कवियों से गहरा भाईचारा उनमें गूँजता रहता है। इनमें भी नागार्जुन और फ़ैज़ ऐसे कवि हैं जिनके सरोकारों की ओर गिर्दा बार–बार लौटते हैं और यह कहने की इच्छा होती है कि गिर्दा पहाड़ के नागार्जुन हैं। गिर्दा का व्यक्तित्व भी नागार्जुन से बहुत मिलता है–उसी तरह की फ़क़ीरी, फक्कड़पन, यायावरी और समाज से गहरा लगाव, अपने जन की नियति बदलने की वैसी ही बेचैनी और निजी जीवन के दुखों–अभावों की उधेड़बुन से बेपरवाही। बाबा और गिर्दा दोनों के जीवन और कविता में मनुष्य और समाज को बदलने की निरन्तर कोशिश है, यथास्थिति के पोषकों के प्रति लगातार कटाक्ष है और मनुष्यता के लिए एक ऐसी आशा है जो तमाम दुखों–अभावों से पार पा लेती है। गिर्दा और नागार्जुन की अनेक कविताओं में एक जैसे सरोकार ही नहीं हैं, कहीं–कहीं उनकी संरचना भी एक जैसी दिखती है :

बहुत कठिन प्रश्न चयन
जिस पर सहमत सब जन
काल के कपाल पर सजे तिलक–चन्दन
कण्ठ–कान–नाक–नयन
सब जिसके गिरवी हों
फिर भी हो खुला मिशन
मन्थन की चिन्ता आसन सिंहासन
बावन, त्रेपन, चौवन

नागार्जुन की ही तरह गिर्दा ने भी तात्कालिक घटनाओं पर कई कविताएँ लिखी हैं। उत्तराखण्ड में पृथक पर्वतीय राज्य का आन्दोलन, नैनीताल का भूस्खलन, शहर में वीआईपी का आगमन, विभिन्न गोलीकाण्ड, राष्ट्रीय सुरक्षा क़ानून, गुजरात का नरसंहार, गणेश की प्रतिमाओं द्वारा दूध पीने की तथाकथित घटना आदि पर गिर्दा की आक्रोश, व्यंग्य–विरूप, कटाक्ष और उपहास भरी शैली अपने ठेठ स्थानीय अन्दाज़ में सक्रिय रहती है। दरअसल हिन्दी में बाबा के बाद समकालीन सामाजिक–राजनीतिक स्थितियों पर तत्काल प्रतिक्रिया करने वाले सबसे समर्थ कवि गिर्दा ही हैं। अयोध्या में बाबरी मस्जिद का विध्वंस करने और समाज को साम्प्रदायिकता की आग में झोंकने वाले तथाकथित रामभक्तों का उपहास करते हुए वे कहते हैं :

लम्बी–चौड़ी चोटी है
थुल–थुल चमड़ी मोटी है
झक्क दुपट्टा धोती है
कच्ची किन्तु लँगोटी है।

ऐसी राजनीतिक कविताओं में 'हैलो, ख़बर है तुम्हें?' भी ग़ौरतलब है जिसमें गिर्दा ने गणपति बप्पा मोर्या द्वारा चम्मच से दूध पिये जाने की तथाकथित घटना पर टिप्पणी करते हुए कहा है कि कभी गणपति को बाल गंगाधर तिलक ने 'राष्ट्रमुक्ति के रण से जोड़ दिया था, लेकिन आज की राजनीति में चम्मच ने सबको मात कर दिया।

गिर्दा में कविता के कई रूपों का उपयोग भी चकित करने वाला है। लोक छन्दों, जागर और कुमाऊँ की बैठकी होली से मुक्तिछन्द तक और ग़ज़ल–दोहों से लेकर उलटबाँसियों तक विभिन्न शिल्पों में गिर्दा समान गति से काम करते हुए *जो कुछ बोलूँ / साफ़ सरल सीधा बोलूँ* की टेक नहीं छोड़ते। उनकी कविता का एक गहरा सूफ़ियाना रंग भी है जिसमें वे एक दार्शनिक की तरह, गहरे विराग के साथ उलटबाँसियाँ कहते हुए अपने समय की जनविरोधी राजनीति, सत्ता तन्त्रों की निर्ममता और

वर्गों में विभाजित समाज को अपने कटाक्ष का विषय बनाते हैं : *जो कमाय सो रहे फकीरा / बैठे ठाले भरें जखीरा / भेद यही गहरा है कबिरा / दीखे बात ज़रा–सी।* वे लोकतन्त्र के विरोधाभासों और विपर्ययों पर भी गहरी चोट करते हैं :

सोया बच्चा लोरी गाये
पहरेदार करे है चोरी
जुर्म करे हैं न्याय–निवारण
न्याय चढ़े है फाँसी
पानी बिच मीन पियासी।

नागार्जुन के साथ–साथ गिर्दा फ़ैज़ अहमद फ़ैज़ की आवाज़ में भी बोलते हैं। समाज और राजनीति की विसंगतियों पर उनके व्यंग्य अगर नागार्जुन की संवेदना का विस्तार हैं तो प्रेम और इंकलाब के लिए वे फ़ैज़ की शायरी के पास जाते हैं। उनकी कुछ ग़ज़लों का अन्दाज़ भी फ़ैज़ से मिलता–जुलता है, और यहाँ तक कि उन्होंने फ़ैज़ की कुछ मशहूर नज़्मों –ग़ज़लों को लगभग रूपान्तरित करते हुए उनकी पुनर्रचना भी की। ऐसी नज़्मों–ग़ज़लों में 'नहीं है कहीं भी नहीं है लहू का सुराग / न दस्तो–नाख़ूने क़ातिल / न आस्ती पे निशां', 'शामे–फ़िराक़ अब न पूछ आयी और आके टल गयी', 'निदा–ए–गैब' और 'हम देखेंगे, लाजिम है कि हम भी देखेंगे' भी शामिल हैं। इनमें 'हम देखेंगे' ऐसी नज़्म है, जिसके कारण पाकिस्तानी हुक्मरानों ने एशिया उपमहाद्वीप के इस क्रान्तिकारी शायर को निष्कासित कर दिया था। गिर्दा ने फ़ैज़ की इन रचनाओं के भावानुवाद में उन्हें स्थानीय, ठेठ पहाड़ी अन्दाज़ दिया। जिन्हें उत्तराखण्ड में संघर्ष के हर मौक़े पर ख़ूब पढ़ा और गाया गया। प्रतिबद्ध और क्रान्तिकारी शायरों से गिर्दा का संवाद इतना सघन है कि जब वे दक्षिण की यात्रा करते हैं तो हैदराबाद के बेजोड़ शायर मख़दूम के सुर में सुर मिलाते हुए कह उठते हैं :

फिर छिड़ी रात बात दक्खन की
बीती बातों में रात दक्खन की

हाल मख़दूम हिमालय का कहूँ
करूँ तुमसे बात दक्खन की
मिलने तक वो मेरा समुन्दर से
दिल में उठती बरात दक्खन की।

मनुष्य की मुक्ति का स्वप्न देखने वाले, मार्क्सवादी दर्शन से अनुप्राणित जितने भी कवि दुनिया में हुए हैं, उनकी कविता में जनविरोधी राजनीति, साम्राज्यवाद, उपनिवेशवाद, सत्ता के विभिन्न तन्त्रों के प्रतिरोध और इन्सानी प्रेम का गहरा जज़्बा सक्रिय रहा है। गिर्दा की कविता में भी जगह–जगह इस प्रतिरोध के मज़बूत स्वर हैं। एक ऐसे वक़्त में 'जब मेरे देश में पेड़ पेड़ों के ख़िलाफ, पानी पानी के ख़िलाफ़ और पहाड़ पहाड़ों के ख़िलाफ़ पेश किये जा रहे हैं' तो गिर्दा की कविता अपनी ज़िम्मेदारी की लगातार पहचान करती चलती है। उनकी एक मिली–जुली हिन्दी–कुमाऊँनी कविता एक अमानवीय व्यवस्था के विरुद्ध एक गाँव की सुबह का वर्णन करती है जिसमें एक ग़रीब बूढ़ी माँ चूल्हे में सीली हुई लकड़ियों को जलाने की कोशिश करती है और गीले धुएँ के बीच जब वह प्रेम से छौंक लगाती है तो पूरा गाँव उसकी ख़ुशबू से भर उठता है। घोर ग़रीबी के बीच गाँव के महक उठने का यह बिम्ब इस कदर ऐन्द्रियता और सौन्दर्य से भरा हुआ है कि वह अभावग्रस्त ज़िन्दगी कहीं पीछे छूट जाती है। दरअसल प्रेम की यह ख़ुशबू और उसका यह स्पर्श गिर्दा के रचना संसार की बुनियाद है। उनकी एक और कविता पंक्ति जैसे उनके समूचे जीवन और कवि कर्म की परिभाषा करती हुई दिखती है :

जिसके एक हाथ में
तुम्हारी सिर्फ़ एक चिट्ठी है
प्यार भरी
और कई राजनीतिक दस्तावेज़ हैं
दूसरे हाथ में।

एक नागरिक और कवि के रूप में गिर्दा शुरू से ही उत्तराखण्ड की तमाम सामाजिक, राजनीतिक और परिवर्तनकारी

हलचलों, आन्दोलनों, जन–अभियानों और संघर्षों में शरीक रहे और उनमें हर बार उनकी कविता काम आती रही। हम जैसे लोग गिर्दा को नैनीताल की ठण्डी सैरगाह में मानवीय ऊष्मा की एक धड़कन, ऊर्जा की एक लहर के रूप में जानते थे और अक्सर लगता था कि अपने ही ताल में डूबा रहने वाला यह शहर गिर्दा के कारण निरन्तर जाग रहा है। आज गिर्दा नहीं हैं और सिर्फ़ उनके न होने की जगह बची हुई है। जिसे कोई नहीं भर सका है। गिर्दा की कविताओं का यह खण्ड शायद उस रिक्तता को भरने की, गिर्दा को अपने लोगों और भविष्य की उन पीढ़ियों के बीच उपस्थित रखने की एक कोशिश भर है जिनकी ओर गिर्दा अपने तमाम स्वप्नों के साथ बहुत उम्मीद से देखते थे। वे क्रान्ति और मनुष्य की मुक्ति का आधुनिक जागर लगाने वाले गायक थे और ज़्यादातर इसलिए याद रखे जायेंगे कि उन्होंने लोक संस्कृति को क्रान्तिकारी अन्तर्वस्तु से समृद्ध किया और उसे उस भविष्य को सौंप दिया जिसमें 'एक दिन तो आलो वो दिन तो दुनी में' की आहट छिपी हुई होती है :

जब जा रहे होंगे हम
तब तुम आ रहे होगे
यह सच है
जब तुम आ रहे होगे
तब जा रहे होंगे हम
आने वाले को
जाने वाले से जोड़ते हुए
यही सच है।

सौ वर्ष दस कविताएँ

आधुनिक हिन्दी कविता में सन् 2013 एक ख़ास अहमियत रखता है क्योंकि इस वर्ष गजानन माधव मुक्तिबोध की लम्बी कविता 'अँधेरे में' की अर्धशती शुरू हो रही है। सन् 1962–63 में लिखी गयी और नवम्बर 1964 की 'कल्पना' पत्रिका में प्रकाशित यह कविता इन 50 वर्षों में लगातार प्रासंगिक होती गयी है और आज एक बड़ा काव्यात्मक दस्तावेज़ बन चुकी है। समय बीतने के साथ वह अतीत की ओर नहीं गयी, बल्कि भविष्य की ओर बढ़ती रही है। आठ खण्डों में विभाजित इस कविता के विशाल कैनवस पर स्वाधीनता संघर्ष, उसके बाद देश की राजनीति और समाज और बुद्धिजीवी वर्ग में आयी नैतिक गिरावट के बीहड़ बिम्ब हैं और यथास्थिति में परिवर्तन की गहरी तड़प है। उसमें चित्रित शक्तिशाली वर्गों और बौद्धिक क्रीतदासों की शोभायात्रा का रूपक आज भी सच होता दिखता है। हिन्दी के एक और अद्वितीय कवि शमशेर बहादुर सिंह ने लिखा था कि–'यह कविता देश के आधुनिक जन–इतिहास का, स्वतन्त्रता के पूर्व और पश्चात का एक दहकता इस्पाती दस्तावेज़ है। इसमें अजब और अद्‌भुत रूप का जन का एकीकरण है।'

कई वर्ष पहले लिखी गयी सुभद्रा कुमारी चौहान की कविता 'मेरा नया बचपन' अपनी मार्मिकता और निश्छलता के लिए अविस्मणीय है। यह कविता काफ़ी समय तक स्कूली पाठ्‌यक्रम में लगी रही और पुरानी पीढ़ी के बहुत से लोगों को आज भी कण्ठस्थ होगी। 'ख़ूब लड़ी मरदानी वह तो झाँसी वाली रानी थी'

जैसी ओज़स्वी कविता लिखने वाली सुभद्रा जी इस कविता में अनूठी कोमलता निर्मित करती हैं। अपने बीते हुए बचपन को याद करते हुए वे सहसा अपनी नन्ही बेटी को सामने पाती हैं और देखती हैं कि उनका बचपन एक नये रूप में लौट आया है। एक बचपन की स्मृति और दूसरे बचपन के वर्तमान के संयोग से एक विलक्षण कविता उपजती है जो सरल और ग़ैर–संश्लिष्ट होने के बावजूद मर्म को छू जाती है। सीधे हृदय से निकली हुई ऐसी रचनाओं को भूलना कठिन है।

निराला की लम्बी कविता 'सरोज स्मृति' भी ऐसी ही रचना है जो अपने समय को लाँघ कर आज भी समकालीन है। विश्व कविता में शोकगीत (एलेजी) को बहुत अहमियत दी जाती है और इस कसौटी पर निराला की यह कविता विश्व के सर्वश्रेष्ठ शोकगीतों में रखी जा सकती है। इस कविता में निराला अपनी बेटी सरोज के बचपन, फिर विवाह और असमय मृत्यु की विडम्बना भरी कहानी कहते हैं, जाति व्यवस्था और ब्राह्मणवाद पर तीखी चोट करते हैं और एक असहाय पिता के रूप में खुद को धिक्कार भेजते हैं : *धन्ये, मैं पिता निरर्थक था/तेरे हित कुछ कर न सका।* 'सरोज स्मृति' संवेदना को विकल कर देने वाली कविता है और दो स्तरों पर पाठक के भीतर अपनी छाप छोड़ती है : पहले करुणा और ग्लानि के स्तर पर और घटना के ब्यौरों और कथा कहने के स्तर पर। 'राम की शक्तिपूजा' जैसी महाकाव्यात्मक विस्तार की रचना को निराला की प्रतिनिधि कविता माना जाता है, लेकिन 'सरोज स्मृति' का महत्त्व यह भी है कि उसमें निराला अपने क्लासिकी साँचे को तोड़ कर कविता को कथा के संसार में ले आते हैं।

'सरोज स्मृति' की करुणा के बाद शमशेर बहादुर सिंह की 'टूटी हुई बिखरी हुई' में प्रेम की करुणा दिखाई देती है, जो अपने विलक्षण बिम्बों, अति–यथार्थवादी दृश्यों के कारण चर्चित हुई। यह प्रेम का प्रकाश स्तम्भ है–एक प्रेमी का विमर्श, उसका आत्मालाप और ख़ुद को मिटा देने की उत्कट इच्छा।

इस कविता में अन्तर्निहित संगीत पाठक के भीतर एक उदास और ख़फ़ीफ़ अनुगूँज छोड़ता रहता है। इस अनुगूँज को रघुवीर सहाय जैसे कवि ने अपनी एक टिप्पणी में सुन्दर ढंग से व्याख्यायित किया था। कविता में प्रेम के बारे में जब भी कोई ज़िक्र होगा, 'टूटी हुई बिखरी हुई' उसमें ज़रूर नज़र आयेगी।

खड़ी बोली की कविता का इतिहास अभी सौ वर्ष का भी नहीं है, लेकिन उसमें विभिन्न आन्दोलनों के पड़ाव काफ़ी महत्त्वपूर्ण हैं। ऐसा ही एक प्रस्थान–बिन्दु प्रयोगवाद या नयी कविता है, जिसकी घोषणा अज्ञेय की कविता 'कलगी बाजरे की' बख़ूबी करती है। पुराने प्रतीकों–उपमानों को विदा करने और प्रेमिका के लिए 'ललाती साँझ के नभ की अकेली तारिका' की बजाय 'दोलती कलगी छरहरे बाजरे की' जैसा आधुनिक सम्बोधन देने के कारण इस कविता की काफ़ी चर्चा हुई। कविता में छायावादी बिम्बों से मुक्ति और नयी कल्पना को अभिव्यक्ति देने वाली यह कविता ऐतिहासिक रूप से महत्त्वपूर्ण है।

दोहा–छन्द में लिखी जनकवि नागार्जुन की कविता 'अकाल और उसके बाद' अपने स्वभाव के अनुरूप नाविक के तीर की तरह है–दिखने में जितनी छोटी, अर्थ में उतनी ही सघन। नागार्जुन भारतीय ग्राम्य जीवन के सबसे बड़े चितेरे हैं और 'अकाल और उसके बाद' में घर में रोते चूल्हे, उदास चक्की और अनाज के आने के चित्र हमारी सामूहिक स्मृति में हमेशा के लिए अंकित हो चुके हैं। इस कविता को हम जब भी पढ़ते हैं, वह हमेशा ताज़ा लगती है। यह इस कविता की अन्तर्निहित गतिमयता है जो उसे नया और प्रासंगिक बनाये रखती है। आधुनिक हिन्दी कविता में सबसे लोकप्रिय पंक्तियाँ खोजी जायें तो यही कविता सबसे पहले याद आयेगी।

प्रगतिशील परम्परा के एक और प्रमुख कवि त्रिलोचन की कविता 'चम्पा काले–काले अच्छर नहीं चीन्हती' भी एक अविस्मणीय कविता है जिसकी कथा और संवेदना की कोमलता दोनों अभिभूत करती हैं। यह एक छोटी–सी लड़की चम्पा और

कवि का संवाद है। कवि उसे अक्षर–ज्ञान के लिए प्रेरित करता है ताकि बड़ी होकर वह अपने परदेस गये पति को चिट्ठी लिख सके। लेकिन चम्पा नाराज़ होती है और कहती है कि वह अपने पति को कभी परदेस यानी कलकत्ता नहीं जाने देगी और यह कि 'कलकत्ते पर बजर गिरे'। एक मार्मिक प्रसंग के माध्यम से इस कविता में खाने–कमाने की खोज में विस्थापन की विडम्बना झलक उठती है और चम्पा का इनकार भी स्त्री–चेतना के एक मज़बूत स्वर की तरह सुनाई देता है। कवि और चम्पा का संवाद बचपन की मासूमियत लिए हुए है और कविता के परिवेश में लोक संवेदना घुली हुई दिखाई देती है।

रघुवीर सहाय की कविता 'रामदास' तक आते–आते दुनिया काफ़ी कठोर और स्याह हो जाती है। नागरिक जीवन के अप्रतिम कवि रघुवीर सहाय की यह कविता शहरी मध्यवर्गीय जीवन में आती निर्ममता, संवेदनहीनता और चतुराई की चीरफाड़ करती है। उसमें एक असहाय व्यक्ति की यन्त्रणा है जिसे सब देखते–पहचानते हैं, लेकिन उससे बचाने के लिए कोई नहीं आता। दुर्बल लोगों पर होने वाले अत्याचारों पर रघुवीर सहाय की बहुत–सी कविताएँ हैं, लेकिन 'रामदास' हादसे की ख़बर को जिस वस्तुपरक और बेलौस ढंग से देती है, वह बेजोड़ है। छन्द में लिखी होने के कारण यह और भी धारदार बन गयी है।

धूमिल की कविता 'बीस साल बाद' देश की आज़ादी के बीस वर्ष बीतने पर लिखी गयी थी, लेकिन आज 66 वर्ष बाद भी वह पुरानी नहीं लगती तो इसकी वजह यह है कि *सड़कों पर बिखरे जूतों की भाषा में / एक दुर्घटना लिखी गयी है* जैसी उसकी पंक्तियाँ आज और भी सच हैं और यह सवाल आज भी सार्थक है कि *क्या आज़ादी सिर्फ़ तीन थके हुए रंगों का नाम है जिन्हें एक पहिया ढोता है?* धूमिल की यह कविता हमारे लोकतन्त्र की एक गहरी आलोचना है, इसलिए वह उनकी दूसरी बहुचर्चित कविता 'मोचीराम' की अपेक्षा अधिक महत्त्वपूर्ण हो जाती है।

राजकमल चौधरी की लम्बी कविता 'मुक्ति प्रसंग' न सिर्फ़ इस अराजक कवि की उपलब्धि मानी जाती है, बल्कि लम्बी कविताओं में भी एक विशिष्ट जगह रखती है। वह भी हमारी उन लोकतान्त्रिक पद्धतियों की दास्तान कहती है जो जन–साधारण को 'पेट के बल झुका देती हैं।' यह मनुष्य को धीरे–धीरे अपाहिज, नपुंसक, राजभक्त, देशप्रेमी आदि बनाने वाली व्यवस्था के विरुद्ध एक अकेले व्यक्ति के एकालाप और चीत्कार की तरह है जिसे शारीरिक विमर्श के बीच एक यातनापूर्ण यात्रा के अन्त में यह महसूस होता है कि मनुष्य की मुक्ति दैहिकता से बाहर निकल कर ही सम्भव है। 'मुक्तिप्रसंग' का शिल्प अपने रेटरिक और आवेश के कारण भी पाठकों को आकर्षित करता है।

ये ऐसी रचनाएँ हैं जो हिन्दी कविता की लगभग एक सदी के इस सिरे से देखने पर सहज ही याद आती हैं और यह भी याद आता है कि इनके रचनाकार अब इस संसार में नही हैं। लेकिन उनके बाहर और अगली पीढ़ियों के भी अनेक कवि हैं, जिनकी रचनाएँ अपने कथ्य और शिल्प में विलक्षण हैं। केदारनाथ अग्रवाल, विजयदेव नारायण साही, सर्वेश्वर दयाल सक्सेना, श्रीकान्त वर्मा, कुँवर नारायण और केदारनाथ सिंह की कई कविताएँ, विष्णु खरे की 'लालटेन जलाना' और 'अपने आप', लीलाधर जगूड़ी की 'अन्तर्देशीय' और 'बलदेव खटिक', चन्द्रकान्त देवताले की 'औरत', विनोद कुमार शुक्ल की 'दूर से अपना घर देखना चाहिए' और 'हताशा से एक व्यक्ति बैठ गया था', ऋतुराज की 'एक बूढ़ा आदमी', आलोक धन्वा की 'जनता का आदमी' और 'सफ़ेद रात' और असद ज़ैदी की 'बहनें' और 'सामान की तलाश' जैसी अनेक कविताएँ अनुभव के विभिन्न आयामों को मार्मिक ढंग से व्यक्त करने के कारण याद रहती हैं और समय बीतने के साथ वे हिन्दी की सामूहिक स्मृति में बस जायेंगी।

चार आयामों का एक कवि विष्णु खरे

यह बात आम तौर पर मुहावरे में कही जाती है कि अमुक व्यक्ति के न रहने से जो अभाव पैदा हुआ है उसे कभी भरा नहीं जा सकेगा। लेकिन विष्णु खरे के बारे में यह एक दुखद सच्चाई है कि उनके निधन से जो जगह खाली हुई है, वह हमेशा खाली रहेगी। इसलिए कि विष्णु खरे मनुष्य और कवि दोनों रूपों में सबसे अलग, असाधारण और नयी लीक पर चलने वाले व्यक्ति थे। वे कवि, आलोचक, अनुवादक, शास्त्रीय और फ़िल्म संगीत के गहरे जानकार, सिनेमा के मर्मज्ञ और पत्रकार थे और इन सभी क्षेत्रों में उनके काम ने न सिर्फ़ गहरी छाप छोड़ी बल्कि कई बदलाव भी सम्भव किये। यह सब उनकी अपार प्रतिभा, गहरे अध्ययन, अथक श्रम और सबसे अधिक एक नयी संवेदना–दृष्टि की देन थी।

विष्णु खरे ने चार ऐसे महत्त्वपूर्ण काम किये जिनसे हिन्दी साहित्य और ख़ासकर कविता का परिदृश्य विस्तृत हुआ और परिवर्तित भी। पहला तो यह था कि उन्होंने सत्तर के दशक में 'टेबल', 'दोस्त' और 'चिड़ियों की मृत्यु' जैसी कविताओं के माध्यम से हिन्दी कविता में एक मौलिक और दूरगामी बदलाव को सम्भव किया, जिसका व्यापक असर हुआ और कविता वह नहीं रही जो पहले थी। विष्णु खरे की कविता ने नये कथ्यों के साथ एक नयी भाषा और संरचना की शुरुआत की, वह गद्यात्मक, निबन्ध जैसी और अलंकरणविहीन हुई, उसने परवर्ती पीढ़ियों को बहुत आकर्षित किया और बहुत से कवि ने उनके ग़ैर–पारम्परिक शिल्प में लिखने लगे। प्रसिद्ध कवि कुँवर नारायण ने अपने एक

लेख में कहा था कि–'विष्णु खरे की कविता कविता के तमाम प्रचलित नियमों और शिल्पों को लाँघ कर लिखी गयी है। उनके पाँच संग्रहों में फैली हुई कविता इस बात का दस्तावेज़ है कि एक समर्थ कवि कितनी बेचैनी के साथ समकालीन जीवन और यथार्थ की चीरफाड़ करता है और किस तरह एक शुष्क और ठोस गद्य में गहरे इन्सानी जज़्बे को पैदा कर देता है।'

विश्व कविता के कई बड़े कवियों की रचनाओं के अनुवाद उनका दूसरा बड़ा काम था। गोइठे, ग्युंटर ग्रास, अत्तिला जोज़ेफ, मिक्लोस राद्नोती, बर्टोल्ट ब्रेश्ट आदि कवियों और एस्टोनिया और फिनलैंड के लोक–महाकाव्यों के उनके अनुवाद उल्लेखनीय हैं। दरअसल उन्होंने उन्नीस साल की उम्र में बी.ए. में पढ़ते हुए ही अँग्रेज़ी कवि टी. एस. इलियट की प्रसिद्ध कविता 'वेस्टलैंड' को हिन्दी में 'मरु प्रदेश और अन्य कविताएँ' नाम से अनूदित किया था जिसे अब भी उम्दा अनुवाद माना जाता है। हिन्दी कविता को अनुवाद के ज़रिये अँग्रेज़ी और जर्मन, डच आदि भाषाओं में पहुँचाना उनका तीसरा उल्लेखनीय काम था और उन्होंने जर्मन विद्वान प्रो. लोठार लुत्से के साथ हिन्दी कविता के जर्मन अनुवादों का पहला संकलन सम्पादित किया। इसके अलावा हिन्दी कविता के अँग्रेज़ी और डच अनुवाद भी उनके प्रयत्नों से सम्भव हुए। यह भी उल्लेखनीय है कि इन संकलनों में इन कविताओं को प्रमुखता से जगह दी गयी।

एक और काम विष्णु खरे ने किया कि आलोचक के रूप में कवि चन्द्रकान्त देवताले का गहरा विश्लेषण करते हुए उनकी एक प्रमुख कवि के रूप में पहचान की। हिन्दी आलोचना आम तौर पर छिटपुट ढंग से कविता की पड़ताल करती रही है, लेकिन खरे ने उसके धँधई स्वरूप को बदलते हुए उसे एक कवि पर केन्द्रित किया। कविता की ही तरह उनकी आलोचना भी बहुत साहसिक और चुनौती–भरी रही है और उसने आलोचना के अकादमिक प्रतिष्ठान को यह कहकर चुनौती भी दी कि–'रामचन्द्र शुक्ल नहीं, मुक्तिबोध हिन्दी के सबसे बड़े आलोचक हैं।'

विष्णु खरे का जन्म 9 फ़रवरी 1940 को मध्य प्रदेश के छिन्दवाड़ा में हुआ था। इंदौर से अँग्रेज़ी साहित्य में एम.ए. करने के बाद उन्होंने कुछ समय पत्रकारिता की, फिर अध्यापन किया और साहित्य अकदेमी के उप–सचिव भी रहे। साहित्य अकादेमी छोड़ने के बाद वे लगातार स्वतन्त्र लेखन करते रहे जिसमें ज़्यादातर अनुवाद कार्य शामिल था। उनके कुल सात संग्रह प्रकाशित हुए : 'पहचान सीरीज़ में विष्णु खरे की कविताएँ' 'ख़ुद अपनी आँख से', 'सबकी आवाज़ के परदे में', 'काल और अवधि के दौरान', 'लालटेन जलाना', 'पाठान्तर' तथा 'और अन्य कविताएँ'। कविताओं के अलावा उन्होंने बहुत से उपन्यासों के अनुवाद भी किये। उनकी आलोचना की पहली पुस्तक 'आलोचना की पहली किताब' भी मील का पत्थर मानी जाती है।

अठहत्तर वर्ष के जीवन में विष्णु खरे अपनी विवादप्रियता के लिए भी जाने गये। वे बेबाक़, दो टूक और कभी–कभी एक नाटकीय ग़ुस्से के साथ अपनी बात कहते थे, लेकिन उसके पीछे हमेशा कोई सच्चाई होती थी और एक नेकनीयती सक्रिय रहती थी। वे जीवन भर साहित्यिक–सांस्कृतिक–राजनीतिक सत्ताओं के मुखर विरोधी रहे और तथाकथित मुख्यधाराओं से अलग–थलग पड़ जाने का जोखिम उठाकर लगभग समझौताविहीन जीवन जीते रहे।

वे अपने परवर्ती कवियों की रचनाशीलता पर भी गहरी निगाह रखते थे और एकदम नये कवियों की जो भी कविता उन्हें सार्थक लगती, उसकी दिल खोल कर प्रशंसा करने से नहीं चूकते थे। कवि विष्णु खरे शास्त्रीय और फ़िल्म संगीत और सिनेमा के भी गहरे जानकार थे और उनकी कई किताबें हिन्दी और विश्व सिनेमा को पढ़ने–समझने की नयी राह खोलती हैं। उन्हें सिनेमा की बुनियादी पाठ्य–सामग्री की तरह पढ़ा जा सकता है। अन्तिम दिनों में विष्णु खरे गजानन माधव मुक्तिबोध की कविताओं के अँग्रेज़ी अनुवाद कर रहे थे। दरअसल, उनका पूरा काव्य व्यक्तित्व मुक्तिबोध से बहुत प्रभावित था और वे उनके आलोचनात्मक लेखों का अनुवाद करने की योजना भी बना रहे थे।

विष्णु खरे की कविताएँ–

मौत और उसके बाद

मुझे शायद याद करें वे टिमटिमाते तारे
रातों में जिन्हें देखता था मैं
मुझे न पाकर रोयेंगे मेरे पागल विचार
अनजाने ही जिन्हें था लेखता मैं
बरखा मुझे न देखकर कहे
"क्या चल दिया वह?"

और आवारा बादलों का टुकड़ा न रहे
पूछ बैठे "नहीं रहा क्या वह
एक ही, बस एक ही पागल जो
हमें था देखता और मुस्कुराया?"

मेरी चिता पर नहीं होंगे किसी के
अश्रु, स्मृति में चढ़ाये फूल
बाद दो दिन के दिखावे के, रोने के,
सभी जायेंगे मुझको भूल
क्या हुआ जो सिरफिरा इक मर गया?
जगत के आनन्द में कम क्या कर गया।

(विष्णु खरे की पहली कविता का एक अंश। यह कविता कवि द्वारा विष्णुकान्त खरे 'शैलेश' नाम से लिखी गयी थी)

नींद में

कैसे मालूम कि जो नहीं रहा
उसकी मौत नींद में हुई?
कह दिया जाता है
कि वह सोते हुए शान्ति से चला गया

क्या सबूत है?
क्या कोई था उसके पास उस वक़्त
जो उसकी हर साँस पर नज़र रखे हुए था

कौन कह सकता है कि अपने जाने के उस क्षण
वह जगा हुआ नहीं था
फिर भी उसने
आँखें बन्द रखना ही बेहतर समझा
अब वह और क्या देखना चाहता था?
उसने सोचा होगा कि किसी को आवाज़ देकर
या कुछ कहकर भी अब क्या होगा?

या उसके आसपास कोई नहीं था
शायद उसने उठने की फिर कोशिश की
या वह कुछ बोला
उसने कोई नाम लिया

मुझे कभी–कभी ऐसा लगा है
कि जिन्हें नींद में गुज़र जाने वाला बताया जाता है
उसके बाद भी एक कोशिश करते होंगे
उठने की
एक बार और तैयार होने की
लेकिन उसे कोई देख नहीं पाता है

पता नहीं मुझे ऐसा शक क्यों है
कि कम से कम यदि मेरे साथ ऐसा हुआ
तो मैंने वैसे एक आख़िरी कोशिश ज़रूर की होगी
जब साँस रुक जाने के बाद भी
नाख़ून कुछ देर तक बढ़ते रहते हैं
तो वैसा भी क्यों मुमकिन नहीं होता होगा
क्या जो चीज़ें देखी नहीं जातीं
वे होती ही नहीं?
लिहाज़ा मैं सुझाव देना चाहता हूँ
कि अगली बार अगर ऐसा कुछ हो
कि कहना पड़े कोई सोते–सोते नहीं रहा

तो यह कहा जाये
कि पता नहीं चला वह कैसे गुज़रा
जब वह नहीं रहा होगा
तब हम सब नींद में थे

क्या मालूम शायद वह ज़्यादा सही हो?

मृत्यु?

ज़रूरी नहीं कि मृत्यु एक बार ही हो
और उसके बाद कुछ भी नहीं हो
एक अँधियारे अपार्थिव बरामदे के सिवाय
हो सकता है पहली बरसात के पश्चात
घास में बूँदें देखने के लिए तुम उठो
और खिड़की में लगे काँच में
तुम्हारा प्रतिबिम्ब तुम्हें आश्चर्यान्वित करने के लिए
वहाँ नहीं हो
या जब तुम चुम्बन के लिए होंठों को तत्पर करो
तो तुम्हें लगे कि तुम पास ही किसी कुर्सी पर बैठे
हँस रहे हो
या स्मृतियों के अलाव में झाँकते हुए पाओ
कि उठती हुई लपटें तुम्हारी भौंह पर कोई बू नहीं छोड़तीं

और जब तुम फुसफुसाहट की तरह बिखरोगे हर शाम
भीड़ में से
और लोग तुम्हारे बीच में से गुज़र जायेंगे
या तुम्हारे आर–पार आसानी से देख लेंगे
तो तुम्हें महसूस होगा
कितना हास्यास्पद है सोचना
कि मृत्यु एक सुविधा है
जो छायाओं के लम्बे हो जाने पर ही होती है

एक समय अँधेरे में

गजानन माधव मुक्तिबोध के अनुभव संसार की 'परम अभिव्यक्ति' मानी जाने वाली कविता 'अँधेरे में' का अन्तिम प्रारूप सन् 1962 में तैयार हो गया था, लेकिन उसका प्रकाशन 'कल्पना' के नवम्बर 1964 अंक में हुआ। वे इस कविता का प्रकाशित रूप देखने के लिए जीवित नहीं थे और क़रीब दो महीने पहले सिर्फ़ सैंतालीस वर्ष की उम्र में उनका निधन हो गया था। पाँच साल बाद सन् 1969 के आख़िर में जब मैं बीस साल के युवा के रूप में दिल्ली आया तो मुक्तिबोध की कविता गूँज रही थी और उनका मरणोपरान्त प्रकाशित पहला कविता संग्रह 'चाँद का मुँह टेढ़ा है' बहस के केन्द्र में था। संग्रह में प्रकाशित शमशेर बहादुर सिंह की अद्‌भुत–आत्मीय भूमिका, रामकुमार द्वारा चित्रित रोग शैया पर पड़े हुए मुक्तिबोध का पीड़ित चेहरा और भीतर के पन्नों पर वे कठिन–कठोर कविताएँ, जिनसे गुज़रते हुए कुछ डर का एहसास होता था, जैसे वे अनजाने, बीहड़ जंगल और बियाबान हों जहाँ सघन अन्धकार में कहीं–कहीं धुँधली–सी रोशनी दिख रही हो, उड़ती हुई आँधियाँ हों और हर क़दम पर यह आशंका बनी हुई हो कि पता नहीं आगे क्या घटित होगा। ख़ासतौर से 'अँधेरे में' एक उत्कट फ़ैंटेसी फ़िल्म की शैली में शुरू होती थी, उसके दृश्य–विन्यास में हर पंक्ति किसी अन्धकार के पर्दे से सामने आती थी और यह सिनेमाई तकनीक अन्त तक बरकरार रहती थी। यह ऐसी अनोखी और पहले कभी न देखी हुई दृश्यात्मकता थी, जहाँ 'भीत से फूले हुए पलस्तर गिरते हैं', 'वृक्षों के शीर्ष

पर बिजलियाँ नाच–नाच उठती हैं', 'साँवली हवाओं में काल टहलता है', 'सलिल के तम–श्याम शीशे में कुहरीला कोई बड़ा चेहरा फैल जाता है', 'कहीं आग लग गयी, कहीं गोली चल गयी' का भयाकुल परिवेश आता है और अन्ततः 'आत्मा के चक्के पर संकल्प–शक्ति के लोहे का मज़बूत ज्वलन्त टायर चढ़ाया जाता हुआ' दिखता है। उन्हीं दिनों जापान के फ़िल्मकार अकीरा कुरोसावा की प्रसिद्ध फ़िल्म 'राशोमोन' आयी थी जिसमें कैमरा पहली बार जंगल के भीतर, उसके हृदय तक जाता है। ज़ाहिर है कि 'राशोमोन' को मुक्तिबोध ने कभी नहीं देखा होगा, लेकिन उनकी कविता की प्रविधि अनायास उसकी याद दिला देती थी। आज यह याद करते हुए आश्चर्य होता है कि किस तरह 'अँधेरे में' के साथ 'एक भूतपूर्व विद्रोही का आत्म–कथन', 'भूल–ग़लती', 'चाँद का मुँह टेढ़ा है', 'लकड़ी का रावण', 'मुझे क़दम–क़दम पर', 'मैं तुम लोगों से दूर हूँ', 'इस चौड़े ऊँचे टीले पर' और 'ब्रह्मराक्षस' आदि कविताएँ इतनी तेज़ी और तात्कालिकता के साथ उस पीढ़ी की प्रिय कविताएँ बन गयीं जो नयी कविता, साठोत्तरी कविता और उस दौर में सबसे ज़्यादा बड़बोली–उत्पाती क़िस्म की 'अकविता' से अलग अपनी राह खोजना चाहती थीं। उसे मुक्तिबोध की कविता की लम्बी–पेचीदा सुरंग के दूसरे सिरे पर एक रोशनी दिखी और 'अँधेरे में' ख़ास तौर से उसकी संवेदना का केन्द्रीय पाठ बन गयी। मुक्तिबोध के आख़िरी दिनों में तीन लेखक उनके साथ थे : शमशेर बहादुर सिंह, श्रीकान्त वर्मा और अशोक वाजपेयी। इनमें से अशोक वाजपेयी सरकारी अधिकारी होकर मध्य प्रदेश जा चुके थे, श्रीकान्त वर्मा की छवि अपने कवच में रहने वाले एक दूरस्थ कवि की थी, लेकिन शमशेर अकेले ऐसे थे जिनसे नयी पीढ़ी का बहुत लगाव और संवाद था। हम लोगों ने उनसे मुक्तिबोध के बारे में बहुत कुछ जाना और यह देखकर रोमांच होता था कि मुक्तिबोध जैसे संतापों के कवि की किताब की भूमिका शमशेर ने लिखी है, जो निर्विवाद रूप से प्रेम और सौन्दर्य के बड़े कवि हैं।

हमारे समाज और राजनीति में सन् 1964 से 1974 तक का दशक अभूतपूर्व ढंग से दहकता–खौलता हुआ समय था। उस नक़्शे पर सत्ताधारी कांग्रेस से मोहभंग, कम्युनिस्ट पार्टी का विभाजन, लोहिया का ग़ैर–कांग्रेसवाद, वियतनाम युद्ध का व्यापक विरोध, अमेरिकी बीट कविता, अमेरिकी ब्लैक पोएट्री, बांग्ला की भूखी पीढ़ी, तेलुगु की नग्न पीढ़ी, मराठी में दलित पैंथर, नक्सलबाड़ी में सशस्त्र किसान विद्रोह की 'वसन्त गर्जना' और उसके भीषण दमन के बावजूद कई भाषाओं के साहित्य पर उसका व्यापक प्रभाव आदि जलते–चिनगारियाँ छोड़ते हुए बिन्दुओं की तरह थे। राज्यसत्ता से लेकर सांस्कृतिक सत्ता तक सब कुछ डगमग था और हवाओं में किसी अवश्यम्भावी परिवर्तन की आहट सुनाई देती थी। पश्चिम बंगाल में नक्सलवादी कार्यकर्ताओं और उनके समर्थक छात्रों पर राज्यसत्ता का अत्याचार हदें पार कर रहा था, बड़े पैमाने पर बुद्धिजीवियों को गिरफ़्तार करके बिना मुकद्दमे के हिरासत में यातनाएँ दिये जाने का सिलसिला जारी था और प्रसिद्ध अर्थशास्त्री अशोक मित्र के शब्दों में, 'बेहतरीन दिमाग़ों वाले नौजवानों को कुत्तों की तरह मौत के घाट उतारा जा रहा था।'

नक्सलबाड़ी ने कम्युनिस्ट आन्दोलन में फिर से जो विभाजन पैदा किया उसने भूखी और नग्न पीढ़ियों को उग्र वाम राजनीति की ओर मोड़ दिया। बांग्ला में भूखी पीढ़ी या हंगरी जनरेशन के एक प्रवर्तक और अपनी लम्बी कविता 'जख़्म' से प्रसिद्ध हुए मलय रॉय चौधरी ने यह कहते हुए अपनी कलम रख दी थी कि–'आज अगर आप दीवार पर रक्त से कविता नहीं लिख सकते, तो लिखना व्यर्थ है।' तेलुगु में 'दिगम्बर रचयितालु संघम' के ज़्यादातर कवि वैयक्तिक विद्रोह छोड़कर सशस्त्र संघर्ष की कविता लिखने लगे थे और उनके संगठन का नाम भी 'विप्लवी रचयितालु संघम' हो गया था। इस सबकी गूँज हिन्दी और शायद उससे भी अधिक पंजाबी में सुनाई दी और नक्सलवाद के पक्षधर कवियों की पीढ़ी सामने आयी : हिन्दी में कुमार विकल, वेणुगोपाल, आलोक धन्वा, पंजाबी में पाश, अमरजीत चन्दन,

लाल सिंह दिल, दर्शन खटकड़, सुखचैन मिस्त्री आदि उसके जुझारू नाम थे। मुक्तिबोध की कविताओं और ख़ासकर 'अँधेरे में' को पढ़ते हुए एहसास होता था कि यह उसी आतंक, दमन, हत्याओं और 'कहीं आग लग गयी, कहीं गोली चल गयी' के माहौल की पुनरावृत्ति है जो उनकी कविता में दर्ज हुआ है। वे कविताएँ उसी दुःस्वप्न का आईना थीं और लोकतन्त्र का समूचा अँधेरा उनमें एकत्र हो गया दिखता था। ज़्यादातर नये कवियों को मुक्तिबोध की कविताएँ मुँहज़बानी याद हुईं हालाँकि उनका विन्यास दुरूह था और वे किसी भी तरह की 'कोमलकान्त पदावली' से दूर थीं। 'ज़िन्दगी के अँधेरे कमरों में लगातार', 'कहीं गोली चल गयी / कहीं आग लग गयी', 'भागता मैं दम छोड़ / घूम गया कई मोड़', 'अब अभिव्यक्ति के सारे ख़तरे उठाने ही होंगे, तोड़ने होंगे ही मठ और गढ़ सब', 'वर्तमान समाज चल नहीं सकता', 'पूँजी से जुड़ा हुआ हृदय बदल नहीं सकता', और 'हम एक ढहे हुए मकान के नीचे दबे हैं' आदि सैकड़ों पंक्तियाँ हमारी पीढ़ी को याद थीं—शायद इस वजह से भी कि उनमें हमारी आन्तरिक व्यथा का प्रतिबिम्बन भी था। 'जिरह बख़्तर पहन कर दिल के तख़्त पर बैठी हुई' उस 'भूल ग़लती' का भी हमें एहसास था जिसके अन्तिम अंश में एक बड़ी उम्मीद निहित थी :

महसूस होता है कि यह बेनाम
बेमालूम दर्रों के इलाक़े में
(सचाई के सुनहले तेज़ अक्सों के धुँधलके में)
मुहैया कर रहा लश्कर;
हमारी हार का बदला चुकाने आयेगा
संकल्प—धर्मा चेतना का रक्तप्लावित स्वर,
हमारे ही हृदय का गुप्त स्वर्णाक्षर
प्रकट होकर विकट हो जायेगा !!

हृदय का वह 'गुप्त स्वर्णाक्षर' क्या था? क्या वह क्रान्ति का, बुनियादी परिवर्तन का स्वप्न था जिसे बेरहमी से कुचला जा रहा था? क्या इस कविता में नक्सलवाद की पराजय से उपजी

हताशा का रूपक था? क्या यही वजह थी कि मुक्तिबोध की कई कविताएँ नक्सलवाद से प्रभावित कवियों के बीच एकाएक लोकप्रिय हुईं और सन्दर्भ बिन्दुओं जैसी बन गयीं? यह कहा जा सकता है कि नक्सलवाद से प्रभावित कवियों ने अपने वक़्त के लिए इस कविता का पुनराविष्कार किया, उसे फिर से व्याख्यायित किया। मुक्तिबोध ने ख़ुद भी उस हताशा का अनुभव किया था—समाजवाद का स्वप्न अधूरा रह जाने और 'कब मुक्त होंगे मेरे जन' की गहन चिन्ता के साथ जीवित रहने का दंश। 'अँधेरे में' जिस सामाजिक—सांस्कृतिक वातावरण को चित्रित करती है, उसके भी कई रूप उस समय के हालात में मौजूद थे, एमरजेंसी की पृष्ठभूमि तैयार हो रही थी और संवेदनशील लोगों में एक मुक्तिबोधीय ग्लानि—बोध पसर रहा था :

अब तक क्या किया,
जीवन क्या जिया,
ज़्यादा लिया और दिया बहुत—बहुत कम
मर गया देश, अरे जीवित रह गये तुम।...

'अँधेरे में' शायद हिन्दी की पहली कविता थी जिसे नाटक के रूप में मंच पर प्रस्तुत किया गया। यह सिर्फ़ संयोग नहीं था, बल्कि इस बात का नतीजा था कि वह अपने समय के लिए कितनी प्रासंगिक और ज़रूरी बन गयी है। तब युवा चित्रकार और रंगकर्मी विजय सोनी पोलैंड से येर्जी ग्रोतोव्स्की के 'शारीरिक' और 'निर्धन कहे जाने वाले रंगमंच' का प्रशिक्षण लेकर आये थे और उन्होंने कुछ ग़ैर—पेशेवर युवकों को इकट्ठा करके 'अँधेरे में' का एक प्रभावशाली नाट्य रूप तैयार किया, जिसने दिल्ली के रंगकर्म में एक नयी हलचल पैदा कर दी। विजय यानी विको सोनी की पत्नी आग्नेश्का पोलैंड की थीं और उन्हें शायद मुक्तिबोध पर शोध करने वाली पहली स्कॉलर (पहली विदेशी और पहली महिला भी) होने का श्रेय भी जाता है। शमशेर बहादुर सिंह से उनकी अच्छी मित्रता थी जिनकी प्रेरणा से ही वह क़रीब आधा घण्टे का मंचन सम्भव हुआ, दिल्ली और दूसरे शहरों में

उसके सैकड़ों प्रदर्शन हुए और ग्रोतोव्स्की की शैली से प्रभावित रंगकर्मियों की जमात भी तैयार हुई। इस रूपान्तर में कविता के कुछ ही अंश लिए गये थे, लेकिन अभिनेताओं की गतियों के संयोजन, शारीरिक मुद्राओं, भंगिमाओं और मंच पर निर्मित होने वाली फ़ैंटेसी के ज़रिये पूरी प्रस्तुति न सिर्फ़ कविता को साकार बनाती थी, बल्कि उसे एक समकालीन अर्थस्तर भी देती थी। मुक्तिबोध की कविता की कथित 'दुरूहता' छोटे अंशों में उद्धरणीय नहीं लगती थी, लेकिन अब अगर वह बहुत उद्धरणीय हो गयी है तो इसमें उस नाट्य–रूपान्तर का भी हाथ है।

हिन्दी के अकादमिक जगत् में आज मुक्तिबोध का बहुत सम्मान है, लेकिन उस वक़्त अखिल हिन्दी सत्ता–तन्त्र उनकी कविता से बेख़बर था और सिर्फ़ कुछ वामपन्थी–प्रतिबद्ध शिक्षक ही उनके महत्त्व को पहचानते थे। अकादमिक संसार में डॉ. नगेन्द्र का साम्राज्य था जहाँ अज्ञेय तक के लिए जगह नहीं थी। प्राध्यापकगण रामचन्द्र शुक्लीय 'हृदय की मुक्तावस्था' रचती, हृदयंगम होती रंजनात्मक–व्यंजनात्मक कविता में क़ैद थे और ऐसे में मुक्तिबोध की दिमाग़ को झकझोरने वाली कविता के झंझट में भला कौन पड़ना चाहता! एक वाक़या याद आता है कि एक बार आलोचक मुरली मनोहर प्रसाद सिंह ने, जो तब तेज़तर्रार वाम प्राध्यापक थे, दिल्ली विश्वविद्यालय के एक प्रोफ़ेसर से लाइब्रेरी में मुक्तिबोध का कविता संग्रह मँगाने के लिए कहा। प्रोफ़ेसर कुछ देर मुरली बाबू का मुँह देखते रहे और फिर बोले, 'अरे, मुक्तिबोध नाम के कोई कवि सचमुच हैं? कहीं आप मज़ाक़ तो नहीं कर रहे!' लेकिन अब हिन्दी प्राध्यापकों को मुक्तिबोध के जंगल में मजबूरन भटकना पड़ता है। दरअसल मुक्तिबोध की कविताओं और ख़ासकर 'अँधेरे में' का व्यक्तित्व इतना बड़ा और वजनी होता गया कि उनकी अनदेखी नहीं हो सकती थी।

मुक्तिबोध के प्रासंगिक बनते जाने की वजहें उनके यन्त्रणा–बोध से भरे जीवन, अस्वस्थता और असमय निधन में नहीं हैं, बल्कि उन सामाजिक–सांस्कृतिक–राजनीतिक प्रक्रियाओं में हैं जो

उथल–पुथल से भरी थीं और आने वाले वक़्त की शक्ल तामीर कर रही थीं। उनके कथ्य की एक स्थूल क़िस्म की ही पड़ताल करें तो ज़्यादातर कविताएँ हमारे समाज और मनुष्यों के संघर्षों–स्वप्नों और नियति के दस्तावेज़ की तरह हैं और 'अँधेरे में' की पटकथा (जो बहुत सिनेमाई है) तो स्वाधीनता की लड़ाई, उसके अधूरे रह जाने की हताशा, उसके संकटों, फ़ासिस्ट शक्तियों के जुलूस, मार्शल लॉ, चौराहे पर बन्दूक़ों–टैंकों और गोलीबारी की घटनाओं और स्वाधीनता की संघर्ष–यात्रा से ही बुनी गयी है। एक अंश में गाँधी काव्यनायक के हाथ में एक शिशु को थमाकर उसे सँभालने–सुरक्षित रखने के लिए कहते हैं जो कि हमारी आज़ादी का ही एक रूपंक है, और जैसा कि हमारी आज़ादी के साथ हुआ, जल्दी ही यह शिशु अदृश्य हो जाता है और कन्धों पर फूलों के लम्बे गुच्छों की बजाय एक बन्दूक़ आ जाती है। फिर आततायी सत्ता द्वारा हत्याओं, गिरफ़्तारियों और यन्त्रणा दिये जाने के बिम्ब हैं, जिनमें अँग्रेज़ साम्राज्यवादियों से जन साधारण के संघर्ष और कम्युनिस्ट पार्टी के भूमिगत आन्दोलन झलक उठते हैं। लेकिन ख़ास बात यह है कि यह पटकथा एकरैखिक नहीं, बल्कि बहुत संश्लिष्ट है और उसके भीतर से काव्यनायक की ग्लानि बार–बार झाँक उठती है : *मर गया देश, अरे जीवित रह गये तुम...* यही ग्लानि हमारी पीढ़ी के संवेदनशील और यथास्थिति विरोधी लोगों में भी थी और नक्सलवाद से सहानुभूति रखने वाले बहुत से नये कवियों को इन पंक्तियों में अपने समय के बिम्ब नज़र आते थे :

गलियों के अँधेरे में मैं भाग रहा हूँ,
इतने में चुपचाप कोई एक
दे जाता पर्चा,
कोई गुप्त शक्ति
हृदय में करने–सी लगती है चर्चा!!
मैं बहुत ध्यान से पढ़ता हूँ उसको!
आश्चर्य!
उसमें तो मेरे ही गुप्त विचार व

दबी हुई संवेदनाएँ व अनुभव
पीड़ाएँ जगमगा रही हैं।

मुक्तिबोध की कविता ने एक ऐतिहासिक काम यह किया कि एक पूरी पीढ़ी को अकविता की विकृत दैहिक भूलभुलैया में भटकने से रोक दिया, जिसका बाज़ार उन दिनों काफ़ी सजा हुआ था और कई वरिष्ठ कवि भी भाषा में यौन कुण्ठा और अराजकता के परनाले बहा रहे थे। 'अँधेरे में' के ज़रिये जैसे इस रुग्ण क्रोध को एक सामाजिक दिशा और राजनीतिक धार मिली। इस तरह इस कविता ने अगली पीढ़ी के संवेदन तन्त्र में भी कुछ बदलाव किया और उसे एक ऐसा रूप दिया जो मुक्तिबोध को ही उद्धृत करें तो, 'स्थानान्तरगामी' था। यह व्यक्ति से समाज की ओर जाने की शिक्षा देने वाली कविता थी। प्रगतिशील कविता की परम्परा और रघुवीर सहाय और कुँवर नारायण जैसे कवियों को छोड़ दें तो ज़्यादातर नयी कविता मानसिक प्रत्याघातों का चित्रण अधिक थी और मुक्तिबोध ने उसकी आलोचना में कहा था कि वह 'भावनात्मक प्रतिक्रियाओं से आगे नहीं जाती'।

'अँधेरे में' और मुक्तिबोध की दूसरी कविताओं ने हमारी पीढ़ी को क्या सिखाया? उनकी संरचना और शिल्प की नक़ल शायद किसी ने नहीं की और यह सम्भव भी नहीं था–यहाँ तक कि अपने को मुक्तिबोध से सर्वाधिक प्रभावित मानने वाले कवि–विनोद कुमार शुक्ल, चन्द्रकान्त देवताले और विष्णु खरे आदि–भी मुक्तिबोध की संवेदना और शैली के चिन्हों पर नहीं चले। पिछले दिनों विष्णु खरे ने मुक्तिबोध को 'सृजन–पिता' और असद ज़ैदी ने ख़ुद को 'मुक्तिबोध की काव्य–सन्तान' कहा है। दरअसल, हर नया समय एक बदली हुई संवेदना की माँग करता है या उसे उत्पन्न करता है और पूर्ववर्ती पीढ़ियाँ भी अपनी संवेदना से अधिक अपना जीवन–विवेक ही अगली पीढ़ी को सौंपती हैं। लेकिन मुक्तिबोध की काव्य संवेदना के कई पहलू नयी पीढ़ी तक पहुँचे और उनकी विकलता, बेचैनी, विडम्बना–बोध, ग्लानि, स्थानान्तरण की प्रवृत्ति और 'जड़ीभूत सौन्दर्याभिरुचि' के निषेध को बाद की बहुत

सारी कविताओं में देखा जा सकता है। इसी के साथ उनका काव्य–विवेक, जिसमें उनकी गहरी वैचारिक प्रतिबद्धता, मार्क्सवाद में विश्वास, प्रगतिशील कविता और आलोचना की ख़ामियों का एहसास और 'पार्टनर, तुम्हारी पॉलिटिक्स क्या है?' भी शामिल हैं, आगे आने वाली पीढ़ियों तक पहुँचता रहा। इस लिहाज़ से बीते चार दशकों की पड़ताल करें तो यह दिखेगा कि हिन्दी की श्रेष्ठ कविता पर मुक्तिबोधीय विवेक की छाया सबसे अधिक है, और उसके बाद शायद रघुवीर सहाय की। यह अकारण नहीं है कि लघु विमर्शों के खण्डित दौर के बावजूद 'अँधेरे में' का महावृत्तान्त काल से होड़ ले चुका है और महाकाव्यों से रहित हमारे समय का महाकाव्य बन चुका है। उस दौर की बहुत–सी कविताएँ, जिनमें कई लम्बी कविताएँ भी शामिल हैं, समय में पीछे चली गयी हैं या उनकी उम्र किसी एक बिन्दु पर रुक गयी है, लेकिन 'अँधेरे में' सहित मुक्तिबोध की बहुत–सी कविताओं का जीवन समय में आगे और भविष्य की ओर जाता हुआ दिखता है। और 'अँधेरे में' का वह विकराल जुलूस जिसमें सत्ताधारियों, व्यापारियों और डोमाजी उस्ताद से लेकर लेखक–कवि–कलाकार–बुद्धिजीवी तक 'मृत्यु–दल की शोभायात्रा' की तरह चल रहे हैं, भारतीय ही नहीं बल्कि विश्व कविता में भी ताक़त और अत्याचारी व्यवस्थाओं और उनके हाथ अपनी आत्मा बेच चुके लोगों को दर्ज करने, उनका प्रतिरोध करने और उनसे हमें आगाह करने वाले महान दृश्य की तरह अमिट है और अपने में एक सम्पूर्ण कविता भी है।

भविष्य की ओर जाती कविता

गजानन माधव मुक्तिबोध की लम्बी कविता 'अँधेरे में' अपने पचास वर्ष पूरे कर चुकी है। हालाँकि उसका लिखा जाना सन् 1957 में शुरू हुआ था, लेकिन 1962 में उसने पूरा आकार लिया और कई संशोधनों से गुज़रने के बाद वह नवम्बर 1964 की 'कल्पना' में प्रकाशित हुई। समय बीतने के साथ चीज़ें अतीत की ओर जाती हैं, लेकिन 'अँधेरे में' एक ऐसी कविता है जो अतीत की ओर नहीं, बल्कि भविष्य की ओर गयी है। वह इतिहास बनने से इनकार करती रही है और वक़्त में आगे चलती रही है। हिन्दी और दूसरी भाषाओं में भी ऐसी कविताएँ बहुत कम हैं जिन्हें यह गौरव नसीब हुआ हो। बहुत–सी लम्बी कविताएँ हैं जो अपने समय में ही आवर्तन करती रहीं। अज्ञेय की 'असाध्य वीणा', नरेश मेहता की 'समय देवता', धर्मवीर भारती की 'कनुप्रिया' इस सिलसिले में याद आ सकती हैं। निराला की 'सरोज स्मृति' और राजकमल चौधरी की 'मुक्ति प्रसंग' ज़रूर अपने समय को लाँघ कर भविष्य की ओर गयीं। 'अँधेरे में' शायद हिन्दी की अकेली कविता है, जिसे पढ़ना कठिन और कष्टकर माना गया, लेकिन जिस पर सबसे अधिक लिखा गया, जिसकी पंक्तियाँ सबसे अधिक उद्धृत की गयीं, जिसमें चित्रित 'एक मृत्यु–दल की शोभायात्रा' की बार–बार चर्चा हुई और जिसकी व्याख्या के बारे में प्रगतिशील आलोचकों की बिरादरी में भी गहरे मतभेद रहे।

सन् 1964 में जब मुक्तिबोध का पहला (और मरणोपरान्त) कविता संग्रह 'चाँद का मुँह टेढ़ा है' प्रकाशित हुआ था तो शमशेर

बहादुर सिंह ने उसकी एक बहुत मर्मस्पर्शी भूमिका में लिखा था : 'एकाएक क्यों सन् '64 के मध्य में गजानन माधव मुक्तिबोध विशेष रूप से महत्त्वपूर्ण हो उठे? 'धर्मयुग', 'ज्ञानोदय', 'लहर', 'नवभारत टाइम्स' साप्ताहिक, मासिक और दैनिक उनका परिचय देने लगे और दिल्ली की साहित्यिक हिन्दी दुनिया में एक हलचल–सी आ गयी?' इसलिए कि गजानन माधव मुक्तिबोध एकाएक हिन्दी संसार की घटना बन गये। कुछ ऐसी घटना, जिसकी ओर से आँखें मूँद लेना असम्भव था। उनकी एकनिष्ठ तपस्या और संघर्ष, उनकी अटूट सच्चाई, उनका पूरा जीवन, सभी एक साथ हमारी भावना के केन्द्रीय मंच पर सामने आ गये। शमशेर की ही तरह कहा जा सकता है कि एकाएक क्यों सन् 1964 के बाद मुक्तिबोध की लम्बी कविता 'अँधेरे में' हिन्दी की आधुनिक कविता का एक बड़ा प्रस्थान–बिन्दु और आगे चलकर कई पीढ़ियों की संवेदना का प्रत्याख्यान और चेतना का मानचित्र बन गयी। और यह भी सिर्फ़ एक संयोग नहीं है कि 'कठोर' और 'कड़ियल' माने जाने वाले मुक्तिबोध के संग्रह की भूमिका शमशेर सरीखे 'प्रेम' और 'सौन्दर्य' के कवि ने लिखी। क्या दोनों की संवेदना में कोई गहरा सम्बन्ध है। शायद इसका एक कारण यह हो कि शमशेर प्रेम की जिस पृथ्वी पर खड़े हैं, वह मुक्तिबोध सरीखी तकलीफ़ों से ही निर्मित होती है। दरअसल, पिछले पाँच दशकों की कविता का स्वभाव जानने के लिए अगर हम किसी केन्द्रीय रूपक या प्रतिनिधि पाठ की खोज करें तो वह 'अँधेरे में' ही होगा।

उस दौर के कुछ बिम्ब भी हमेशा के लिए दर्ज हो गये हैं : मुक्तिबोध का मरणोपरान्त प्रकाशित पहला संग्रह 'चाँद का मुँह टेढ़ा है', उसमें चित्रकार–कथाकार रामकुमार की बनायी एक पीड़ित मुखाकृति, शमशेर की भूमिका और तमाम कविताओं के बीच से उभरती हुई कविता 'अँधेरे में'। उन दिनों तेज़ी से उभर रही नयी पीढ़ी ने उसे अपने आईने की तरह देखा और यह पहचाना कि हमारे लोकतन्त्र का समूचा अँधेरा किस तरह एक अकेली कविता

में एकत्र हो गया है, और उसके अन्तिम छोर पर एक उम्मीद भी झलकती है : खोयी हुई परम अभिव्यक्ति को पाने की उम्मीद। दिल्ली में युवा चित्रकार और रंगकर्मी विजय सोनी उन दिनों पोलैंड से येर्जी ग्रोतोव्स्की का 'निर्धन और प्रायोगिक रंगमंच' सीख कर आये थे और उन्होंने 'अँधेरे में' को एक प्रभावशाली नाट्य रूप दिया, जिसके सैकड़ों प्रदर्शन हुए। 'अँधेरे में' शायद हिन्दी की पहली आधुनिक कविता है, जिसका समग्र मंचन किया गया।

'अँधेरे में' की प्रासंगिकता की वजहें मुक्तिबोध के यन्त्रणामय जीवन, अस्वस्थता और असमय निधन में नहीं, बल्कि उस सामाजिक–सांस्कृतिक प्रक्रिया में हैं जो एक उथल–पुथल से भरी हुई थी। सन् 1964 से 1974 तक का दशक दरअसल समाज और राजनीति में एक बहुस्तरीय और अभूतपूर्व वैचारिक हलचल का समय था। कांग्रेस के प्रति मोहभंग, कम्युनिस्ट पार्टी का विभाजन, नक्सलबाड़ी की 'वसन्त गर्जना', लोहिया का ग़ैर–कांग्रेसवाद, वियतनाम युद्ध का विरोध, बीट कविता, ब्लैक पोएट्री, भूखी पीढ़ी, नग्न पीढ़ी जैसे साहित्यिक आन्दोलनों ने एक साथ बेचैनी और उम्मीद उपजायी थी और राजसत्ता से लेकर सांस्कृतिक सत्ता तक सब कुछ डगमगाता हुआ लगता था। तत्कालीन हवाओं में हर वक़्त किसी परिवर्तन की आहट थी और साहित्य में अपने पैर रोप रही पीढ़ी के चेहरों पर भी यह साफ़ झलकता था कि दुनिया जल्दी बदल जायेगी। यह सिर्फ़ भावनात्मक उछाल नहीं, बल्कि एक संवेदनात्मक आवेग था और वही 'अँधेरे में' के कैनवस पर भी चित्रित हुआ था।

इस कविता ने एक और काम यह किया कि एक पूरी पीढ़ी को उस अकविता की दैहिक भूलभुलैया में भटकने से रोक दिया, जिसका बाज़ार उन दिनों काफ़ी सजा हुआ था और कई बुज़ुर्ग कवि भी शब्दों में दैहिक कुण्ठा और अराजकता की नदियाँ बहा रहे थे। 'अँधेरे में' के ज़रिये जैसे इस रुग्ण क्रोध को एक सामाजिक दिशा और राजनीतिक धार मिल गयी। इस तरह इस कविता ने अगली पीढ़ी की संवेदना के स्वभाव को बदल दिया और उसे एक ऐसा

रूप दिया जो मुक्तिबोध को ही उद्धृत करें तो, 'स्थानान्तरगामी' था। यह व्यक्ति से समाज की ओर जाने की शिक्षा देने वाली कविता थी। प्रगतिशील कविता की परम्परा और रघुवीर सहाय जैसे कवि को छोड़ दें तो उस समय तक उपलब्ध ज़्यादातर नयी कविता मानसिक प्रत्याघातों का चित्रण ही अधिक थी और 'भावनात्मक प्रतिक्रियाओं से आगे नहीं जाती थी'। इस कविता से उस समय की बहुत–सी चर्चित लम्बी कविताओं का व्यक्तित्व भी महज़ परछाईं बन कर रह गया।

'अँधेरे में' मनोरंजन के विरुद्ध है। वह पाठक को प्रसन्न नहीं करती, बल्कि उसे झिंझोड़ती, झकझोरती, उसके भीतर खलबली मचाती है। उसे पढ़ने का अनुभव कुछ ऐसा है जैसे हम किसी सघन–बीहड़ जंगल में या किसी सुरंग में प्रवेश कर रहे हैं जहाँ कहीं–कहीं धुँधली–सी रोशनी है, लेकिन हर अगले क़दम के साथ यह आशंका भी है कि पता नहीं क्या घटित हो जाये। उसकी संरचना बहुत दृश्यात्मक, लगभग एक उत्कट श्वेत–श्याम फ़ैंटेसी फ़िल्म की तरह है और उसके दृश्य–विधान में जो दुनिया खुलती है, वहाँ 'भीत से फूले हुए पलस्तर गिरते हैं', 'वृक्षों के शीर्ष पर बिजलियाँ नाच–नाच उठती हैं', 'साँवली हवाओं में काल टहलता है', 'सलिल के तम–श्याम शीशे में कुहरीला कोई बड़ा चेहरा फैल जाता है' और अन्ततः 'आत्मा के चक्के पर संकल्प–शक्ति के लोहे का मज़बूत ज्वलन्त टायर चढ़ाया जाता हुआ' दिखता है। कविता की शुरुआत में ही मुक्तिबोध एक तिलिस्मी सिनेमाई तकनीक से अपनी पटकथा को प्रतिष्ठित कर देते हैं :

ज़िन्दगी के...
कमरों में अँधेरे
लगातार है चक्कर
कोई एक लगातार;
आवाज़ पैरों की देती है सुनाई
बार–बार... बार–बार, वह नहीं दीखता...

नहीं ही दीखता
किन्तु वह रहा घूम।

किसी फ़िल्म के 'ऐस्टेब्लिशिंग शॉट्स' की तरह 'अँधेरे में' का यह आरम्भिक दृश्य अपनी भव्यता में आज भी आकर्षित करता है जैसे कवि एक शक्तिशाली कैमरा हाथ में लेकर जंगल के अन्तरतम में चला गया हो और एक–एक दृश्य को क़ैद करता हुआ और उसी जगह सम्पादन का काम करता हुआ आगे बढ़ रहा हो। यह एक विलक्षण तरकीब है। सिनेमा के इतिहास में पहली बार जापानी फ़िल्मकार अकीरा कुरोसावा की फ़िल्म 'राशोमोन' (1950) में कैमरे ने जंगल के भीतर प्रवेश किया था। कुरोसावा की फ़िल्म मनुष्य की निजी और आन्तरिक सच्चाइयों का दस्तावेज़ थी, लेकिन मुक्तिबोध की कविता हमारे समाज और राजनीति का 'राशोमोन' है।

कविताएँ अपने विलक्षण दृश्यात्मक आरम्भ के लिए भी याद रहती हैं। ऐसी कविताओं की शुरुआती पंक्तियाँ पाठक को अभिभूत कर देती हैं और कविता के भीतर खींच ले जाती हैं। निराला की कविता 'राम की शक्तिपूजा' का आरम्भ ऐसे ही शक्तिशाली बिम्ब से शुरू होता है जिसे हम सचमुच देख सकते हैं :

थी अमा निशा
उगलता गगन घन अन्धकार
खो रहा दिशा का ज्ञान
स्तब्ध है पवन–चार।

बीट कवि एलेन गिंसबर्ग की प्रसिद्ध रचना 'हाउल', जिसने सन् 2007 में पचास वर्ष पूरे किये, का आरम्भ भी ऐसा ही है : 'आई सॉ द बेस्ट माइंड्स ऑफ़ माई जेनरेशन डिस्ट्रॉयड बाई मैडनेस'। गिंसबर्ग की यह पंक्ति बाद में अमेरिकी व्यवस्था को परिभाषित करने वाला वाक्य ही बन गयी। अँग्रेज़ी कवि थॉमस ग्रे की कविता 'एलेजी रिटन इन अ कंट्री चर्चयार्ड' की आरम्भिक पंक्तियाँ 'द कर्फ़्यू टॉल्स द नेल ऑफ़ पार्टिंग डे' या टी. एस. इलियट की कविता 'लव सॉन्ग ऑफ़ एल्फ्रेड जे प्रूफ्रॉक' की

पहली पंक्ति 'लेट्स गो देन, यू एंड आई, वेन द ईवनिंग इज़ स्प्रेड अगेंस्ट द स्काई, लाइक अ पेशेंट ईथराइज्ड अपॉन अ टेबल' भी कविता के अनोखे आरम्भों के इतिहास में अपनी ख़ास जगह रखती हैं।

मुक्तिबोध के काव्यनायक का सामना शुरू में ही 'नुकीली नाक और भव्य ललाट' वाले एक मनुष्य से होता है जो आगे भी कई बार प्रकट होकर काव्यनायक को उद्वेलित करता रहता है। वह 'फटे हुए वस्त्र पहने हुए' है, उसके 'वक्ष पर बड़ा–सा घाव' है और वह 'कारावास–दुख झेल' चुका है, लेकिन इस भयानक स्थिति के बावजूद उसके मुख पर मुस्कराहट है, वह प्रचण्ड शक्तिमान दिखाई देता है, रह–रहकर दरवाज़े की साँकल बजाता है और काव्यनायक को किसी ख़तरनाक शिखर या खुरदुरे कगार–तट पर छोड़ कर जैसे कहता है :

पार करो पर्वत–सन्धि के गह्वर
रस्सी के पुल पर चलकर
दूर उस शिखर–कगार पर स्वयं ही पहुँचो।

मुक्तिबोध यह भी बतला देते हैं कि वह रहस्यमय व्यक्ति *अब तक न पायी गयी मेरी अभिव्यक्ति है/मेरे परिपूर्ण का आविर्भाव और/आत्मा की प्रतिमा है।* वे इस आत्मा की प्रतिमा को 'कौन मनु?' का सम्बोधन देते हैं। इस भव्य–दिव्य आलोकस्नात पुरुष का आविर्भाव आलोचकों के लिए एक पहेली बना रहा और उसे जयशंकर प्रसाद की 'कामायनी' के मनु से भी जोड़कर देखने की कोशिश की गयी। इस मनु के व्यक्तित्व के कुछ–कुछ पारलौकिक लगते वर्णन से यह निष्कर्ष निकाला गया कि मुक्तिबोध किसी दैवी भक्ति का सन्दर्भ दे रहे हैं और या फिर वह मुक्तिबोध की अस्मिता का प्रतिबिम्बन है। मुक्तिबोध को एक साँचे में फिट कर देने की हड़बड़ी में शायद यह अनदेखा कर दिया गया कि कवि साफ़ शब्दों में कई जगह कहता है कि वह व्यक्ति *मेरी बात मुझे बताने के लिए ही बुलाता है।*

कविता के अगले हिस्सों में मुक्तिबोध बरगद के पेड़ के नीचे बैठने वाले एक सिरफिरे और पागल के रूप में फिर से उसी व्यक्ति को देखते हैं जो *ऊँचे गले से/आत्मोद्बोधमय/कोई गान गा रहा है* और जिसमें *करुण रसाल हृदय के स्वर* हैं। पागल का यह गान सबसे मर्मस्पर्शी और विकल अंशों में से है जिसमें हम एक मध्यवर्गीय ग्लानि या आत्मधिक्कार की अभिव्यक्ति भी पाते हैं। आश्चर्य नहीं कि यह अंश सबसे अधिक उद्धृत हुआ है, अब एक नश्वरता प्राप्त कर चुका है और इसकी अन्तिम पंक्तियाँ इस तरह हैं :

अब तक क्या किया,
जीवन क्या जिया,
ज़्यादा लिया, और दिया बहुत–बहुत कम
मर गया देश, अरे, जीवित रह गये तुम!!

इस आत्मधिक्कार की काफ़ी चर्चा हुई है और उसे मध्यवर्गीय बुजदिली और अकर्मण्यता को धिक्कारने की कार्रवाई मानते हुए कहा जाता है कि मुक्तिबोध अपने ही वर्ग की तीखी आलोचना कर रहे हैं। यह सब सही है, लेकिन ग्लानि का यह बोध कहीं अधिक गहरा और राजनीतिक है। इटली के प्रसिद्ध मार्क्सवादी आलोचक एंटोनियो ग्राम्शी के एक प्रसिद्ध कथन की तरह कि 'ग्लानि–बोध एक क्रान्तिकारी भावना है।' सूत्र वाक्यों में एक नयी दार्शनिक दृष्टि रखने के लिए प्रसिद्ध ग्राम्शी का आशय यह था कि ग्लानि का एहसास ही हमें किसी वास्तविक परिवर्तन के लिए प्रेरित करेगा। यह बोध एंगेल्स के इस प्रसिद्ध कथन से भी जुड़ जाता है कि 'स्वतन्त्रता मनुष्य की आवश्यकता का बोध है।' यह निश्चय ही आवश्यकता को न पहचानने की, अपनी भूमिका न निभा पाने की ग्लानि है। मुक्तिबोध की ग्लानि ग्राम्शी के आशय के अनुरूप इसलिए विलक्षण और क्रान्तिकारी है कि वह काव्यनायक की चेतना को झकझोर कर, उसकी जड़ता को तोड़कर उसे एक नयी यात्रा के लिए प्रवृत्त करती है। मुक्तिबोध की ग्लानि *मर गया देश/जीवित रह गये तुम* क्या एक स्तर पर

निराला की 'सरोज स्मृति' की ग्लानि *धन्ये, मैं पिता निरर्थक था/तेरे हित कुछ कर न सका* से नहीं जुड़ती? 'धन्ये' की जगह अगर हम 'देश' को रख दें तो निराला की स्वीकारोक्ति में मुक्तिबोध की चेतावनी सुनाई दे जायेगी और यही एहसास रघुवीर सहाय की एक कविता में सवाल ही दिखेगा : *लेखक क्या हत्याओं के साझीदार हुए!*

पागल के गान के बाद काव्यनायक पहले की तरह पीड़ाएँ समेट कर अपने मध्यवर्गीय खोल में नहीं पड़ा रहता, बल्कि ख़ुद के सामने खड़ा हो जाता है और ख़ुद से ही बहस करता है। फिर इस यात्रा में मार्शल लॉ लगने, चौराहे पर बन्दूक़ों–टैंकों और गोलीबारी के दृश्य हैं, बाल गंगाधर तिलक और गाँधी की मूर्तियाँ हैं और स्वाधीनता के संघर्ष का एक सशक्त रूपक है। गाँधी काव्यनायक के हाथ में एक शिशु को थमाकर उसे सँभालने–सुरक्षित रखने के लिए कहते हैं। ज़ाहिर है, यह शिशु हमारी आज़ादी का एक रूपक है, और जैसा कि हमारी आज़ादी के साथ हुआ, जल्दी ही यह शिशु अदृश्य हो जाता है और कन्धों पर फूलों के लम्बे गुच्छों की बजाय एक बन्दूक़ आ जाती है। आगे चलकर आततायी सत्ता द्वारा हत्याओं, गिरफ़्तारियों और यन्त्रणा दिये जाने के बिम्ब हैं, जिनमें अँग्रेज़ साम्राज्यवादियों से जन साधारण के संघर्ष और कम्युनिस्ट पार्टी के भूमिगत आन्दोलन झलक उठते हैं। एक जगह यातनागृह के आततायियों की चिन्ता यह है कि *इस संस्था के मन्त्री को खोजो/शायद उसका ही नाम हो आस्था/कहाँ है सरगना इस टुकड़ी का/कहाँ है आत्मा?* इन्हीं पंक्तियों के आसपास मुक्तिबोध अपने प्रतिरूप को एक कलाकार के रूप में भी देखते हैं, जो शासकों के हाथों मार दिया जाता है।

अब एक नया मोड़ आता है और वह जिन पंक्तियों में अभिव्यक्त हुआ है, वे भी प्रसिद्ध हो चुकी हैं : *अभिव्यक्ति के सारे ख़तरे/उठाने ही होंगे/तोड़ने होंगे ही मठ और गढ़ सब।* 'सत्य से सत्ता के युद्ध के इस रंग में' काव्यनायक देखता है कि लोगों की पंक्तियाँ मुट्ठियाँ बाँधे हुए चल रही हैं, को उसके अपने ही

'विक्षोभ और विवेक की मणियों और रत्नों को लेकर' उत्साह के साथ अँधेरे में बढ़ रहे हैं और जो पर्चे बाँटे जा रहे हैं उनमें भी उसके ही विचार, दबी हुई संवेदनाएँ, अनुभव और पीड़ाएँ जगमगा रही हैं। एक और वक्तव्य इस कविता का एक महत्त्वपूर्ण प्रस्थान बिन्दु है : *कविता में कहने की आदत नहीं, पर कह दूँ/वर्तमान समाज चल नहीं सकता/पूँजी से जुड़ा हुआ हृदय बदल नहीं सकता,/स्वातन्त्र्य व्यक्ति का वादी/छल नहीं सकता मुक्ति के मन को,/जन को।* इसके बाद एक क्रान्ति के, युग बदलने के जीवन्त दृश्य हैं, जिनमें बौद्धिक वर्ग, समाचार पत्रों के मालिकों और किराये के विचारों की बजाय 'दादा के सोटे, काका की लाठी और मुन्ने के सलेट–पट्टी' की भूमिका को एक अतियर्थाथवादी सुन्दरता के साथ चित्रित किया गया है। इसी क्रम में एक बार फिर उस प्रतिरूप और 'परम अभिव्यक्ति' की एक झलक दिखती है जो कहीं भीड़ में खो जाती है। काव्यनायक का वह गुरु, 'अनखोजी निज समृद्धि का परम उत्कर्ष' और अपने फटेहाल रूप में 'प्रतिपल जगत् की गलियों में' घूमता है और उसी की खोज में काव्यनायक 'हर गली और हर सड़क पर हर एक चेहेरे को झाँक–झाँक कर देखता है।' शमशेर बहादुर सिंह ने 'चाँद का मुँह टेढ़ा है' की भूमिका में कहा कि यह कविता 'देश के आधुनिक जन इतिहास का, स्वतन्त्रता के पूर्व और पश्चात् का एक दहकता इस्पाती दस्तावेज़ है। इसमें अजब और अद्‌भुत रूप से जन का एकीकरण है।'

काव्यनायक का यह प्रतिरूप या ऑल्टर ईगो कौन है? क्या वह मनुष्य की अन्तश्चेतना है? क्या उसका स्वत्व और उसकी आत्मा है जो निस्पन्द पड़ी है? या फिर क्या यह जन की मुक्ति–कामना और वर्गविहीन समाज का यूटोपिया है? अधूरी क्रान्ति के पूरा होने का स्वप्न? इसके सन्दर्भ जगह–जगह हैं, जहाँ मुक्तिबोध बार–बार जन संघर्षों को अपने 'स्व के विस्तार' के रूप में देखते हैं। इस कविता को समझने का एक प्रस्थान–बिन्दु शायद यही है कि काव्यनायक का आदर्श उसे उसी की आत्मा

और चेतना की बात बनाने के लिए आता है और काव्यनायक समाज में जनता की उथल–पुथल को अपने ही आत्म के विस्तार की तरह देखता है। यह एक बहसतलब सवाल है और डॉक्टर रामविलास शर्मा ने इसी आधार पर मुक्तिबोध को मार्क्सवादी नहीं, बल्कि अस्तित्ववादी कवि बताने की कोशिश की है। लेकिन मुक्तिबोध ख़ुद ही *स्वातन्त्र्य व्यक्ति का वादी छल नहीं सकता मुक्ति के मन को* कह कर अस्तित्ववादी व्यक्ति–केन्द्रिकता को कभी का ख़ारिज कर चुके हैं। दरअसल व्यक्ति–केन्द्रिकता के मुद्दे पर ही मुक्तिबोध ने नयी कविता की तीखी आलोचना भी की थी और उसे 'आत्मबद्ध, भावनात्मक प्रतिक्रियाओं तक सीमित' बताया था।

'अँधेरे में' स्वप्न के भीतर स्वप्न के दृश्य–विधान के साथ आज़ादी के कड़े संघर्ष और उसके बाद और भी बड़े मोहभंग को देखती है। जनक्रान्ति के दमन के निमित्त चल रहे उसके फ़ौजी जुलूस में लेखकों, कलाकारों, बुद्धिजीवियों की मौजदूगी हमारे समय में सत्ता–तन्त्रों से संस्कृति की साँठगाँठ की एक बड़ी त्रासदी को सामने रखती है और आज भी एक आसन्न ख़तरे की तरह मँडराती हुई दिखती है। यह जुलूस या 'मृत्यु–दल की शोभायात्रा' हिन्दी कविता के सबसे अधिक चर्चित और प्रसिद्ध बिम्बों में से हैं। यह बहुत दृश्यात्मक है और इसे पढ़ते हुए कई फ़िल्मों की याद आती है। इस जुलूस में अत्याचारियों, फ़ौजी जनरलों, कसाइयों के साथ कवि, लेखकगण, कलाकार, पत्रकार यानी समाज का वह तबक़ा भी शामिल है, जो मध्यवर्ग से आता है और पारम्परिक रूप से समाज में परिवर्तन, क्रान्ति और एक नये युग के आरम्भ का उत्प्रेरक माना जाता रहा है। लेकिन इस जुलूस में वह उन ताक़तों के साथ है जो मनुष्य विरोधी और फ़ासिस्ट हैं। यह जुलूस रात में चुपके से निकलता है जिसे काव्यनायक देख लेता है और आशंकित हो उठता है कि बुद्धिजीवी वर्ग को नंगा देखने की सज़ा उसको मिलेगी। ज़्यादातर आलोचकों ने इस 'प्रोसेशन' को नात्सियों और हिटलर की फ़ौज के जुलूस के

रूप में पहचाना है और कुछ की राय में यह राष्ट्रीय स्वयंसेवक संघ का जुलूस है। निश्चय ही इन दोनों का असर मुक्तिबोध की चेतना पर रहा होगा क्योंकि वे नात्सियों के अत्याचारों और जर्मनी के कुछ तत्कालीन बुद्धिजीवियों–वैज्ञानिकों की मानवद्रोही भूमिका से परिचित थे और संघ परिवार की क्रूरता के तो वे भुक्तिभोगी ही थे क्योंकि संघ की माँग पर उनकी इतिहास सम्बन्धी पुस्तक पर प्रतिबन्ध लगा था।

मनुष्य द्वारा शैतान और उसके आधुनिक रूपों, सैनिक शासकों, तानाशाहों और फ़ासिस्टों के हाथों अपनी आत्मा को गिरवी रखने का मिथक बहुत पुराने समय से कविता, नाटक, ऑपेरा, चित्रकला और संगीत में तरह–तरह से उभरता रहा है। जर्मन नाटककार क्रिस्टोफर मार्लो का 'डॉक्टर फाउस्टस', गोइठे का 'फाउस्टस', थॉमस मान का 'डॉक्टर फाउस्टस' इस पर आधारित कालजयी कृतियाँ हैं। यूरोप के बहुत से फ़िल्मकारों ने भी शैतान और उसके प्रतिनिधि मैफिस्टोफिलीस को आधुनिक समय की कई घटनाओं में पहचाना और कई अविस्मरणीय सिनेमाई कृतियों की रचना की। इसी तरह पचासों ऑपेराओं के केन्द्र में भी यह विषय रहा। रूसी उपन्यासकार मिखाइल बुल्गाकोव के उपन्यास 'मास्टर एंड मार्गरीटा' में मैफिस्टो की कथा स्तालिन काल के सोवियत संघ में घटित हुई जहाँ शैतान मस्क्वा में प्रकट होकर तरह–तरह से लोगों को प्रलोभन देता है। दुनियावी प्रसिद्धि, पैसे और सुख के लिए अपनी आत्मा को बेचने की यह दुर्घटना आज भी कई स्तरों पर घटती दिखाई देती है, उनमें हंगरी के फ़िल्मकार इस्तवान साबो की फ़िल्म 'मैफिस्टो' बहुत चर्चित रही। यह एक ऐसे अभिनेता की दिल दहला देने वाली कहानी है जिसका एक बड़ा सपना मंच पर मैफिस्टो की भूमिका अभिनीत करना है, लेकिन सुख–सुविधा की तलाश में अपनी आत्मा को बेचने के बाद नात्सी जर्मनी में उसकी ज़िन्दगी ख़ुद एक मैफिस्टो में बदल जाती है। सच तो यह है कि रोम के शासक नीरो के समय से यह इतिहास का एक बेहद 'हॉन्टिंग' रूपक है। 'अँधेरे में' के इस

दृश्य पर इस सबका प्रभाव रहा होगा, लेकिन यहाँ उसने और अधिक विस्तार लिया है, उसके सामाजिक–राजनीतिक आशय ज़्यादा स्पष्ट और ख़ौफ़नाक हो गये हैं।

गहन मृतात्माएँ इसी नगर की
हर रात जुलूस में चलतीं,
परन्तु, दिन में
बैठती हैं मिलकर करती हुई षड्यन्त्र
विभिन्न दफ़्तरों–कार्यालयों, केन्द्रों में, घरों में।
हाय, हाय! मैंने उन्हें देख लिया नंगा,
इसकी मुझे और सज़ा मिलेगी।

'अँधेरे में' बहुत सुगठित कविता नहीं है। हो भी नहीं सकती थी क्योंकि उसका फ़लक आज़ादी से पहले और गाँधी–नेहरू युग, कम्युनिस्ट पार्टियों के संघर्ष, फिर नेहरू युग के महास्वप्न के टूटने और एक नयी क्रान्ति की आशावादिता तक फैला हुआ, विशाल और महाकाव्ययी है। निराला की 'सरोज स्मृति', राजकमल चौधरी की 'मुक्ति प्रसंग', अज्ञेय की 'असाध्य वीणा', शमशेर की 'टूटी हुई बिखरी हुई' या एलेन गिंसबर्ग की 'हाउल' और मलय रॉय चौधरी की 'जख़्म' जैसी कई लम्बी कविताएँ हैं जो अपने संरचनात्मक कसाव के लिए जानी जाती हैं। लेकिन इन सभी कविताओं का कैनवस 'अँधेरे में' जितना बड़ा नहीं है, उनमें एक ख़ास तरह की व्यक्तिबद्धता या वैयक्तिकता है और वे 'स्व' का विस्तार करने की बजाय 'स्व' के बोध पर अधिक टिकी हुई हैं। लेकिन 'अँधेरे में' दूर और बाहर तक जाती है और हम उसमें मुक्तिबोध की इस मान्यता को बख़ूबी देख सकते हैं कविता की प्रवृत्ति स्थानान्तरगामी होती है।

लघु विमर्शों के खण्डित दौर के बावजूद 'अँधेरे में' का महावृत्तान्त काल से अपनी होड़ ले चुका है। वह महाकाव्यों से रहित हमारे समय का महाकाव्य है। प्रकाशन के बाद कई वर्षों तक ज़्यादातर आलोचकों ने उसे मुक्तिबोध के निजी और अस्तित्वमूलक सन्ताप की अभिव्यक्ति की तरह, वैयक्तिक

अस्मिता की खोज की तरह देखा, लेकिन पचास वर्ष बाद हम देखते हैं कि वह निजी सन्ताप नहीं, बल्कि एक सामूहिक सामाजिक यातना और सामूहिक मुक्ति की आकांक्षा का सबसे प्रामाणिक और सबसे अधिक हिला देने वाला दस्तावेज़ है और उसका जीवन समय में आगे की ओर चलता जायेगा। ऐसी कविता की अर्धशती मनाने का अर्थ यही हो सकता है कि हम हिन्दी में बुरी तरह प्रचलित प्रतिमा–पूजन और कर्मकाण्डी आडम्बर से अलग हटकर इस कविता के बीहड़ और तकलीफ़देह वन–प्रान्तर में जायें और यह देखें कि उसके अर्थ हमारी समकालीनता में कहाँ–कहाँ घटित हो रहे हैं। हम उस डरावने जुलूस को फिर से देखें जिसमें डोमाजी उस्ताद से लेकर शहर के तमाम बुद्धिजीवी, कलाकार, लेखक, कविगण शामिल हैं और जिसमें 'लोगों को नंगा देखने के कारण' मिलने वाली सज़ा की आशंका से ग्रस्त एक कवि बुरी तरह घिरा हुआ है, और जिसका ग्लानि–बोध इतना त्रासद है कि वह गोली चलने और कर्फ़्यू लगने की घटना के लिए भी अपनी ही किसी भूल को ज़िम्मेदार मानता है। 'अँधेरे में' की अर्धशती यह जाँचने का समय भी है कि क्या हमारे भीतर मुक्तिबोधीय ग्लानि का कोई अंश बचा हुआ है, क्या हम ख़ुद को धिक्कार सकते हैं और आज जीवन के तमाम क्षेत्रों में शोषित–वंचित और हाशिये पर धकेले गये लोगों और आदिवासियों पर तरह–तरह के जो अत्याचार बढ़ रहे हैं, क्या उनमें हमारी भूमिका की कोई चूक दिखाई देती है? क्या समाज में हमारे ही कारण कोई 'दुर्घट' घटित हुआ है और क्या हमारे 'ज्ञानात्मक संवेदन' में यातना का वह बोध कहीं बचा है, जिसके साथ मुक्तिबोध के काव्यनायक ने पिछले पाँच दशक बिताये हैं? 'अँधेरे में' अब तक इसीलिए जीवित रह पायी है कि पिछले पचास वर्षों में हमारे समाज के भीषण और अनसुलझे संकट भी जीवित हैं, और उनका कोई समाधान नहीं दिखता।

एक बेहतर दुनिया के लिए थे सुदीप

कहते हैं कि मनुष्य का स्वभाव इतना जटिल है कि उसका पूर्वानुमान करना प्रायः बहुत कठिन होता है। लेकिन इसके कुछ अपवाद भी होते हैं। कवि और प्रतिबद्ध बुद्धिजीवी सुदीप बनर्जी ऐसे ही अपवादों में थे क्योंकि उनका 'स्व' नैतिक रूप से इतना सुस्पष्ट और निःस्वार्थ था कि यह अन्दाज़ा लगाना सम्भव था कि किस परिस्थिति में उनका कैसा व्यवहार होगा। उनके सम्पर्क में कुछ ही देर के लिए भी आने वाले लोगों के भीतर उनकी अच्छाई और हमदर्दी की कोई–न–कोई छाप छूट जाती थी। मनुष्यता, शराफ़त, सदाशयता आदि आज भले ही घिसीपिटी चीज़ें या महज़ शिष्टाचरण की औपचारिक व्यवस्था का हिस्सा बन कर रह गयी हों, लेकिन सुदीप के व्यक्तित्व में वे गहरे और एक ख़ास क्लासिकी ढंग से बसी हुई थीं। उनसे मिलकर शमशेर बहादुर सिंह की वह पंक्ति याद आती थी कि–'मुझे अदीब और कलाकार तो बहुत मिलते हैं, मगर इन्सान का मिलना मुहाल है'। सुदीप जितने सच्चे अदीब उतने ही सच्चे इन्सान थे और इन दोनों पहलुओं को अलग–अलग करके देखना सम्भव नहीं था। उनसे मेरी मित्रता का एक अनायास–सा कारण शायद यह भी था कि मुझे ऐसे लोग ज़्यादा आकर्षित करते हैं जिनका स्वभाव ऐसी कुछ बुनियादी प्रतिज्ञाओं या कभी–कभी कुछ ज़िदों पर भी टिका हुआ हो, जो अघोषित होती हैं, लेकिन उनके व्यक्तित्व में हर समय झलकती रहती हैं क्योंकि उसी आधार पर उनके जीवन का स्थापत्य निर्मित होता है। ऐसे लोगों का जीवन उनकी एक

झलक में ही दिख जाता है। सुदीप से मिलकर हमेशा यह लगता था कि उनके व्यक्तित्व में कुछ ठोस और मूलभूत स्थापनाएँ हैं। ऐसा भी नहीं था कि उनका यह व्यवहार अपने जैसे लोगों तक सीमित हो। मेरे पास गाड़ी न होने के कारण कभी–कभी थोड़ी–सी भी रात होने पर वे मुझे घर छोड़ने के लिए अपनी गाड़ी भेजते। एक बार उनके एक लहीम–शहीम पहाड़ी ड्राइवर ने मुझे छोड़ते हुए पूछा, 'साहब, आप तो शायद पहाड़ के हैं, फिर आप इन साहब को कैसे जानते हैं?' मैंने पढ़ने–लिखने की मित्रता का हवाला दिया तो उसने कहा, 'साहब, मैंने कई लोगों की गाड़ियाँ चलाई हैं लेकिन इनके जैसा इन्सान नहीं देखा। इन्होंने मेरे बच्चों की जो मदद की है उसे मैं कभी नहीं भूल सकता।' कुछ महीने बाद यों ही जब मैंने यह घटना सुदीप बनर्जी को बतायी तो वे कुछ शरारती ढंग से मुस्कुराते हुए बोले, 'अरे इन्सान तो दूर, कभी–कभी लगता है आदमी भी हैं या नहीं'।

अपने इसी निर्मल 'स्व' और निःस्वार्थ भाव ने सुदीप बनर्जी को चार साल से ज़्यादा समय तक कैंसर का बहादुरी के साथ सामना करने की ताक़त दी। कई बार वे मिलने आये हुए मित्रों से बातें करते हुए चुपचाप दर्द सहते रहते और उसके बारे में बहुत पूछने पर ही कुछ कहते। ऐसा कभी नहीं हुआ कि उन्होंने किसी के सामने अपनी तकलीफ़ और सन्ताप का दुखड़ा सुनाया हो। मुझे याद है, एक–दो बार उनके कुछ दोस्तों ने उनकी पत्नी रुबीना जी से कहा कि सुदीप तो कुछ बताता नहीं, आप ही बताइए कि इसके क्या हालचाल हैं। सुदीप कैंसर के दो–दो बड़े ऑपरेशन झेल चुके थे, लेकिन इसके बावजूद सक्रिय बने रहते, दूसरों की दिक़्क़तों को हल करने की तजवीज़ में लगे रहते या किसी की मदद न कर पाने का अफ़सोस करते। जनवरी 2006 में 'सहारा समय' से हटाये जाने के कुछ दिन बाद कुछ मित्रों के ज़रिये उनका सन्देश मिलने पर जब मैं पहली बार उनके दफ़्तर पहुँचा तो उन्होंने नौकरी छूटने की सूचना न देने की शिकायत करते हुए मुझे तुरन्त नेशनल बुक ट्रस्ट में सलाहकार

बनने का प्रस्ताव दिया और कहा कि आप वहाँ सभी भारतीय भाषाओं में आज़ादी के बाद की कविता और कहानी के कुछ अच्छे चयन प्रकाशित करने का काम कीजिए। इसके लिए सम्पादकों का चयन कीजिए और ख़ुद उसके प्रधान सम्पादक रहिए। इस पुस्तकमाला का प्रधान सम्पादक तो मैं नहीं बना लेकिन नेशनल बुक ट्रस्ट से तीन साल के भीतर विभिन्न भाषाओं के साहित्य के जो संकलन निकले, वे ट्रस्ट के अध्यक्ष प्रो. विपिन चन्द्र को इतने महत्त्वपूर्ण लगे कि उन्होंने उसमें नाटकों और कुछ दूसरी भाषाओं के संकलन भी जोड़ दिये। यह योजना इतनी अच्छी थी कि मैंने कहा कि इस पर बहुत पहले काम होना चाहिए था तो सुदीप मुस्कुराते हुए बोले, 'अगर आपने नौकरी पहले छोड़ी होती तो यह काम पहले हो जाता। मेरे मन में काफ़ी पहले से यह योजना थी।'. चलते समय जब मैं उनसे हाथ मिलाने को हुआ तो उन्होंने हाथ पीछ कर लिए और कहा कि 'मेरे शरीर में रेडिएशन है।' एक बार उन्होंने मुझसे कहा, 'मेरी तकलीफ़ उतनी डरावनी नहीं है, सिर्फ़ इसका नाम बहुत डरावना है।' इस डरावने नाम से लड़ते हुए वे कभी–कभी इंगमार बर्गमान की फ़िल्म 'द सेवेंथ सील' का ज़िक्र करते जिसमें अपने घर लौटता हुआ एक योद्धा मृत्यु के साथ एक लम्बी शतरंज की बाज़ी खेलता है और इस तरह अपनी और अपने समाज की ज़िन्दगी को लम्बा करता है।

सुदीप बनर्जी उस कैंसर से भी काफ़ी चिन्तित थे जो साम्प्रदायिकता, हिन्दुत्ववादी फ़ासिज्म, देसी पूँजीपतियों के व्यवहार, अमेरिकीकरण और मध्यवर्गीय मूल्यविहीनता के रूप में हमारे समाज को भीतर से नष्ट कर रहा है। इसके कई साक्ष्य उनकी कविताओं के अलावा आदिवासी जीवन, शिक्षा और सिविल सेवा जैसे विषयों पर तैयार किये गये उनके रेडिकल व्याख्यानों में मिलते हैं जिनमें पूँजी के आधुनिक साम्राज्यवाद की धूर्तताओं और भारत में उदित होते नये अमीर वर्ग की तीखी चीर–फाड़ भी दिखाई देती है। इन विषयों पर उनका अध्ययन इतना गहरा था कि एक व्याख्यान में वे उपभोक्ता वस्तुओं का वज़न

कुछ ग्राम कम किये जाने और उन्हें पुराने ही दाम पर बेचने से उद्योगपतियों को मिलने वाले मुनाफ़े के सन्दर्भ में एक नयी शोषणपरक व्यवस्था की पड़ताल करते हैं। प्रशासक और कवि दोनों ही रूपों में सुदीप समाज, राजनीति और अर्थव्यवस्था में आ रहे परिवर्तनों से गहरा सरोकार रखते थे। उनसे मिलने पर थोड़ी ही देर बाद बातचीत का रुख़ इसी तरफ़ मुड़ जाता। एक दिन मैंने उनसे कहा कि सरकारी नीतियों से ऐसा लगता है कि एक उपनिवेशवाद से मुक्त होने के साठ साल बाद ही हम फिर से उपनिवेश बनने जा रहे हैं। उन्होंने कहा, 'जैसे कवि अटल बिहारी वाजपेयी हैं, वैसे ही अर्थशास्त्री मनमोहन सिंह हैं।' सुदीप के व्याख्यानों में एजाज़ अहमद, एडवर्ड सईद और पी. साईंनाथ के लेखों जैसा प्रखर बौद्धिक आवेग दिखता है। यह अकारण नहीं है कि वे इन सार्वजनिक बुद्धिजीवियों और महाश्वेता देवी, अरुन्धति राय, वामपन्थी अर्थशास्त्रियों–उत्सा पटनायक और प्रभात पटनायक आदि–को गहरे उपयोग में ला रहे हैं। असद ज़ैदी के 'थ्री एसेज़ प्रेस' से प्रकाशित उत्सा पटनायक की 'द रिपब्लिक ऑफ़ हंगर' उनकी पसन्दीदा किताबों में थी। असद के प्रकाशन की प्रायः सभी पुस्तकें वे ख़रीदकर पढ़ते थे। हिन्दी के साहित्यिक तन्त्र से उनकी यह शिकायत थी कि वह अपने साहित्यकारों की सामाजिक उपस्थिति और भूमिका को निर्मित नहीं करना चाहता। वे कहते थे कि हमारे अध्यापकों–आलोचकों और प्रकाशकों में भी सच्चे बुद्धिजीवियों के लिए समाज में जगह बनाने या उनकी आवाज़ को प्रभावशाली बनाने की कोई इच्छा नहीं है। एक बार उन्होंने कहा कि शिक्षा सचिव के रूप में मैं साहित्यिक संस्थानों के लिए कुछ नहीं कर पाया लेकिन वैज्ञानिक संस्थाओं में मैंने कुछ नयी चीज़ें ज़रूर की हैं और उन्हें समाज की चिन्ताओं से जोड़ने की कोशिश की है। सुदीप वैज्ञानिक संस्थाओं में कहीं अधिक लोकप्रिय थे। वे आईआईटी और आईआईएम जैसे पूँजीपरस्त क़िलों में जाकर कोई क्रान्तिकारी बात भी बेहिचक कह जाते थे जिसे सुनकर इन संस्थाओं के आला अधिकारी थोड़ी देर को सही,

आत्मनिरीक्षण के लिए मजबूर हो जाते थे। ऐसा ही एक लम्बा व्याख्यान उन्होंने आईआईटी खड़गपुर में दिया था जिसमें उच्च शिक्षा को ज्ञान की बजाय पूँजी की ओर उन्मुख किये जाने और उस पर पूँजीपतियों के एकाधिकार की कड़ी थी। सेवानिवृत्ति और असाध्य बीमारी के बावजूद सुदीप शिद्दत के साथ अपने लिए ऐसी ही भूमिका चाहते थे और किसी अख़बार में कॉलम लिखने के बारे में भी सोचते थे। एक दिन हम दोनों ने भारत के पाँच सितारा नायकों के बरअक्स ऐसे बीस व्यक्तियों की सूची तैयार की जो समाज को सही दिशा देने का काम कर रहे हैं और उन पर लिखने की योजना बनायी। मैंने कहा कि आप लिखना शुरू कीजिए तो वे बोले, 'इन लोगों पर आप लिखिए। मैं बस्तर के अपने अनुभवों पर लिखना चाहता हूँ क्योंकि मैं वहाँ बहुत से मामूली लोगों के सम्पर्क में आया। बस, मैं इसके लिए सही फॉर्म की तलाश में हूँ।'

लम्बे समय तक बस्तर में रहने के कारण सुदीप बनर्जी को आदिवासी जनों से, उनकी नैसर्गिक विशेषताओं, संग्रह न करने और प्रकृति से सिर्फ़ अपनी ज़रूरत भर की चीज़ें लेने, अपने पर्यावरण को शुद्ध रखने और समता और सामूहिकता में रहने के स्वभाव से बहुत प्रेम था और वे सभ्य समाज द्वारा उनके शोषण को लेकर भी सचमुच क्षोभ में रहते थे। महाश्वेता देवी का लेखन उन्हें इसलिए भी पसन्द था कि उन्होंने आदिवासियों के संघर्ष को शब्द देने का काम किया है। वे मार्क्सवादी थे इसलिए आदिवासी जीवन पद्धति उनके लिए सिर्फ़ सम्मोहन या रोमांच का विषय नहीं थी, बल्कि वे उसे समाजशास्त्रीय, वैज्ञानिक नज़रिये से एक आदिम साम्यवादी व्यवस्था और स्वायत्त, अपने में सम्पूर्ण आत्मनिर्भर इकाई के रूप में देखते थे। वे वनों पर मूलवासियों के सामूहिक अधिकार के पक्के हिमायती थे। बहुराष्ट्रीय निगमों और देसी पूँजीपतियों द्वारा बस्तर की खनिज सम्पदा पर क़ब्ज़ा किये जाने को लेकर भी उनकी चिन्ता बार–बार झलकती थी और बस्तर के कई क्षेत्रों में चल रहे माओवादियों के छापामार संघर्ष के

प्रत्यक्ष समर्थक न होते हुए भी वे उस तकलीफ़ और आक्रोश के साथ थे जो ऐसी लड़ाइयों को जन्म देता है। तत्कालीन मध्य प्रदेश की तेंदू पत्ता नीति और झुग्गी–झोंपड़ी और भोपाल गैस त्रासदी से लेकर आईआईएम जैसे सम्भ्रान्त संस्थानों में नीतिगत बदलाव लाने के लिए उन्होंने जो काम किये, उनकी सूची बहुत लम्बी है जिसे इन क्षेत्रों में काम करने वाले लोग कभी नहीं भूलेंगे। दरअसल सुदीप प्रशासनिक रूप से जिस भी क्षेत्र में रहे, वहाँ उन्होंने कोई–न–कोई ऐसा सार्थक बदलाव किया जो स्थायी महत्त्व का साबित हुआ। यहाँ तक कि जब अनिच्छा के बावजूद उन्हें थोड़े समय के लिए मध्य प्रदेश साहित्य परिषद् की पत्रिका 'साक्षात्कार' (जो अब भाजपाई शासन के हाथों में पड़कर बर्बाद हो चुकी है) का सम्पादन सौंपा गया तो उन्होंने एक बहुत अच्छी पत्रिका तो निकाली ही, उसमें 'पाठक मंच' जैसे स्तम्भ की शुरुआत भी की जिससे मध्य प्रदेश की छोटी–छोटी जगहों में भी हिन्दी की नयी से नयी पुस्तकों पर चर्चा हो पायी और साहित्य पढ़ने की रुचि का विकास हुआ। यह पाठक मंच अभी तक जारी है।

आदिवासी सरलता, संक्षिप्तता, सघनता और सुदृढ़ता, उसके पेड़ और पानी, उसकी नदियाँ और वनस्पतियाँ सुदीप की कविताओं में प्राणतत्त्व की तरह मौजूद हैं। बस्तर में रहते हुए ही उन्होंने आदिवासियों की जिस बदहाली का अनुभव किया, उसके संकेत भी उनकी कविता में जगह–जगह मिलते हैं। 'बैलाडीला' और 'इस साल जांबूखांदन में' जैसी कविताएँ आदिम प्रकृति और जीवन से उनके गहरे लगाव को दर्शाती हैं। बैलाडीला पहाड़ आदिवासी अस्तित्व का रूपक है, जिसे लोग लगातार काटकर, खोदकर ले जाते हैं लेकिन वह तब भी अविचल खड़ा रहता है और कवि को इस हद तक भरोसा है कि उसके हाड़–हाड़ से बनता हुआ लोहा किसी आगामी देव–दानव संग्राम में काम आयेगा और वंचित लोग भी इसी से लड़ेंगे। इसी तरह जांबूखांदन में एक प्राइमरी स्कूल खुलने पर जिस विडम्बना और पुलक को उन्होंने अभिव्यक्त किया है वह हिन्दी में अन्यत्र दुर्लभ है।

बस्तर क्षेत्र में रहते हुए उन्होंने आदिवासियों के विकास के लिए बहुत ठोस काम किये थे, लेकिन उस जीवन को वे जिस तरह याद करते हैं उसमें कृतज्ञता के साथ यह विडम्बना और आत्मग्लानि भी है कि नौकरशाही तन्त्र का हिस्सा होने के कारण उनके और आदिवासी जीवन के बीच हमेशा एक फाँक रह जाती है। साधारण जन के सुख–दुख में शरीक होने की आकांक्षा और अपनी प्रशासनिक स्थिति के बीच मौजूद एक द्वन्द्व का अहसास उनकी बहुत–सी कविताओं में मिलता है। एक कविता में वे उस व्यक्ति के बारे में बात करते हैं जो अभी मेरे घर आया है : *अभी थोड़ी देर में चला जायेगा/उससे तो कोई बात भी नहीं हुई/फिर दोबारा भीड़ में पहचाना भी नहीं जायेगा/जितनी देर भी वह बैठा है/जहाँ से आया है वहाँ की उदासी लिए हुए/उससे तो कोई बात भी नहीं हुई।* यह साधारण लेकिन ठोस मनुष्य है जो कई नामों के साथ बार–बार एक 'आख़िराना सुन्न' में उनके भीतर गड़ता रहता है। आदिवासी जीवन के दूसरे बिम्ब भी जंगल, नदी, शेर, शालवन, चम्बल, इन्द्रावती, गोदावरी, शिप्रा, डांकिनी, शाकिनी उनकी कविता में बार–बार लौटते हैं और बीहड़ों को पार करती हुई एक लम्बी यात्रा करने वाली एक नदी एक मछुआरिन की तरह दिखाई देती है। दरअसल नदियों के बारे में इतनी अच्छी कविताएँ सुदीप के अलावा किसी कवि ने नहीं लिखीं। 'पैदल–पैदल चलकर' एक ऐसी कविता है जिसमें एक नदी की यात्रा, एक साधारण स्त्री की दिनचर्या और लोक समाज के दृश्य आपस में गुँथकर एक असाधारण ऐन्द्रिक रूपक को जन्म देते हैं। यह नदी दोपहर को एक क़स्बे से दूसरे क़स्बे में पहुँचती है और–*मंगलवार के हाट में/जाकर बेचती है मछलियाँ/चिल्ला–चिल्लाकर/फिर धोबिनों के संग/घण्टों/बतियाती है/पछीट–पछीटकर/हर घर–गृहस्थी के क़िस्से/समेटकर/बीहड़ों को पार करती हुई/थकी–माँदी शाम को/दाख़िल होती है चम्बल में/सूने मन्दिर के पिछवाड़े।* इस पूरी प्रक्रिया में कहीं वह रूहानियत भी झलक उठती है जो उसके

भीतर अन्तर्धारा की तरह उपस्थित रहती है। दरअसल रूहानियत सुदीप की कविता में एक और चीज़ है, एक और अन्तर्धारा, जो उनकी कविता की पृष्ठभूमि में संगीत की तरह बजती रहती है। दरअसल सुदीप की सारी कविताओं के पीछे एक गहरा विराग दिखता है। आश्चर्य नहीं कि वे ग़रीबों और बीमारों की सेवा में लगे मिशनरियों और रामकृष्ण मिशन के संन्यासियों से भी गहरे जुड़े हुए थे। उनकी कविता पर भी अगर किसी का असर है तो बांग्ला कवि जीवनानन्द दास की कविता का ही है।

धर्मनिरपेक्षता एक और मोर्चा था जहाँ सुदीप आजीवन सक्रिय रहे। हमारे समाज की साझा संस्कृति को अभिव्यक्ति देने वाले कार्यक्रमों में वे भरसक उपस्थित रहते थे। वामपन्थी दलों से जुड़े हुए सांस्कृतिक संगठनों–प्रगतिशील लेखक संघ, जनवादी लेखक संघ और जन संस्कृति मंच के आपसी मतभेदों को दरकिनार करते हुए वे एक–सी उदारता के साथ उनका साथ देते थे क्योंकि वे अपने इस मूल विश्वास से डिगे नहीं थे कि ये सभी संगठन समान मूल्यों के लिए काम कर रहे हैं। वामपन्थ की सभी रंगतों के प्रति इतनी उदारता दूसरे वामपन्थियों में नहीं दिखाई देती। सेवानिवृत्त होने के तुरन्त बाद उन्होंने पहला और यादगार कविता पाठ जन संस्कृति मंच से ही किया था हालाँकि उनकी आवाज़ पूरी तरह उनका साथ नहीं दे पा रही थी। सुदीप की कविता में आये हुए उर्दू के अल्फ़ाज़ कई लोगों को अटपटे भी लगते थे लेकिन पूछने पर वे कहते थे कि–'ये शब्द मैंने कोर्ट–कचहरी की भाषा से लिए हैं जिनसे आम आदमी का रोज़ साबक़ा पड़ता है।' एक दिन उन्होंने कहा कि 'मैं कई बार उर्दू के शब्द जानबूझकर रखता हूँ क्योंकि मुझे लगता है, इस साम्प्रदायिक दौर में हमें उर्दू से अपना भाईचारा ज़ाहिर करते रहना चाहिए।' कभी–कभी वे उर्दू के शब्दों को इतने अप्रचलित सन्दर्भों में रख देते थे कि उन्हें पढ़ते हुए रुकना या चौंकना पड़ता था। इस प्रयोगशीलता के कारण उनकी कविता का विन्यास एक मौलिक ढंग से जगमगा उठता है, भले ही वह आलोचकों को अटपटा लगे। उनकी कविता में जो बौद्धिक

मज़बूती है उसकी ओर भी लोगों का ध्यान ज़्यादा नहीं गया है, लेकिन सुदीप निरी भावुकता से दूर अपनी कविता के इस बौद्धिक गुण से परिचित थे। इसके बावजूद वे अपनी रचनाओं को लेकर हमेशा एक गहरे संकोच और संशय में रहते थे। ऐसे दौर में जब तमाम सतही कवि अपने को महत्त्वपूर्ण कवि मानने और मनवाने में लगे हों, सुदीप की ऐसी विनम्रता देखकर आश्चर्य ही होता था। उनकी कविता में उनके अफ़सर होने की ज़रा–सी भी गन्ध नहीं थी जो फिर से एक आश्चर्यजनक बात थी। वे अपनी रचना को अपने ओहदे से इतना ज़्यादा दूर, उसकी मामूली–सी परछाईं से भी बहुत दूर रख सकते थे। जब कोई उनकी किसी नयी कविता की प्रशंसा करता तो वे कहते, 'तुम मेरे मित्र होने के नाते यह कह रहे हो।' बीमारी के दिनों में उन्होंने एक बहुत अच्छी कविता 'लौट आना चाहिए' लिखी थी लेकिन वे काफ़ी कहने पर ही आश्वस्त हो पाये कि वह अच्छी कविता है। निजी जीवन में भी वे हमेशा साधारण आदमी की तरह जीते रहे और उन्हें अपनी अफ़सरी को लेकर न कोई भ्रम था न मोह। शायद कई लोगों से उन्होंने कहा होगा कि 'मैं टाटपट्टी पर बैठकर पढ़ा हूँ।' बचपन की वह टाटपट्टी उन्हें अन्त तक याद रही। कम्युनिस्ट विचारधारा में काफ़ी प्रचलित शब्द 'डी–क्लास' होने को सुदीप के जीवन में घटित होते हुए देखा जा सकता था।

सुदीप बनर्जी कहीं–न–कहीं अपने शरीर के कैंसर को समाज के कैंसर से जोड़कर देखते और दोनों से जूझते रहने का हौसला जुटाते रहे। एक उत्कृष्ट रचनाकार शायद यही करता है कि अपनी पीड़ा को समाज और इतिहास की पीड़ा से जोड़कर उसे निर्वैयक्तिक बना देता है। प्रशासन से लेकर नाटक और कविता तक उन्होंने जो भी किया, उसके केन्द्र में साधारण जन की हालत, साम्प्रदायिकता और साम्राज्यवाद को लेकर गहरी चिन्ता रही। यही कारण है कि उनके निधन की शाम दिल्ली के लोधी रोड के बिजली वाले श्मशान में और फिर उनकी स्मृति सभाओं में श्रद्धांजलि देने आये लोगों की आँखें नम थीं और उन्हें लग रहा था,

जैसे उनका अपना कोई सुन्दर और ताक़तवर अंश खो गया हो। जर्मन कवि–नाटककार बर्टोल्ट ब्रेश्ट के एक नाटक 'सेंट जुआन ऑफ़ स्टॉकयार्ड्स' का एक संवाद है कि मनुष्य को इस दुनिया में न सिर्फ़ अच्छा रहना चाहिए, बल्कि उसे अपने पीछे भरसक एक अच्छी दुनिया छोड़कर जाना चाहिए। सुदीप बनर्जी जहाँ कहीं भी रहे, दुनिया को कुछ सुधारने, बदलने, उसे कुछ बेहतर बनाने के काम में लगे रहे। इसीलिए सुदीप के न होने को भूलना मुश्किल है : *अब वह पता नहीं कहाँ हैं, क्यों हैं / गड़ता क्यों वह है इस आख़िराना सुन्न में।*

कविता में गाँधी

आज़ादी के बाद जन्मे ज़्यादातर हिन्दी भाषियों ने बचपन की किताबों में गाँधी जी पर सियारामशरण गुप्त की एक सरल–सी कविता ज़रूर पढ़ी होगी : *लगते तो थे दुबले बापू / थे हिम्मत के पुतले बापू / कभी न हिम्मत हारे बापू / आँखों के थे तारे बापू।* कुछ वर्ष बाद उन्होंने 'नोआखाली' शीर्षक से एक खण्डकाव्य की रचना भी की जो सन् 1946 में नोआखाली (अब बांग्लादेश में) में भयानक साम्प्रदायिक हिंसा के दिनों में गाँधी जी द्वारा शान्ति कायम करने के प्रयासों पर केन्द्रित था। सन् 1948 में हिन्दुत्ववादी नाथूराम गोडसे द्वारा गाँधी की हत्या पर भी बहुत से कवियों ने अपनी रचनाओं के ज़रिये उन्हें श्रद्धांजलि दी। सच तो यह है कि गाँधी और उनके विचारों पर केन्द्रित जितनी कविताएँ हिन्दी और दूसरी भारतीय भाषाओं में लिखी गयी हैं, उतनी किसी दूसरे व्यक्ति पर नहीं लिखी गयीं और उनकी संख्या हज़ार से अधिक ही होगी (उन पर बच्चों के द्वारा और बच्चों के लिए लिखी गयी कविताओं की संख्या तो बेशुमार है)। छायावाद के प्रमुख कवि सुमित्रानन्दन पन्त की दो कविताएँ–'बापू' और 'बापू के प्रति' विभिन्न स्कूली पाठयक्रमों में पढाई जाती रही हैं। उनमें से एक की प्रसिद्ध पंक्तियाँ हैं : *सुख–भोग खोजने आते सब, तुम करने आये सत्य–खोज / जग की मिट्टी के पुतले जन, मन की आत्मा के मनोज।* लेकिन गाँधी पर सबसे अधिक ओज और आवेग से भरी कविताएँ रामधारी सिंह 'दिनकर' की हैं। वे गाँधी के व्यक्तित्व और कार्य को कहीं 'एक मशाल, तूफ़ान,

गर्जन और भूकम्प' की तरह चित्रित करते हैं तो कहीं उस आँधी को 'नीरवता की आवाज़' कहते हैं : *तू चला तो लोग कुछ चौंक पड़े, 'तूफ़ान उठा या आँधी है'?/ईसा की बोली रूह, अरे यह तो बेचारा गाँधी है!* गाँधी की हत्या से कुछ समय पहले लिखी गयी उनकी चार लम्बी कविताओं के एक संग्रह का नाम 'बापू' है। इसी तरह, हरिवंश राय बच्चन की तीन कविताएँ गाँधी को समर्पित हैं। उनके दो कविता संग्रहों 'खादी के फूल' और 'सूत की माला' में भी गाँधी–विचार के इर्दगिर्द रची गयी कविताएँ हैं। नागार्जुन अपनी एक कविता में गाँधी को 'ग्रामात्मा' और 'ग्राम प्राण' कह कर सम्बोधित करते हैं : *तुम ग्राम हृदय, तुम ग्राम दृष्टि/तुम कठिन साधना के प्रतीक।* प्रगतिशील धारा के एक और कवि केदारनाथ अग्रवाल कुछ विडम्बना के साथ कहते हैं : *जीकर जीवन को अब जीना/नहीं सुलभ है हमको/मर कर जीवन को जीना/सहज सुलभ है तुमको।*

लेकिन ऐसी ज़्यादातर कविताओं में गाँधी की महिमा, त्याग, संघर्ष और उनकी मानवता का गुणगान अधिक हुआ और उन्हें कई आत्यन्तिक विशेषणों से नवाज़ा गया। उनमें गाँधी एक उदात्त महावृत्तान्त के रूप में आये हैं। लेकिन उनसे अलग, कुछ दूसरे ढंग की कविताएँ भी बहुत चर्चा में रहीं और उनमें जो सबसे पहले याद आती है वह है निराला की कविता 'बापू, तुम मुर्गी खाते यदि'। यह कविता सन् 1940 में लिखी गयी थी और उपन्यासकार भगवतीचरण वर्मा के सम्पादन में निकलने वाली पत्रिका 'विचार' में छपी थी। साथ में एक सम्पादकीय टिप्पणी भी दी गयी, जिसमें इस कविता के लिए निराला की काफ़ी लानत–मलामत थी और इसे उनकी प्रतिभा के पतन का सूचक कहा गया। इस पर ख़ासा वाद–विवाद भी हुआ। कविता गाँधी के शाकाहार पर व्यंग्य करती हुई सवाल उठाती थी कि अगर गाँधी मुर्गी खाते तो क्या *ऐरे–गैरे नत्थू ख़ैरे भी उनकी पूजा करते या वे कायस्थों–बनियों के अवतार हुए होते।* अन्त में निराला कहते हैं कि अगर गाँधी मुर्गी खाते तो कवि के साथ–साथ उसकी

'प्यारी अल्लारक्खी' भी उन्हें भजती। निराला की प्रसिद्ध जीवनी के लेखक और आलोचक डॉ. रामविलास शर्मा ने इसकी पृष्ठभूमि बताते हुए लिखा है कि–'फ़ैज़ाबाद सम्मलेन में निराला ने कहा था कि अगर राजनीतिकों ने हिन्दुओं में मुर्गी खाने का प्रचार किया होता तो हिन्दू–मुस्लिम यूनिटी बहुत मज़बूत हो चुकी होती'। लोगों ने इसका शुद्ध अभिधार्थ ही लिया। रामविलास आगे लिखते हैं : 'निराला ने जब कविता भेजी थी तब यह समझकर भेजी थी कि 'विचार' में छपेगी। लेकिन उन्होंने यह कल्पना न की थी कि उनके विरुद्ध प्रचार के लिए भगवतीचरण वर्मा इस तरह के नोट के साथ उसे छापेंगे।' दरअसल निराला ने इसे बच्चों जैसे शरारती अन्दाज़ में लिखा था और मुस्लिम नाम अल्लारक्खी भी 'हिन्दू–मुस्लिम यूनिटी' के सन्दर्भ में रखा लेकिन इसे गाँधी की निन्दा माना गया। यह भी उल्लेखनीय है कि इस घटना से कुछ पहले गाँधी के साथ निराला की एक भिड़न्त हुई थी। लखनऊ में हुए कांग्रेस के अधिवेशन के दौरान गाँधी ने शिकायत की थी कि हिन्दी में कोई रवीन्द्रनाथ ठाकुर या जगदीश चन्द्र बोस नहीं है। इससे क्षुब्ध होकर निराला एक दिन एक ताँगे में ले जायी जा रही बकरी के पीछे–पीछे चलकर वहाँ पहुँच गये जहाँ गाँधी रुके हुए थे। किसी तरह जब वे उनसे मिलने में सफल हुए तो उन्होंने पूछा कि हिन्दी में कोई रवीन्द्रनाथ न होने की बात उन्होंने किस आधार पर कही है। गाँधी ने हिन्दी साहित्य के बारे में अपनी अनभिज्ञता प्रकट की तो निराला यह कह कर चले आये कि 'आप रवीन्द्रनाथ जैसा साहित्यिक हिन्दी में नहीं देखना चाहते, प्रिंस द्वारकानाथ ठाकुर का नाती या नोबेल पुरस्कार–प्राप्त मनुष्य देखना चाहते हैं।'

एक और कविता जिस पर भारी विवाद हुआ और अदालत तक पहुँचा, मराठी कवि वसन्त दत्तात्रेय गुर्जर की है : 'गाँधी मला भेटला'। यानी 'गाँधी मुझे मिला'। पहली बार सन् 1984 में प्रकाशित होते ही यह कविता लोकप्रिय हुई और उसके पोस्टर भी तैयार किये गये। इस व्यंग्य कविता में गाँधी को आज़ाद

हिन्दुस्तान में कई ऐसी जगहों पर चित्रित किया गया था, जहाँ उनके होने की कोई सम्भावना नहीं थी या जहाँ उनका होना किसी कुफ्र से कम नहीं था : मन्दिर, मस्जिद, चर्च के अलावा क्रेमलिन, ओशो आश्रम और मुम्बई के चकलाघरों में भी वे थे। कविता काफ़ी बेबाक़ थी, लेकिन कवि का मन्तव्य यह बतलाना था कि आज़ादी के बाद हमने गाँधी की ऐसी दुर्दशा कर दी है। दस वर्ष बाद 1994 में महाराष्ट्र स्टेट बैंक कर्मचारी यूनियन की पत्रिका में इस कविता के पुनःप्रकाशन के बाद संघ परिवार से जुड़ी एक संस्था पतित पावन संगठन ने बखेड़ा कर दिया, उस पर प्रतिबन्ध लगाने की माँग की और कविता को सुप्रीम कोर्ट में पहुँचा दिया। कोर्ट ने राष्ट्रपिता को 'अश्लील' ढंग से चित्रित करने पर आपत्ति की, लेकिन मामले को फिर से स्थानीय अदालत में भेज दिया जहाँ दुर्भाग्य से उसका फ़ैसला अभी तक रुका हुआ है। मराठी के मशहूर लेखक भालचन्द्र नेमाडे ने उसे महत्त्वपूर्ण कविता मानते हुए मराठी कविता के एक संकलन में शामिल करने का ऐलान किया था, लेकिन यह भी सम्भव नहीं हुआ। फ़िलहाल गुर्जर बीमार हैं और कविता लातूर की एक अदालत में लम्बित है।

ऐसी कविताओं की संख्या भी कम नहीं है जिनमें गाँधी को एक नये, मार्मिक और आज के लिए प्रासंगिक दृष्टिकोण से देखा गया है। नयी कविता के प्रसिद्ध कवि भवानी प्रसाद मिश्र ने गाँधी के दर्शन पर बहुत–सी रचनाएँ की हैं और उनका एक संग्रह 'गाँधी पंचशती' इसी पर केन्द्रित है। उनकी एक दिलचस्प कविता 'तुम काग़ज़ पर लिखते हो' गाँधी के 'सूत कातने, कपास धुनने, अनाज के कंकड़ बीनने, किताब की जिल्दसाज़ी करने' आदि का ज़िक्र करते हुए बताती है कि एक बार एक वकील गाँधी से मिलने आये तो वे चक्की पीस रहे थे। गाँधी ने बातचीत करने के दौरान उनसे अपने काम में हाथ बँटाने के लिए कहा। वकील साहब को मजबूरन चक्की पीसने बैठना पड़ा। बच्चन एक कविता में गाँधी की हत्या के चालीस दिन बाद उनकी शहादत की जगह जाते हैं और हरे लॉन के बीच फूलों को देखकर उन्हें महसूस होता है

जैसे—*बापू का लहू अब भी पृथ्वी के ऊपर ताज़ा—ताज़ा है* और फिर, *सुन पड़े धमाके तीन मुझे फिर गोली के/काँपने लगी पाँवों के नीचे की धरती,/फिर पीड़ा के स्वर में फूटा 'हे राम' शब्द,/चीरता हुआ विद्युत सा नभ के स्तर पर।* गाँधी की प्रेरणा से स्वाधीनता संघर्ष में कूदने वाली सुभद्रा कुमारी चौहान की एक कविता 'सभा का खेल' बच्चों द्वारा खेले जा रहे नाटक को आज़ादी के संघर्ष, चरखा, खादी और अहिंसा के रूपक में बदल देती है :

हुई सभा प्रारम्भ, कहा
गाँधी ने चरखा चलवाओ,
नेहरू जी भी बोले भाई
खद्दर पहनो पहनाओ
उठकर फिर देवी सरोजिनी
धीरे से बोलीं, बहनो! हिन्दू—मुस्लिम मेल बढ़ाओ
सभी शुद्ध खद्दर पहनो।

मलयालम के जाने—माने कवि के. सच्चिदानन्दन की तीन कविताएँ इस सन्दर्भ में ख़ास तौर से उल्लेखनीय हैं : 'गाँधी और कविता,' 'गाँधी और पेड़' और 'अहिंसा पर एक विमर्श'। 'गाँधी और कविता' दोनों की बातचीत की मर्म छूने वाली कल्पना है जिसमें एक 'दुबली' सी कविता गाँधी के पास आती है और दरवाज़े पर ठिठकी हुई रहती है। गाँधी पास बुलाकर उससे सवाल करते हैं कि क्या तुमने सूत काता है या मैले से भरी गाड़ी खींची है या कभी भूख से बिलबिलाई हो। कविता को इस सबका कोई अनुभव नहीं क्योंकि उसका जन्म जंगल में एक बहेलिए के मुख से हुआ, वह एक मछुआरे की झोंपड़ी में पली—बढ़ी, गाने के अलावा उसे कोई काम नहीं आता, वह दरबारों में भी गाती रही, लेकिन अब सड़क पर आ गयी है। गाँधी उसे बहुत दिलचस्प सलाह देते हैं कि तुम संस्कृत में बोलना छोड़ दो, खेतों में जाओ और किसानों की बात सुनो। आख़िरकार कविता एक बीज बन जाती है, खेत में किसान की प्रतीक्षा करती है कि वह आये और बारिश में भीगी

हुई धरती को गोड़ दे (ताकि जीवन जन्म ले सके)। यह कविता गाँधी के माध्यम से कविता के इतिहास, उसके क्लासिकी स्वरूप और उसकी नयी, बदली हुई भूमिका और जन साधारण से जुड़ने की ज़िम्मेदारी को भी रेखांकित करती है। उनकी एक और कविता 'गाँधी और पेड़' भी एक विलक्षण फन्तासी है जिसमें एक बूढ़ा पेड़ चलते हुए गाँधी से कुछ देर उसकी छाया में विश्राम करने के लिए कहता है। लेकिन गाँधी को विश्राम का अवकाश नहीं है। पेड़ अपना दुखड़ा सुनाते हुए कहता है कि वह अब फूल और फल नहीं दे सकता इसलिए चिड़ियाँ उस पर नहीं बैठतीं। गाँधी कहते हैं, 'तू कुल्हाड़ी के इन्तज़ार में है और मैं गोली के'। पेड़ कहता है, 'ऐसा मत कहिए। लोगों को अब भी मेरी छाँह की ज़रूरत है।' जब गाँधी नहीं रुकते तो पेड़ ही उनके साथ चल पड़ता है और कुछ हवा चलने के बाद उस पर सफ़ेद फूल आ जाते हैं। कविता के अन्त में गोली लगने पर गाँधी की देह से निकला हुआ लाल ख़ून पेड़ पर लाल रंग के फूलों में बदल जाता है। यह कविता प्रकृति और मानवीय संघर्ष की एकता को भी एक नये ढंग से रेखांकित करती है। तीसरी कविता 'अहिंसा के बारे में एक विमर्श' में बलात्कार की शिकार एक गर्भवती महार स्त्री, ज़मींदार–सवर्ण अत्याचार से पीड़ित एक गूँगा भील युवक और तेंदुए के हमले में घायल एक कोरबा आदिवासी गाँधी के पास आकर बताते हैं कि उनकी अहिंसा को अपनाने की वजह से उनकी ऐसी हालत हुई है। गाँधी उन्हें अहिंसा का वास्तविक अर्थ समझाने की कोशिश करते हुए कहते हैं कि तेंदुए ने अपने स्वभाव के अनुसार काम किया, इसलिए उसे माफ़ किया जा सकता था, लेकिन स्त्री के बलात्कारी और अत्याचारी ज़मींदार से प्रतिशोध लेना ही सच्ची अहिंसा होती। 'मैंने यह कभी नहीं कहा कि अपने जीवन और सम्मान की रक्षा करने के लिए हिंसा करना ग़लत है। हाँ, इसे आख़िरी उपाय के रूप में ही अपनाना होगा।' तीनों पीड़ित गाँधी की बात समझ नहीं पाते, लेकिन महार स्त्री की कोख में पल रहे शिशु की एक मद्धिम–सी आवाज़

सुन पड़ती है, 'मुझे समझ में आ रहा है।' यह कविता गाँधी के अहिंसा–विचार को एक सार्थक परिप्रेक्ष्य में रखती है और गर्भस्थ शिशु के माध्यम से उसे भविष्य के लिए भी प्रासंगिक बनाती है।

सूचना–प्रसारण मन्त्रालय से अवकाश प्राप्त एक अधिकारी और गाँधी विचार से प्रभावित महिला कल्पना पालकीवाला की कोशिश भी ग़ौर करने लायक है। उन्होंने कुछ वर्ष पहले गाँधी से जुड़ी कविताओं और उनके गायन की एक परियोजना 'बापू गीतिका' शुरू की जिसमें 14 भाषाओं की 108 कविताएँ और *वैष्णव जन तो तेने कहिए/जे पीर पराई जाने रे* जैसे गीत भी शामिल हैं, जो गाँधी को प्रिय थे। इन कविताओं का संकलन कभी प्रकाशन विभाग से छपा था और कल्पना के प्रयासों से इसका पुनःप्रकाशन सम्भव हुआ। कविताओं को सांगीतिक संरचना देना अक्सर कठिन होता है, लेकिन संगीतकार उमाशंकर चन्दोला ने बहुत परिश्रम से इसे अंजाम दिया और उसका एलबम भी जारी हुआ। कल्पना पालकीवाला ने 'बापू गीतिका' की परिकल्पना गाँधी के जीवन दर्शन को विद्यालयी छात्रों तक पहुँचाने के उद्देश्य से की थी और इसमें उन्हें कामयाबी भी हासिल हुई है।

यहीं कहीं रहेंगे केदारनाथ सिंह

हिन्दी कविता की एक महत्त्वपूर्ण पीढ़ी तेज़ी से विदा हो रही है। यह दृश्य दुखद और डरावना है जहाँ ऐसे बहुत कम कवि बचे हैं जिनमें कविता का विवेक और प्रकाश पाया जा सके। पिछले वर्ष कुँवर नारायण, चन्द्रकान्त देवताले, दूधनाथ सिंह, और अब केदारनाथ सिंह। केदार जी रक्तचाप, मधुमेह या हृदयाघात जैसी उन व्याधियों से मुक्त थे जो अस्सी वर्ष पार करने वाले व्यक्ति को प्रायः अपनी गिरफ़्त में ले लेती हैं और सबको उम्मीद थी कि वे निमोनिया पर क़ाबू पाकर फिर से लेखन में सक्रिय होंगे।

रघुवीर सहाय और कुँवर नारायण की शानदार पीढ़ी में केदार जी शायद कवि और मनुष्य, दोनों स्तर पर सबसे अधिक लोकप्रिय रहे और उनसे अधिक जनप्रिय किसी कवि की याद आती है तो वे बाबा नागार्जुन ही हैं। केदार जी के रचनाकर्म ने यह भी बतलाया कि कविता भी अगम्भीर या 'तरल–सरल' बने बग़ैर, अपनी शर्तों से समझौता किये बग़ैर भी लोकप्रियता अर्जित कर सकती है और इसके लिए कवि को अपनी वास्तविक जगह, अपनी मूलभूमि और अपने लोगों से गहरे जुड़ना पहली शर्त है। केदार जी की कविता के केन्द्र में उनका 'निवास–स्थल' हमेशा बना रहा। चकिया, जहाँ उनका जन्म हुआ था; बनारस, जहाँ उनकी काव्य–संवेदना विकसित और विस्तृत हुई और पडरौना, जहाँ वे शिक्षक और प्रधानाचार्य के रूप में लम्बे समय तक काम करते रहे। दिल्ली में भी उनका लम्बा प्रवास रहा और उनकी सन्तानों के परिवार भी यहीं बसे, लेकिन उनका वास्तविक निवास

और घर चकिया, पडरौना और बनारस ही रहा। शायद यही वजह थी कि वे अक्सर दिल्ली से घबरा कर अपने गाँव—क़स्बे में चले जाते थे, खेतों में टहलते और बचपन के मित्रों के साथ एक ठेठ भोजपुरी ज़िन्दगी जीते हुए परम प्रसन्न रहते थे। या फिर उनका मन अपनी बड़ी बहन के घर कलकत्ता में लगता था जो महानगर होने के बावजूद अब भी एक विराट गाँव है और जहाँ बांग्ला के कई कवियों से उनकी अच्छी मित्रता रही। आधुनिकतावाद की परियोजना में लिखने वाले ज़्यादातर कवियों से उनकी मूलभूमियाँ कहीं छूट जाती हैं और एक ख़ास तरह का विस्थापन या निर्वासन उनकी जगह ले लेता है, लेकिन केदारनाथ सिंह की स्थानीयता तब भी उनके भीतर बनी रही जब वे दिल्ली के जवाहरलाल नेहरू विश्वविद्यालय में आ गये। अपनी एक कविता में वे दिल्ली जैसे निर्मम महानगर में घर के ड्राइंग रूम में एक कुदाल की उपस्थिति को, देशज और नागर संवेदना के आपसी रिश्ते को गहरी विडम्बना की आँखों से देखते हैं :

सदी का सबसे अधिक कठिन सवाल
कि क्या हो—अब क्या हो इस कुदाल का
क्योंकि अँधेरा बढ़ता ही जा रहा था
और उस अँधेरे में धीरे—धीरे बढ़ता जा रहा था
कुदाल का क़द
अब उसे दरवाज़े पर छोड़ना ख़तरनाक था
सड़क पर रख देना असम्भव
मेरे घर में कुदाल के लिए जगह नहीं थी।

यह कविता एक स्तर पर केदारनाथ सिंह के अपने जीवन का भी रूपक थी। जैसे वे ख़ुद एक कुदाल की तरह थे—गाँव—देहात से महानगर के बेगानेपन में छोड़ दिया गया एक कवि जिसके लिए वहाँ कोई जगह नहीं है। दिल्ली में वे कई साल रहे, लेकिन एक विचित्र—सी सकुचाहट उनमें अक्सर दिखाई देती थी जैसे कोई नया—नया शहर आया व्यक्ति अजनबीपन महसूस कर रहा हो या अपनी घबराहट को छिपाने की कोशिश कर रहा हो।

कविता में केदार जी ने लोक, ग्रामीण और स्थानीय संवेदनाओं को एक अत्यन्त चुस्त मुहावरे और उत्कट बिम्बों के साथ न सिर्फ़ सम्भव किया, बल्कि उसे आधुनिक और नागर रचनाशीलता के बीच सार्थकता दी और उनमें परस्पर संवाद के बिन्दु भी खोजे। उनके काव्य जीवन की शुरुआत नवगीतों से हुई थी जिनके लोक कविता सरीखे बिम्ब और दृश्य बहुत से पाठकों को आज भी याद हैं : *धान उगेंगे कि प्राण उगेंगे/उगेंगे हमारे खेत में/आना जी बादल ज़रूर।* उनके इस दौर की कविता उस नयी पीढ़ी के मर्म को भी छूती थी जो परम्परा और पुरानी रचनाशीलता के बीच एक अपनी छोटी जड़ें जमाने की छटपटाहट से गुज़र रही थी : *माँ ने लगाया है आँगन में तुलसी का बिरवा/और पिता ने बरगद छतनार/मैं अपना यह नन्हा गुलाब कहाँ रोपूँ।* अपने पहले संग्रह 'अभी बिल्कुल अभी' और 'तीसरा सप्तक' में शामिल कविताओं से ही केदार जी को पर्याप्त पहचान मिल गयी थी, लेकिन उसके बाद उनकी संवेदना में नये प्रस्थान–बिन्दु पैदा हुए, वह ज़्यादा आधुनिक और कम रूमानी हुई और उसमें अनुभव के कई आयाम जुड़े। उनका दूसरा संग्रह 'ज़मीन पक रही है' एक लम्बे अन्तराल के बाद आया और उसने उन्हें एक ऐसे कवि के रूप में प्रतिष्ठित किया जिसकी प्रतिबद्धता 'नयी कविता' की चौहद्दियों, उसके आत्मगत घात–प्रतिघात का अतिक्रमण करती हुई ऐसी भाषा में बात करती थी जो 'दाँतों के बीच फँसी हुई है'। जैसा कि शीर्षक से ज़ाहिर है, इस संग्रह की कविताओं में कवि की राजनीतिक चेतना, समाज में हलचल करते यथार्थ और एक बदलाव की साफ़ आहट थी :

यह पशुओं के बुख़ार का मौसम है
यानी पूरी ताक़त के साथ
ज़मीन को ज़मीन
और फावड़े को फावड़ा कहने का मौसम
जब जड़ें
बकरियों के थनों की गर्माहट का इन्तज़ार करती हैं।

बाद के वर्षों में प्रकाशित आठ संग्रहों में केदारनाथ सिंह फिर से अपनी जड़ों की तलाश करते हैं और जिनसे जुड़ते हैं वे ज़्यादातर वैचारिक सत्ता–प्रतिष्ठानों से दूर, बहिष्कृत या समान्तर परम्पराएँ हैं या बढ़ई, बुनकर और दर्ज़ी, घास, कपास के फूलों, अनाज के दानों, दानों में लगे घुनों, पेड़ में लगी दीमकों के नगण्य संसार हैं। बौद्ध दर्शन, कबीर, कुम्भनदास, निराला, नूर मियाँ, भिखारी ठाकुर, त्रिलोचन पर लिखी हुई और 'यह पृथ्वी रहेगी' और 'जाऊँगा कहाँ' जैसी बहुत–सी कविताएँ इस सिलसिले में याद करने लायक हैं। भोजपुरी को अपना घर और हिन्दी को अपना देश मानने वाले केदार का एक बड़ा सरोकार भाषा भी थी और माँ की मृत्यु पर लिखते हुए वे कहते हैं कि 'उसे सिर्फ़ भोजपुरी आती है।' भोजपुरी लोककवि–नाटककार भिखारी ठाकुर पर उनकी मार्मिक कविता हिन्दी में पहली और अपने क़िस्म की अकेली है।

प्रकृति केदारनाथ सिंह की कविता में एक जैविक उपस्थिति है जो पहले कविता संग्रह से ही साथ थी और अब तक के आख़िरी संग्रह 'सृष्टि पर पहरा' में वह बड़ी आश्वस्ति, एक शक्ति के रूप में अभिव्यक्त हुई है। इसकी शीर्षक कविता एक ऐसे सूखते हुए पेड़ का चित्र है जो मुक्तिबोध के ब्रह्मराक्षस की तरह 'सिवान के प्रहरी' के रूप में खड़ा है, लेकिन उसकी ऊपरी शाखा पर तीन–चार पत्ते हिल रहे हैं। केदार जी इन पत्तों में सृष्टि के बचे और बने रहने की एक उम्मीद और सामर्थ्य देख लेते हैं : *उस विकट सुखाड में/सृष्टि पर पहरा दे रहे थे/तीन–चार पत्ते।* दरअसल केदार जी की कविता की एक विशेषता यह है कि वह किसी मामूली वस्तु या व्यक्ति को एक ग़ैर–मामूली और मार्मिक परिप्रेक्ष्य में रख देती है और उसे अलग से अपना कोई वक्तव्य निर्मित नहीं करना पड़ता। *उसका हाथ अपने हाथ में लेते हुए/मैंने सोचा/दुनिया को इतना ही सुन्दर और गर्म होना चाहिए*–ऐसा ही चर्चित बिम्ब है। केदार जी अक्सर बिम्ब या दृश्य को ही पूरा वक्तव्य बना देते हैं।

इसके नतीजे में उनकी कविता बहुत मुखर नहीं हो पायी और उसका स्वर मद्धिम बना रहा, जिसकी कुछ आलोचना भी होती रही कि वे अपने कोमल बिम्बों से बाहर नहीं आ पाते और अपने समय के भयावह सामाजिक यथार्थ और राजनीतिक समय पर प्रत्यक्ष टिप्पणी नहीं करते। लेकिन कई समकालीन त्रासदियों को उन्होंने कविता में जगह–जगह परोक्ष ढंग से ज़रूर दर्ज किया है : *एक शख़्स वहाँ जेल में है, सबकी ओर से/हँसना भी यहाँ जुर्म है क्या, पूछ लीजिए/अब गिर गयी ज़ंजीर, बजायें तो क्या भला/क्या देंगे कोई साज़ नया, पूछ लीजिए।* कई पाठकों को उनसे यह उम्मीद रही कि वे ज़्यादा मुखर होकर सामाजिक–राजनीतिक हालात से टकरायेंगे, लेकिन यह भी सच है कि हर कवि का अपना स्वर, मुहावरा और शिल्प होता है और वह अपने पढ़े जाने की कुछ शर्तें भी निर्मित करता है।

कविता के पीछे अक्सर उसका कवि भी छिपा होता है। केदार जी में अपनी कविताओं जैसी ही शराफ़त थी। वे अपने बारे में, निजी सुख–दुख के बारे में बहुत कम बात करते थे, बहुत पूछने पर ही कुछ कहते, कविता पर भी ज़्यादा नहीं बोलते, लेकिन उन्हें दूसरों, अपने पुराने दोस्तों–जैसे कैलाशपति निषाद–के बारे में, त्रिलोचन, फ़ैज़ अहमद फ़ैज़ और फ़िराक़ गोरखपुरी जैसे अपने पसन्दीदा कवियों के बारे में बताना, और अपने से कम उम्र के लेखकों से गपशप करना बहुत प्रिय था। निषाद को लिखी उनकी चिट्ठियों की एक पुस्तक भी प्रकाशित है। उन्हें कोई भौतिक अभाव नहीं था, लेकिन उनके जीवन में पत्नी के कम उम्र में निधन का सन्नाटा बहुत गहरा था और बातचीत में वे अक्सर उन्हें याद करते थे और लगता था, अपना एकान्त उन्होंने दिवंगता पत्नी को समर्पित कर दिया है। हिन्दी में पत्नियों पर बहुत–सी कविताएँ लिखी गयी हैं और उनमें केदार जी की कविता भी उल्लेखनीय है। पिता के निधन पर उनकी कविता की एक मार्मिक पंक्ति है : *जिस मुँह ने मुझे चूमा था/अन्त में उस मुँह को मैंने जला दिया।* अपनी प्रशंसा सुनना भी केदार

जी को असहज बना देता था। किसी मंच पर कविता पढ़ने से पहले जब कोई उनका लम्बा–चौड़ा परिचय देने लगता तो वे अक्सर उसे बीच में रोक देते और उठकर कविता पढ़ना शुरू कर देते। जिन लोगों ने उनके साथ सफ़र किया है या शामें बितायी हैं, वे जानते हैं कि उनकी बातें किस क़दर तल्लीन और ख़ुशनुमा होती थीं। उनके पास जैसे संस्मरणों का ख़ज़ाना था। वे जवाहरलाल नेहरू विश्वविद्यालय में हिन्दी के विभागाध्यक्ष रहे, लेकिन आम हिन्दी अध्यापकों के उलट सामन्ती गुरुडम से कतई दूर थे। उनके गद्य की दूसरी किताब 'क़ब्रिस्तान में पंचायत' की बहुत चर्चा नहीं हुई, लेकिन उसके समृद्ध, मानवीय प्रसंग यह बतलाते हैं कि केदार जी साधारण लोगों से कितनी आसक्ति और आत्मीयता रखते थे।

अपने आख़िरी दिनों में केदारनाथ सिंह जगह–जगह प्रकाशित अपनी पुरानी कविताओं और गद्य रचनाओं को खोजने–सहेजने का काम कर रहे थे और सम्भव है कि जल्दी ही उनका नया कविता संग्रह और गद्य संकलन पाठकों को उपलब्ध होता। लेकिन यह एक विचित्र और त्रासद–सा संयोग है कि अपने अन्तिम संग्रह में उन्होंने 'जाऊँगा कहाँ' को अन्तिम कविता के रूप में रखा, जिसमें हम संसार से उनके विदा लेने की आहट भी सुन सकते हैं। यह कविता जैसे उनका अन्तिम वक्तव्य थी :

जाऊँगा कहाँ, रहूँगा यहीं
किसी किवाड़ पर
हाथ के निशान की तरह
पड़ा रहूँगा
किसी पुराने ताखे
या सन्दूक़ की गन्ध में
छिपा रहूँगा मैं
दबा रहूँगा किसी रजिस्टर में
अपने स्थायी पते के
अक्षरों के नीचे

या बन सका
तो ऊँची ढलानों पर
नमक ढोते खच्चरों की
घण्टी बन जाऊँगा
या फिर माँझी के पुल की
कोई कील
जाऊँगा कहाँ
देखना
रहेगा सब जस का तस
सिर्फ़ मेरी दिनचर्या बदल जायेगी
साँझ को जब लौटेंगे पक्षी
लौट आऊँगा मैं भी
सुबह जब उड़ेंगे
उड़ जाऊँगा उनके संग...

केदार जी उड़ गये हैं, लेकिन अपने उत्तर–जीवन में वे कहाँ–कहाँ मिल सकते हैं, इसके संकेत भी इस कविता में छोड़ गये हैं।

ख़्वाब का शायर

सन् 1920 में फ़ैज़ को नयी दिल्ली में एफ्रो–एशियाई लेखक सम्मेलन में पहली बार देखा था, लेकिन ठीक से नहीं देखा था क्योंकि तब हम लोग इस सम्मेलन का विरोध और बहिष्कार कर रहे थे। एफ्रो–एशियाई लेखक सम्मेलन का रिश्ता भारतीय कम्युनिस्ट पार्टी और उसके प्रगतिशील लेखक संघ से था और हमारी निगाह में ये तीनों संशोधनवादी संगठन थे। इस सम्मेलन में शमशेर बहादुर सिंह भी मौजूद थे और कुछ समय बाद उन्होंने हम कुछ दोस्तों से कहा था, 'मुझे आप लोगों का क़दम बहुत अच्छा लगा था लेकिन उसके बाद मैं इन्तज़ार करता रहा कि किसी पत्रिका में आप में से कोई कवि लिखकर बतायेगा कि वास्तविक क्रान्तिकारी एफ्रो–एशियाई लेखन क्या है। लेकिन इतने दिन बाद भी मुझे कोई लेख दिखाई नहीं दिया।' इस सम्मेलन के बारे में इतना याद है कि फ़ैज़ अपने बहुत सकुचाते हुए और 'लो–प्रोफ़ाइल' अन्दाज़ के बावजूद सबसे अहम भूमिका में थे। उनके व्यक्तित्व में कोई शायराना तत्त्व नहीं था, सिवा इसके कि उनके चेहरे पर चेचक के हल्के गड्ढे थे जो एकबारगी कम्युनिस्ट होने के कारण झेली गयी यन्त्रणाओं की याद दिलाते थे। वे बेरूत में रहते थे और एफ्रो–एशियाई लेखकों की नायाब पत्रिका 'लोटस' का सम्पादन करते थे जिसमें छपना हिन्दी–उर्दू के प्रगतिशील लेखकों का प्रिय सपना हुआ करता था।

फ़ैज़ को दूसरी और आख़िरी बार इलाहाबाद में देखा और शायरी पढ़ते हुए सुना। इलाहाबाद में कई वर्षों बाद फ़ैज़ और

फ़िराक़ गोरखपुरी की ऐतिहासिक मुलाक़ात देखने को मिली। मुलाक़ात के दौरान फ़िराक़ अपनी बड़ी–बड़ी आँखों को घुमाते हुए ख़ूब चहक रहे थे, लेकिन मुस्कराते हुए फ़ैज़ को देखकर लगता था कि वे कुछ अन्तर्मुखी हैं और अपने बारे में ज़्यादा कुछ नहीं बोल रहे हैं। कुछ तरक़्क़ीपसन्द लेखकों की पहल पर उनके कुछ कविता पाठ भी हुए। एक जगह फ़ैज़ ने अपनी एक ताज़ा ग़ज़ल सुनायी थी : *हम परवरिशे–लौहे–क़लम करते रहेंगे / जो दिल पे गुज़रती है रक़म करते रहेंगे।* फ़ैज़ के पढ़ने का तरीक़ा आकर्षक नहीं था, वे जैसे किसी रस्म–अदायगी की तरह और निरासक्त तरीक़े से पढ़ते थे। लेकिन इस शेर में इतना मर्म था कि वह मुझे तत्काल याद हो गया और अब भी मैं उसे अक्सर अपने अन्दर दोहरा लेता हूँ। फ़ैज़ के पढ़ने में यह भावहीनता शायद इसलिए थी कि उनकी शायरी इतनी सहज–सरल और अर्थगर्भित है कि अपने आप श्रोता तक पहुँच जाती है, उसे ले जाने के लिए आवाज़ का अभिनय ज़रूरी नहीं होता।

हमारी पीढ़ी जिस तहज़ीबी सामान के साथ बड़ी हुई उसमें बहुत–सी दूसरी चीज़ों के अलावा फ़ैज़ की शायरी भी थी। तब तक फ़ैज़ भारतीय उप–महाद्वीप ही नहीं, बल्कि पूरे एशिया के शायर, उसकी काव्यात्मक आवाज़ बन चुके थे। फ़ैज़ के साथ–साथ फिलिस्तीनी कवि महमूद दरवेश की शायरी भी एशिया में एक वामपन्थी संघर्षशील प्रतिध्वनि के रूप में सुनाई दे रही थी। लेकिन दरवेश अपेक्षाकृत नये थे जबकि फ़ैज़ तब तक कम्युनिस्ट होने के नाते और कुछ पाकिस्तान के फ़ौजी तानाशाहों की मेहरबानी से बहुत कुछ भुगत चुके थे। शायरी और ज़िन्दगी दोनों स्तरों पर वे तुर्की के महाकवि नाज़िम हिकमत के समकालीन थे–उन्हीं की तरह क़ैद, दर–ब–दर और ज़िलावतनी भुगते हुए और उन्हीं की तरह आगे आने वाले वक़्त और लोगों की तरफ़ उम्मीद से भरपूर। एक और भी बात थी : नाज़िम और फ़ैज़ दोनों की शायरी में उदासी का एक तार, एक धीमा–सा संगीत बजता हुआ सुनाई देता था–एकरस और मुसलसल। वह शायरी की पृष्ठभूमि

में रहता था और उसके आशावान कथ्य को दबाता या उस पर हावी नहीं होता था, बल्कि उसको एक और आयाम दे देता था।

सन् सत्तर के दिनों में दिल्ली में कथाकार असग़र वजाहत से पहली बार फ़ैज़ की शायरी सुनने को मिली। उन्हें फ़ैज़ की लगभग सारी कविता याद थीं और फ़ैज़ की नज़्में, ख़ासकर 'रक़ीब' से और 'तेरे होटों की चाहत में' उन्हें बहुत प्रिय थीं, जिन्हें वह चलते–चलते भी अनायास बुदबुदाने लगते जैसे ख़ुद को सुना रहे हो :

तेरे होटों के फूलों की चाहत में हम
दार की ख़ुश्क टहनी पे वारे गये
तेरे हाथों की शम्मों की हसरत में हम
नीम तारीक राहों पे मारे गये
सूलियों पर हमारे लबों से परे
तेरे होटों की लाली लपकती रही
तेरी ज़ुल्फ़ों की मस्ती बरसती रही
तेरे हाथों की चाँदनी दमकती रही
जब खुली तेरी राहों में शामे–सितम
हम चले आये, लाये जहाँ तक क़दम
लब पे हर्फ़े–ग़ज़ल
दिल में कंदीले–ग़म
अपना ग़म था गवाही तेरे हुस्न की
देख क़ायम रहे उस गवाही पर हम
हम जो तारीक राहों में मारे गये।

इस नज़्म में कोई जादुई चीज़ थी वह सीधे दिल जैसी जगह पर असर करती थी लेकिन वह वही नहीं रह जाती थी, बल्कि दिमाग़ में चली जाती थी। शायद इसलिए कि यह किसी एक चीज़ नहीं, बल्कि एक साथ बहुत–सी चीज़ों को, ज़िन्दगी के कई आयामों को सम्बोधित थी। वह प्रेम कविता लगती थी लेकिन इसी के कारण अपने वतन के लिए भी लिखी हुई लगती थी और अपने वक़्त के लिए भी, किसी स्वप्न के लिए भी और

आने वाली पीढ़ियों के लिए भी। फूलों की चाहत में सूली तक चढ़ने का एक लम्बा सफ़र जैसे इस नज़्म में 'कंडेंस्ड' करके रख दिया गया हो, जैसे मनुष्य के प्रेम से लेकर उसके भविष्य तक के सारे आयाम संगुम्फित कर दिये गये हों। इसी तरह 'रक़ीब से' नाम की नज़्म भी थी। यह एक विलक्षण नज़्म है और शायद ऐसी कविताएँ दुनिया की तमाम ज़बानों में उँगलियों पर गिनी जाने लायक ही होंगी। इसकी अन्तर्वस्तु का प्रारूप ही अनोखा है। वह ऊपरी तौर पर एक भूतपूर्व प्रेमी का आत्मकथन है जो किसी वर्तमान प्रेमी को सम्बोधित है—उदासी और मोहभंग की धुन्ध में लिपटे हुए एक इन्सान का बयान, जिसमें वह मौजूदा प्रेमी को अपना हाल बताने के लिए आमन्त्रित करता है :

आ कि बावस्ता हैं उस हुस्न की यादें तुझसे
जिसने इस दिल को परीखाना बना रखा था
जिसकी उल्फ़त में भुला रक्खी थी दुनिया हमने
दहर को दहर का अफ़साना बना रखा था।
...तूने देखी है वो पेशानी, वो रुख़सार, वो होंट
ज़िन्दगी जिनके तसव्वुर में लुटा दी हमने
तुझपे उट्ठी हैं वो खोयी हुई साहिर आँखें
तुझको मालूम है क्यों उम्र गँवा दी हमने।

यह नज़्म एक बेहद नाज़ुक, उदास, शमशेर के शब्दों में 'ख़फ़ीफ़ दर्द' को हमारे सामने रखती है, बल्कि अपनी अद्‌भुत चित्रमयता के साथ उसे दिखाती है, उसकी एकालाप की लय चिन्तनपरक मनःस्थिति को और भी शिद्दत दे देती है और अपनी एक गहरी गूँज हमारे भीतर छोड़ जाती है। आश्चर्य नहीं कि यह लय और मनोदशा शमशेर की ही एक मशहूर कविता 'टूटी हुई—बिखरी हुई' के संगीत से कुछ मिलती—जुलती है :

हाँ, मुझसे प्रेम करो जैसे मछलियाँ लहरों से करती हैं
जिनमें वे फँसने नहीं आतीं
जिनको वे गहराई तक दबा नहीं पातीं
तुम मुझसे प्रेम करो जैसे मैं तुमसे करता हूँ।

नज़्म के आख़िरी हिस्सों में फ़ैज़ प्रेम के उस अनुभव का कायान्तरण कर देते हैं और उस खोये हुए और टूटे हुए अनुभव के हासिल को बयान करते हैं :

आज़िजी सीखी, ग़रीबी की हिमायत सीखी
यास–ओ–हिरमाँ के, दुख–ओ–दर्द के मानी सीखे
ज़ैर दस्तों के मुसाइब को समझना सीखा
सर्द आँखों के, रूखे ज़र्द के मानी सीखे।

इस तरह प्रेम का यह हासिल किसी निजी दुख में न बदलकर एक विस्तार पा लेता है और व्यापक मनुष्यता के दुख को समझने के विवेक में बदल जाता है। यह फ़ैज़ की सबसे बड़ी ख़ूबी है कि वे व्यक्तिगत को सामाजिक अनुभव तक पहुँचा देते हैं और उर्दू शायरी के अति परिचित और लगभग तैयारशुदा इश्क़ को एक उदात्तता तक ले जाते हैं।

और यह रक़ीब कौन है जिसे कवि इतनी कशिश के साथ अपनी दास्तान सुना रहा है? वह उससे नफ़रत नहीं करता, रश्क़ नहीं करता, बल्कि प्रेम ही करता है। क्या रक़ीब की इस कल्पना में एक नयी पीढ़ी की व्यंजना है जिसे फ़ैज़ सम्बोधित करते हुए एक स्वप्न का बेहद सुन्दर वर्णन कर रहे हैं? क्या फ़ैज़ उस नयी पीढ़ी से सरगोशी कर रहे हैं और कह रहे हैं कि हम जिस स्वप्न को अंजाम तक नहीं ले जा सके, वह अब तुम्हारे हवाले है? इससे मिलता–जुलता अनुभव जर्मनी के महान कवि और नाटककार बर्टोल्ट ब्रेश्ट की कविता 'अगली पीढ़ी से' में मिलता है :

तुम जो कि इस बाढ़ से उबरोगे
जिसमें हम डूब गये
जब हमारी कमज़ोरियों की बात करो
तो उस अँधेरे के बारे में भी सोचना
जिससे तुम बचे रहे
जूतों से ज़्यादा देश बदलते हुए
हम बेचैनी के साथ वर्ग संघर्षों से गुज़रते रहे
जब सिर्फ़ अन्याय था और प्रतिरोध कहीं नहीं था।

उर्दू शायरी अपनी ज़बान से जानी जाती है। यानी कही गयी बात से अहम बात यह है कि उसे किस तरह कहा गया है। बड़े शायर अपनी ज़बान की ऊँचाई के लिए भी जाने जाते हैं। मीर, सौदा, ग़ालिब, मोमिन और इक़बाल का अन्दाज़े–बयाँ बहुत अलग–अलग है और ये सभी ज़बान के लिहाज़ से भी महान हैं। ज़बान की अहमियत इस क़दर है कि बहुत से शायर ज़बान की उस्तादाना हिकमत के कारण भी बड़े मान लिए गये और कई बड़े शायर ऐसे भी थे जो ज़बान की तराश के लिए उन उस्तादों से सलाह लेते थे जो शायर के तौर पर अहम नहीं पाये गये। फ़ैज़ ने कोई नयी ज़बान ईजाद नहीं की, बल्कि वे उपलब्ध भाषा और बिम्बों से, यहाँ तक कि शायरी के पुराने सिक्कों से काम चलाते रहे। शामे–ग़म, ग़मे–उल्फ़त, शामे–सितम, शमा और परवाने, रक्से–मै, रुख़सार, पेशानी, हिज्र और वस्ल, मयख़ाना, कारवाँ, क़फ़स और परवाज़ जैसे अल्फ़ाज़ उनकी शायरी में बहुतायत से हैं, लेकिन फ़ैज़ का कारनामा यह है कि उन्होंने इन पुराने शब्दों, बिम्बों और प्रतीकों को एकदम नयी व्यंजनाओं से भर दिया और उनमें अर्थों के कई स्तर और विस्तार पैदा कर दिये। इससे ज़बान में बौद्धिकता भले न पैदा हुई, लेकिन एक बेजोड़ पारदर्शिता तामीर हुई जिसमें कोई धुन्ध नहीं थी, कोई गुबार नहीं था। उर्दी की व्यक्तिपरक उस्तादी के बरअक्स यह शायरी की ज़बान को लोकतान्त्रिक बनाने का काम था। शायद इसी से फ़ैज़ की शायरी में एक बेजोड़ दृश्यात्मकता और चित्रमयता आयी। मसलन, *जब तुझे याद कर लिया, सुबह महक–महक उठी/जब मेरा ग़म जगा लिया, रात मचल–मचल गयी या दर्द का चाँद बुझ गया, हिज्र की रात ढल गयी।* इन पंक्तियों में हम दर्द के चाँद को बुझते हुए और वियोग की रात को ढलते हुए 'देख' सकते हैं। लेकिन यह सिर्फ़ दृश्यात्मकता नहीं है, सिर्फ़ बिम्ब नहीं है, बल्कि ये पंक्तियाँ सहसा फ्रांस के उत्तर–संरचनावादी दार्शनिक जाक देरिदा की एक उक्ति की याद दिलाती हैं कि 'शब्द सिर्फ़ अर्थ नहीं होते, बल्कि वे वही वस्तु होते हैं जिसे वे अभिव्यक्त करते हैं।'

उर्दू में शायद अकेले फ़ैज़ ही हैं जो शायरी की शमा को तैयारशुदा मयख़ानों और महफ़िलों को बाहर एक बड़े समाज के बीच ले गये और उसे उन्होंने एक नयी रोशनी से भर दिया। फ़ैज़ का मयख़ाना मज़लूमों, महरूमों और ख़ाकनशीनों का समाज है :

रक्से–मै तेज़ करो, साज़ की लय तेज़ करो
सू–ए–मयख़ाना सफ़ीराने हरम आते हैं
कहाँ मयख़ानों का दरवाज़ा ग़ालिब।

फ़ैज़ लम्बे समय तक एशिया महाद्वीप की सबसे लोकप्रिय शायराना शख़्सियत बने रहे। पाकिस्तान के फ़ौजी तानाशाहों को अपने अदीबों और उनकी आवाज़ से बहुत डर लगता रहा है और वहाँ के अदीबों, हिन्दी के लेखकों–कवियों को भी सहनी पड़ीं। पाकिस्तान के अदीब और शायर आज़ादख़याली और बग़ावती अन्दाज़ के लिए भी दुनिया में जाने गये। फ़ैज़ के इर्द–गिर्द भी ऐसी ही कई घटनाएँ हैं जिनमें से एक यह है कि किस तरह जब मशहूर गायिका इक़बाल बानो ने हज़ारों श्रोताओं के सामने क़रीब दो घण्टे तक फ़ैज़ को गाया तो एक बड़ी हलचल और थरथराहट फैल गयी। और जब इक़बाल बानो ने वह नज़्म 'लाज़िम है कि हम भी देखेंगे' गाना शुरू की तो श्रोता भी आवेग में गाने लगे और इसके बाद फ़ौजी शासक ज़िया–उल–हक़ ने फ़ैज़ और इक़बाल बानो दोनों पर पाबन्दी लगा दी। भारत और पाकिस्तान में ऐसा कोई ग़ज़ल गायक नहीं है जिसने फ़ैज़ की रचनाएँ नहीं गायी हों और नैयरा नूर जैसी गायिका ने तो फ़ैज़ को इस तरह धीमे गायन के साथ पढ़ा है कि वह एक यादगार अदायगी बन गयी है।

फ़ैज़ हिन्दुस्तान और पाकिस्तान के अवाम के सबसे ज़्यादा काम आने वाले शायरों में से रहे हैं। उनकी शायरी बहुत अधिक इस्तेमाल में आयी है। बर्टोल्ट ब्रेश्ट ने अपनी एक कविता में कहा था कि मैं अपनी क़ब्र पर कोई समाधि लेख नहीं चाहता हूँ लेकिन अगर कुछ लिखना ही हो तो यह लिखा जाये कि–'उसने सुझाव दिये और हमने उनका इस्तेमाल किया।'

फ़ैज़ पर यही बात लागू होती है। कवि की इस भूमिका के बारे में ख़ुद फ़ैज़ ने ही लिखा था : *हमने जो तर्ज़े–फुंगा की थी क़फ़स में ईजाद, फ़ैज़ गुलशन में वही तर्ज़े–बयाँ ठहरी है।* फ़ैज़ ने दुख की जो भाषा ईजाद की, वह एक समाज की अभिव्यक्ति में बदल गयी। यही एक बड़े कवि का काम होता है कि वह अपने दर्द और अपने ख़्वाब को सबका दर्द और ख़्वाब बना देता है। कभी–कभी लगता है कि अगर लोगों में अब भी 'एक नयी सहर' का इन्सानी जज़्बा बचा हुआ है तो यह बहुत कुछ इस वजह से भी है कि फ़ैज़ को बहुत पढ़ा गया है, बहुत गाया गया है और बहुत उपयोग में लाया गया है।

अशोक कुमार पाण्डेय के लिए

जीवन के व्यवहारों की भाषा गद्य ही है। हम दैनिक वार्तालाप कविता में नहीं, गद्य में करते हैं। कविता में करेंगे तो वह नाटक या प्रहसन बन जायेगा। फ़ारसी में इस आशय की एक उक्ति है कि अच्छी नज़्म वह है जिसकी नस्र न हो सके। यानी जो इतनी ज़्यादा गद्य हो कि और गद्य न की जा सके। जितने भी बड़े कवि हुए हैं उनकी कविता इसी जादू की ताईद करती है। बहुत पहले जब कविता किसी अज्ञात से या कविता से ही उत्पन्न होती थी, शायद काव्य–भाषा गद्य से अलग कोई चीज़ रही होगी, लेकिन अब जबकि कविता जीवन से आती है, वह जीवन की भाषा में ही लिखी जा रही है। बहुत पहले बांग्ला कवि सुकान्त भट्टाचार्य ने अपनी एक अद्भुत कविता में 'क्षुधार राज्ये पृथ्वी गद्यमय' कहते हुए 'कठिन कठोर गद्य' को पुकारा था। मुझे लगता है, हिन्दी में उथले और निराशाजनक गद्य के इस युग में कविता ही है जो गद्य की सुन्दरता और अर्थवत्ता को बचाये हुए है।

लेकिन वह क्या है जो कविता के गद्य को दूसरे गद्यों से अलग करता है? जब हम किसी उत्कृष्ट फ़िल्म, कलाकृति, उपन्यास या कहानी को देखते–पढ़ते हैं तो उसे सेल्युलाइड या कैनवस या काग़ज़ पर कविता करार देते हैं। शायद वह कोई संवेदना है, कोई मानवीय आवेग और सघनता और गहराई और विचलित करने वाली कोई वैचारिक भावना, जो किसी अभिव्यक्ति को कविता बना देती है। इसी वजह से कई बार बेहद नीरस–शुष्क गद्य भी बड़ी कविता में तब्दील हुआ है।

एक कवि की उक्ति को कुछ बदल कर कहें तो 'भाषा के तमाम शब्द जैसे किसी बारिश में भीगते हुए खड़े रहते हैं और कुछ शब्द होते हैं जिन पर बिजली गिरती है और वे कविता बन जाते हैं।' शायद बिजली से वंचित शब्द गद्य ही बने रहते होंगे। अगर हम मानवीय अनुभवों की अभिव्यक्ति के अन्तिम प्रारूप या ड्राफ्ट बनाने की कोशिश करें तो शायद वे कविता ही बनेंगे। इसीलिए 'कम्युनिस्ट मैनिफेस्टो', 'बाइबल', 'मोनालिसा', वान गाग का 'तारों भरी रात', तोल्स्तोय का 'पुनरुत्थान' और माइकेल एंजेलो का 'डेविड' कविता की तरह लगते हैं।

भीतर के प्रवासी का बाहर

साहित्य में सर्वोच्च कहे जाने वाले ज्ञानपीठ पुरस्कार के लिए इस वर्ष चुने गये गुजराती कवि राजेन्द्र केशवलाल शाह ने अपने पहले कविता संग्रह 'ध्वनि' (1951) में कहा था : *निरुद्देश्ये/संसारे मुजा मुग्ध भ्रमण/पाशु–मलिन वेशे*। लेकिन संसार की धूल के बीच उनकी यह यात्रा जल्दी ही बाहर के जटिल विस्तारों की बजाय भीतर के अनन्त की ओर मुड़ गयी और 1979 में प्रकाशित 'ईक्षणा' में उन्होंने लिखा : *प्रवासी छूं भीतरना असीमानो* अर्थात मैं भीतर के असीम में प्रवास करता हूँ। प्रकृति, सौन्दर्य और प्रेम के 'दर्शन–वर्णन' से शुरू हुई यह कविता अन्ततः आन्तरिक अस्तित्व और अध्यात्म की कविता बन गयी जिसे कुछ आलोचक 'साहित्य' से अधिक 'वाङमय' के निकट पाते हैं।

राजेन्द्र शाह को 'कवियों का कवि' कहा जाता है, जैसा कि हिन्दी में शमशेर बहादुर सिंह के लिए कहा गया था, और कई आलोचकों ने उन्हें 'लोक का कवि' भी माना है क्योंकि उनका गीतिकाव्य पुस्तकों से बाहर जाकर संगीतकारों, गायकों, नर्तकों और जनसाधारण के बीच बेहद लोकप्रिय है। हिन्दी में 'लोक के कवि' का दर्जा नागार्जुन को दिया जाता है। यह जानना दिलचस्प है कि हिन्दी में शमशेर और नागार्जुन दोनों शीर्षस्थ कवियों को ज्ञानपीठ पुरस्कार नहीं मिला और यह देखना विडम्बनापूर्ण कि राजेन्द्र शाह के काव्य में सौन्दर्य और प्रेम को मनुष्य की पवित्रता में बदलने की शमशेर जैसी बेचैनी प्रायः नहीं है और न लोक जीवन की यथास्थिति को झकझोरने या 'मैं प्रतिबद्ध हूँ, आबद्ध हूँ,

कटिबद्ध हूँ' की विद्रोह भावना है, जैसी नागार्जुन में नज़र आती है। उनमें लोक का 'वर्णन' और अध्यात्म का 'दर्शन' ज़रूर है, और इन दो ध्रुवान्तों के बीच कोई तनावपूर्ण सम्बन्ध नहीं है और वे कविता में किसी संघर्ष, द्वन्द्व और सामाजिकता की भी बात नहीं करते। एक लम्बी कविता 'आयुष्यमान अवशेष' में एक बूढ़े व्यक्ति का वर्णन है जो वर्षों बाद अपने गाँव के घर की यात्रा करता है जहाँ पहुँचकर उसके जीवन का अकेलापन मिट जाता है और वह एक आन्तरिक शून्यता में डूब जाता है। बाहरी अकेलेपन से भीतरी शून्यता तक जाना राजेन्द्र शाह के काव्य का केन्द्रीय सरोकार कहा जा सकता है। इस अर्थ में वे परम्परावादी, क्लासिकी कवि हैं और गुजराती मानस में इसीलिए उनकी एक लोकप्रिय जगह है। रूसी कवि पास्तरनाक ने एक बार कहा था कि–'मूँगफली की तरह लोकप्रिय होना भी कोई अच्छी बात नहीं है' लेकिन हमारे जैसे अर्धविकसित समाजों में लोकप्रियता एक गुण माना जाता है, और यह सौभाग्य परम्परा और यथास्थिति के पोषकों के हिस्से में ही ज़्यादा आता है।

जो कवि एक बड़ी आत्मिक प्रशान्ति और अध्यात्म में निवास करता हो, उसका आन्तरिक जीवन भी अत्यन्त सुन्दर और समृद्ध होना चाहिए और उस सौन्दर्य का आलोक बाहर के उथल–पुथल भरे संसार और उसके दुखों पर भी पड़ना चाहिए। सभी बड़े कवियों के कृतित्व में हम यह देखते हैं। विडम्बना यह है कि राजेन्द्र शाह कविता के सामाजिक जीवन को ही अस्वीकार करते हैं। ज्ञानपीठ की घोषणा के बाद प्रकाशित एक बातचीत में वे कविता का विषय प्रेम को मानते हैं, संघर्ष को नहीं, क्योंकि 'कविता का संघर्ष से कोई लेना–देना नहीं है।' लेकिन राजेन्द्र शाह के प्रेम का हाल कुछ ऐसा है कि गुजरात में हुई हमारे समय की सबसे भीषण हिंसा और आगजनी उनके लिए सनातन राग–द्वेष का ही एक विस्तार है और वहाँ मरी–जली या बची–खुची मनुष्यता के लिए भी प्रेम के कुछ अमृत बिन्दु उनके संवेदन–कोष में नहीं दिखते। इस पर आश्चर्य ही किया जा सकता है कि सौन्दर्य का एक कवि

घृणा, शत्रुता और धार्मिक–साम्प्रदायिक उन्माद के ज़रिये असुन्दर और विरूप बनाये रहे मनुष्य और समाज के प्रति ज़रा भी चिन्तित न हो, बल्कि यह कहे कि 'मानवता की बात करने वाले मानवता वाले नहीं हैं' और कि 'धर्म सिखाने से नहीं आता, मार खा के आता है। कृष्ण ऐसा व्यक्ति सिखाने वाला था। लेकिन दुर्योधन फिर भी नहीं माना।' राजेन्द्र शाह जैसे कृति लेखक से पूछने का मन होता है कि 'महाभारत' तो अठारह अक्षौहिणी सेना की मारकाट और एक पूरी सभ्यता की समाप्ति की कथा है, लेकिन क्या उसके बाद धर्म की स्थापना हो पायी थी?

नब्बे वसन्त पार कर चुके राजेन्द्र शाह देखने में पुराने कर्मठ गाँधीवादी जैसे लगते हैं। छह फ़ीट लम्बा क़द, तनी हुई रीढ़ और संघर्ष में तपा हुआ व्यक्तित्व। लेकिन नहीं, उनके विचार गाँधी जैसे नहीं हैं। गाँधी के सत्याग्रह में वे अपनी किशोरावस्था में ज़रूर शामिल हुए, जेल गये और अपने जन्मस्थान कपड़वंज में एक क्लॉक टावर पर फहराते तिरंगे को अँग्रेज़ी फ़ौज से बचाने के लिए जान की बाज़ी लगाकर मीनार से नीचे कूद गये, लेकिन जल्दी ही वे आज़ादी के आन्दोलन से भी दूर हुए, क्योंकि 'एक ओर गाँधी विचारधारा थी। दूसरी ओर व्यक्तिपरक कविता 'अहम' और 'अस्मिता' के स्वरों को प्रसारित कर रही थी। मैं इससे सन्तुष्ट नहीं था।...मैंने व्यक्ति के साथ प्रकृति का सम्बन्ध चित्रित किया। ब्रह्माण्ड के साथ इस तरह का निर्वाक्, निःशब्द सम्बन्ध, जो हम सबके भीतर उपस्थित रहता है...। वह ज़्यादा सन्तोषप्रद है।'

निश्चय ही यह रचनात्मक प्रक्रिया एक आध्यात्मिक उदात्त की सृष्टि करती है जिसकी खोज के लिए राजेन्द्र शाह जाने जाते हैं, लेकिन यह सवाल तब भी रह जाता है कि आख़िर वह 'उदात्त' अपनी कुछ ऊँचाई इस संसार को दे पाता है या सिर्फ़ एक छूँछी, बंजर, नितान्त निजी ऊँचाई होकर रह जाता है? यही नहीं, 'पीर पराई' जानने वाले नरसिंह में हता और 'एक गाल पर चाँटा मारने वाले के सामने दूसरा गाल' भी प्रस्तुत करने के

पक्षधर गाँधी के मुल्क के निवासी राजेन्द्र शाह गोधरा और उसके बाद की हिंसा को लेकर सवाल करते हैं कि 'मैं आपको एक चाँटा मारूँ तो आप मुझे नहीं मारेंगे, आप ख़ुद विचारो। गोधरा में उन लोगों ने रेल का डिब्बा जला दिया तो क्या ये लोग बैठे रहेंगे?' संघ परिवार के धर्म–धन्धेबाज़ों या औसत बुद्धि लोगों के मुँह से यह सुनकर अब आश्चर्य नहीं होता, लेकिन *अन्तस्थल की शून्यता के जल में शान्त गहरे डूबे* या *जाऊँ मैं ले जाये जहाँ मन / लिए प्रेम–परिवेश* कहने वाले कवि के ऐसे विचार हैरानी ही नहीं, डर भी पैदा करते हैं। यह भी कैसी विडम्बना है कि राजेन्द्र शाह दंगे–फ़साद, हिंसा आदि का मूल राग–द्वेष और अहंकार में देखते हैं, लेकिन ख़ुद बीस वर्ष पहले अपने साथ हुए तथाकथित अन्याय की बात नहीं भूल पाते जब उनकी उपेक्षा करके हिन्दी की विभूति महादेवी वर्मा को ज्ञानपीठ दिया गया था।

तो क्या बाहरी अशान्ति से दूर अपनी आन्तरिक प्रशान्ति में डोलता रचनाकार भी जब संसार का हाल जानने–बताने की कोशिश करता है तो उदात्तता वग़ैरह उसके भीतर से कूच कर जाती है? *अपनी मढ़ी में आप मैं डोलूँ / खेलूँ सहज स्व–इच्छा* वाले कबीर आख़िर कैसे अपने समय के समाज और राजनीति को तीखी फटकार लगाते रहे? क्या इसलिए कि उनका अध्यात्म जीवन के लिए, उसे ज़्यादा सुन्दर और ज़्यादा प्रेममय बनाने के लिए था? आज के कुरूप–विरूप समय में सौन्दर्य और प्रेम की कविता और भी ज़रूरी हो उठी है लेकिन वह एक ऐसा सौन्दर्य और प्रेम होगा जिसमें इन दोनों को बचाने की चिन्ता उतनी ही अधिक होगी। ज्ञानपीठ अगर सौन्दर्य और प्रेम को बचाने की फ़िक्र करती कविता के लिए दिया जाता तो लगता कि मनुष्यता साहित्य से अभी कुछ उम्मीद रख सकती है।

लैटिन अमेरिकी रूपक

विश्व प्रसिद्ध लातिन अमेरिकी उपन्यासकार गैब्रिएल गार्सिया मार्ख़ेज़ से क्लाडिया डाइकस की बातचीत।

'एकान्त के सौ वर्ष' के कुछ प्रशंसकों का कहना है कि नेंदिया परिवार गाथा करते हुए आपने लातिन अमेरिका का पूरा इतिहास लिख दिया है। यह कथन अतिरंजित है?

'एकान्त के सौ वर्ष' लातिन अमेरिका का इतिहास नहीं है, वह लातिन अमेरिका का एक रूपक है।

आपकी एक कहानी 'जासूस एरेंदीरा और उसकी निर्मम दादी की अकल्पनीय उदास कथा' में एक जवान वेश्या अपने प्रेमी से कहती है : 'तुम्हारे बारे में मुझे यही बात अच्छी लगती है कि तुम वाहियात बातें भी बड़ी संजीदगी से करते हो।' क्या इसमें गैब्रिएल गार्सिया मार्ख़ेज़ अपने बारे में बोल रहे हैं?

हाँ, यह पूरी तरह से आत्मकथात्मक वक्तव्य है। यह मेरे काम की ही नहीं, मेरे ख़याल की भी परिभाषा है। मुझे गम्भीरता से घृणा है और मैं बहुत भद्दी बातों को, बहुत हैरतनाक बातों को भी एकदम भावहीन चेहरे के साथ कह सकता हूँ। यह गुण मुझे अपनी दादी से विरासत में मिला है। वह भीषण क़िस्सागो थीं। जो परालौकिक क़िस्म की बीहड़ कहानियाँ भी चेहरे पर एक गम्भीर भाव के साथ सुनाती थीं। जैसे–जैसे मैं बड़ा हुआ, मुझे अक्सर हैरत होती थी कि उनके क़िस्से सही भी हैं या नहीं। मैं उनके क़िस्सों पर यक़ीन ही करता था उनके चेहरे की लगभग गम्भीर मुद्रा के कारण। लेखक के तौर पर मैं भी वही करता हूँ :

मैं असाधारण चीज़ों को एक गम्भीर ढंग से कहता हूँ। किसी बात को विश्वसनीय बनाये बग़ैर आप कुछ भी कह कर भाग नहीं सकते। यह चीज़ दादी ने मुझे सिखायी।

आप जादुई यथार्थवाद की शैली में लिखते हैं–जिसमें फन्तासीमूलक और मिथकीय अनुभव दैनन्दिन अनुभव में घुले–मिले होते हैं–मसलन, एक पादरी चॉकलेट खाता हुआ शौच करता है–तो आपसे यह पूछना शुरू किया जाये कि आपके कथा–साहित्य का कितना हिस्सा सबके जीवन पर आधारित है।

'एकान्त के सौ वर्ष' की और मेरी सभी किताबों की एक–एक पंक्ति की शुरुआत यथार्थ से होती है। मैं एक आतशी शीशा तैयार करता हूँ, जिसमें पाठक यथार्थ को बेहतर ढंग से समझ सकें। आपको एक उदाहरण दूँ। उसी एरेंदीरा कहानी में एक मान मूलिसेस है। वह एक भी शीशे के इतर है जो उसका रंग बदल देता है। अब, यह तो सच हो नहीं सकता। लेकिन प्रेम के बारे में इतना कुछ कहा जा चुका है कि मुझे यह बताने का एक नया तरीक़ा ईजाद करना पड़ा कि यह आदमी कहीं प्रेम करता है। सो, मैंने शीशे के रंगों में परिवर्तन कर दिया, और उसकी माँ से यह कहलवाया कि 'ऐसी चीज़ें सिर्फ़ प्रेम में ही होती हैं...। कौन है वह?' प्रेम के बारे में जो कुछ हमेशा से कहा जाता रहा है, मैं उसे एक–दूसरे ढंग से कहता हूँ : कैसे वह जीवन में उथल–पुथल कर देता है, कैसे वह हर चीज़ को अस्त–व्यस्त कर देता है।

पिछले बीस वर्षों से, लातिन अमेरिका में जादुई यथार्थवादी उपन्यासकारों का विस्फोट जैसा देखने में आया है। लातिन अमेरिका में ऐसी क्या बात है जो लेखकों को यथार्थ और अतियथार्थ के इस बीहड़ मेल की अभिव्यक्ति की ओर ले जाती है।

यह तो साफ़ है कि लातिन अमेरिकी पर्यावरण ही अपने में अनोखा है। ख़ासकर कैरेबियाई भू–भाग में। मैं कोलम्बिया कैरेबियाई का हिस्सा हाँ हूँ, जो अपने में ही आश्चर्यजनक जगह है। एंदीमन भूभाग से बिल्कुल अलग, पहाड़ी इलाक़े से अलग।

कोलम्बिया के इतिहास में औपनिवेशिक दौर में वे सभी लोग जो अपने को प्रतिष्ठित कारणों का मानते थे, देश के भीतरी हिस्से में, बोगोता में रहने चले जाते थे। तटीय इलाक़े में सिर्फ़ लुटेरे बचे रहते थे–अच्छे अर्थों में लुटेरे–और नाचने वाले, दुस्साहसी, ख़ुशमिज़ाजी से भरे–पूरे लोग। तटवर्ती लोग ठगों और तस्करों के वंशज थे, जिसमें काले कपड़ों का भी मिश्रण था। ऐसे माहौल में बड़ा होने का मतलब कविता के अद्‌भुत स्रोत पाना है। और फिर, कैरिबियाई हिस्से के हम लोगों में हर बात पर विश्वास करने की क्षमता है–क्योंकि हम पर विभिन्न संस्कृतियों का प्रभाव रहा है जिसमें कैथलिकवाद और हमारी अपनी स्थानीय आस्थाएँ भी शामिल हैं। मुझे लगता है इससे हमारे भीतर एक ऐसा दिमाग़ी खुलापन पैदा हुआ जो प्रत्यक्ष यथार्थ के पार देख सकता है। कैरिबियाई गाँव अश्वातारा में अपने बचपन में मैंने ऐसे लोगों के हैरतनाक क़िस्से सुने हैं जो कुर्सियों पर बस निगाह डालते थे और वे अपनी जगह से खिसकने लगती थीं। अश्वातारा में एक ऐसा आदमी था जिसे बीमार गायों के शरीर से कीड़े निकालने की सिद्धि प्राप्त थी। वह गाय के सामने खड़ा हो जाता और गाय के सर से कीड़े बाहर आने लगते। यह बात सच है, मैंने एक बार ख़ुद देखा है।

आप इसकी व्याख्या किस तरह करते हैं?

अरे, मैं इसकी व्याख्या कर पाता तो मैं यह आपसे बताने की कोशिश क्यों करता। बच्चे के रूप में मुझे यह बात अद्‌भुत लगती थी और आज भी लगती है।

अच्छा, 'एकान्त के सौ वर्ष' के ज़रा वास्तविक जीवन में आप रूपों की बात करें। इस उपन्यास की मातृसत्ता उर्षूला केंरीया का रूप क्या आपकी नानी थीं?

ऐसा है भी और नहीं भी है। दोनों का व्यवसाय नानबाई का है और दोनों ही अन्धविश्वासी हैं। लेकिन मेरे सभी पात्र अपने परिचितों के सामासिक रूप हैं। मैं किसी व्यक्ति का कोई अंश लेता हूँ और उसे दूसरे लोगों के विभिन्न अंशों के

साथ जोड़ देता हूँ। जहाँ तक मेरी नानी की बात है तो अपने वक़्त से लेकर आठ साल की उम्र तक मैं अपने नाना के घर में नानी के साथ ही रहा। नाना का घर कई औरतों का घर था—मेरी नानी, नाना की बहन, और भी बहुत—सी औरतें। उस घर में बस मेरे नाना और मैं ही पुरुष थे। औरतें भयानक ढंग से अन्धविश्वासी, ख़ब्ती थीं—ख़ब्ती इस अर्थ में कि वे बहुत कल्पनाशील थीं। मेरी नानी छोटा भांकीलीना के पास एक से एक अविश्वसनीय चीज़ों को सपाट ढंग से कहने में सक्षम थीं। मुझे नहीं पता वे किस मूल की थीं, शायद वे गालीसीमाई थीं। गालीसीमा स्पेन का एक भिन्न भू—भाग है—बेहद रहस्यात्मक और पराविद्या की ओर झुका हुआ, मेरी नानी हर भौतिक घटना की एक पारलौकिक व्याख्या कर सकती थीं। अगर खिड़की पर कोई तितली उड़ती दिखती तो वह कहतीं, 'आज कोई चिट्ठी आने वाली है।' अगर चूल्हे पर दूध उबल कर बाहर आ जाता तो वह कहतीं : 'ज़रा देखो, घर में कोई बीमार पड़ा है।' बचपन में मेरी नानी मुझे रात में जगाती थीं और मुझे उन लोगों की डरावनी कहानियाँ सुनाती थीं जिन्हें पता नहीं कैसे अपनी मृत्यु का पूर्वाभास हो जाता था। वे ऐसे मृतकों के क़िस्से सुनाती थीं जो प्रकट हा जाते थे या ऐसे मृतकों के जो प्रकट नहीं होते थे। अश्वातारा का हमारा वह विशाल घर अक्सर भुतहा लगता था। मेरे उन सभी शुरुआती अनुभवों का कोई रूप में मेरे साहित्य में आ गया है।

इसका कोई उदाहरण दे सकते हैं?

ज़रूर। 'एकान्त के सौ वर्ष' का एक पात्र मॉरीसियो बेबीलोतिया जब भी प्रकट होता है उसके आगे पीली तितलियों का एक झुण्ड भी चला आता है। इसका यथार्थवादी आधार यह है कि अश्वातारा के घर में बिजली सुधारने वाला एक आदमी आता था। एक दिन जब वह आया तो उसके जाने के बाद मेरी नानी को रसोईघर में एक तितली दिखी, जिसे उन्होंने तश्तरियाँ पोंछने के तौलिए से मार दिया। वह बोलीं, 'यह आदमी जब भी

घर में आता है, तितलियाँ छोड़ जाता है।' मेरी नानी हमेशा इसी तरह की बातें करती थीं। उन्हें लॉटरी खेलने का भी बहुत शौक़ था लेकिन कभी जीतीं नहीं। कभी नहीं।

आपने कहा है कि नाना आपको अपनी लड़ाइयों के अनुभव सुनाया करते थे। वे क़िस्से भी वैसे ही बेचैन करने वाले रहे होंगे जैसे आपकी नानी के अलौकिक क़िस्से थे।

ऐसा नहीं है। वे जब गृहयुद्धों के बारे में बताते थे तो ऐसे बात करते थे जैसे वे प्रायः सुखद अनुभव थे। एक तरह से बन्दूक़ के साथ जवानी के सराहनीय अभियान। उनमें आज के युद्धों जैसी बात नहीं थी। हाँ, यह सही है कि गृहयुद्धों में कई भीषण लड़ाइयाँ हुईं, और कई–कई मौतें हुईं। लेकिन उसी दौर में मेरे नाना के कई प्रेम–प्रसंग भी हुए और उन्होंने कई–कई सन्तानों की उत्पत्ति की।

'एकान्त के सौ वर्ष' का केन्द्रीय पात्र कर्नल ऑरेजीमानों बेंदीया, वल्द हीसे अरबादीयो बेंदीया बत्तीस गृहयुद्धों के दौरान सत्रह औरतों से सत्रह अवैध सन्तानों को जन्म देता है। क्या निकोलस मार्क्स की भी सत्रह सन्तानें थीं?

क्या पता! सही संख्या तो कभी मालूम नहीं होगी। बहुत दिनों बाद, कोई पन्द्रह वर्ष पहले मैं पहली बार कुछ ऐसी स्त्रियों से मिला जो अन्ततः मेरी भाभियाँ निकलीं। मेरी माँ के हिसाब से वे सत्रह थीं। वह ख़ुद उन दो सन्तानों में से थीं जो वैवाहिक बन्धन से पैदा हुईं।

तो कोलम्बियाई गृहयुद्धों में आपके नाना की सबसे सुखद स्मृतियाँ दरअसल यौन सम्पर्कों की ही रहीं?

हाँ, मेरा ख़याल है उन्हें सेक्स बड़ा पसन्द था, युद्ध में भी और युद्ध के बिना भी। मेरी स्मृति में, वे संभोगप्रिय लोगों में से थे।

अरे?

हाँ, 'फकर्स', जैसा कि आपकी अच्छी अँग्रेज़ी में कहते हैं।

इससे तो आपकी नानी को बहुत चिढ़ होती होगी?

उनमें यह एक विचित्र बात थी। मेरी नानी एक बेहद ईर्ष्यालु

औरत थीं। लेकिन उन्होंने जब भी उनमें से किसी बच्चे के जन्म के बारे में सुना तो उर्षूला बेंदीया जैसा ही व्यवहार किया : उन्होंने उसे अपने घर में बुला लिया। नानी कहा करती थीं कि अपनों के ख़ून को ऐसे ही लापता भटकने के लिए नहीं छोड़ना चाहिए, लापता। बहरहाल, वह उन सभी बच्चों को बहुत प्यार करती थीं। उस घर में एक ऐसी विशेषता थी कि कोई यह नहीं बता सकता था कि कौन–सी सन्तान जायज़ है और कौन–सी नाजायज़। मेरी नानी एक बहुत मज़बूत औरत भी थीं। मेरे नाना जब भी लड़ाइयों में बाहर गये तो सात साल तक उन्हें उनकी कोई ख़बर ही नहीं मिली। और वह परिवार की देखभाल करती रहीं और फिर एक रात दरवाज़े पर एक दस्तक हुई। सुबह होने से कुछ पहले, अँधेरे में किसी ने कहा, भांकीतीया, तुम अगर निकोलस को देखना चाहती हो तो दरवाज़े पर आओ। तो वह दौड़ी–दौड़ी आयीं, दरवाज़ा खोला और फिर घोड़ों पर सवार बहुत से लोगों को जाते हुए देखा, लेकिन वह मेरे नाना को नहीं देख पायीं। उन्होंने देखा कि घोड़े बाहर से जा रहे हैं। फिर साल भर के बाद ही उन्हें उनकी कोई ख़बर मिल सकी।

इससे ऐसा लगता है कि उर्षूला आपकी सर्वाधिक प्रिय पात्र है?

जी हाँ, वह संसार को थामे हुए रहती है। यह जो कुछ मैंने बचपन में वास्तविकता में देखा, उसका उलट है। मेरे नाना के परिवार में औरतें अक्सर ग़ैर–दुनियावी थीं। बहरहाल, मेरा ख़याल है कि ज़्यादातर मामलों में स्त्रियाँ ज़्यादा व्यावहारिक होती हैं। वे पुरुष ही हैं जो रोमांटिक होते हैं और भटकते रहते हैं और तमाम तरह का पागलपन करते हैं, औरतें जानती हैं कि जीवन कठिन है। उर्षूला उसी व्यावहारिक जीवन को पोसने वाली स्त्री का रूप है।

आपके नाना के मरने पर क्या आपको बहुत दुख हुआ?

नहीं। सच तो यह है कि मुझे इसका अहसास ही नहीं हुआ। और फिर, आठ साल की उम्र में दूसरी कोई धारणा ही

मुझमें नहीं थी कि मौत क्या होती है। कैथलिक पालन–पोषण के चलते शायद मैंने यही सोचा होगा कि वे स्वर्ग चले गये हैं और बहुत सुखी हैं।

एक सवाल उनकी मृत्यु के बारे में। आपने अक्सर अपने इंटरव्यू में यह कहा है कि आठ साल का होने के बाद से आपके जीवन में कोई दिलचस्प घटना नहीं घटी।

मेरा मतलब यह था कि उसके बाद मैं अपने माता–पिता के साथ कहीं और रहने चला गया, और मुझे लगता है मेरा सारा लेखन उन्हीं अनुभवों के बारे में है, जो मुझे अपने नाना–नानी के साथ रहने के दौरान हुआ।

क्या आपका वर्तमान जीवन आपके बचपन से कम दिलचस्प रहा है?

उसमें रहस्य कम है। अब मेरे पास कोई नानी नहीं हैं जो मेरे लिए अजब अनोखी चीज़ें गढ़ती रहें।

'न्यूयॉर्कर' के लेखक एलेस्टेयर रीड, लेखन के बड़े अध्येताओं में से एक हैं। उनकी राय में 'एकान्त के सौ वर्ष' का वास्तविक अर्थ यह है कि 'हमें कभी कोई नहीं जान पायेगा। हम सब इस पृथ्वी पर अपने निजी काँच के बुलबुले की तरह रहते हैं।' क्या रीड का पाठ सही है?

पूरी तरह सही। मेरा विश्वास है कि हर व्यक्ति के भीतर उसका एक पूर्णतया गोपनीय और निजी व्यक्तित्व है जो कभी व्यक्त और प्रकट नहीं होता, कभी नहीं खुलता। मर्सेदेस, मेसरेस और मेरे सम्बन्ध बहुत अच्छे हैं, हमारा पच्चीस वर्षों का साथ रहा है, फिर भी हम दोनों को इसका अहसास है कि हमारे भीतर ऐसे अँधेरे क्षेत्र हैं जहाँ हम में से कोई प्रवेश नहीं कर सकता। और हम इस चीज़ का सम्मान करते हैं क्योंकि हम जानते हैं इससे जूझने का कोई उपाय नहीं है। मसलन, मुझे नहीं मालूम कि मेसरेस की उम्र क्या है। हमारा जब विवाह हुआ तो मुझे उसकी उम्र पता नहीं थी और तब वह बहुत छोटी थी। हम जब यात्रा पर जाते हैं तो मैंने उसके पासपोर्ट या पहचान–पत्र को कभी

नहीं देखा। हवाई जहाज़ में अपने कार्ड भरते समय मैं उसके फॉर्म पर जन्मतिथि की जगह ख़ाली छोड़ देता हूँ। दरअसल यह एक खेल है। लेकिन ऐसा खेल है जो इस बात को अच्छी तरह बताता है कि कैसे अभेद्य क्षेत्र हैं जिनके पास हममें से कोई नहीं जा सकता। मेरी यह विचित्र धारणा है कि किसी भी व्यक्ति को पूरी तरह जानना असम्भव है।

क्या 'एकान्त के सौ वर्ष' का अकेलापन इसी का प्रतिबिम्ब है?

नहीं। मुझे लगता है कि यह एक ऐसी चीज़ है जिसे हर कोई महसूस करता है। हर आदमी बहरहाल अकेला ही है, सामाजिक ढंग के समझौते और तालमेल किये जाते हैं, लेकिन अपने होने में हर कोई अकेला है। उदाहरण के लिए, लेखक के रूप में मेरा संवाद बहुत–सारे लोगों से होता है, और वह भी बिल्कुल सहज ढंग से। लेकिन जब मैं लिखने बैठता हूँ–और यह मेरे जीवन का सबसे अनिवार्य क्षण है–तो मैं पूर्णतया अकेला होता हूँ। कोई मेरी मदद नहीं कर सकता। कोई भी ठीक–ठीक नहीं जानता कि मैं क्या चाहता हूँ–और कभी–कभी तो मैं भी नहीं जानता। मैं किसी से मदद की गुहार भी नहीं कर सकता। यह एक समग्र अकेलापन है।

क्या यह डरावना अनुभव है?

नहीं। अब मुझे इससे डर नहीं लगता क्योंकि मैं जान चुका हूँ कि मैं राइमराइटर पर अकेला ही अपना बचाव कर सकता हूँ। लेकिन मुझे यह ज़रूर लगता है कि हर व्यक्ति, हर कोई इससे डरता है। सुबह जब आप आँखें खोलते हैं और यथार्थ से आपका सामना होता है तो पहला अहसास ख़ौफ का ही होता है।

क्या आपको ऐसे भी अनुभव होते हैं जो दूसरों को नहीं होते हों?

हम लोगों के एक दोस्त का मानना है कि आप में टेलीपैथी का गुण है। मेरे साथ असामान्य चीज़ें अक्सर होती हैं। मैं कल्पना कर सकता हूँ कि दूसरों के साथ भी ऐसा होता होगा। ख़राबी लेकिन यह है कि इनमें कुछ भी तार्किक, सुव्यवस्थित नहीं होता।

आप किसी पूर्वाभासी परिघटना को तब तक ठीक–ठीक पहचान कर तय नहीं कर सकते जब तक कि वह घटित न हो जाये। मसलन, मैं अभी हाल ही में ट्रेन से बार्सिलोना गया था। मेखिको के हमारे घर में एक लड़की काम करती है जो किसी भी क्षण माँ बनने वाली थी। तो, ट्रेन में जब मैं जूते उतार रहा था, अचानक मुझे आभास हुआ कि मेखिको में ऐसा कुछ हो रहा है जो हमसे सम्बन्धित है। मैंने मर्सेदेस से कहा, 'तेरेसा माँ बन गयी है।' बार्सिलोना पहुँचकर हमने घर फ़ोन किया तो वहाँ से उसी वक़्त पता चला कि तेरेसा ने सन्तान को जन्म दिया था। यह क़रीब–क़रीब वही वक़्त था जब मैंने अपने पूर्वाभास की बात बतलायी थी। ऐसे भविष्य निरूपण स्पष्ट या सुनिश्चित नहीं होते, वे जादुई फुसफुसाहटों की तरह होते हैं। मेरे ख़याल से ऐसा सबके साथ होता है, लेकिन अपनी ख़ास सांस्कृतिक पृष्ठभूमि के कारण लोग इस पर विश्वास नहीं करते या उसे पहचानते–मानते नहीं। इन चीज़ों को देखने के लिए आपके भीतर संसार के प्रति एक सचमुच की मासूमियत होनी चाहिए।

जैसा कि सुना जाता है, क्या 'एकान्त के सौ वर्ष' पर फ़िल्म बनेगी?

कभी नहीं। निर्मातागण इसके अधिकार के लिए मुझे भारी–भरकम राशि की पेशकश करते रहते हैं, लेकिन मैं मना कर देता हूँ। अमेरिकी पेशकश शायद बीस लाख डॉलर की थी। मैं उसका फ़िल्मी रूप नहीं देखना चाहता क्योंकि मैं चाहता हूँ कि पाठक उसके चरित्रों को लेकर जैसी कल्पना करना चाहें वैसी करते रहें। सिनेमा में यह सम्भव नहीं है। सिनेमा में हर बिम्ब इतना मुकम्मल होता है कि दर्शक उसे जैसा चाहता है वैसा नहीं देख सकता। फ़िल्मी पर्दा जो कुछ उसे दिखाता है वह वही देखता है। मैंने जब फ़िल्मों के निर्माण की प्रक्रिया देखी तो मुझे इस विधा की सीमाएँ पता चलीं जो कि साहित्य में नहीं होतीं। मुझे यह विश्वास हो चला है कि उपन्यासकार की कृति जन्ममुक्त साहित्यिक कृति होती है। आप अपने मालिक आप होते हैं।

ईश्वर की तरह?

हाँ, कुछ–कुछ। समस्या यह है कि ईश्वर की तरह आप अपने पात्रों को इतनी आसानी से नहीं मार सकते। आप उन्हें तभी मार सकते हैं जब वे सचमुच मर रहे हों। यही उर्षूला के साथ हुआ। आप अगर हिसाब लगायें तो उसकी उम्र कोई दो सौ साल होगी।

क्या थोड़ी देर के लिए हम 'एक पूर्वकथित मृत्यु का वृत्तान्त' की ओर लौटें? अपनी लगभग सभी कृतियों की तरह इसमें भी आपने वेश्याओं के बारे में बहुत लगाव से लिखा है। क्या इसका कोई विशेष कारण है?

हाँ, मेरे भीतर वेश्याओं की बहुत–सी प्रिय स्मृतियाँ हैं और मैं भावुकतावश उनके बारे में लिखता हूँ।

क्या लातिन अमेरिकी नौजवान वेश्यालयों में जाकर ही यौन सम्पर्कों के बारे में सीखते हैं?

नहीं, इसका इससे भी ज़्यादा सामन्ती ढंग है। वेश्यालयों में पैसा लगता है इसलिए बड़ी उम्र के लोग ही इन जगहों में जाते हैं। यौन सम्बन्धों की पहल दरअसल घर से शुरू होती है। नौकरानियों के साथ या चचेरी–ममेरी बहनों के साथ। लेकिन मैं जब युवा था तो कई वेश्याएँ मेरी दोस्त थीं। सच्ची दोस्त। मैं जिस माहौल में पला–बढ़ा, वह ख़ास दमनकारी था। ऐसी किसी भी स्त्री के साथ कोई सम्बन्ध बनाना आसान नहीं था जो वेश्या न हो। जब मैं किसी वेश्या के पास जाता था तो उससे सहवास करने की इच्छा से नहीं, बल्कि किसी का साथ पाने के लिए, अकेला न रहने के लिए ज़्यादा जाता था। मेरी पुस्तकों में वेश्याएँ हमेशा बहुत मानवीय हैं, एक बहुत अच्छी संगत हैं। वे ऐसी अकेली मानुषियाँ हैं जो अपने काम से नफ़रत करती हैं। वेश्याओं के साथ–और ऐसी वेश्याओं के साथ भी जिनसे मैंने सहवास नहीं किया मेरी हमेशा ही अच्छी मित्रता रही है। मैं उनके साथ इस कारण सो पाया कि अकेले सोना भयानक था। या फिर मैं सो ही नहीं सकता था। मैं मज़ाक़ में यह बात

कहता रहा हूँ कि मैंने विवाह इसलिए किया कि अकेले खाना न खाना पड़े। यह बात और है कि मर्सेदेस इस पर मुझे कुत्ते की औलाद कहती है।

आपकी कृतियों में स्त्रियों का व्यक्तित्व बहुत मज़बूत है। जीवन का कार्यव्यापार वे ही चलाती हैं।

मेरे घर में भी ऐसा ही है। मर्सेदेस हर चीज़ सँभालती है और मेरी साहित्यिक एजेंट भी एक महिला ही है। मैं पूरी तरह महिलाओं के द्वारा पोषित हूँ। मेरे लिए यह लगभग एक अन्धविश्वास है। मैं जिस काम में भी किसी महिला को देखता हूँ, मुझे यक़ीन हो जाता है कि यह काम ठीक हो सम्पन्न जायेगा। मेरे लिए यह बात बिल्कुल साफ़ है कि स्त्रियाँ ही दुनिया को थामे रखती हैं।

पूरी दुनिया को–आधी को नहीं?

स्त्रियाँ ही दैनिक यथार्थ से जुड़ी होती हैं जबकि पुरुष भागते रहते हैं, तमाम तरह की बेहूदा चीज़ें करते हैं। मुझे लगता है कि स्त्रियों का एक ख़ास गुण यह है कि उनमें ऐसी मानसिकता का बोध नहीं होता। उनका सरोकार आज के यथार्थ से, आज की निरापदता से ज़्यादा होता है।

वे दूर–दूर तक बाहर नहीं जातीं और ऑरेलीमागे बेंदीया की तरह बत्तीस लड़ाइयाँ नहीं लड़तीं? आप यही कहना चाहते हैं न?

नहीं। वे घर में रहती हैं। घर चलाती हैं, चीनी के खिलौने बनाती हैं, जिससे पुरुष बाहर जा सकें और युद्ध कर सकें। स्त्रियों का दूसरा गुण यह है कि वे पुरुषों से कहीं अच्छी वफ़ादार होती हैं। स्त्रियाँ जिस बात को कभी माफ़ नहीं करतीं वह है विश्वासघास। अगर शुरू से ही खेल के नियम तय हों और वे चाहे जैसे भी हों, स्त्रियाँ उन्हें स्वीकार कर लेती हैं। लेकिन अगर वे नियम बीच में ही तोड़ दिये जायें तो यह वे कभी बर्दाश्त नहीं करेंगी। तब वे बुरी तरह निर्मम हो सकती हैं। दूसरी ओर पुरुषों का प्रमुख गुण कोमलता है।

कोमलता?

बिल्कुल, कोमलता स्त्रियों का नहीं, पुरुषों का अन्तर्निहित गुण है। स्त्रियाँ जानती हैं कि जीवन कितना कठोर है।

अगर स्त्रियों में इतिहास–बोध नहीं होता है, जैसा कि आप कहते हैं, तो आप इवा पेरोन, इन्दिरा गाँधी और गोल्डन मायर जैसी स्त्रियों के बारे में क्या कहेंगे? जोन ऑफ़ आर्क की तो बात ही जाने दीजिए।

अच्छा, मैं सामान्य अर्थों में यह बात कह रहा हूँ। सुन्दर और महान अपवाद हैं जिनका आपने ज़िक्र किया है।

आपके इनमें सारे साहित्यिक सम्भाग प्राप्त हुए हैं, इस नाते आपको इतनी भव्य उद्घोषणाओं से अधिक भी कुछ कहना चाहिए। क्या ऐसी भी कोई बात है जो आप हमें इतनी उद्घोषणाओं के पीछे के शान्त व्यक्तित्व, एक निजी व्यक्तित्व के बारे में बतलाना चाहें?

नहीं। मेरे ख़याल से हमने ज़्यादा कुछ नहीं छोड़ा है। लेकिन हाँ, हर मनुष्य के भीतर ऐसे अँधेरे अस्पष्ट होते हैं जिन्हें हम कभी नहीं छू पाते। लेकिन मेरे ख़याल से इंटरव्यू पढ़ने वाले लोग भी उन क्षेत्रों में प्रवेश के इच्छुक नहीं होते। किसी व्यक्ति की जैसी कल्पना उसके मन में होती है वे उसे वैसा ही देखना बेहतर मानते हैं।

तो फिर आप क्या हैं?

मैं? मैं संसार का सबसे ज़्यादा संकोची व्यक्ति हूँ। मैं सबसे ज़्यादा सहृदय व्यक्ति भी हूँ। इस बात पर मुझे कोई बहस या तर्क भी स्वीकार नहीं है।

अच्छा, तो आप अगर इस पृथ्वी के सबसे सहृदय, संकोची मनुष्य हैं, तो क्या आप अपनी सबसे बड़ी दुर्बलता के बारे में भी कुछ बतायेंगे?

अरे, आपने मुझसे ऐसा सवाल पूछा है जो कभी किसी ने नहीं पूछा। मेरी सबसे बड़ी दुर्बलता? हुआ यह है मेरा हृदय भावनात्मक और भावुकतावादी अर्थों में अगर मैं कोई स्त्री होता तो मैं हमेशा हाँ कह रहा होता। मुझे बहुत अधिक प्रेम चाहिए। मेरी बड़ी समस्या यही है कि मुझे और भी ज़्यादा प्रेम चाहिए। मैं लिखता भी इसीलिए हूँ।

यह सौभाग्य की बात है कि आपके लेखन से आपको इतना प्रेम मिला। यहाँ तक कि जिन्हें आपकी राजनीति से घृणा है वे भी आपकी कृतियों से प्रेम करते हैं।

जी हाँ। लेकिन मैं अति लोलुप हूँ। मुझे तो और भी प्रेम चाहिए।

आपकी बात से लगता है जैसे कोई कामोन्मादी बोल रहा हो।

अच्छा, हाँ—लेकिन हृदय का कामोन्मादी। और अब मेरी तमन्ना है कि आप संयुक्त राज्य अमेरिका के पाठकों तक मेरे बारे में अपनी यही भावना पहुँचा दें—समूची ईमानदारी के साथ। मुझे इस बात की बहुत आशंका है कि आपके यहाँ संयुक्त राज्य में कोई व्यक्ति ज़रूर ऐसा होगा जो मुझसे प्रेम नहीं करता होगा और मैं चाहता हूँ कि वह इस इंटरव्यू के कारण मुझसे प्रेम करने लगे।

ठीक है। लेकिन थोड़ा-सा समय एक आख़िरी शानदार सवाल के लिए। अभी तक आपके जीवन का क्या अर्थ रहा है? आप क्या सोचते हैं?

आपके सवाल का जवाब शायद मैं इस तरह दे सकता हूँ कि अगर मैं लेखक न हुआ होता तो क्या होना चाहता। मैं किसी बार में पियानोवादक होना चाहता। इस तरह मैं प्रेमियों के भीतर, आपस में और भी ज़्यादा प्रेम करने की भावना पैदा करने में अपना कुछ योगदान कर सकता। एक लेखक के रूप में मैं इतना कर पाऊँ कि मेरी किताबों के चलते लोगों ने एक-दूसरे से और भी प्रेम किया—तो शायद यही वह अर्थ है जिसकी कामना मैंने अपने जीवन में की है।

प्रस्तुति और अनुवाद : मंगलेश डबराल

पाश की याद का क्या अर्थ है?

सबसे ख़तरनाक होता है मुर्दा शान्ति से भर जाना
तड़प का न होना
सब कुछ सहन कर जाना
घर से निकलना काम पर
और काम से लौटकर
घर आना
सबसे ख़तरनाक होता है
हमारे सपनों का मर जाना

'सबसे ख़तरनाक होता है' एक ऐसी कविता है जिसे शायद पिछले तीन दशक में जागरूक पाठकों द्वारा सबसे अधिक पढ़ा गया। उसके रचनाकार पाश अगर आज होते तो **जीवन** के सत्तरवें वर्ष में प्रवेश कर रहे होते। लेकिन 22 मार्च, 1988 को महज़ 38 वर्ष की उम्र में उनके गाँव तलवंडी सलेम में खालिस्तानी उग्रवादियों ने उनकी हत्या कर दी। वजह यह थी कि पाश खालिस्तानियों के विरोध और जनता की वास्तविक क्रान्ति के पक्ष में आवाज़ बुलन्द करते थे। लेकिन इस शहादत के बाद पाश की कविता की उम्र बढ़ती गयी, हिन्दी सहित अनेक भाषाओं में उनकी कविताओं के अनुवाद हुए और उन्हें क्रान्ति के स्वप्न को जीवित रखने वाले सबसे बड़े आधुनिक कवि के रूप में प्रतिष्ठा मिली। 'सबसे ख़तरनाक होता है' के साथ उनकी एक और कविता भी संघर्ष के गीत की तरह प्रचलित हुई, जिसकी कुछ पंक्तियाँ हैं :

हम लड़ेंगे साथी, उदास मौसम के लिए
हम लड़ेंगे साथी, गुलाम इच्छाओं के लिए
हम लड़ेंगे जब तक
दुनिया में लड़ने की ज़रूरत बाक़ी है।
हम लड़ेंगे साथी
हम लड़ेंगे
कि लड़े बग़ैर कुछ नहीं मिलता
हम लड़ेंगे कि अब तक लड़े क्यों नहीं।

सन् 1967 में पश्चिम बंगाल के नक्सलबाड़ी में शुरू हुए किसान विद्रोह को 'वसन्त गर्जना' कहा गया था, जिसने बांग्ला, ओडिया, तेलुगु, हिन्दी और पंजाबी आदि बहुत–सी भाषाओं में कविता की नयी आग धधकाने का काम किया। पंजाब में नक्सलवाद के प्रभाव में भू–स्वामियों, व्यापारियों और उत्पादन के साधनों पर क़ब्ज़ा जमाने वाली ताक़तों के बरअक्स जन–आन्दोलन हो रहे थे। उसके बीच से कवियों की एक जुझारू पीढ़ी उभर कर आयी, जिसमें अवतार सिंह संधू 'पाश', अमरजीत चन्दन, लाल सिंह दिल, हरभजन हलवारवी, जगतार, सुखचैन मिस्त्री और दर्शन खटकड़ प्रमुख थे। उनमें कुछ कवियों को 'नक्सलवादी कविता' के कारण जेल की सज़ा भी भुगतनी पड़ी। इन कवियों में से अब अमरजीत चन्दन (जो पाश के सबसे अधिक घनिष्ठ थे और बाद में उन्होंने पाश की डायरियों का सम्पादन भी किया), दर्शन खटकड़ और मिस्त्री ही जीवित हैं हालाँकि नक्सलवादी कविता इतिहास की वस्तु बन चुकी है। इन कवियों ने पंजाबी कविता को एक तरफ़ तीखे स्वर की प्रतिबद्ध राजनीतिक चेतना से लैस किया और दूसरी तरफ़ उसे शिवकुमार बटालवी जैसे अत्यन्त चहेते और सितारे जैसी हैसियत के कवि की व्यक्तिगत और भावुक रूमानियत से मुक्ति दिलाने का काम किया। पाश ने सिख गुरुओं की वाणी को भी परिवर्तन की भावना से जोड़ा और पंजाब की मिट्टी में ऐतिहासिक रूप से मौजूद त्याग और बलिदान का जो जज़्बा है, उसे क्रान्तिकारी सन्दर्भ दिये। उन दिनों खालिस्तानी आन्दोलन

पूरे उफान पर था जिसके ख़िलाफ़ पाश काफ़ी मुखर थे और एक पत्रिका भी सम्पादित करते थे, इसलिए उन्हें उग्रवादियों से लगातार धमकियाँ मिल रही थीं। जब उनके वामपन्थी राजनीतिक स्वर और कविता, दोनों के लिए काफ़ी मुश्किलें पैदा कर दी गयीं तो वे अमेरिका चले गये और वहाँ उन्होंने 'एंटी–47 फ्रंट' का गठन किया जिसके ज़रिये खालिस्तान की गुमराह मुहिम की मुख़ालफ़त करते रहे। 1988 की शुरुआत में जब वे अपना वीज़ा बढ़वाने के लिए देश लौटे और 22 मार्च को जब अपने गाँव के कुएँ के पास थे तो खालिस्तानियों ने उन्हें और उनके एक साथी हंसराज को गोलियों से भून डाला। सत्रह वर्ष की उम्र से ही पाश की कविता में व्यवस्था–विरोधी, क्रान्तिकारी स्वर उभरने लगा था और 1970 में जब उनका पहला कविता संग्रह 'लौह–कथा' प्रकाशित हुआ तो सरकार ने आरोप गढ़कर उन्हें दो वर्ष के लिए जेल में डाल दिया। उसके बाद आये 'उड़दे बाजां मगर', 'साढ़े समियाँ बिच' और 'हम लडांगे साथी' आदि पाँच संग्रह उनके लगातार जनता के साथ चलने और अपने मोर्चे से न डिगने की गवाही हैं।

पाश ने बहुत अधिक कविताएँ नहीं लिखीं। उन्हें ज़्यादा लिख पाने की उम्र ही नसीब नहीं हुई। आज उनकी अनोखी पीढ़ी में अमरजीत चन्दन जैसे इक्का–दुक्का कवि ही बचे हैं और उनकी कविता के वे तेवर भी मन्द हो चले हैं। लेकिन लेखकों की मृत्यु उनके लेखन की मृत्यु से ही पहचानी जा सकती है। पाश अपनी कविता में पूरी तरह जीवित कवि हैं। इस अर्थ में भी कि उनकी तमाम कविताएँ मृत्यु का निषेध करती हैं, मनुष्य को सपनों के मरने के ख़िलाफ़ चेतावनी देती रहती हैं। और आज के भयावह फ़ासिस्ट सियासी माहौल में वह और भी अधिक प्रासंगिक बन गयी हैं। यह है कि उनकी कविता 'सबसे ख़तरनाक होता हैं' कुछ वर्ष पहले सीबीएसई के दसवीं कक्षा के पाठ्यक्रम में शामिल की गयी थी जब विद्यार्थियों की पुरानी और जड़ीभूत पाठ्य सामग्री को बदलकर नये समय के अनुरूप बनाने की कोशिश हुई। लेकिन पाँच वर्ष पहले संघ परिवार की भाजपा सरकार को उससे

कोई ख़तरा महसूस हुआ और उसे पढ़ाने पर एक अघोषित–सा प्रतिबन्ध लगा दिया। सरकार पाठ्यक्रम को पूरी तरह बदल नहीं सकी, लेकिन ज़्यादातर माध्यमिक विद्यालयों से कहा गया कि वे बच्चों को यह कविता न पढ़ायें और परीक्षा में उससे सम्बन्धित प्रश्न भी नहीं पूछे जायेंगे। लेकिन ज़्यादातर शिक्षक इस कविता को पढ़ाना नहीं भूलते। पाश ने एक कविता में जैसे कविता की शक्ति को भी व्याख्यायित किया है :

मैं घास हूँ, मैं अपना काम करूँगा
मैं आपके हर किये–धरे पर उग आऊँगा।

तारीख़ों से बाहर

(2017–18 के बीच लिखे गये कुछ डायरी अंश)

घर में बहुत–सा कबाड़ जमा था : पिता के ज़माने की दवा की खाली शीशियाँ, पासिंग शो, सीज़र्स और कैवेंडर्स की सिगरेटों के खाली टिन के डिब्बे, जेबी मंघाराम के बिस्किट के खोखले पैकेट, पुराने पेन जिनमें किसी के ढक्कन ग़ायब थे तो किसी की निबें या नीचे के हिस्से, पर्दों से अलग हो चुके उनके छल्ले, तस्वीरों के फ्रेम जिनमें तस्वीरें नहीं थीं और उनके गत्ते, जेबी डायरियाँ जिन पर अँग्रेज़ी और उर्दू में कुछ लिखा था या जिनके पन्ने ग़ायब थे और सिर्फ़ प्लास्टिक के खोल बचे थे, दोनों तरफ़ से जलने वाली तीलियों वाली जादुई माचिसें और ताश के गट्ठर, जो पिता ने ताश का जादू सीखने के लिए मँगवाये होंगे, लेकिन यह समझना कठिन था कि उनसे कौन–सा जादू दिखाया जाता होगा। इसके अलावा पुराने भोथरे चाकू और चश्मे, जो अब पिता की आँखों पर फिट नहीं होते थे, कोडक के बॉक्स कैमरे की निगेटिव फ़िल्में और धूल साफ़ करने के कुछ पुराने झाड़न, जो अब ख़ुद धूल से भरे हुए थे। इस कबाड़खाने में दादा का वक़्त भी मौजूद था : धूसर दिशासूचक कम्पास, जिन्हें छूने पर उनके भीतर के काँटे कुछ देर थरथराते थे, पुरानी बन्द पड़ी घड़ियाँ जिनमें से कुछ पर स्विस–मेड लिखा था और उनके दोनों तरफ़ बारीक़ गणनाओं से भरे संगमरमरी डायल थे (उनमें शायद स्टॉप वाच **भी** होती थी और शायद वे पुराने जहाज़ियों के काम की रही होंगी)। यह हैरतनाक भण्डार था। पिता कोई भी चीज़

फेंकते नहीं थे, जब तक वह ख़ुद ही अदृश्य न हो जाये। मेरी माँ और पाँच बहनों के लिए वह भण्डार जैसे सोने की खान था। या कोई पवित्र वस्तु। वे उसे सँभाल कर रखतीं। मुझे कई बार लगता था, इन्हीं खाली चीज़ों के कारण घर में ग़रीबी बढ़ रही है। एकाध बार मैंने दबे ढंग से यह कहने की कोशिश भी की, लेकिन बहनें कहतीं, 'अरे, वे पिताजी की चीज़ें है!'

इस ख़ज़ाने की प्रेरणा से मैंने तय किया कि कोई खाली **या टूटा** हुआ सामान अपने पास नहीं रखूँगा। उसे तुरन्त फेंक **दूँगा**। लेकिन ऐसी चीज़ों को फेंकते रहने के बाद भी मैं कबाड़ से मुक्त नहीं हो पाया। घिसी हुई पेंसिलों, घिसे हुए रबरों, पुराने काग़ज़ों, फ़ाइलों, डाक में आये लिफ़ाफ़ों, किताबों से अलग हुए जर्जर पन्नों और क्लिपों, और दवा की शीशियों का अम्बार साफ़ होता और फिर जमा होने लगता। सफ़ाई की तुलना में बेकार हो चुकी सामग्री हमेशा ज़्यादा इकट्ठा होती जाती। एक दिन मैंने पाया कि इस मामले में मैं अपने पिता जैसा हो चला हूँ : अपने अतीत से, उसके सामान को लादे रहने से, ग़ायब हो चुकी चीज़ों के बचे हुए अंगों से मोह–यह क्या है? कभी लगता है मैं हू–ब–हू अपने पिता की तरह खाँस रहा हूँ या उन्हीं की तरह नाक सुड़क रहा हूँ। एक उम्र के बाद क्या आदमी अपने किसी पूर्वज की नक़ल हो जाता है? किसी की हँसी अपने मामा या दादा से मिलने लगती है और किसी के चलने का ढंग माँ जैसा हो जाता है।

क़रीब चालीस साल पहले पोलैंड के फ़िल्मकार क्रज़िस्तोफ़ ज़ानुसी की एक फ़िल्म दिल्ली के एक फ़िल्म समारोह में देखी थी। शायद उसका नाम 'द इलुमिनेशंस' था। उसमें एक युवा इंजीनियर जीवन भर अपने पिता से असहमत रहता है, लेकिन उनकी मृत्यु के बाद देखता है कि उसके एक गाल में थोड़ी–थोड़ी देर में हू–ब–हू इस तरह की चिलकन होने लगी है जैसी उसके पिता के गाल में होती थी! शायद यही उसकी विरासत, उसका उत्तराधिकार है। विष्णु खरे की भी एक कविता इस दाय के बारे में है।

एक युवक जब अपने बूढ़े पिता को ख़ुद से बात करते हुए देखता है तो हैरत में पड़ जाता है, उसे इस गुत्थी का जवाब नहीं मिलता, लेकिन पिता की मृत्यु के बाद एक दिन वह अपने को भी ख़ुद से सम्बोधित पाता है तो अचानक जैसे सब कुछ उजागर हो उठता है और उसे लगता है कि अब उसे ख़ुद ही जीवन के मुश्किल सवालों के जवाब ढूँढ़ने होंगे।

* * * *

बचपन में जब भी मुझे बुख़ार होता, माँ कहती—बर्फ़ पड़ने वाली है। उसकी बात सच निकलती। माँ इस वाक्य को उलटकर कभी नहीं कहती थी। पिता मुझे कोई बहुत कड़वी दवा देते जिसका तब मेरे लिए कोई नाम नहीं था और मेरे कँपकँपाते शरीर पर रज़ाई ओढ़ाकर पसीना निकालने को कहते। लेकिन मैं उनकी ग़ैर—मौजूदगी में खिड़की खोलता और बाहर सफ़ेद फाहों की तरह गिरती बर्फ़ देखने लगता। पिता मुझे डपटते हुए से खींचकर रज़ाई के भीतर कर देते। मैं जानता था, बाहर बच्चे बर्फ़ में भीग रहे हैं, खेल रहे हैं, एक—दूसरे पर बर्फ़ के छोटे—छोटे गोले बनाकर फेंक रहे हैं। मैं जानता था कि दो दिन बाद यह बर्फ़ नहीं होगी। हमारे गाँव में बर्फ़ सिर्फ़ दो दिन टिकती थी। दो दिन बाद मेरा बुख़ार उतर जाता और बाहर बर्फ़ पिघल चुकी होती।

अब जब बुख़ार आता है, बाहर बर्फ़ नहीं गिर रही होती। मैं कल्पना करता हूँ कि इस बुख़ार में बाहर बर्फ़ पड़ने वाली है। लेकिन ऐसा कुछ नहीं होता।

* * * *

चीज़ों को मैंने तब छुआ जब वे ख़ासी दूर चली गयी थीं। जब प्रेम एक निर्वात था और करुणा एक अमूर्तन। जब स्मृति एक अन्धकार थी और विस्मरण दूर चाँद की तरह चमकता था। जब पूर्वज अदृश्य थे और मैं उनसे बात करना चाहता था।

* * * *

हर भले आदमी की तरह एक बड़ा–सा उपन्यास मेरे भीतर भी है। वह कभी–कभी हलचल करता है, लेकिन ज़्यादातर किसी प्रागैतिहासिक, आदिम जन्तु की तरह कहीं पड़ा रहता है। अचानक ख़याल आता है कि उसे जगा दिया जाये। लेकिन शायद कोई भी सच्ची कहानी तब कही जानी चाहिए जब वह एक अफ़वाह और एक गप्प बन कर रह जाये। उस कहानी का यथार्थ इसी के बाद शुरू होता होगा।

* * * *

एक कविता के पूरा होने पर कभी–कभी लगता है जैसे एक रोटी पक गयी हो। बहुत भूख लगी हो तो पहली रोटी का स्वाद कैसा मीठा, कितना अविस्मरणीय होता है! उस रोटी को आप सूखी भी खा सकते हैं, उसमें अन्तर्निहित मिठास के साथ। पहली रोटी पहले प्यार की तरह होती है : सुन्दर, मुलायम, अपनी आन्तरिक भाप से उभरी हुई और अपने अन्तरतम में एक मद्धिम मीठा स्वाद भरे हुए, जिसके स्पन्दन उसके पोर–पोर में उसके कोरों तक फैले होते हैं। लेकिन कविता की पहली रोटी बार–बार नहीं पकती। मुश्किल से पकती है और वह भूख भी अब बहुत नहीं दिखती जो पहली रोटी के लिए लालायित हो।

* * * *

मुक्तिबोध की कविताएँ पढ़ते हुए लगता है हम कविता ही नहीं, उसके लिखे जाने की प्रक्रिया को भी पढ़ रहे हैं, उसके साथ–साथ चलते हुए उन अप्रत्याशित मोड़ों–घुमावों और अँधेरों को देख रहे हैं जिन्हें कवि भी देख रहा है। जैसे पहली बार। वह कोई बनी–बनायी, पूर्वगठित या पूर्वनिर्मित कविता नहीं होती, बल्कि आगे बढ़ने के साथ ही बढ़ रही होती है। इस तरह, कवि का वह अन्तःसंघर्ष भी उसमें मौजूद रहता है जो कविता लिखने के क्षणों में किया गया। बहुत कम कविताएँ ऐसी हैं जिनमें यह ख़ूबी हो। हमारी ज़्यादातर कविताएँ 'बनी–बनायी' सी होती हैं,

उन्हें दिमाग़ में पहले ढाल लिया गया होता है और फिर काग़ज़ पर उतार लिया जाता है। कविता में तकलीफ़ वहीं ज़्यादा सच्ची दिखती है जहाँ उसे लिखे जाने की छटपटाहट भी मौजूद हो। हिन्दी में कुछ ही कविताएँ ऐसी हैं जिनके भीतर किसी खोज या यात्रा, काव्य–अनुभव से सटकर आगे बढ़ने, लिखते हुए ही अनुभव का अनायास विस्तार पाने की तड़प हो। 'अँधेरे में' के अलावा रघुवीर सहाय की 'रामदास', आलोक धन्वा की 'ब्रूनो की बेटियाँ,' 'पतंग', विष्णु खरे की 'लालटेन जलाना' और 'अपने आप', कात्यायनी की 'हॉकी खेलती लड़कियाँ', शमशेर की 'टूटी हुई बिखरी हुई', असद ज़ैदी की 'बहनें' और 'सामान की तलाश', लीलाधर जगूड़ी की 'काखड' आदि ऐसी ही लगती हैं जो केवल काग़ज़ पर उतार दी गयी नहीं, बल्कि काग़ज़ के साथ–साथ स्थानान्तरण करती हुई लगती हैं।

* * * *

मर गया देश, अरे / जीवित रह गये तुम! मुक्तिबोध की महान कृति 'अँधेरे में' की यह अभिव्यक्ति अक्सर 'हॉन्ट' करती है–उनकी बाक़ी चीज़ों के अलावा। यह लगता है आज के हिन्दुस्तान और आज के हम लोगों के बारे में है। यह देश मर रहा है, बल्कि मरते हुए अब अपने ही लोगों को मार भी रहा है।

* * * *

क्या तुम मुक्तिबोध जैसी ज़िन्दगी जीना पसन्द करोगे? या निराला जैसी? नागार्जुन और त्रिलोचन जैसी? भुवनेश्वर जैसी?

* * * *

कविता कैसी हो? यह बहुत जटिल, रहस्यमय सवाल है। लेकिन पिछले दिनों मणिपुर के अँग्रेज़ी–मणिपुरी कवि रॉबिन नान्दोम की एक कविता पढ़ी जिसका अनुवाद असद ज़ैदी ने किया है। रॉबिन मेरे भी बहुत प्रिय कवि हैं, और शायद उतर–पूर्व के सबसे अच्छे समकालीन कवि। कविता का शीर्षक है : 'बदनाम बस्तियाँ' :

'कभी–कभी बिला वजह कोई बस्ती बदनाम हो जाया करती है। अगर किसी आम दिन आप वहाँ जायें तो आपको दिखेगा उसके ऊपर तना नीला आसमान, गहरे हरे चीड़ के दरख़्त और धूल भरे रास्ते को झुककर चूमते बाँस। सच तो यह है कि इसके तमाम सर्द मकानों में प्यार किया गया और यहाँ के मृतक एक शान्त क़ब्रिस्तान में दफ़न हैं, और आप समझ नहीं पायेंगे कि बाहर के लोग इस जगह से क्यों अजीब–सी नफ़रत करते हैं। शायद एक रात ख़बर पाकर अर्द्धसैनिक बल के घबराये हुए जवानों ने यहाँ के किसी अभागे मकान के दरवाज़े पर किशोरवय के दो–एक उग्रवादियों के चीथड़े उड़ा दिये थे। विडम्बना यह कि वे क्रान्तिकारी इस मोहल्ले के थे ही नहीं, वे बस एक ग़लत समय पर एक दावत में शरीक होने आये थे। यह भी क़तई मुमकिन है कि इस आस्थाहीन दौर में चुड़ैलों और जादूगरों को व्यग्रता से खोजते कुछ मर्दों और औरतों ने ख़ुद को मध्ययुगीन औज़ारों में बदल कर चाँदनी रात में अपशकुन की तरह खड़े एक मकान को आग लगा दी हो, जिसमें रहते विचित्र से बूढ़े–बुढ़िया जल मरे हों।

'इस बस्ती को कई विशेषणों से नवाज़ा गया है, मसलन गुप्त ठिकाना, और कहा जाता है कि इसकी दीवारों पर ये निशान गोलियों के हैं। बेहतर हो आप यहाँ की औरतों के साथ कोई चक्कर न चलायें, क्योंकि सूरज डूबते ही यह जगह ख़तरनाक हो जाया करती है। लेकिन ऐसी बस्तियों की तादाद, सन्देह की ताक़त से गोया, बढ़ती ही जा रही है। '

कविता हो तो ऐसी। एक स्थानीयता के भूगोल, जीवन, उसकी मासूमियत और उसके प्रति सत्ता के रवैये और दूसरों के पूर्वाग्रहों को एक साथ समेट कर एक साथ एक नाज़ुक और तीखा वक्तव्य निर्मित करने वाली।

* * * *

ज़्यादातर अच्छी कविताएँ यातना या पीड़ा और ग्लानि के बोध से लिखी गयी हैं। आनन्द की अनुभूति ने बहुत कम अच्छी कविताओं

को जन्म दिया। आनन्द का स्वरूप अक्सर उपभोगात्मक होता है, लेकिन दुख को उपभोक्ता सामग्री में बदलना कठिन है। जो कवि ऐसा करते दिखते हैं वे दुख का व्यापार करने की विफल कोशिश कर रहे होते हैं। मुक्तिबोध और रघुवीर सहाय में इतनी 'सफ़रिंग' मिलती है कि अगर उनके संग्रह मेज़ पर खुले पड़े हों तो मैं रात को सोने से पहले उन्हें बन्द करके औंधे मुँह रख देता हूँ ताकि वे मुझे भी चैन से नींद में जाने दें।

* * * *

प्रतिबद्धता और प्रतिरोध की कविता हमेशा राजनीतिक होती है, शायद क्रान्तिकारी नहीं होती लेकिन वह क्रान्ति का स्वप्न देखती रहती है। क्रान्तिकारी तो राजनीतिक दलों को होना होता है जो कि आज चिराग लेकर खोजने से भी नहीं मिलते।

* * * *

यह अस्मिताओं के संघर्ष **का ही** नहीं, उनके परस्पर प्रवेश, उनके गड्डमड्ड होने का भी समय है **वरना** क्या बात है कि हमारे दौर में कलाकार व्यापारी की तरह दिखता है, बुद्धिजीवी दलाल की तरह, आलोचक जनसम्पर्क अधिकारी की तरह, विद्वान प्रचारक की तरह, हत्यारा मासूम की तरह, रिश्वतखोर इज़्ज़तदार की तरह, चापलूस स्वाभिमानी की तरह, ताक़तवर शिकार की तरह, आततायी उत्पीड़ित की तरह? एक भ्रष्टाचारी दूसरे भ्रष्टाचारी को अच्छा मनुष्य मानता है। भ्रष्टाचार उनके बीच एक मानवीय मूल्य है। एक दिन एक व्यक्ति ने, जिसे मैं अच्छा मनुष्य समझता था, मुझसे कहा कि आपने मेरे लिए काफ़ी कुछ किया है और अब तो मुझे आपके घर मिठाई लेकर आना पड़ेगा। एक स्त्री, जिसे मैं अच्छी मनुष्य मानता था, मुझे एक कमीज़ देते हुए बोली कि आपने मेरा इतना सारा काम किया है, सो मैं यह कमीज़ आपके लिए लायी हूँ। लेकिन दुनिया कुछ इसी तरह है। कोई अच्छा–सा

लेनदेन अगर दो शत्रु देशों के बीच हो, दो राष्ट्राध्यक्षों के बीच हो, दो व्यक्तियों के बीच हो तो वह प्रेम कहलाता है।

* * *

मैं कविता लिखने का कोई तर्क या तार्किकता खोजता रहता हूँ, लेकिन मुझे कविता लिखने का पागलपन खोजना चाहिए। एक बुख़ार, एक तकलीफ़, एक उन्माद। या फिर तार्किकता और पागलन के बीच की कोई जगह। लेकिन शायद उसे खोजने में सारी उम्र बीत जाती है। कभी लगता है, हमारी तमाम कविता बहुत स–तर्क, सावधान और वकीलाना बहसों से भर गयी है और अपने प्रत्यक्ष शब्दों में सब कुछ प्रकट किये दे रही है। उसके भीतर ऐसा कुछ नहीं बचा है जो बाद में, फिर कभी, कई वर्ष बाद व्यक्त होने के लिए बचा हो। उसके सारे रहस्य उसकी त्वचा पर, खुले में ला दिये गये हैं। उसे पढ़ते वक़्त दिमाग़ पर बहुत ज़ोर नहीं देना पड़ता, बल्कि उसे आराम ही मिलता है। वह हद दर्जे की एक रैखिक है। मुझ समेत।

* * * *

कहते हैं कि उस्ताद अमीर ख़ाँ कहते थे कि मैं एक कगार पर चलता हूँ, ज़रा भी फिसला तो सीधे नीचे गिरूँगा। बीच में कोई जगह नहीं है।

* * * *

बरसों पहले ज्ञानरंजन की कहानी 'घण्टा' पढ़ी थी और तय किया था कि न कभी किसी का घण्टा बनूँगा और न बनाऊँगा हालाँकि इसकी नौबत कई बार आयी।

* * * *

आँखों से आँसू आने के बाद आप तुरन्त ही उन्हें पोंछ लेते हैं और इस तरह रोने की वजह सामने साफ़ हो उठती है। अगर आप आँसू न पोंछें, उन्हें बहने दें तो आँखों पर आँसुओं की

झिल्ली बन जाती हैं और उनके कारण रोने का कारण दिखाई नहीं देता। यह कहीं बेहतर है।

* * * *

लेकिन वह क्या है जो कविता के गद्य को दूसरे गद्यों से अलग करता है? जब हम किसी उत्कृष्ट फ़िल्म, कलाकृति, उपन्यास या कहानी को देखते–पढ़ते हैं तो उसे सेल्युलाइड या कैनवस या काग़ज़ पर कविता करार देते हैं। शायद वह कोई संवेदना है, कोई मानवीय आवेग और सघनता तथा गहराई और विचलित करने वाली कोई वैचारिक भावना, जो किसी अभिव्यक्ति को कविता बना देती है। इसी वजह से कई बार बेहद नीरस–शुष्क गद्य भी बड़ी कविता में तब्दील हुआ है। एक कवि की उक्ति को कुछ बदल कर कहें तो 'भाषा के तमाम शब्द जैसे किसी बारिश में भीगते हुए खड़े रहते हैं और कुछ शब्द होते हैं जिन पर बिजली गिरती है और वे कविता बन जाते हैं।' शायद बिजली से वंचित शब्द गद्य ही बने रहते होंगे। अगर हम मानवीय अनुभवों की अभिव्यक्ति के अन्तिम प्रारूप या ड्राफ्ट बनाने की कोशिश करें तो शायद वे कविता में ही होंगे। इसीलिए 'कम्युनिस्ट मैनिफेस्टो', 'बाइबल', 'मोनालिसा', वान गाग का 'तारों भरी रात', तोल्स्तोय का 'पुनरुत्थान' और माइकेल एंजेलो का 'डेविड' कविता की तरह लगते हैं।

* * * *

पोलैंड के महान कवि तादेउष रूज़ेविच चीन की दीवार पर लिखी एक कविता में कहते हैं : *दीवार एक विषय–पाठ है/उन लोगों के लिए/जो कल्पना के यथार्थ की कल्पना करने में असमर्थ हैं।*

* * * *

सुबह दरवाज़े पर आने वाले दैनिक अख़बार से अब काग़ज़ और स्याही की महक नहीं आती। वह एक डरावनी चीज़ है। वह जैसे ख़ून टपकाता हुआ दरवाज़े पर गिरता है। अत्याचार, हत्या,

मोबलिंचिंग, लूटपाट, अपहरण, बलात्कार, मासूमों को सताना, आत्मघाती विस्फोट, अकारण हिंसा, साम्प्रदायिक उन्मादी भाषण और उन तमाम चीज़ों की भरमार, जो जीवन में नकारात्मक, कुत्सित और निन्दनीय हैं। अख़बार इतनी बुरी ख़बरों से भरे हैं जितनी शायद कोई कविता भी नहीं होगी। या शायद यह कहना ठीक होगा कि सुबह का अख़बार ही एक भीषण कविता है।

* * * *

प्रतिनिधि कविताएँ। इसमें तस्वीर अच्छी है क्योंकि एक बढ़िया फ़ोटोकार संजय बोराडे ने खींची है। पंकज चतुर्वेदी ने बहुत प्रेम और आत्मीयता से भूमिका लिखी है—और प्रतिभावान तो वह हैं ही। लेकिन जब कोई किताब छप रही होती है, तो मेरा रोमांच बना रहता है और जब वह छप कर आ जाती है तो कुछ ही देर में मैं उससे अलग–सा हो जाता हूँ। वह बेकार लगने लगती है। जैसे यह वह नहीं था जिसकी मैं कल्पना करता था और वह भी पता नहीं क्या था जिसकी मैं कल्पना करता था। चमकती हुई चीज़ें आकर्षित करती हैं, लेकिन जैसे ही वे मिलती हैं, उनकी निरर्थकता नज़र आने लगती है। *चलता हूँ कुछ दूर तक हरेक राहे–रौ के साथ/जानता नहीं हूँ अभी रहगुज़र को मैं!*

* * * *

अमेरिका के सार्वजनिक बुद्धिजीवी और भाषाविद् नोम चोम्स्की का कहना है कि वंचित समाज के प्रति सुविधासम्पन्न वर्ग की बेरुखी किसी भी दूसरे देश के मुक़ाबले भारत में कहीं ज़्यादा है। मध्यवर्ग हमेशा उम्मीद बँधाने वाला वर्ग रहा है। ज़्यादातर परिवर्तनकारी शक्तियाँ उसके भीतर से उपजती रही हैं, लेकिन अब उसके भीतर सवाल नहीं रह गये हैं। वह अपने में लिप्त सिर्फ़ उपभोग कर रहा है और दुनिया का सबसे बड़ा और निकृष्ट उपभोक्ता बनना चाहता है। उसके जीवन से दुःख, करुणा और हमदर्दियाँ समाप्त हो चुकी हैं और आत्मा भ्रष्ट हो गयी है।

* * * *

शायद यथार्थ को कवियों के मुक़ाबले उद्योगपति, व्यापारी, रीयल एस्टेट के डीलर, दलाल, तस्कर और वे लोग जो खुद को नियन्ता कहते हैं, कहीं ज़्यादा जानते हैं क्योंकि उन्हें इसी यथार्थ में से अपनी भ्रष्ट ताक़त और सन्दिग्ध सम्पत्ति हासिल करनी होती है। उसे इंटरनेट के महाबली गूगल का पूर्व सीईओ एरिक स्मिथ भी कहीं ज़्यादा जानता है जिसने कहा था कि "हम जानते हैं कि आप कहाँ पर हैं। हम जानते हैं आप कहाँ पर थे और हम कुछ–कुछ यह भी जान सकते हैं कि आप अभी क्या सोच रहे हैं।" लेकिन कवियों के लिए यथार्थ इससे कहीं जुदा और कभी–कभी तो विलोम भी होगा क्योंकि उनके लिए वह एक नैतिक पड़ताल की जगह है। और जैसा कि रघुवीर सहाय मानते थे, 'यथार्थ यथास्थिति नहीं' होता। वस्तुगत, तटस्थ और सूचनात्मक यथार्थ कविता के बहुत काम का नहीं है। यथार्थ की नैतिकता ही उसका यथार्थ हो सकता है। एक कवि के लिए शब्द एक अत्यन्त अमूल्य, अद्वितीय और पवित्र जगह है हालाँकि राजनीति, व्यापार और प्रॉपर्टी डीलरों के लिए वह झूठ को छिपाने की आड़ हो सकता है और इन दिनों सत्ता–राजनीति उसका बेबाक़ी से इस्तेमाल कर रही है।

* * * *

तीन दिन में चार तस्वीरें जगह–जगह दिखाई दीं : नरेन्द्र दामोदर दास मोदी प्रधानमन्त्री पद की शपथ लेने से पहले राजघाट में बापू की समाधि पर फूल चढ़ाते, प्रणाम–परिक्रमा करते, सीस नवाते हुए। संघ परिवार के कुछ समर्थक बापू की प्रतिमा को चप्पलों से पीटते, मुस्कुराते, फ़ोटो खिंचाते हुए। एक हिन्दू–संघी तथाकथित साध्वी गर्व से बापू की तस्वीर पर पिस्तौल चलाती हुई, एक और साध्वी भारत माता को बचाने के लिए कुछ छात्राओं के बीच हथियार बाँटती हुई। ये तस्वीरें हमारे वक़्त की एक बेहद पेचीदा पहेली बनाती हैं। इसे कैसे समझा जाये?

* * * *

पाकिस्तान से युद्ध नहीं होता। पाकिस्तान से युद्ध क्यों नहीं होता? क्या हम युद्ध नहीं चाहते? क्या पाकिस्तान युद्ध नहीं चाहता?

क्या पाकिस्तान और हम एक–दूसरे के शत्रु नहीं हैं? क्या पाकिस्तान और हम एक–दूसरे के लिए 'दूसरे' नहीं हैं? लेकिन तब भी पाकिस्तान से युद्ध नहीं होता। क्या हमारे जवान इतने कायर हैं कि सीमा पर लड़ते हुए नहीं मरना चाहते? क्या पकिस्तान के जाँबाज़ इतने बुज़दिल हैं कि सरहद पर मौत के घाट नहीं उतरना चाहते? क्या हमारी इतनी सारी मिसाइलें दीवाली पर पटाखों की तरह छोड़ने के लिए रखी हुई हैं? क्या उनके परमाणु बम ईद पर पटाखों की तरह चलाने के रखे हुए हैं? पाकिस्तान से युद्ध क्यों नहीं होता? क्या पाकिस्तान हमारा पड़ोसी नहीं है? क्या पाकिस्तान वह नहीं है जो हम नहीं हैं? क्या पकिस्तान कोई दूसरा नहीं है? क्या पाकिस्तान हमारा शत्रु नहीं है? आश्चर्य, इतना सब कुछ है तब भी युद्ध नहीं होता। चलिए, कोई बात नहीं। अगर पाकिस्तान से युद्ध नहीं होता है तो हम हिन्दुस्तान से ही युद्ध करते हैं। (एक विलक्षण यूक्रेनी कविता से प्रेरित)

* * * *

भाषाओं का भी अपना एक देश होता है। एक भूगोल और एक लोकतन्त्र। नागरिकों की ही तरह। कहने के लिए संघ परिवार और भाजपा का राज समूचे देश में है, लेकिन भाषाई लिहाज़ से देखें तो उनका कोई प्रभाव हिन्दी पट्टी से बाहर नहीं है–गुजराती और मराठी को छोड़कर। बांग्ला, ओड़िया, कन्नड़, तेलुगु, तमिल, मलयालम, कश्मीरी, उर्दू, पंजाबी, मणिपुरी आदि उसके असर से अभी मुक्त हैं। इन भाषाओं पर प्रभाव न होने का अर्थ है उन भाषाओं की संस्कृतियों पर भी प्रभाव का न होना। हमारी सांस्कृतिक सामासिकताएँ अभी तक इस प्रदूषण की पहुँच से बाहर हैं। दरअसल संघ परिवार अब भी एक उत्तर भारतीय हिन्दी–क्षेत्रीय परिघटना है, सार्वदेशिक नहीं। हाल ही में असम और मणिपुर में उसकी सरकारें शुद्ध तिकड़म और छल के बल पर बनी हैं। यह बात दीगर है कि उत्तर भारत के लोग इसी के बल पर बमकते रहते हैं।

बुख़ार में कविता

मंच पर खड़े होकर
कुछ बेवकूफ़ चीख़ रहे हैं
कवि से
आशा करता है
सारा देश।
मूर्खो! देश को खोकर ही
मैंने प्राप्त की थी
यह कविता
जो किसी की भी हो सकती है

बरसों बाद जब मैंने श्रीकान्त वर्मा की कुछ लम्बी कविता 'बुख़ार में कविता' को फिर से पढ़ा तो पहला ख़याल यह आया कि असहिष्णुता, विद्वेष, साम्प्रदायिकता और आलोचकों को तुरन्त राष्ट्रविरोधी या देशद्रोही करार दिये जाने के मौजूदा माहौल में **क्या कोई** कवि निर्भयता के साथ ऐसी पंक्तियाँ लिख सकता है? **क्या उसे** सत्ताधारियों द्वारा तुरन्त पाकिस्तान जाने का हुक्म नहीं दे दिया जायेगा? आधुनिक हिन्दी कविता का इतिहास ऐसी कविताओं से भरा हुआ है जिनमें देश, आज़ादी, लोकतन्त्र और देशभक्ति की तीखी आलोचना थी। मुक्तिबोध, नागार्जुन, रघुवीर सहाय, श्रीकान्त वर्मा, धूमिल की कविताएँ इस सिलसिले में सहज ही याद आती हैं। मुक्तिबोध की *मर गया देश, अरे/जीवित रह गये तुम*, नागार्जुन की *सत्ता की मस्ती में भूल गयी बाप को? इन्दु जी, इन्दु जी, क्या हुआ आपको?*, रघुवीर सहाय की *राष्ट्रगीत में भला कौन वह*

भारत भाग्य विधाता है/फटा सुथन्ना पहने जिसका गुण हरचरना गाता है। धूमिल की क्या आज़ादी सिर्फ़ तीन थके हुए रंगों का नाम है/जिन्हें एक पहिया ढोता है/या इसका कोई ख़ास मतलब होता है? और सन्त और सिपाही में/देश का सबसे बड़ा दुर्भाग्य कौन है—जैसी पंक्तियाँ इसके कुछ उदाहरण हैं जिन्हें आज के माहौल में लिखना ख़तरे के मुँह में जाने की तरह होगा।

इस कविता को पढ़ते हुए उस दौर के बहुत से दृश्य आँखों के सामने आये : नेहरू युग के महास्वप्न से मोहभंग, राममनोहर लोहिया के ग़ैर–कांग्रेसवाद के स्पन्दन, नक्सलबाड़ी के किसान विद्रोह की 'वसन्त गर्जना', बांग्ला, तेलुगु और हिन्दी में क्रमशः भूखी पीढ़ी, नग्न पीढ़ी और अकविता और मराठी में दलित पैंथर जैसे परिवर्तनकारी काव्य आन्दोलन और अस्तित्ववाद के दर्शन का व्यापक प्रभाव। उन दिनों दिल्ली के लेखकों–बुद्धिजीवियों के बीच कीर्केगार्द, अल्बेयर कामू और ज्याँ पॉल सार्त्र की किताबें ख़ासी लोकप्रिय थीं और कोई–न–कोई लेखक हाथ में कामू का उपन्यास 'द स्ट्रेंजर' या सार्त्र की आत्मकथा 'वर्ड्स' लिए घूमता हुआ नज़र आता था। हिन्दी में एक तरफ़ नयी कविता थी तो दूसरी तरफ़ अकविता। एक तीसरी तरफ़ भी थी जिसके अकेले प्रतिनिधि शायद रघुवीर सहाय थे जो नयी कविता की आन्तरिक घात–प्रतिघात की संवेदना के भीतर तोड़फोड़ करते हुए उसे सामाजिक–राजनीतिक आयामों में सम्भव कर रहे थे। इन सबके बीच कैलाश वाजपेयी और श्रीकान्त वर्मा, दो ऐसे कवि थे जो तीनों तरह की कविता से कुछ बचकर चलते थे हालाँकि अकविता के फ़ैशनों से वे पूरी तरह मुक्त नहीं थे। कुछ आलोचकों का मानना है कि अकविता के पहले कवि कैलाश वाजपेयी हैं।

'बुख़ार में कविता' श्रीकान्त वर्मा के तीसरे संग्रह 'माया दर्पण' में संकलित है जिसका प्रकाशन 1967 में हुआ था और जो उनके काव्य व्यक्तित्व का पहला वास्तविक दस्तावेज़ बना। इस संग्रह के साथ ही उनका एक और संग्रह 'दिनारम्भ' भी आया,

लेकिन उसमें वे कविताएँ ज़्यादा थीं जिन्हें उनके पहले संग्रह 'भटका मेघ' (1957) और 'माया दर्पण' के बीच संक्रमण के दौर की रचनाएँ कहा जा सकता है।

दरअसल 'बुख़ार में कविता' के अलावा 'माया दर्पण' और 'समाधि लेख' ऐसी कविताएँ हैं जो श्रीकान्त वर्मा की संवेदना की त्रयी निर्मित करती हैं और उनके लगभग समान वक्तव्य के कारण यह भी लगता है कि तीनों कविताएँ एक लम्बी कविता के अलग-अलग अंश हैं। यही नहीं, उन्हें अलग-अलग करके देखना कठिन है। ये तीन कविताएँ कवि के उस दौर की मुकम्मल अभिव्यक्ति हैं जब वे जीवन के अर्थ की खोज में अस्तित्ववादी विचारों की ओर गये। इन कविताओं के केन्द्रीय बिन्दु तीन अभिव्यक्तियाँ हैं जो एक ही अनुभव की संकेतक लगती हैं :

मैं सुखी–दुखी होकर
दुखी–सुखी
हो रहा हूँ
मैं न जाने किस कन्दरा में
जाकर चिल्लाता हूँ : मैं
हो रहा हूँ। मैं
हो रहा हूँ...।
अनुगूँज नहीं जाती (माया दर्पण)

जो मुझसे नहीं हुआ
वह मेरा संसार नहीं (समाधि लेख)

मुझे दुख नहीं मैं किसी का नहीं हुआ
दुख है
कि मैंने सारा समय
हरेक का होने की
कोशिश की (बुख़ार में कविता)

अगर सार्त्र के वैचारिक निबन्धों की किताब 'बीइंग एंड

नथिंगनेस' के पन्ने पलटे जायें तो उनके आलोक में श्रीकान्त वर्मा पूरी तरह अस्तित्ववादी नज़र आयेंगे।

नाटकीयता श्रीकान्त वर्मा की कविता की ख़ासियत रही है। 'बुख़ार में कविता' का आरम्भ भी एक नाटकीय वक्तव्य से होता है :

मेरे जीवन में एक ऐसा वक़्त आ गया है
जब खोने को
कुछ भी नहीं है मेरे पास—
दिन, दोस्ती, रवैया,
राजनीति,
गपशप, घास
और स्त्री हालाँकि वह बैठी हुई है
मेरे पास।

आगे की पंक्तियाँ एक ख़ास तरह के निर्वासन की परतों को उधेड़ती हुई चलती हैं जिसमें काल के सामने निहत्था मनुष्य है जो *न उम्मीद करता हो/न अपने से छल*। देश, घर, प्रेम, उम्मीद और इच्छाओं से अलग–थलग कर दिये गये आधुनिक मनुष्य के उस एकालाप को यहाँ सुना जा सकता है जिसमें वह जो कुछ करता है उसके लिए सिर्फ़ वही ज़िम्मेदार है। इसी के साथ सार्त्र का एक और कथन याद आता है : 'एक व्यक्ति वही होता जो वह करता है, न कि वह जो वह सोचता है :'

कहाँ है तुम्हारा घर?
अपना देश खोकर कई देश लाँघ
पहाड़ से उतरती हुई
चिड़ियों का झुण्ड
यह पूछता हुआ ऊपर–ऊपर
गुज़र जाता है : कहाँ है तुम्हारा घर?
दफ़्तर में, होटल में, समाचार–पत्र में,
सिनेमा में,
स्त्री के साथ एक खाट में?
नावें कई यात्रियों को

उतारकर
वेश्याओं की तरह
थकी पड़ी हैं घाट में।

'माया दर्पण' संग्रह में 'घर–धाम' शीर्षक रचना भी है जो श्रीकान्त वर्मा की कविता का एक दूसरा आयाम दिखलाती है और वह मोह–मुक्ति का नहीं, बल्कि मोह–ग्रस्तता का है और 'अर्थहीन' (यह अस्तित्ववादी शब्द भी ग़ौरतलब है) कार्यों में 'साल–दर–साल नष्ट करने और निढाल' होने के बाद व्यक्ति के उस स्वप्न की अभिव्यक्ति है जो अपने 'घर जाना, जीना और जीवन को भासमान' करना चाहता है :

मैं अब घर जाना चाहता हूँ
मैं जंगलों
पहाड़ों में
खो जाना चाहता हूँ
मैं महुए के
वन में
एक कण्डे–सा
सुलगना, गुँगवाना,
धुँधुवाना
चाहता हूँ।

जीवन की सहज, साधारण इच्छाएँ करती हुई इस कविता की मार्मिकता तब और बढ़ जाती है जब हम देखते हैं कि यह निर्वासन के बीच से देखा गया स्वप्न है। उसमें कहीं–न–कहीं कवि के 'भटका मेघ' वाले दौर की स्मृति के सूत्र भी मौजूद हैं, लेकिन ग़ौर करने की बात यह है कि घर जाने की इच्छा महज़ एक शुभेच्छा बनकर रह जाती है। कविता के वृत्तान्त में इस छोटी–सी इच्छा के साकार न हो पाने का कोई संकेत नहीं मिलता, लेकिन उसकी पूरी संरचना यह बताती चलती है कि घर–वापसी सम्भव नहीं है। इच्छाओं की विविधता के विवरणों में यह तथ्य जितना ज़्यादा खुलता जाता है, कविता की अर्थवत्ता उतनी ही बढ़ती जाती है।

श्रीकान्त वर्मा की आरम्भिक कविताएँ एक सरल जीवन, प्रकृति, परिवार, चिड़ियाँ, घास, माँ की उदास डबडब आँखें, चिड़ियों के गान आदि का वर्णन करती हैं और उनमें एक ख़ास तरह की संगीतात्मकता है, लेकिन ऐसी कविताएँ भी तनाव से मुक्त नहीं हैं। 'भटका मेघ' शीर्षक कविता इसका एक अच्छा उदाहरण है जिसमें कालिदास की काव्यकृति 'मेघदूत' का सन्दर्भ बनाते हुए रामगिरि से अलकापुरी तक यक्ष का सन्देश ले जाने वाले आषाढ़ के बादल के साथ एक तनाव की सृष्टि की गयी है। कवि बादल को आधुनिक सन्दर्भ में देखता है : उसने अलकापुरी नहीं देखी है, वह यक्ष के विरह का सन्देशवाहक नहीं है और अलकापुरी का पथ भूलकर भटक गया है। वह पृथ्वी पर ही रहना चाहता है क्योंकि :

अब तक सूखे पेड़ खड़े हैं,
अब तक उजड़ी हैं खपरैलें,
अब तक प्यासे खेत पड़े हैं।
मैली–मैली सन्ध्या में
झरते पलाश के पत्तों–से
धरती के सपने उजड़ रहे हैं।
मैं बादल, मेरे अन्दर कितने ही बादल घुमड़ रहे हैं।
कितने आँसू टप, टप, टप
मेरी छाती पर टपक रहे हैं।

श्रीकान्त वर्मा की इन कविताओं में पारम्परिक प्रतिमानों से दूरी और विद्रोह की आहटों के बावजूद एक तरह का 'सेंस ऑफ़ बिलांगिंग–जुड़ाव का बोध' था, जो आधुनिकतावाद और अस्तित्ववाद की मुखरता में लगातार कम होता गया और 'नॉन बिलांगिंग' और अन्ततः निर्वासन की प्रक्रियाएँ मुखर होती गयीं। 'सारा समय हरेक का होने की कोशिश' अन्ततः जीवन के जिस अर्थ तक जाती है वहाँ भविष्य की खोज और सब कुछ पा लेने की सरहद पर सिर्फ़ एक निरर्थक उपलब्धि है :

एक दिन
सब कुछ पा लेने की
सरहद पर

दिखा एक द्वार : एक ड्राइंगरूम।
भविष्य
वर्तमान के लाउंज की तरह
कहीं जाकर खुल
जाता है।

क्या 'बुख़ार में कविता' को हम श्रीकान्त वर्मा के कवि–जीवन के शायद सबसे महत्त्वपूर्ण दौर की आत्मकथा की तरह पढ़ सकते हैं? रूसी कवि एफ्गेनी एफ्तुशंको का मानना था कि 'कवि की कविता ही उसकी आत्मकथा होती है, इसके अलावा बाक़ी सब फुटनोट होता है।' इस अर्थ में 'बुख़ार में कविता', 'माया दर्पण' और 'समाधि लेख' मिलकर एक आत्मपरक वृत्तान्त की रचना करती हैं। दरअसल यह कविता–त्रयी श्रीकान्त वर्मा और सामान्य रूप से हिन्दी कविता के आधुनिक व्यक्तिवादी दौर का घोषणा–पत्र है जब हर कवि 'अपनी विफलताओं का प्रणेता' होता था।

आज 'बुख़ार में कविता' को पढ़ते हुए उन पंक्तियों पर भी ध्यान जाता है जिन पर शायद उस दौर में जाना मुमकिन नहीं था :

नावें कई यात्रियों को
उतारकर
वेश्याओं की तरह
थकी पड़ी हैं घाट में।
और विधवाएँ बुड़बुड़ाती हैं
रंडापे पर
तरस खाती हैं
बुढ़ापे पर
नौजवान स्त्रियाँ
गली में ताक–झाँक करती हैं।

इसी तरह 'समाधि लेख' में :

स्त्रियाँ
पता नहीं जीवन में आती
या जीवन से
जाती हैं!

और 'माया दर्पण' की :

तुमने मेरी शर्म नहीं देखी!
मैं मात कर
सकता हूँ
महिलाओं को भी

–इस तरह की पंक्तियाँ हैं जिनमें स्त्री–विरोधी स्वर साफ़ सुनाई देता है। लेकिन दरअसल यह पिछली सदी के सन् साठ के बाद के पूरे दौर की देन है जब कविता और कहानी स्त्रियों के प्रति तिरस्कार और विकृत यौन–भाव की शिकार थी और इसे आधुनिक भाव–बोध का लक्षण माना जाता था। एक अर्थ में यह पारम्परिक कविता में 'साँझ की नभ–तारिका' और अज्ञेय की 'कलगी बाजरे की' के रूप में स्त्री चित्रण के प्रति आधुनिक रचनाकार का विद्रोह भी था और जैसा कि हम जानते हैं, श्रीकान्त वर्मा एक लम्बे समय तक विद्रोही काव्य–व्यक्तित्व के रूप में प्रतिष्ठित रहे।

कविता के इतिहास में यह बात भी दर्ज है कि गजानन माधव मुक्तिबोध, जो श्रीकान्त वर्मा को अपना प्रिय मानते थे, उनके इस दौर को एक भटकाव मानते थे। शायद उन्होंने इस आशय का पत्र श्रीकान्त वर्मा को लिखा था। और बहुत सम्भव है, अपने अगले संग्रह 'जलसाघर' (1973) के साथ श्रीकान्त वर्मा का संसार उतना 'गैर–सामाजिक' नहीं रह जाता और उसमें अपने से बाहर मनुष्य–समाज का हालचाल दर्ज होने लगता है। श्रीकान्त वर्मा के अन्तिम बहुचर्चित संग्रह 'मगध' (1984) की तामीर के बुनियादी पत्थर भी इसी संग्रह में रखे हुए मिलते हैं :

मैं क्या कर रहा था
जब
सब कह रहे थे,
'मुँह मत खोलो?'
मैं भी कह रहा था,
'मुँह मत खोलो
बोलो
जैसा सब बोलते हैं।'

विडम्बना, विस्मय और वक्तव्य

विनोद कुमार शुक्ल के बारे में मुझे एक मर्मस्पर्शी बात यह लगती है कि वे हमेशा छोटी जगहों पर रहे। जो जगहें बड़ी, केन्द्रीय या सत्ता के नज़दीक मानी जाती हैं, वे उनसे दूर रहते रहे हैं। एक और बात यह है कि वे साहित्य के निवासी नहीं हैं। वे साहित्य से बाहर के आदमी हैं और कविता की बजाय कृषि का अध्यापन करते रहे हैं। एक तीसरी बात यह है कि वे मुक्तिबोध के शिष्य रहे जिनका गहरा प्रभाव उनकी संवेदना पर है। ये तीनों चीज़ें उन्हें बहुत अलग करती हैं। अक्सर लगता है कि विनोद कुमार शुक्ल जैसी कविता बड़े नगरों से दूर, छोटी, स्थानीय पहचान वाली जगहों और उसके एकान्तों में ही लिखी जा सकती है।

मुझमें जड़ें हैं
जड़ों से निकली हुई जड़ें हैं
और जड़ों से निकली भी जड़ें ही हैं

ये विनोद जी की पहली पंक्तियाँ थीं जो मैंने पढ़ीं। मैं बहुत विचलित हुआ कि इन्हें लिखने वाले व्यक्ति की जड़ें सचमुच कितनी व्यापक और गहरी हैं, वह जड़ों से कितना जुड़ा हुआ है। फिर उनकी एक कहानी 'आदमी की औरत' पढ़ी जिसमें एक व्यक्ति अपनी पत्नी के हाथ पर गुदा हुआ नाम मिटाना चाहता है। वह आधुनिक हो चुका है और उसकी पत्नी ग्रामीण है। वह हिंसक तरीक़ों से अपनी पत्नी के हाथ पर गुदे नाम को मिटाने की कोशिश करता है और अन्त में जब ऐसा नहीं कर पाता तो उसका मित्र जो कहानी का नैरेटर भी है, उसे कायर समझकर उससे कभी न मिलने का इरादा करता है।

इस कहानी के अनुभव ने मुझे बहुत चमत्कृत किया था और आज भी जब मैं इसे पढ़ता हूँ, चमत्कृत होता हूँ।

विनोद कुमार शुक्ल बहुत अलग व्यक्ति और रचनाकार हैं। उनसे मिलकर यह भी पता चलता है कि एक व्यक्ति की रचनाएँ उस व्यक्ति के बारे में काफ़ी कुछ बतला देती हैं। व्यक्ति के रूप में भी विनोद कुमार शुक्ल अपनी रचनाओं की ही तरह अलग हैं। हिन्दी में एक लम्बे समय तक उनकी कविताओं का, उनके भाषा–वैचित्र्य और बाँकपन का सम्मोहन रहा है। उनकी कविताएँ इस मानी में विचित्र हैं कि देशज और स्थानीय भूगोल से बँधे हुए जो 'माइक्रो–अनुभव' उनके यहाँ हैं वे एक अति आधुनिक या कहें उत्तर–आधुनिक शिल्प और भाषा में व्यक्त हुए हैं।

यह एक तरह से विरुद्धों का सामंजस्य है–अनुभव देशज और स्थानीय और भाषा उत्तर–आधुनिक ये परस्पर विरोधी चीज़ें हैं और इससे उनकी कविता में एक अजब सौन्दर्य–बोध पैदा हुआ है।

प्रकृति के बीच मनुष्य को देखने का नज़रिया जैसा विनोद कुमार शुक्ल ने दिया, वैसा किसी और कवि ने नहीं दिया। वे अन्तर्विरोधी अनुभवों को एक–दूसरे के पास रखकर जो मार्मिकता पैदा करते हैं, वह एक अनोखी बात है। इसे हम 'विनोदियत' कह सकते हैं–'शमशेरियत' की तर्ज़ पर।

जो मेरे घर कभी नहीं आयेंगे
मैं उनसे मिलने उनके पास चला जाऊँगा
एक उफनती नदी कभी नहीं आयेगी मेरे घर
नदी जैसे लोगों से मिलने नदी किनारे जाऊँगा
कुछ तैरूँगा और डूब जाऊँगा

पहाड़, टीले, चट्टानें, तालाब
असंख्य पेड़, खेत
कभी नहीं आयेंगे मेरे घर
खेत–खलिहानों जैसे लोगों से मिलने
गाँव–गाँव, जंगल–गलियाँ जाऊँगा

जो लगातार काम में लगे हैं
मैं फुर्सत से नहीं
उनसे एक ज़रूरी काम की तरह
मिलता रहूँगा–
इसे मैं अकेली आख़िरी इच्छा की तरह
सबसे पहली इच्छा रखना चाहूँगा–

इन विरोधाभासी लगने वाली पंक्तियों में एक 'वेयर्ड' क़िस्म की सुन्दरता और जीवन का विस्तार है जो प्रकृति तक चला गया है। यहाँ जो अमूर्तन का प्रयोग है, वह भी बहुत मौलिक है। विनोद कुमार शुक्ल जिस तरह अनुभवों को उनके अमूर्तन में रखते हैं, वह उन्हें हिन्दी का सर्वाधिक मौलिक कवि बनाने के लिए पर्याप्त है।

विनोद कुमार शुक्ल का एक कारनामा यह भी है कि उन्होंने एक शहरी आदमी के स्वभाव को बहुत विडम्बना के साथ चिह्नित किया है। एक कविता में वे कहते हैं कि एक शहरी आदमी ने एक पूरे जंगल की तस्वीर अपने कमरे में लगा रखी है या सड़क पर पेड़ को पीछे छोड़कर बस में बैठा हुआ वह चाहता है कि सड़क के दोनों तरफ़ पेड़ हों। यह विडम्बना और विस्मय उनकी कविता में एक वक्तव्य बन जाता है। पाब्लो नेरूदा के एक प्रसिद्ध कविता–संग्रह का नाम है–'रेजिडेंस ऑन अर्थ' यानी पृथ्वी पर आवास। विनोद कुमार शुक्ल के लिए पृथ्वी की तरफ़ लौटना घर की तरफ़ लौटने की तरह है। पूरी पृथ्वी ही जैसे कवि का घर है। और घर लौटना ज़रूरी इसलिए है कि :

घर का हिसाब–किताब इतना गड़बड़ है
कि थोड़ी दूर पैदल जाकर घर की तरफ़ लौटता हूँ
जैसे पृथ्वी की तरफ़।

विनोद घर की हालत, उसके गड़बड़ हिसाब–किताब को आकाश में भी निगाह से ओझल नहीं होने देते। बल्कि घर लौटते ही इसलिए हैं कि उसकी हालत दुरुस्त नहीं है।

यह दरअसल लगातार आकाश से पृथ्वी की तरफ़ लौटती हुई कविता है। दूर से अपना घर देखने की इच्छा के बावजूद विनोद लगातार पृथ्वी की ओर आते हैं और नदी, जंगल, खेत जैसे लोगों से मिलने की आख़िरी इच्छा को अपनी पहली इच्छा की तरह रखना चाहते हैं। वे समष्टि से व्यष्टि की ओर लौटते हुए कवि हैं। लोग और पृथ्वी उनकी कविता में नये अनुभवों–आयामों के साथ बराबर रहे हैं। और ख़ास बात यह है कि वे मुखर नहीं हैं, शब्दों की बहुतायत उनके यहाँ नहीं है, शोर और हाहाकार उनके यहाँ नहीं है, बल्कि एक अनोखा संयम और शान्ति है, जो शब्दों के भार और उनकी गरिमा को पहचानने वाले रचनाकार के यहाँ ही सम्भव है। इसीलिए उनके शब्द भाप या झाग की तरह नहीं बिला जाते–नदी, जंगल, खेत और लोगों की तरह जमे रहते हैं। उनकी कविता एक बुनियादी मानवीयता और मौलिकता को गम्भीर, दार्शनिक और विरल स्वर में पहचानती है। जिस तरह से वे परस्पर विपरीत तत्त्वों को एक साथ बरतते हैं और अन्तर्विरोधों से जो सामंजस्य रचते हैं–यह उनकी कविता का एक महत्त्वपूर्ण आयाम है। उनमें एक आदिवासी और आदिम क़िस्म की संक्षिप्ति भी है। यहाँ उनकी एक और कविता 'कविता बहुत है' याद आती है :

कितना बहुत है
परन्तु अतिरिक्त एक भी नहीं
अतिरिक्त एक पत्ती नहीं
एक कोंपल नहीं अतिरिक्त
एक नक्षत्र अनगिन होने के बाद
अतिरिक्त नहीं है गंगा अकेली एक होने के बाद–
न उसका एक कलश गंगाजल
बाढ़ से भरी एक ब्रह्मपुत्र
न उसका एक अंजुलि जल
और इतना सारा एक आकाश
न उसकी एक छोटी अन्तहीन झलक

कितनी कमी है
तुम ही नहीं हो केवल बन्धु
सब ही
परन्तु अतिरिक्त एक बन्धु नहीं–

इस संसार में जो कुछ भी है वह अतिरिक्त नहीं है। कुछ भी अतिरिक्त नहीं होने का जो भाव है–नथिंग इज़ सरप्लस, यह आदिवासी जीवन की मूल संवेदना है। अतिरिक्त मूल्य–सरप्लस वैल्यू पूँजीवाद का मूल आधार है, आदिवासी अतिरिक्त में विश्वास नहीं रखते। वे अपनी ज़रूरत भर ही प्रकृति से लेते हैं। मसलन, अगर उन्हें दो मछलियों और दो किलो लकड़ी की ज़रूरत है तो वे प्रकृति से इतना ही लेंगे। यह 'अतिरिक्त का निषेध' विनोद जी की कविता में आदिवासी जीवन संवेदना से उनकी निकटता के कारण आया होगा। यह संवेदना उनकी एक कविता में भी व्यक्त हुई है। वे पृथक् छत्तीसगढ़ राज्य के बारे में कहते हैं, 'पृथक् राज्य आला पर छत्तीसगढ़ गेला' यानी एक अलग राज्य तो बन गया, लेकिन छत्तीसगढ़, उसकी आदिम और आदिवासी इयत्ता चली गयी।

विनोद जी की कविता कम बोलने और ज़्यादा कहने वाली कविता है एक और कविता को यहाँ याद करें :

हताशा से एक व्यक्ति बैठ गया था
व्यक्ति को मैं नहीं जानता था
इसलिए मैं उस व्यक्ति के पास गया
मैंने हाथ बढ़ाया
मेरा हाथ पकड़कर वह खड़ा हुआ
मुझे वह नहीं जानता था
मेरे हाथ बढ़ाने को जानता था
हम दोनों साथ चले
दोनों एक–दूसरे को नहीं जानते थे
साथ चलने को जानते थे

यह एक बड़ी कविता है। इसमें जो अंडर–स्टेटमेंट है, जो अभिव्यक्ति की संक्षिप्त और अन्तर्मुखता है, जो 'सेंस ऑफ़ बिलांगिंग'–लगाव का बोध है, वह इसे एक बड़ी कविता बनाता है। इस कविता में तमाम गतिविधि बाहरी संसार में हो रही है–हताशा में व्यक्ति का बैठना, हाथ बढ़ाना, साथ चलना आदि सारा कार्य–कलाप यथार्थ की ज़मीन पर घटित हो रहा है, लेकिन उसमें एक ख़ास तरह की अन्तर्मुखता और आभ्यन्तरता है, जैसे यह सब किसी अन्दरूनी स्तर पर भी हो रहा हो। यहाँ अमूर्तन को एक मानवीय गरिमा और अर्थवत्ता दी गयी है, और उसे मूर्त और विरल बना दिया गया है। इस तरह विनोद कुमार शुक्ल बोध को बहुत ऊँचाई पर ले जाते हैं–गहन लगाव और गहन मानवीयता तक, जो शायद किसी भी बड़ी कविता के जन्म के लिए अनिवार्य तत्त्व है। इनके बग़ैर कोई बड़ी कविता सम्भव नहीं हो सकती। विनोद कुमार शुक्ल की कविता में ये दोनों तत्त्व प्रमुखता से हैं।

यह चेतावनी है कि एक छोटा बच्चा है
यह चेतावनी है कि चार फूल खिले हैं
यह चेतावनी है कि ख़ुशी है
और घड़े में भरा हुआ पानी पीने के लायक है।
हवा में साँस ली जा सकती है
यह चेतावनी है कि दुनिया है
बची दुनिया में मैं बचा हुआ
यह चेतावनी है कि मैं बचा हुआ हूँ
किसी होने वाले युद्ध से
जीवित बच निकलकर
मैं मरने के आख़िरी क्षणों तक
अनन्तकाल जीने की कामना करूँ
कि चार फूल हैं और दुनिया है

'चार फूल हैं और दुनिया है।' इस 'है' की, इस उपस्थिति की जो प्रतिष्ठा विनोद कुमार शुक्ल करते हैं। वह इस दुनिया को नष्ट होने से बचाने के लिए है। यह अन्याय, अत्याचार, शोषण,

दुख और असमानता से बचाने के लिए है। विनोद कुमार शुक्ल की काव्य–भाषा में एक आशंका यह रहती है कि कहीं वह अनुभव को वायवीय, दार्शनिक और रहस्यात्मक न बना दे, लेकिन विनोद हर बार उसे ऐसा होने से बचा लेते हैं और उसकी सांसारिकता और भौतिकता को बरकरार रखते हैं। समाज के बदलते हुए रूप भी उनकी कविता में अलग और अनोखे ढंग से आते रहे हैं। एक कविता में वे साम्प्रदायिकता के विरोध में बहुत अलग और ज़बर्दस्त वक्तव्य देते हैं, जिसकी मानवीय ऊष्मा अभिभूत कर देती है :

दंगे के दिन जब लोग
डरे हुए घरों में
दरवाज़ा बन्द कर दुबके हैं
मैं शहर घूमना चाहता हूँ
दिखने में मैं न हिन्दू दिखता हूँ
न मुसलमान दिखता हूँ
किसी मुसलमान के हाथों मरूँ
तो मुझे हिन्दू न समझना
मुसलमान समझना
अगर हिन्दू के हाथों मरूँ
तो मुझे मुसलमान न समझना
हिन्दू समझना

कभी–कभी लगता है कि अगर विनोद कुमार शुक्ल प्रत्यक्ष, थोड़े मुखर होते और बेबाकी से अपनी बात कहते, तब वे शायद और ज़्यादा पूरे होते। लेकिन हर कवि का अपना एक रसोईघर होता है जहाँ वह प्रेम और श्रम से अपनी रचनाएँ पकाता है। इस तरह की माँगें एक ऐसे कवि से जायज़ नहीं ठहरतीं जो बहुत मौलिक हैं। जिसने भाषा और अभिव्यक्ति के विन्यास को बदला हो और छोटे वृत्तान्तों और सरल शब्दों से यथार्थ के एक विशाल संसार और उसके प्रति–संसार की भी रचना की हो। साधारण को असाधारण में रूपान्तरित किया हो।

विनोद कुमार शुक्ल का गद्य भी माइक्रो–अनुभवों से बना है। वे छोटे–छोटे अनुभवों से एक बड़े वृत्तान्त की रचना करते हैं। मनुष्य के मूल स्वभाव को ज़ाहिर करने के मामले में तो वे उस्ताद हैं। उनके उपन्यास 'नौकर की कमीज़' में एक माली है जो जिस बगीचे की रखवाली करता है, एक दिन उसके फल चखना चाहता है। उसे इसकी इजाज़त नहीं है, इसलिए वह चुराकर फल खाता है। वह फल खाता है, लेकिन डर के कारण वह उनका स्वाद नहीं ले पाता है। वह उन फलों के स्वाद से ही अपिरिचित रहता है। ऐसे कई प्रसंग हैं उनके उपन्यासों में। 'दीवार में एक खिड़की रहती थी' के नायक के घर में एक खिड़की है जहाँ निजी जीवन के दुखों को लाँघकर एक ऐसे संसार में जाया जा सकता है जहाँ अभाव नहीं है, आनन्द का संसार है। यह उपन्यास आनन्द की एक अप्रतिम अभिव्यक्ति है। यह यथार्थ से अतियथार्थ की यात्रा है–हाइपर रीयल जर्नी! वे इससे पूरी सृष्टि सम्भव कर लेते हैं।

वेध्य और नश्वर कविता : कुछ अधूरी बातें

यथार्थ का हुलिया बहुत कटा–फटा, क्षत–विक्षत, स्याह और लहूलुहान है। उसे देखना भयभीत करने वाला अनुभव है। सुबह दरवाज़े पर आने वाले दैनिक अख़बार से काग़ज़ और ताज़ा स्याही की महक नहीं आती। अब वह एक डरावनी चीज़ है। भ्रष्टाचार, अत्याचार, हत्या, लूटपाट, अपहरण, बलात्कार, आत्मघाती विस्फोट, अकारण हिंसा, उन्मादी भाषण और उस सबकी भरमार, जो जीवन में नकारात्मक, कुत्सित और निन्दनीय है। अख़बार इतनी बुरी ख़बरों से भरे हैं जितनी शायद कोई कविता भी नहीं होगी।

हम यथार्थ का पीछा करते हैं, लेकिन यह आसान नहीं है क्योंकि वह और तेज़ भागने लगता है। वह अपने पीछे कोई छाया, कोई निशान भी नहीं छोड़ रहा है, अपना कोई इतिहास नहीं रहने दे रहा है। उसका वर्तमान इतना ज़्यादा है कि हम उसके विगत का लेखा–जोखा और भविष्य की कोई कल्पना नहीं कर पा रहे हैं। विगत और आगत, स्मृति और कल्पना दोनों से रहित एक भयानक, तीखा और निर्मम वर्तमान। इस यथार्थ को कविता में कैसे पकड़ा और दर्ज किया जाये? विष्णु खरे एक कविता में कहते हैं कि 'सत्य जानना चाहता है कि हम उसके पीछे कितनी दूर तक जा सकते हैं।' लेकिन यह भी सवाल है कि सत्य क्या है। हमारे चारों ओर बहुत अधिक मीडिया जमा है : भारी प्रसार संख्या वाले अख़बार, बेशुमार साहित्यिक पत्रिकाएँ, कुकुरमुत्तों की तरह फूटते सैकड़ों समाचार चैनल, जिनके कैमरों और माइकों के मुँह अहर्निश खुले हुए हैं। चारों ओर बहुत अधिक बोला और

लिखा जा रहा है। लेकिन सत्य इस पूरे घटाटोप में हमेशा छिपा हुआ है। शायद सूचनाओं की भीड़ में वह कुचला जा चुका है। वरना क्या बात है कि हमारे पास सूचनाएँ तो बहुत अधिक हैं, लेकिन उनके पीछे के सत्य को हम बहुत कम जानते हैं।

यथार्थ इस समय जितने तीखे विरोधाभासों और विपरीतताओं से निर्मित हो रहा है, उतना शायद पहले कभी नहीं था। अन्तरराष्ट्रीय वित्तीय पूँजीवाद की लम्बी परियोजना मनुष्यता को बुरी तरह विभाजित करने में लगी है : महा–सम्पन्न, अति–सम्पन्न, सम्पन्न और विपन्न, अति–विपन्न और महा–विपन्न। जिन शासकों के दैनिक भोजन का मूल्य कई हज़ार रुपये बैठता है यह निर्धारित करते हैं कि 20, 16 या 10 रुपये प्रतिदिन कमाने वाला देश का नागरिक ग़रीब नहीं है। राजनीति, सम्पत्ति, अपराध और धर्म के तन्त्रों ने मिलकर एक भयानक व्यूह की रचना कर डाली है और लोकतन्त्र को लगभग पूरा ध्वस्त कर दिया है। चुनिन्दा समूहों की अश्लील ढंग से बढ़ती अमीरी के बीच जो ग़रीब दिखाई देते हैं वे अक्सर लगता है कि किसी अदृश्य और भूमिगत युद्ध में बुरी तरह घायल और विकलांग होकर आये हैं : दूसरी ओर, सम्पन्न वर्गों, उद्योग और पूँजी के मालिकों के भीतर इस परिस्थिति के प्रति ज़िम्मेदारी या ग्लानि का कोई भाव नहीं है। अमेरिका के सार्वजनिक बुद्धिजीवी और भाषाविद् नोम चोम्स्की का कहना है कि वंचित समाज के प्रति सुविधासम्पन्न वर्ग के प्रति बेरुख़ी किसी भी दूसरे देश के मुक़ाबले भारत में कहीं ज़्यादा है और यह बात हैरत में डालती है कि एक तरफ़ 'इंडिया शाइनिंग' है और दूसरी तरफ़, लोग भूख से दम तोड़ रहे हैं और सम्पन्न लोग इस हक़ीक़त की तरफ़ देखना भी नहीं चाहते।

एक कवि मित्र ने कहा कि यथार्थ को कैसे व्यक्त किया जाये। लोगों को, समाज को कैसे समझाया और यक़ीन दिलाया जाये कि यथार्थ इस तरह का है, कि मॉल, पीवीआर, बड़े–बड़े टेलीविज़न, महँगे मोबाइल, पिज्जा–बर्गर–कोक आदि ख़राब चीज़ें हैं। एक बच्चे से कैसे कहा जाये कि तुम्हारे हाथ में चिप्स का

जो पैकेट है, जिसके भीतर एक आलू के बराबर चिप्स हैं और जिसकी रैपिंग उस आलू से ज़्यादा महँगी है, एक ख़राब चीज़ है। अमेरिकी भूमण्डलीकरण, आवारा वैश्विक पूँजी, उपभोक्ता बाज़ार और विज्ञापन ने हमारे जीन पर क़ब्ज़ा कर लिया है और हमारे भीतर के आलोचनात्मक क्षेत्र–क्रिटिकल स्पेस–को लगभग हड़प लिया है। मध्यवर्ग के भीतर अब ज़्यादा सवाल नहीं रह गये हैं। वह अपने में लिप्त सिर्फ़ उपभोग कर रहा है और दुनिया का सबसे बड़ा और निकृष्ट उपभोक्ता बनना चाहता है। जीने की यह शैली उसकी दिशा बन चुकी है और ज़्यादातर लोग मान चुके हैं कि दुनिया इसी तरफ़ जा रही है।

रघुवीर सहाय शायद अकेले कवि हैं जिन्होंने कविता में और कविता से बाहर भी यथार्थ की वैचारिक चीर–फाड़ की। उनकी यह इच्छा थी कि 'मुझे एक ऐसी बोली दो जिसमें दो अर्थ का भय न हो', यथार्थ की सचाई को बचाये रखने की ही कोशिश है। बहुत ज़्यादा कला को वे इसलिए पसन्द नहीं करते थे कि वह यथार्थ और जीवन को निष्कासित कर देती है। रघुवीर सहाय यथास्थिति को यथार्थ नहीं मानते। उनकी एक पुस्तक का शीर्षक ही है–'यथार्थ यथास्थिति नहीं'। कवि या रचनाकार यथास्थिति का रिकॉर्डर, उसका रोज़नामचाकार नहीं है, बल्कि उससे आगे एक–दूसरे और ज़्यादा मानवीय और नैतिक यथार्थ की कल्पना का रचयिता है। लेकिन शायद आज कविता दर्ज करने का काम ज़्यादा कर रही है, परिवर्तनों और रूपान्तरों का रोज़नामचा लिख रही है, लेकिन एक प्रति–यथार्थ को, यथार्थ की कल्पना और यूटोपिया को निर्मित नहीं कर पा रही। कभी धूमिल ने लिखा था कि 'मुझे अपनी कविताओं के लिए एक–दूसरे लोकतन्त्र की तलाश है।' इस दूसरे की खोज और सम्भावना के लिए हमारी कविता में कितनी जगह बची है? क्या इसका मतलब यह है कि हम उपलब्ध यथार्थ के सामने घुटने टेक रहे हैं और उसकी परिकल्पना नहीं कर पा रहे जिसे रघुवीर सहाय 'एक नया मानव सम्बन्ध' और 'सम्भव हो सकने वाला'

यथार्थ कहते थे? क्या एक भीषण रूप से उपलब्ध यथार्थ हमें अपना शिकार बना चुका है? जैसे जुमलों ने हमारी दुनिया भी बदल दी है? कविता जब अपने समय को 'नहीं' कहना बन्द कर देती है तो वह ख़ुद यथास्थिति का हिस्सा बन जाती है। यथार्थ चित्रण भी यथार्थ के परिवर्तन की आकांक्षा के बग़ैर, उसके स्वप्न के बग़ैर किसी काम का नहीं।

यह बात एक तकियाकलाम सरीखी हो गयी है कि मार्क्सवाद और समाजवाद के महावृत्तान्त की विदाई के बाद अब लघु यानी माइक्रो–विमर्शों का समय है। ये विमर्श ज़्यादातर उत्तर–आधुनिकता और विखण्डन की पद्धतियों की देन हैं हालाँकि इन पद्धतियों की अन्तर्निहित सीमा यह थी कि वे किसी बड़ी वैचारिकता या दर्शन में नहीं बदल पायीं और कुछ नये औज़ारों तक सिमट कर रह गयीं। लेकिन उन्होंने पहचान के संघर्षों और उनकी राजनीति को उभार दिया और स्त्री, दलित, आदिवासी चेतना, दूरस्थ और 'नाज़ुक' जनसमूहों के अलग–अलग विमर्श तैयार किये। आज की ज़्यादातर कविता में अपेक्षाकृत कम बड़े और खण्डित विवरणों की बहुतायत इसी के लक्षण हैं। ऐसे अनुभवों पर बहुत कुछ सार्थक लिखा गया है और ख़ासकर स्त्रियों और दलितों के जीवन के मर्म छूने वाले, विचलित करने वाले अनुभव उजागर हुए हैं, लेकिन उनमें परिवर्तनकारी चेतना या आवेग का कुछ अभाव नज़र आता है। दलित स्त्रियों की कविता दलित कविता के नये आयाम के रूप में सामने आयी है और यह विश्वास किया जा सकता है कि इससे कविता में एक अभूतपूर्व धार आयेगी।

भूमण्डलीकरण ने सामाजिक जीवन में बहुत सारे विलगाव–डिस्कनेक्ट–पैदा किये हैं। मसलन, मध्यवर्ग को बाक़ी वर्गों से काट दिया गया है। शहरियों को ग्रामीणों से, आदिवासियों को ग़ैर–आदिवासियों से, एक जातीय पहचान को दूसरी जातीय पहचान से विलग कर दिया गया है। यहाँ तक कि उपभोक्ता उत्पादों को भी, भले ही वे एक तरह का काम करते हों, यह विभाजन काम करता है। यहाँ तक कि कार के एक ब्राण्ड और

कार के दूसरे ब्राण्ड के बीच एक बड़ी दूरी दिखाई देती है। हर चीज़ जैसे अपना एक दड़बा अपने साथ लिए चल रही है। शहरी और आदिम–आदिवासी समाज के बीच विलगाव की एक काली अँधेरी नदी बह रही है–कभी पानी और कभी ख़ून की–और इसे लगभग अनुल्लंघ्य बना दिया गया है। कभी–कभी कहीं सुदूर पूर्वी समाजों से कुछ कविताएँ छनकर आ जाती हैं, और कभी अरुन्धति राय जैसी लेखक या कुछ प्रतिबद्ध पत्रकार जब ऐसी नदियों को पार करके जाते हैं तो हमें एक ऐसे भीषण यथार्थ की कुछ जानकारी मिलती है, जो हमारा होते हुए भी हमारे लिए अजनबी है।

और भूमण्डलीकरण अपना जो महावृत्तान्त रच रहा है उसकी ओर हमारा ध्यान कुछ कम है। सन् 1991 में जब सोवियत संघ छिन्न–भिन्न हुआ तो हेनरी किसिंगर ने एक लेख में कहा था कि अमेरिका जिस चर्च को बना रहा था, वह पूरा हो गया है और हर किसी को यहाँ सर झुकाना चाहिए। इतने वर्षों बाद अब लगता है कि अमेरिका पूरी दुनिया को ही अपनी एक इमारत में बदलना चाहता है, लेकिन ऐसा कर नहीं पा रहा है इसलिए नये बँटवारे और नयी शत्रुताएँ पैदा हो रही हैं। लातिन अमेरिका के क्यूबा, वेनेजुएला, बोलीविया, निकारागुआ, एक्वाडोर, पेरू, ब्राजील, अर्जेंटीना, पराग्वे, उरुग्वे जैसे देश और पश्चिम एशिया में ईरान, सीरिया, लीबिया, इराक़।

पुराना जो है वह नष्ट हो रहा है, लेकिन नया कुछ नहीं जन्म ले पा रहा है इसीलिए यह विकृति का समय है। इटली के मार्क्सवादी विचारक एंटोनियो ग्राम्शी ने यह बात द्वितीय विश्वयुद्ध से कुछ पहले कही थी जब जर्मनी की हवा में हिटलर की आहट थी। यह एक बहुत बुनियादी और दार्शनिक बात थी। शायद आज का संकट भी यही है कि पुरानी मूल्य व्यवस्था और सम्बन्ध, वैचारिक प्रस्थापनाएँ, साहित्यिक संस्कार वग़ैरह टूट रहे हैं, लेकिन उनके खँडहरों पर कोई नयी तामीर नहीं हो रही है। इसीलिए संक्रमण काफ़ी लम्बा खिंच रहा है। नये का जन्म

अनिवार्य है और वह पुराने के नष्ट होने पर ही होगा, लेकिन निर्माण की तमाम हलचल और गहमागहमी के बावजूद सचमुच नया कुछ बनता नहीं दिखता। बर्टोल्ट ब्रेश्ट की एक कविता का आशय कुछ इस तरह है कि 'नया युग ऐसे ही नहीं आ जाता। पुरानी मूर्खताएँ नये एंटेनाओं से भी शुरू हो सकती हैं, और यह सम्भव है कि नयी पीढ़ी पुराने युग को ही ढोती चले और नये चम्मचों से पुराना खाना खाया जाता रहे।'

सत्ता–राजनीति के स्तर पर देखें तो एक भ्रष्ट और गिरी हुई साख की सरकार के विकल्प के रूप में जिस नरेन्द्र मोदी को राष्ट्रीय मंच पर उभारा गया है उसमें नया कुछ भी नहीं है, बल्कि वह एक विकृति है। एक पुराना विरूप, जो फिर से विरूप की तरह प्रतिष्ठित किया जा रहा है।

मुक्तिबोध की लम्बी और प्रसिद्ध कविता 'अँधेरे में' (जिसकी अर्धशती अभी शुरू हुई है) यथार्थ की सबसे बड़ी और विचलित कर देने वाली कविता कही जा सकती है। लेकिन उसका फॉर्म यथार्थवादी नहीं, बल्कि फैंटेसी है। बल्कि वह दोहरी फैंटेसी है : आठ खण्डों का दुःस्वप्न और उसकी सिनेमाई संरचना। स्वाधीनता संघर्ष से लेकर विराट नेहरूयुगीन मोहभंग तक का एक ऐतिहासिक और त्रासद दस्तावेज़ बन चुकी इस कविता में कुछ भी यथार्थ नहीं और सब कुछ यथार्थ है। और उसमें अत्याचारी वर्गों और उनके क्रीतदास बुद्धिजीवियों–लेखकों–कलाकारों के मृत्युदल की शोभायात्रा तो फैंटेसी से बाहर ही नहीं आती। मुक्तिबोध की कविता यह भी बताती है कि यथार्थ उस तरह से यथार्थवाद नहीं है जिस शक्ल में हम उसे पहचानने के आदी हैं। तब क्या यथार्थ की अभिव्यक्ति के लिए यथार्थ का शिल्प ज़रूरी नहीं?

पोलैंड के एक महान कवि तादेउष रूज़ेविच की एक कविता 'चीन की दीवार' यथार्थ के बारे में एक गम्भीर बात कहती है कि *दीवार एक विषय/पाठ है/उन लोगों के लिए/जो यथार्थ की कल्पना की कल्पना/करने में असमर्थ है*। विश्व के सबसे बड़े समकालीन अतियथार्थवादी लेखक कहे जाने वाले गैब्रिएल

गार्सिया मार्खेज़ ने भी एक जगह कहा है कि 'मैंने एक भी पंक्ति ऐसी नहीं लिखी जिसमें यथार्थ न हो।' मार्खेज़ यह भी कहते हैं कि—'अगर मैं कहता हूँ कि आसमान में हाथी उड़ रहे हैं तो लोग विश्वास नहीं करेंगे, लेकिन अगर मैं कहूँ कि आसमान में 26 हाथी उड़ रहे हैं तो लोग ठिठक जायेंगे और शायद विश्वास करने लगेंगे।'

यथार्थ को कवियों के मुक़ाबले उद्योगपति, व्यापारी, रीयल एस्टेट के डीलर, दलाल, तस्कर और वे लोग ही ख़ुद को नियन्ता कहते हैं, कहीं ज़्यादा जानते हैं क्योंकि उन्हें इसी यथार्थ में से अपनी भ्रष्ट ताक़त और सन्दिग्ध सम्पत्ति हासिल करनी होती है। उसे इंटरनेट के महाबली गूगल का पूर्व सीईओ एरिक स्मिथ भी कहीं ज़्यादा जानता है जिसने कहा था कि 'हम जानते हैं कि आप कहाँ पर हैं। हम जानते हैं आप कहाँ पर थे और हम कुछ—कुछ यह भी जान सकते हैं कि आप क्या सोच रहे हैं?' मास मीडिया में सूचनाओं की बौछार करने वाले भी यथार्थ से कहीं ज़्यादा आशना है। लेकिन कवियों के लिए यथार्थ इससे कहीं जुदा और कभी—कभी तो विलोम भी होगा क्योंकि उनके लिए वह एक नैतिक पड़ताल की जगह है। वस्तुगत, तटस्थ और सूचनात्मक यथार्थ उनके बहुत काम का नहीं है। यथार्थ की नैतिकता ही उनका यथार्थ हो सकता है। एक कवि के लिए शब्द एक अत्यन्त अमूल्य, अद्वितीय और पवित्र जगह है हालाँकि राजनीति, व्यापार और प्रॉपर्टी डीलरों के लिए वह झूठ को छिपाने की आड़ भी हो सकता है।

रघुवीर सहाय की एक पुरानी कविता में राजनेता हर दिन जो कुछ तोड़ता रहता है उसे एक साधारण स्त्री हर दिन जोड़कर रखती है। कुछ दिन पहले पोलैंड की एक महिला कवि का कथन पढ़ा था कि 'शब्दों से सबसे ज़्यादा डर उन्हें लगना चाहिए—लेखक—कवि और वे जिनके लिए शब्द ही यथार्थ हैं।' शमशेर ने कवि विनोद दास से एक बातचीत में कहा था कि मेरी कोशिश ही है कि सारे यथार्थ को देख सकूँ, उसकी जड़ या

नींव में पहुँच सकूँ। यथार्थ का यह समग्रतावादी नज़रिया उनकी बहुत–सी कविताओं में है। 'ओ मेरे घर' इस लिहाज़ से उनकी प्रतिनिधि रचना है जिसमें वे कहते हैं :

और दी मुझे एक लम्बे नाटक की
हँसी
फैली हुई
दर्शक शाला के इस छोर से उस छोर तक
लहराती कचु–तिक
फिर मुझे जागना दिया, यह कह कर
लो और सोओ
और वही तलवारें अँधेरे की
अन्तिम लोरियों के बजाय।

यथार्थ शमशेर की कविता का 'कटु–तिक्त बीज' है। लेकिन यथार्थपरक रचनाओं के बारे में उनकी राय यह थी कि उसमें 'काव्यतत्व होना आवश्यक है, आवश्यक ही नहीं, बल्कि काव्यात्मक अनुभूति के स्तर पर ही उनकी रचना हुई हो।'

अन्तःसंघर्ष उन्हीं लोगों में बचे हुए दिखते हैं, जिनके बाहरी संघर्ष बचे हुए हैं, जो अपने समय की यन्त्रणाओं, तरह–तरह के बारीक़ और स्थूल अत्याचारों, जीने की मुश्किलों और ऊहापोहों के बीच साँस ले रहे हैं और जिनकी संवेदना में यातना का बोध बचा हुआ है। बिना इस बोध के कविता सम्भव नहीं। महिलाओं, दलितों, दलित स्त्रियों और आदिवासियों में इसलिए अच्छी कविता देखने के लिए मिल रही है। आदिवासी कवि निर्मला पुतुल की एक कविता में एक आदिवासी स्त्री ईंट–दर–ईंट अपना छोटा–सा घर बनाती है तो उसके इर्द–गिर्द ऊँची इमारतों में रहने वाले कुलीन वर्ग के लोगों की ईर्ष्या और कुढ़न उसी रफ़्तार से बढ़ती जाती है। मामूली से एकमंज़िला घर और उसके प्रति ऊँचे घरों की हिकारत का साहचर्य यथार्थ के वर्गीय स्वभाव को भी रेखांकित करता चलता है। एक और आदिवासी कवि अनुज लुगुन की

कविता कल्पना के भीतर से यथार्थ को पैदा करती है और कला और जीवन के फ़र्क़ को समाप्त कर देती है :

मैंने दोनों हाथ
अपनी नज़र की सीध में उठाये
बायें हाथ को आगे
दाहिने हाथ को पीछे ताना
यह बनी धनुष चलाने की आकृति
मैंने दोनों हाथ झटके में
छाती की सीध में फेंके
और यह बना भाला
यह कला का छोटा–सा नमूना है
इस तरह बनायी जा सकती हैं कई आकृतियाँ।

आदिवासियों के लिए **जीवन** और कला में कोई फ़र्क़, कोई अन्तराल नहीं है और ये पंक्तियाँ अनायास इसे प्रतिष्ठित कर जाती हैं।

ज़्यादातर अच्छी कविताएँ यातना या पीड़ा और ग्लानि के बोध से लिखी गयी हैं। मुक्तिबोध, शमशेर बहादुर सिंह, रघुवीर सहाय, विष्णु खरे, चन्द्रकान्त देवताले, आलोक धन्वा, असद ज़ैदी, मनमोहन, शुभा, देवी प्रसाद मिश्र जैसे बहुत–से कवियों की कई महत्त्वपूर्ण रचनाएँ याद आ सकती हैं। आलोक की 'जनता का आदमी', 'ब्रूनो की बेटियाँ', 'सफ़ेद रात', यातना–बोध के, सफरिंग के बिना नहीं लिखी जा सकती थीं। आनन्द की अनुभूति ने बहुत कम अच्छी कविताओं को जन्म दिया। आनन्द का स्वरूप अक्सर उपभोगात्मक होता है, लेकिन दुख को उपभोक्ता सामग्री में बदलना कठिन है। जो कवि ऐसा करते दिखते हैं वे दुख का व्यापार करने की विफल कोशिश कर रहे होते हैं। मुझे याद है, कई वर्ष पहले एक बार आलोक धन्वा ने एक बुज़ुर्ग कवि को दो टूक कह दिया था कि उनकी कविताओं में 'सफ़रिंग' नहीं है, तो वे आक्रामक तरीक़े से नाराज़ हो गये थे।

मुक्तिबोध और रघुवीर सहाय में इतनी 'सफ़रिंग' मिलती है कि अगर उनके संग्रह मेज़ पर खुले पड़े हों तो मैं रात को सोने से पहले उन्हें बन्द करके औंधे मुँह रख देता हूँ ताकि वे निश्चिन्त पड़े रहें और मुझे चैन से नींद में जाने दें। बहुत पहले जब मैंने इलाहाबाद में फ़िराक़ गोरखपुरी को इंटरव्यू करने के लिए एक पत्र लिखा था तो उन्होंने जवाब में लिखा, 'बरख़ुरदार, कभी दिन में आ जाओ क्योंकि मैं शाम या रात को कुछ नहीं पढ़ता–लिखता। अच्छी शायरी और बुरी शायरी दोनों मुझे सोने नहीं देती।'

कविता को ज़्यादा झेलना, ज़्यादा भुगतना चाहिए। उसे वेध्य और नश्वर होना चाहिए और अपनी त्वचा को पतला रखना चाहिए। उसे मिर्ज़ा ग़ालिब की तरह *दर्द से पुर हूँ जैसे राग से बाजा/इक ज़रा छेड़िए देखिए होता है क्या* की तरह होना चाहिए। पोलिश कवि रूज़ेविच एक कविता में सलाह देते हैं कि *अपने आँसू मत छिपाओ/प्यारे कवियो रोने में शर्म महसूस मत करो*। ग्राम्शी का यह कथन कविता का भी सूत्रवाक्य होना चाहिए : 'बुद्धि का निराशावाद और हृदय का आशावाद।' कवियों को अपने को तमाम भारतीय भाषाओं और विश्व की भाषाओं का कवि मानना चाहिए और अपनी कविता को विश्व कविता के बीच, उसके एक हिस्से के रूप में देखना चाहिए। उन्हें शमशेर बहादुर सिंह की कविता 'अमन का राग' याद रहनी चाहिए, जिसमें दुनिया में तमाम लेखकों–कवियों–कलाकारों की घनिष्ठ बिरादरी की सुन्दर परिकल्पना की गयी है।

दुनिया में कवियों ने बहुत कुछ झेला है : अन्याय, अवसाद, निराशा, मुफ़लिसी, क़ैद, जलावतनी, पलायन, आत्मनिर्वासन, विस्थापन, विश्वयुद्ध, गृहयुद्ध, हत्या। नेरूदा, लोर्का, नाज़िम हिकमत, ब्रेश्ट, मीखेल एरनांदेस, महमूद दरवेश, फ़ैज़, निराला, नागार्जुन, शमशेर और बहुत से कवि–विचारक इसलिए भी इतिहास में दर्ज हैं। यहाँ तक कि मृत्यु के सैकड़ों वर्ष बाद भी कवियों को अपमानित किया गया : गुजरात में वली दकनी जैसे महाकवि का मज़ार दंगाइयों ने तोड़ डाला और ग़ालिब की क़ब्र ऐन राजधानी दिल्ली में मुद्दतों तक लावारिस पड़ी रही।

ज़्यादातर कविता अभिधात्मक और एकरैखिक है। अभिधा बहुत अच्छी कविताओं को सम्भव करती रही है, और तब तो और भी जब वह अभिधा को व्यंजना की तरह व्यक्त करती हो। कभी–कभी लगता है जैसे ज़्यादातर कविता के शब्द मय समस्त अर्थ के उपस्थित हैं, जैसे शब्दों के आशय वहीं पर लिख दिये गये हों और उनमें कोई अन्तर्ध्वनियाँ न हों, उनकी अदृश्यात्मकता हो, जिनके धूसर पर्दे ही एक संवेग को दूसरे से अलग करते हैं। इस तरह की अमूर्त और समझ में न आने वाली चीज़ों की भी एक भौतिक और शारीरिक सत्ता होती है। क्या ऐसे अनुभवों पर ऐसी कविता की तामीर हो सकती है जो हर सूरत में जनवादी और यथार्थवादी भी हो? ताक़त की दुनिया के यथार्थ से, अपने समय की सत्ताओं और व्यवस्थाओं से सम्बन्ध तय करना भी समकालीन कविता का एक ज़रूरी एजेंडा होगा।

आज की कविता का कोई आलोचनात्मक आकलन नहीं है या फिर एक छद्म आलोचना है। उसने आलोचनात्मक प्रक्रियाओं को जन्म ही नहीं दिया। समीक्षा के नाम पर जो कुछ उपलब्ध है वह परस्पर वार्तालाप या बिरादराना उत्साहवर्धन की मानिन्द ज़्यादा है। अर्थात् इस कविता को अपने ही बूते टिके रहना है या ढह जाना है। एक तरह से उसने आलोचना के क़िले को मिस्मार कर दिया है। दरअसल, यह अकेलापन कविता के बचे रहने का एक तरीक़ा है जब वह आलोचना और सराहना के आश्रयों से मुक्त हो जाती है। हाथोहाथ ली जाने वाली या महिमामण्डित की जाने वाली कविता यथास्थिति में किसी हस्तक्षेप या तोड़फोड़ को अंजाम नहीं दे पाती, अवां गार्द भूमिका में नहीं आ पाती और इसलिए कोई ऐसी नयी रचना भी नहीं कर पाती, जिससे लोग परेशान, विचलित और उस कविता के प्रति अपना व्यवहार तय करने के लिए तत्पर हो उठें। निराला, मुक्तिबोध और रघुवीर सहाय जैसे बड़े कवियों की रचनाएँ आज भी इसी अर्थ में महान कोशिशें लगती हैं।

संस्कृति, अपसंस्कृति, विकृति

हमारा समाज और हमारी राजनीति जिस रास्ते पर हैं उसमें लगता है कि प्राचीन संस्कृति के आधुनिक रूप और बोध के लिए कोई जगह रह गयी है और न उस पुरानी संस्कृति के लिए जो दुनिया में 'सॉफ्ट पॉवर'–सौम्य शक्ति–के नाम से कामयाब रही है। अब हम एक विचित्र यात्रा पर है। यह यात्रा संस्कृति से अपसंस्कृति और विकृति तक की है। एक विराट मध्यवर्ग को प्राचीन गौरव की सुखभ्रान्ति की ख़ुराक दे दी गयी है और वह इससे बेख़बर है कि उसका वर्तमान सांस्कृतिक तौर पर कितना निकृष्ट और दरिद्र हो रहा है। वह एक साथ मूर्तिपूजा, मुद्रा–पूजा में यक़ीन रखता है और डोनाल्ड ट्रम्प से सिर्फ़ यह चाहता है कि वह उसके बेटे–बेटियों के अमेरिका में बसने पर बन्दिश न लगाये।

मीडिया को भी संस्कृति से कोई लगाव या सरोकार नहीं है। अख़बारों, टीवी चैनलों के लिए संस्कृति एक हल्का–फुल्का मनोरंजन या फूहड़ लतीफ़े से ज़्यादा कुछ नहीं है। उसका संसार फ़िल्मी गानों की नक़ल की नक़ल, कुछ तीर कुछ तुक्कों के बल पर करोड़पति बनाने और उन घटिया सीरियलों तक सीमित है जिनमें सजी–धजी औरतें तमाम गहनों के साथ रात–दिन घरेलू षड्यन्त्रों में लिप्त रहती हैं। आकाशवाणी का योगदान साहित्य और संगीत में ज़रूर ग़ौरतलब रहा है, लेकिन अब वह भी गिरावट की शिकार है। संचार माध्यमों को साहित्य की सुध तब आती है जब वह कोई बिकाऊ घटना बन जाये, किसी बड़े लेखक की मृत्यु हो जाये या उसे कोई बड़ा पुरस्कार मिल जाये।

तब कुछ हलचल मचती है और यह पता किया जाता है कि कौन जल्दी से उस पर लिख सकेगा। यह एक अनुष्ठान, एक कर्मकाण्ड की तरह होता है। खेती के विशेषज्ञ पत्रकार पी. साईंनाथ ने लिखा है कि मीडिया में किसानों को तभी जगह मिलती है जब उनकी मौत हो जाती है। यह स्थिति साहित्य और कला के कर्मियों की भी है। साहित्य और विभिन्न कला–रूपों के विकास के लिए ऐसी सरकारी संस्थाएँ लगभग नहीं हैं जैसी दुनिया के दूसरे कल्याणकारी राज्यों में पायी जाती हैं।

सहिष्णुता, सद्‌भाव, सामासिकता, बहुलता, धर्मनिरपेक्षता। ऐसे बहुत से शब्द हैं जो बहुसंख्यक आक्रामकता के शिकार हुए हैं। वे निरे शब्द नहीं हैं, बल्कि बुनियादें हैं जिन पर आज़ादी, लोकतन्त्र और मनुष्यता टिके होते हैं। साम्प्रदायिक नफ़रत और उन्माद इन बुनियादों पर चोट कर रहे हैं और सत्ताधारी उसे लगातार शह दे रहे हैं। प्रेमचन्द ने 1934 में अपने एक लेख में कहा था कि 'साम्प्रदायिकता सदैव संस्कृति की दुहाई दिया करती है। उसे अपने असली रूप में निकलने में शायद लज्जा आती है, इसलिए वह उस गधे की भाँति, जो सिंह की खाल ओढ़कर जंगल में जानवरों पर रौब जमाता फिरता था, संस्कृति का खोल ओढ़कर आती है।' लगभग छियासी वर्ष पहले कही गयी यह बात आज और भी भयानक रूप में सच नज़र आती है। भाजपा जिसे 'हिन्दुत्व' या भारतीय संस्कृति कहती है, वह दरअसल यही साम्प्रदायिक संस्कृति है, जिसका दूसरा नाम अल्पसंख्यकों, मुसलामानों और दलितों पर बहुसंख्यकों का साम्राज्य है। हमारी प्राचीन सभ्यता और संस्कृति का यह स्वरूप कभी नहीं रहा।

भाजपा सरकार का संस्कृति–विरोध इससे भी ज़ाहिर है कि जब 2015 में कुछ लेखकों–कलाकर्मियों ने (जिनमें इन पंक्तियों का लेखक भी शामिल था) देश में बढ़ती असहिष्णुता, साम्प्रदायिकता और एम.एम. कलबुर्गी, नरेन्द्र दाभोलकर और पानसरे जैसे विद्वानों और मोहम्मद अख़लाक जैसे निर्दोष अल्पसंख्यक नागरिकों की हत्या के विरोध में अकादेमी या दूसरे पुरस्कार लौटाये और

उसकी गूँज अन्तरराष्ट्रीय लेखक बिरादरी में भी सुनाई दी तो उस वक़्त के संस्कृति मन्त्री ने कहा था, 'ऐसे लेखकों को लिखने से रोका जाना चाहिए।' यह कथन जर्मनी के नात्सी तानाशाह हिटलर के संस्कृति मन्त्री हरमन गोय रिंग की तर्ज पर था जो कहता था कि : 'मैं जब भी संस्कृति शब्द सुनता हूँ, मेरा हाथ अपने रिवॉल्वर को टटोलने लगता है।' उन्हीं दिनों भोपाल में सरकारी स्तर पर विश्व हिन्दी सम्मेलन आयोजित हुआ था, जिसमें कोई संजीदा लेखक निमन्त्रित नहीं था। तब के विदेश राज्य मन्त्री से इसकी वजह पूछी गयी तो उन्होंने कहा, 'लेखकों को बुलाना क्यों ज़रूरी है? वे आते हैं, शराब पीते हैं और चले जाते हैं!' यह संस्कृति–विरोध समूचे ज्ञान के ही विरोध तक दिखा था जब प्रधानमन्त्री ने नोबेल पुरस्कार से सम्मानित अर्थशास्त्री अमर्त्य सेन पर कटाक्ष करते हुए कहा, 'हार्वर्ड की पढ़ाई से क्या होता है? असली चीज़ तो हार्ड वर्क है!'

सन् 2014 में भाजपा सरकार के आने के कुछ ही समय बाद साहित्य, कला, संगीत, नाटक और सभ्यता विमर्श की संस्थाओं को दिये जाने वाले अनुदान में क़रीब तीस फ़ीसद कटौती कर दी गयी थी। विचित्र बात थी कि उन संस्थाओं से तीस फ़ीसद धन ख़ुद अर्जित करने के लिए कहा गया और इस पर ग़ौर नहीं किया गया कि संस्कृति कोई बिकाऊ वस्तु नहीं हो सकती और सभी समाजों में वह राज्य की सहायता से ही फलती–फूलती है। नतीजतन, संस्कृति से जुड़ी संस्थाओं ने ख़र्चों में कटौती कर दी, पारिश्रमिक कम कर दिये। साहित्य अकादेमी हर साल विनिमय कार्यक्रम के तहत लेखकों के दो प्रतिनिधि मण्डल विदेश भेजती थी जिसे बन्द कर दिया गया और यह काम नेशनल बुक ट्रस्ट को सौंप दिया गया जहाँ संघ की विचारधारा के लोग क़ाबिज़ थे। जागरूक लेखक क्योंकि व्यवस्था के आलोचक होते हैं, सरकार को डर था कि अकादेमी की ओर से जाने वाले लेखकों में उसके समर्थक नहीं होंगे। ललित कला अकादेमी, संगीत नाटक अकादेमी, नेशनल स्कूल ऑफ़ ड्रामा आदि संस्थाओं में भी प्रत्यक्ष

सरकारी दख़ल बहुत बढ़ गया और साहित्य अकादेमी को, जहाँ उसके स्वायत्त संविधान के कारण सरकार सीधे हस्तक्षेप नहीं कर सकती, परोक्ष ढंग से नियन्त्रित किया जाने लगा, जिसमें लेखकों के चयन, फण्ड देने में देरी जैसे तरीक़े शामिल थे। सोशल मीडिया में उसकी गतिविधियों की सूचना के साथ ग़ैर–ज़रूरी ढंग से संस्कृति मन्त्री का नाम जाना पिछली सरकार के समय ही शुरू हो गया था, जो आज भी जारी है।

साहित्य अकादेमी को पूरी तरह स्वायत्त संस्था के तौर पर गठित किया गया था जिसका कामकाज लेखकों के हाथ में हो। उसका संविधान भी इस तरीक़े से तैयार किया गया, जिससे वह संस्कृति मन्त्रालय और नौकरशाही के हस्तक्षेप से मुक्त रह सके। इस स्वायत्तता की एक मिसाल यह है कि जब 2005 में सांस्कृतिक संस्थानों के मामलों पर हक्सर समिति ने कुछ बदलावों की सिफ़ारिश की, तो साहित्य अकादेमी के तत्कालीन अध्यक्ष, प्रसिद्ध कन्नड़ लेखक यू.आर. अनन्तमूर्ति ने उन्हें पूरी तरह ख़ारिज कर दिया। अनन्तमूर्ति वही लेखक हैं जिन्हें अपने मोदी–विरोधी बयान के कारण पाकिस्तान भेजने की धमकी दी गयी, उनके घर के बाहर इस मक़सद के पोस्टर लगाये गये और आख़िरकार जल्दी ही उनकी मृत्यु हो गयी। उनके कार्यकाल तक अकादेमी को सरकारी हस्तक्षेप से निजात मिली रही, लेकिन अटल बिहारी वाजपेयी की सरकार के दौरान उसके इतिहास में पहली बार किसी भाजपा नेता का प्रवेश हुआ। यह अकादेमी के घुटने टेकने की शुरुआत थी।

नेहरू युग में कला, साहित्य, संगीत–नृत्य–रंगकर्म और ज्ञान की जो संस्थाएँ अस्तित्व में आयीं, उन पर आज उन लोगों का वर्चस्व है जो उन विषयों के बारे में लगभग कुछ नहीं जानते। नेशनल बुक ट्रस्ट, इन्दिरा गाँधी नेशनल सेंटर फॉर आर्ट्स एंड कल्चर, नेशनल गैलरी ऑफ़ मॉडर्न आर्ट, फ़िल्म सर्टिफ़िकेशन बोर्ड, चिल्ड्रन्स फ़िल्म सोसाइटी जैसे संस्थानों के वर्तमान प्रमुखों के बायोडाटा पर एक सरसरी नज़र डालने से पता चल जायेगा

कि ये संस्थान उन लोगों द्वारा चलाये जा रहे हैं जो उस काम के योग्य नहीं हैं जो उन्हें सौंपा गया है। इन संस्थानों के भीतरी ढाँचों की तोड़फोड़ की भी अलग कहानी है। ये घटनाएँ शायद यह बताने के लिए काफ़ी हैं कि संघ परिवार की अगुवाई वाली सत्ता का साहित्य–संस्कृति, विद्वत्ता, सभ्यता और उसके कर्मियों से कितना सरोकार है। पिछले कुछ समय से विभिन्न विषयों पर उसके नेताओं के बयानों को देखें तो हैरानी होती है कि ज्ञान से इतना बैर रखने वाले लोग कैसे एक साथ और वह भी आक्रामक मुद्रा में राष्ट्रीय मंच पर आ गये हैं वे न कभी अच्छे साहित्य और पुस्तकों, अच्छे संगीत और कला, अच्छे थिएटर और सिनेमा और अच्छी विद्वत्ता के सम्पर्क में आते हैं और न उनकी ज़रूरत महसूस करते हैं।

संस्कृति समाज का सर्वोच्च मूल्य और सबसे ज़्यादा टिकाऊ पहचान होती है। मैथ्यू आर्नोल्ड को याद करें तो 'संस्कृति मानव आत्मा का इतिहास है।' एक व्यक्ति हर समय अपना धन या दूसरी दुनियावी चीज़ों को अपने पास नहीं रख सकता, लेकिन उसकी संस्कृति हमेशा उसके पास रहती है। समावेशिता सांस्कृतिक आत्मा की एक बड़ी ताक़त थी और इसी के बल पर हमारे पूर्वजों ने हमें औपनिवेशिक ग़ुलामी से मुक्ति दिलायी थी। स्वाधीनता के वे पहरेदार ख़ुद बहु–सांस्कृतिक लोग थे। लेकिन अब हम आत्मा की संकीर्णता के युग में पहुँच गये हैं, जहाँ सांस्कृतिक बहुलता को सरकार और बहुत–सी गैर–संवैधानिक एजेंसियों द्वारा नियन्त्रित किया जा रहा है। रंगमंच, कला, सिनेमा, साहित्य के सम्मेलनों–प्रदर्शनों पर प्रतिबन्ध, तोड़फोड़ और रोड़े अटकाने जैसी घटनाओं की सूची काफ़ी लम्बी है। एक स्वाधीन लोकतन्त्र की जगह एक भयभीत लोकतन्त्र ने ले ली है और डर कर रहने की भावना को समाज में फैलाया जा रहा है। यहाँ तक कि हमारी स्मृति और इतिहास भी निगरानी की ज़द में हैं और सत्ताधारी ताक़तें इस कोशिश में लगी हैं कि लोग एक इतिहास को भूल जायें और एक–दूसरे इतिहास को याद रखें।

मसलन, यह एक जाना–माना तथ्य है कि भाजपा सरकार स्वतन्त्रता संग्राम में महात्मा गाँधी, जवाहरलाल नेहरू, भगत सिंह आदि की भूमिका को नेपथ्य में डालना चाहती है और उनकी जगह सावरकर और दीनदयाल उपाध्याय जैसे लोगों को मंच पर लाना चाहती है जिनका आज़ादी की लड़ाई में कोई ख़ास योगदान नहीं रहा। एक सभ्य संस्कृति हमेशा 'दूसरे' को अपनाने, विजातीय को स्वजातीय मानने का यत्न करती है, लेकिन संघ परिवार का ज़ोर सिर्फ़ इस पर है कि कैसे 'दूसरों' को निर्मित किया जाये, उन्हें 'शत्रु' घोषित किया जाये। उसकी यह 'शत्रु' हमारी वह बहुभाषिक, स्तर–बहुल, आचरण–बहुल, सामासिक संस्कृति है। राहत इतनी–सी है कि संस्कृति और सभ्यता के कार्यकर्ता उसका विरोध और प्रतिरोध करते जाते हैं क्योंकि साहित्य और कलाओं का पूरा कारोबार किसी भी 'दूसरे' को 'अपना' बनाने पर टिका होता है। यह बेवजह नहीं है कि कवि कुँवर नारायण ने अपने एक कविता संग्रह का नाम 'कोई दूसरा नहीं' रखा था।

सिर्फ़ यही थी मेरी उम्मीद

सत्ता और संस्कृति जैसे विषय पर मुक्तिबोध को समर्पित व्याख्यान देने का कठिन आदेश जब मुझे मिला तो मेरे दिमाग़ में अचानक मुक्तिबोध की वह प्रसिद्ध कविता 'अँधेरे में' कौंध उठी जो अब हमारे समय का विचलित कर देने वाला प्रत्याख्यान बन चुकी है। पिछले साठ वर्षों की हिन्दी कविता के समय और स्वभाव को जानने के लिए अगर हम किसी केन्द्रीय रूपक और प्रतिनिधि पाठ की खोज करें तो वह 'अँधेरे में' ही होगा। कवि शमशेर बहादुर सिंह ने कहा था कि : 'यह कविता देश के आधुनिक जन–इतिहास का, स्वतन्त्रता–पूर्व और पश्चात का एक दहकता इस्पाती दस्तावेज़ है। इसमें अजब और अद्भुत रूप से जन का एकीकरण है।' शायद यही वजह है कि 'अँधेरे में' हिन्दी कविता का एक महत्त्वपूर्ण प्रस्थान बिन्दु और आगे चलकर एक पूरी पीढ़ी का सन्दर्भ बन गयी।

इसी के साथ मुझे मुक्तिबोध की एक विलक्षण कहानी 'क्लॉड ईथरली' की भी याद आयी जिसके केन्द्र में इसी नाम का व्यक्ति है जो उस जहाज़ का चालक था जिससे 6 अगस्त, 1945 की सुबह हिरोशिमा पर इतिहास का पहला एटम बम गिराया गया और जिससे 92 हज़ार लोग तत्काल मर गये। इस विनाश के बाद ईथरली असन्तुलित और पागल हो गया। मुक्तिबोध ईथरली का चित्रण इस तरह करते हैं : ''क्लॉड ईथरली' एक विमान चालक था! उसके एटम बम से हिरोशिमा नष्ट हुआ। वह अपनी कारगुज़ारी देखने उस शहर गया। उस भयानक, बदरंग,

बदसूरत कटी लोथों के शहर को देखकर उसका दिल टुकड़े–टुकड़े हो गया। उसको पता नहीं था कि उसके पास ऐसा हथियार है और हथियार का यह अंजाम होगा। उसके दिल में निरपराध जनों के प्रेतों, शवों, लोथों, लाशों के कटे–पिटे चेहरे तैरने लगे। उसके हृदय में करुणा उमड़ आयी। उधर, अमेरिकी सरकार ने उसे इनाम दिया। वह 'वॉर हीरो' हो गया। लेकिन उसकी आत्मा कहती थी कि उसने पाप किया है, जघन्य पाप किया है। उसे दण्ड मिलना ही चाहिए।

उसने वारदातें शुरू कीं जिससे कि वह गिरफ़्तार हो सके और जेल में डाला जा सके। किन्तु प्रमाण के अभाव में वह हर बार छोड़ दिया गया। उसने घोषित किया कि वह पापी है, पापी है, उसे दण्ड मिलना चाहिए, उसने निरपराध जनों की हत्या की है, उसे दण्ड दो। हे ईश्वर! लेकिन अमेरिकी व्यवस्था उसे पाप नहीं, महान कार्य मानती थी। देशभक्ति मानती थी। जब उसने ईथरली की ये हरकतें देखीं तो उसे पागलखाने में डाल दिया। टेक्सास प्रान्त में वायो नाम की एक जगह है–वहाँ उसका दिमाग़ दुरुस्त करने के लिए उसे डाल दिया गया। वहाँ वह चार साल तक रहा, लेकिन उसका पागलपन दुरुस्त नहीं हो सका।'

मुक्तिबोध ने क़रीब पचास साल पहले इस कहानी में ईथरली के भयानक ग्लानि–बोध को दर्ज किया होगा। लेकिन अगर हम अपने वर्तमान समय को देखें तो मनुष्य के भीतर अपने किसी भी दुष्कृत्य के लिए ऐसा ग्लानि–बोध बहुत कम नज़र आता है। इटली के मार्क्सवादी विचारक एंटोनियो ग्राम्शी का कहना था कि : 'पुरानी दुनिया नष्ट हो रही है और नयी दुनिया जन्म नहीं ले पा रही है इसलिए यह विकृतियों का, राक्षसों का समय है।' इस विकृति और इस राक्षस को हम जॉर्ज बुश द्वारा एशिया पर, इराक़ और अफ़ग़ानिस्तान पर गिराये गये बमों में देख सकते हैं। बाबरी मस्जिद के विध्वंस, गुजरात के नरसंहार, ग्वांतेनामो और अबू गरेब जेल की यातनाओं, दन्तेवाड़ा के सलवा जुडूम और कश्मीर के फ़ौजी बूटों में देख सकते हैं। ब्रिटेन के नोबेल

पुरस्कार प्राप्त नाटककार हेराल्ड पिंटर ने इराक़ पर अमेरिकी बमबारी के सन्दर्भ में कहा था कि बुश एक पागल व्यक्ति है जो एक ऐसी सभ्यता पर बम गिरा रहा है, जिसके बारे में वह कुछ भी नहीं जानता।

दरअसल, हमारे समाज में यह एक ऐसा समय है जब सत्ता की, ताक़त की, बहुराष्ट्रीय निगमों की विराट आक्रामक संस्कृति ने जनता की संस्कृति को लगभग घेरेबन्दी में ले लिया है और बड़े पैमाने पर साधारण जनों की सांस्कृतिक पद्धतियाँ उजाड़ने की कोशिश हो रही है। दूरदराज़ इलाक़ों में आदिवासियों और परम्परागत जनजातियों को उनके पहाड़ों–जंगलों से खदेड़ने की योजनाएँ बनी हुई हैं ताकि उनके पुरखों की धरती के नीचे दबी हुई खनिज सम्पदा को लूटा जा सके। भू–माफ़ियाओं और बिल्डरों के हवाले से हमारे शहरों से ग़रीबों, श्रमिकों और कम आय वाले लोगों को बाहर करने का इन्तज़ाम किया जा चुका है जिसकी एक बानगी दिल्ली में राष्ट्रमण्डल खेलों के समय दिखाई दी, जब भिखारियों और फ़ुटपाथ पर सोने वाले लोगों को शहर–बदर किया गया और झुग्गियों को ढाँपने के लिए हरे रंग के पार्टीशन लगा दिये गये। इन अमानुषिक प्रक्रियाओं का विरोध करने वालों पर अब सरकार तन्त्र और मीडिया बुरी तरह टूट पड़ता है। इसका एक उदाहरण हम अरुन्धति राय जैसी पथ–प्रदर्शक लेखिकाओं को जेल भेजने या उन पर देशद्रोह का मुक़दमा चलाने की धमकियों में देख सकते हैं। साधारण जन की तकलीफ़ों के प्रति सत्ता की संवेदनहीनता किस क़दर बढ़ चुकी है, इसका एक ताज़ा संकेत यह है कि जब देश के खाद्य भण्डारों में हज़ारों टन अनाज सड़ रहा था और सर्वोच्च न्यायालय ने उसे ग़रीबी रेखा से नीचे रहने वालों के बीच बाँटने का आदेश दिया तो इस देश के प्रधानमन्त्री ने नाराज़गी के साथ कहा कि 'न्यायालयों को अपनी सीमा में रहना चाहिए। अगर हम अनाज मुफ़्त बाँटने लगेंगे तो किसानों में खेती करने की इच्छा कम हो जायेगी।' दरअसल, प्रधानमन्त्री की आवाज़ में उस मध्यवर्ग की

आवाज़ थी जो पिछले दो–ढाई दशकों से ख़रीद–फरोख़्त में लगी हुई ग़ैर–उत्पादक अन्तरराष्ट्रीय आवारा पूँजी के बल पर अकूत ढंग से समृद्ध हुआ है और जिसकी आत्मा गैंडे की खाल से भी कठोर हो चुकी है। उसकी दौलतमन्द निर्ममता में कोई ग्लानि–बोध नहीं है, पश्चात्ताप नहीं है, अफ़सोस नहीं है, उसे लगातार बढ़ती इस भयावह विषमता का कोई अहसास नहीं है कि देश के 83 करोड़ यानी आधे से अधिक लोगों की आय 20 रुपये प्रतिदिन से भी कम है और एक लखपति बनने की प्रक्रिया में एक हज़ार ग़रीब पैदा हो रहे हैं। 'समयान्तर' के नवम्बर 2010 के अंक में कवि असद ज़ैदी ने पिछले 25 साल में उभरे नये मध्यवर्ग और नव–धनाढ्य तबक़े को बहुत अच्छे ढंग से इस तरह परिभाषित किया है : 'ये नव–बर्बर समुदाय इस मुल्क के नये मालिक हैं, अनियन्त्रित आर्थिक नव–उदारवाद इनकी मूल विचारधारा है और इसे मुल्क पर थोपने के लिए इनकी सेवा में दोनों मुख्य राजनीतिक गठबन्धन (कांग्रेस और भाजपा और इनके सहयोगी दल) मुस्तैद हैं जिन्हें ये एक–दूसरे के विकल्प की तरह पेश करते हैं, मुल्क के भीतर कभी कठोर तो कभी नर्म हिन्दुत्व, अन्तरराष्ट्रीय स्तर पर अमेरिका की ग़ुलामी, सार्वजनिक संसाधनों की निजी लूट इसके बुनियादी लक्ष्य हैं। दरअसल यह नयी पूँजी और नव–उदारवादी आर्थिक दर्शन भारतीय मध्यवर्ग के मूलगामी पुनर्गठन और एकीकरण में व्यस्त है। यह एक प्रतिक्रियावादी और फ़ासिस्ट एकीकरण है जो मध्यवर्ग और व्यापक जनसमुदाय के भीतर अब तक मौजूद लोकतान्त्रिक प्रतिरोध और वैचारिक अन्तर्विरोधों की परम्परा को मिटा देना चाहता है।'

मुक्तिबोध ने 'अँधेरे में' की रचना 1964 में यानी 46 साल पहले की थी जब नेहरू युग का महास्वप्न एक बड़े मोहभंग में बदला था और एक बड़ी लड़ाई के बाद हासिल की गयी आज़ादी का छद्म तार–तार होकर दिखने लगा था। मैं सोचता हूँ, मुक्तिबोध अगर आज होते तो क्या 'अँधेरे में' को दोबारा लिखने की ज़रूरत महसूस करते और क्या उस भीषण जुलूस के विवरणों में कोई तरमीम करते, जिसमें :

चेहरे वे मेरे जाने–बूझे–से लगते,
उनके चित्र समाचार–पत्रों में छपे थे,
उनके लेख देखे थे,
यहाँ तक कि कविताएँ पढ़ी थीं
भाई वाह!
उनमें कई प्रकाण्ड आलोचक, विचारक, जगमगाते कविगण
मन्त्री भी, उद्योगपति और विद्वान,
यहाँ तक कि शहर का हत्यारा कुख्यात
डोमाजी उस्ताद
बनता है बलबन
हाय, हाय!!
यहाँ ये दीखते हैं भूत–पिशाच–काय।
भीतर का राक्षसी–स्वार्थ अब
साफ़ उभर आया है,
छुपे हुए उद्देश्य
यहाँ निखर आये हैं,
यह शोभा–यात्रा है किसी मृत्यु–दल की।

इसी तरह क्या वे 'क्लॉड ईथरली' का कोई नया संस्करण करने के बारे में सोचते जिसमें उन्होंने समाज की दशा में इस तरह अभिव्यक्त किया था : 'उसने मानो मेरी बेवकूफ़ी पर हँसी का ठहाका मारा।' कहा, 'भारत के हर बड़े नगर में एक–एक अमेरिका है! तुमने लाल ओठाली चमकदार, गोरी–सुनहली औरतें नहीं देखीं, उनके क़ीमती कपड़े नहीं देखे। शानदार मोटरों में घूमने वाले अतिशिक्षित लोग नहीं देखे! नफ़ीस क़िस्म की वेश्यावृत्ति नहीं देखी! सेमिनार नहीं देखे। एक ज़माने में हम लन्दन जाते थे और इंग्लैंड रिटर्न्ड कहलाते थे और आज वाशिंगटन जाते हैं। अगर हमारा बस चले और आज हम सचमुच उतने ही धनी हों और हमारे पास उतने ही एटम बम और हाइड्रोजन बम हों और रॉकेट हों।

'और अगर यह सच है तो यह भी सही है कि उनकी संस्कृति और आत्मा का संकट हमारी संस्कृति और आत्मा का संकट है! यही कारण है आजकल के लेखक और कवि अमेरिकी, ब्रिटिश तथा पश्चिम यूरोपीय साहित्य तथा विचारधाराओं में गोते लगाते हैं और वहाँ से अपनी आत्मा को शिक्षा और संस्कृति प्रदान करते हैं! क्या यह झूठ है। और हमारे तथाकथित राष्ट्रीय अख़बार और प्रकाशन–केन्द्र! वे अपनी विचारधारा और दृष्टिकोण कहाँ से लेते हैं?'

मुक्तिबोध अपनी कविता में यह भी कहते हैं कि *हाय हाय! मैंने उन्हें देख लिया नंगा/इसकी मुझे और सज़ा मिलेगी।* अपनी अनेक रचनाओं में वे एक नज़ूमी की तरह जिस बदलाव को, जिस अमेरिकीकरण को नंगा देखते हैं, वह आज कहीं ज़्यादा भयानक हो चुका है। पिछले दिनों भारत की यात्रा पर आये अमेरिकी राष्ट्रपति ओबामा यह सन्देश देकर गये हैं कि 'भारत को अमेरिकी सामान ख़रीदना चाहिए क्योंकि हम बहुत अच्छा सामान बनाते हैं।' अपनी पूरी अश्वेत रंग की भलमनसाहत के बावजूद वे उस सांस्कृतिक साम्राज्यवाद की वकालत कर रहे थे जिसे कई विचारक उपनिवेशीकरण यानी 'कोलोनाइजे्ान' से आगे 'कोका–कोलाइजेशन' कहते हैं। ओबामा एक ऐसे देश को यह सलाह दे रहे थे जो पहले से ही 'कोका–कोलाइजेशन' का एक बड़ा आयातक है, जिसका मध्यवर्ग अमेरिकी रहन–सहन का नक़लची और ग़ुलाम है और जिसका शासक वर्ग, उसके कुछ सौ करोड़पति या अरबपति अपने परिवारों समेत पहले से ही अमेरिकीकृत हो चुके हैं और बचा–खुचा हिस्सा अमेरिकी स्वप्न के वर्चस्व में जी रहा है और यह मान चुका है कि जो कुछ अमेरिका के लिए अच्छा है वह हमारे लिए भी अच्छा होगा।

ग्राम्शी उन विचारकों में प्रमुख थे जिन्होंने पूँजीवादी व्यवस्था में सांस्कृतिक वर्चस्व की अवधारणा पर गहरा चिन्तन किया। वे सांस्कृतिक वर्चस्व को पूँजीवादी तन्त्र की रक्षा करने के एक

साधन के रूप में विश्लेषित करते थे। उनका मानना था कि एक चुनिन्दा सामाजिक वर्ग सांस्कृतिक रूप से विविध और विषम समाजों पर शासन कर सकता है, उन्हें अपने अधीन कर सकता है और इस सामाजिक वर्ग का अर्थ है : समाज के कुछ समूहों की आर्थिक या सांस्कृतिक संरचना। यानी कुलीन वर्ग। इस प्रक्रिया में शासक वर्ग के विचारों को समाज के सामान्य चलन के रूप में देखा जाने लगता है और इससे एक वैचारिक वर्चस्ववाद का जन्म होता है। उनका मानना था कि बुद्धिजीवी समाज के प्रभुत्वशाली समूह के सहायक होते हैं और सामाजिक वर्चस्व और राजनीतिक प्रशासन के निचले दर्जे के, सबाल्टर्न क्रियाकलापों को अंजाम देते हैं। उनके मुख्य काम ये हैं :

1. प्रभुत्वशाली बुनियादी समूहों द्वारा समाज के जीवन पर थोपी गयी सामान्य दिशा के प्रति जनसंख्या के विशाल समूहों की स्वतःस्फूर्त सहमति का निर्माण। यह सहमति ऐतिहासिक रूप से उस प्रतिष्ठा (और इसके परिणाम के रूप में आत्मविश्वास) से सम्भव होती है जिसे प्रभुत्वशाली समूह उत्पादन के संसार में अपनी हैसियत और कामकाज के कारण हासिल करते हैं।

2. राज्य की दमनकारी शक्ति को वह तन्त्र, जो वैधानिक रूप से उन समूहों पर अनुशासन लादता है जो सक्रिय या असक्रिय रूप से सहमत नहीं होते। हालाँकि यह तन्त्र पूरे समाज के लिए तब निर्मित किया जाता है जब आदेश और दिशा–निर्देश में संकट के क्षणों के आने की आशंका हो और स्वतःस्फूर्तता विफल हो गयी हो।

ग्राम्शी के विचारों का अध्ययन करने वालों ने वर्चस्व की अवधारणा को पूँजीवाद की अगली अवस्थाओं में सांस्कृतिक साम्राज्यवाद के रूप में विश्लेषित किया। मोटे तौर पर उनका निष्कर्ष यह था कि पहली दुनिया के सांस्कृतिक उत्पाद तीसरी दुनिया पर आक्रमण करते हैं और स्थानीय संस्कृति पर विजय पाते हैं। इस तरह सांस्कृतिक स्तर पर एक वैश्विक प्रभुत्व आधुनिक राष्ट्र–राज्यों या निगमों का एक सुनिश्चित लक्ष्य है जिसे संस्कृति

के निर्यात के ज़रिये हासिल किया जाता है। यह सांस्कृतिक वर्चस्ववाद कभी ताक़त के बल पर या कभी सीधे आक्रमण के ज़रिये भी वर्चस्व कायम करने की राह खोलता है। इराक़ और अफ़ग़ानिस्तान इसके ताज़ा उदाहरण हैं। आज इस सांस्कृतिक वर्चस्व को 'ताक़त के दूसरे चेहरे' या 'नरम ताक़त' (सॉफ्ट पावर) के रूप में भी जाना जाता है और स्वीकृत भी कर लिया गया है। कल्चर इज़ द सेकेंड फेस ऑफ़ पावर।

इस तथ्य पर ग़ौर करने की ज़रूरत है कि सोवियत व्यवस्था के विघटन, शीत युद्ध की समाप्ति और विश्व के एकध्रुवीय हो जाने के बाद के राजनीतिक परिदृश्य को भी अक्सर एक सांस्कृतिक शब्दावली में व्यक्त किया गया। अमेरिकी हितों के एक निर्लज्ज प्रवक्ता हेनरी किसिंगर ने सोवियत संघ के टूटने पर कहा था कि : 'अमेरिका एक लम्बे समय से जिस चर्च का निर्माण कर रहा था वह पूरा हो गया है और अब हर किसी को यहाँ आकर सर झुकाना चाहिए।' इसी घटना के आसपास अमेरिका के कई थिंक टैंकों ने, जो वहाँ अच्छी–ख़ासी हैसियत रखते हैं, यह कहना शुरू किया कि अब अमेरिका को दूसरे देशों पर विजय पाने के लिए हथियार भेजने की ज़रूरत नहीं रह गयी है, बल्कि वह अपने उपभोक्ता उत्पादों और रहन–सहन की सामग्री का निर्यात करके दुनिया को जीत सकता है। यानी जो काम वियतनाम में मिसाइलों और नापाम बमों से किया जाता था वह अब कोका–कोला, पेप्सी, मैकडोनल्ड, केएफ़सी, लेवाइस जींस और टी–शर्टों के ज़रिये सम्भव है। यह दुनिया का कोका–कोलाइजेशन था जो राजनीतिक कोलोनाइजेशन या उपनिवेशीकरण का ही एक सांस्कृतिक संस्करण है। आज इराक़ भले ही अमेरिका के लिए एक और वियतनाम साबित हुआ हो, लेकिन अपने सामान के ज़रिये दुनिया को जीतने का उसका युद्ध कामयाब रहा है।

इराक़ और अफ़ग़ानिस्तान पर अमेरिकी आक्रमण या ईरान को दी जाने वाली सामरिक घुड़कियों को छोड़ दें, तो सोवियत संघ के ध्वंस के बाद अमेरिका अपने निगमों के माध्यम से एक

बड़े पैमाने पर पूरी दुनिया से एक सांस्कृतिक युद्ध छेड़े हुए है जिसके पीछे प्राचीन और स्थानीय सांस्कृतिक पद्धतियों को उजाड़ने की एक बड़ी योजना दिखाई देती है। हमारे समाज में तेज़ी से दौलतमन्द होता मध्यवर्ग बिना किसी विरोध और आलोचना के इस आक्रमण का स्वागत कर रहा है। यहाँ ग्राम्शी की अवधारणा को लागू करें तो प्रभुत्वशाली सामाजिक समूह यानी कुलीन वर्ग द्वारा प्रचारित की जा रही जीवन–शैली के प्रति मध्यवर्ग में एक स्वतःस्फूर्त सहमति बन गयी है और इस जीवन–शैली को सामान्य सामाजिक चलन मान लिया गया है। इस उपभोग को लेकर मध्यवर्गीय समाज में कोई शंका और कोई प्रश्न नहीं रह गया है। ग्राम्शी ग्लानि–बोध को भी एक क्रान्तिकारी भावना मानते थे क्योंकि इसी जज़्बे से परिवर्तन का विचार जन्म लेता है, लेकिन मध्यवर्ग के भीतर ऐसा कोई अहसास नहीं रह गया है और यही वजह है कि उससे अब किसी तरह के परिवर्तन की उम्मीद भी नहीं बची है। यह उन लोगों के लिए ज़्यादा त्रासद है जो नेहरूवादी स्वप्नभंग के बाद पैदा हुई एक बड़ी मध्यवर्गीय बेचैनी से बहुत उम्मीदें लगाये रहते थे और मार्क्सवादी अवधारणा के अनुरूप यह मानते थे कि मध्यवर्ग सामाजिक–राजनीतिक क्रान्तियों में एक उत्प्रेरक की भूमिका निभाता है या जब कभी मूलगामी वर्गों द्वारा परिवर्तन की लहर उठाई जाती है तो मध्यवर्गीय लोग उसमें शामिल हो जाते हैं।

हम जानते हैं कि सहमति के निर्माण में सबसे प्रमुख भूमिका मीडिया और संचार माध्यमों की रही है। दरअसल बहुराष्ट्रीय निगमों के उत्पादों और मीडिया के बीच बहुत पहले से एक भयंकर गठजोड़ रहा है जो अमेरिका से होते हुए अब भारत में भी अपनी विभिन्न नक़लों के साथ फल–फूल रहा है। अख़बारों और रंगीन पत्रिकाओं के पन्नों पर फ़िल्मी सितारों, फ़ैशन मॉडलों और परेडों और ग्लिटरराटी–चैटाटी पेज–थ्री पीपुल की कभी मनमोहक, कभी अश्लील तस्वीरों के साथ–साथ उनके विचार भी प्रमुखता से प्रकाशित किये जाते हैं। यहाँ तक कि वे अपने

साक्षात्कारों में पाठकों को रोज़मर्रा के जीवन से लेकर दार्शनिक स्तर तक के अपने बचकाने विचार भी परोसते रहते हैं। बार–बार कपड़े बदल–बदल कर छपने वाले सितारे, बेहतरीन खान–पान के नुस्ख़े बताने वाले बड़े रेस्तराओं के रसोइए और उनका गुण गाने वाले पत्रकार, सब एक सहमति बनाने का प्रयत्न करते दिखते हैं। आज के अख़बारों को देखें तो उनकी ख़बरों का लगभग पचास फ़ीसद हिस्सा इसी तरह के पाँच या दस फ़ीसद लोगों की सचित्र गतिविधियों को समर्पित दिखाई देता है। रूस के महान उपन्यासकार लियो तोल्स्तोय का एक प्रसिद्ध कथन है कि यह व्यवस्था पहले समाज से कुछ भ्रष्ट लोगों को चुनती है और फिर उन्हें समाज में प्रस्तुत करती है ताकि वे पूरे समाज को भ्रष्ट कर सकें। इस कथन को हम मीडिया में पाँच सितारा लोगों की मौजूदगी पर भी घटित कर सकते हैं। इलेक्ट्रॉनिक मीडिया में इसके और भी बड़े विद्रूप दिखाई देते हैं और सच्चाई यह है कि टीवी चैनलों पर भारत में आज एक भी ऐसा कार्यक्रम प्रसारित नहीं होता जिसे देखते हुए हम एक बेहतर समाज की कल्पना कर ज़रा भी अहसास कर सकें या कुछ सोच सकें। जर्मन दार्शनिक अडोर्नो और हॉर्खाइमर इस सांस्कृतिक उद्योग को बहुत पहले ही 'मस्तिष्कविहीन मनोरंजन' कह चुके थे जो आमोद–प्रमोद और हँसी पर आधारित है, प्रसन्नता और उदात्तता पर नहीं। उनका कहना था 'एक बड़ी विकृति जन्म ले चुकी है : लोग चहक रहे हैं और सोचने की आवश्यकता से मुक्त हो चुके हैं और उनकी हँसी समाज की यथास्थिति पर स्वीकृति की मोहर लगाती और व्यवस्था को वैधता देती है। कुछ समय पहले अमेरिका में हुए एक सर्वेक्षण में यह जानने की कोशिश की गयी थी कि युवा वर्ग इंटरनेट का इस्तेमाल किस उद्देश्य के लिए करता है जिसमें यह पता चला कि अधिसंख्य युवा किन्हीं लोकतान्त्रिक या रैडिकल या परिवर्तनकारी उद्देश्यों या यूटोपिया के लिए नहीं, बल्कि ईमेल, चैट रूम, वेब गेम और पोर्न साइट्स के लिए नेट का इस्तेमाल करता है।'

देश के कई इलाक़ों में, ख़ासकर जहाँ आदिवासियों का स्थायी निवास है या जहाँ किसान छोटी–मोटी खेती में लगे हैं, आज जो टकराहटें और हिंसा दिखाई देती हैं, वह इसी सांस्कृतिक युद्ध की देन है जिसे अमेरिकी बहुराष्ट्रीय तन्त्र ने सभ्यताओं के संघर्ष और इतिहासों के अन्त और सिर्फ़ एक स्थायी और सतत वर्तमान की विजय के लिए छेड़ा है। कहते हैं कि बहुराष्ट्रीय निगमों का कोई देश नहीं होता, उनका एक ग्लोबल विलेज होता है और अमेरिका उस विलेज का मुखिया होता है। इन टकराहटों में स्थानीय, क्षेत्रीय, जातीय और आदिम संस्कृतियाँ अपने अस्तित्व को बचाने की लड़ाई लड़ती हुई दिखाई देती हैं। पश्चिम बंगाल के सिंगूर में साधारण किसान अपने स्वादिष्ट और देश के बड़े हिस्से में लोकप्रिय आलुओं की रक्षा के लिए एसईजेड (सेज) के ख़िलाफ़ संघर्ष करते हैं, ओडिशा में नियमगिरि के आदिवासी अपने पर्वत और वन और अपने नियम राजा को बचाने के लिए वेदान्त जैसी माफ़िया कम्पनी से जूझते हैं या बस्तर के आदिवासी बहुराष्ट्रीय निगमों और देसी अफ़सरशाही और बड़े ठेकेदारों की लूट से बचने के लिए अपना 'मुक्त क्षेत्र' बना लेते हैं। ग़ौर करने की बात यह है कि आदिवासियों की संस्कृति को उनकी अर्थव्यवस्था से, उनकी अधिरचना को संरचना से अलग नहीं किया जा सकता। हमारे शासक वर्गों और उनके अमेरिकीकृत प्रतिनिधियों को, मसलन गृहमन्त्री पी. चिदम्बरम को यह समझ में नहीं आता कि आख़िर भोले–भाले आदिवासी क्यों अपनी परम्परागत पिछड़ी हुई जीवन–शैली से चिपके रहना चाहते हैं। अख़बारों के एक पाठक के रूप में मेरा अनुभव है कि पिछले पाँच वर्षों में मैंने अख़बारों में एक भी ग्रामीण, आदिवासी या श्रमिक चेहरा नहीं देखा जिसके चेहरे पर प्रसन्नता और मुस्कुराहट हो और एक भी ऐसा सम्पन्न व्यक्ति नहीं देखा जो हँस न रहा हो। कुछ समय पहले 'तहलका' से एक बातचीत में चिदम्बरम ने आदिवासियों की इस ज़िद पर आश्चर्य प्रकट करते हुए कहा था कि 'नियमगिरि के आदिवासियों को नंगे पैर क्यों रहना चाहिए और उनके बच्चों को

स्कूल क्यों नहीं जाना चाहिए।' वेदान्त कम्पनी ने वहाँ विद्यालय, अस्पताल, सड़कें, चौराहे सब बना दिये हैं फिर भी आदिवासी उसका विरोध करते रहे क्योंकि वे जानते थे कि इस कम्पनी का वास्तविक उद्देश्य नियमगिरि की पहाड़ियों में मौजूद बाक्साइट को लूटकर ले जाना था बेहद छोटे–छोटे न्यायों के बदले एक बड़ा अन्याय। सूचना माध्यमों में रोज़ ही ऐसी ख़बरें मिलती हैं जिनमें संसाधनों तक आसानी से पहुँचने के उद्देश्य से बनाये जा रहे राजमार्गों या परमाणविक ऊर्जा संयन्त्रों के लिए लाखों एकड़ ज़मीन के अधिग्रहण, किसानों द्वारा इसके विरोध और फिर उनकी गिरफ़्तारी की घटनाएँ होती हैं। पूँजीपतियों की यह परियोजना व्यापक स्तर पर चलाई जा रही है और यह भी सुनने में आता है कि देशी–विदेशी पूँजीपति और राष्ट्र वग़ैरह हमारे दूरदराज़ के जंगलों, पहाड़ों और उन पर आश्रित आदिवासियों का पूरा बन्दोबस्त अपने हाथ में लेना चाहते हैं। भारत में इस समय विस्थापितों की संख्या आश्चर्यजनक रूप से बढ़ी हुई है और उत्तराखण्ड से छत्तीसगढ़, ओडिशा और महाराष्ट्र तक विभिन्न कारणों से शरणार्थी हो रहे आम जन बड़े शहरों की ओर भाग रहे हैं। स्मृति का विनाश–दल कश्मीर में कौन–सी चीज़ें नष्ट हुई हैं? लोकतान्त्रिक उपायों से प्रतिस्पर्धा कारगर नहीं रह गयी है इसलिए हिंसा हमारे सामाजिक बुद्धिजीवी, महाश्वेता देवी, ब्रह्मदेव शर्मा, अरुन्धति राय, पी. साईंनाथ और कई दूसरे लोग इस बारे में विस्तार से लिखते हुए चेतावनी देते रहे हैं कि यह महान देश दो देशों में, एक जगमगाते हुए देश और एक अँधेरे देश में बँट रहा है। सन् 1947 के भारत विभाजन के बाद यह एक दूसरा विभाजन होगा।

साधारण जन के प्रतिरोध की एक विलक्षण कल्पना हमारे युग के एक बड़े लेखक गैब्रिएल गार्सिया मार्खेज़ के उपन्यास 'वन हंड्रेड ईयर्स ऑफ़ सॉलिट्यूड' में मिलती है। इसके एक प्रसंग में खोसे अर्कादियो बेंदीया की पत्नी उर्षूला जब एक बड़ा–सा घर बनाती है तो उसके पास एक हुक्मनामा आता है कि उन्हें

घर का अगला हिस्सा सफ़ेद रंग की बजाय नीले रंग में रँगना होगा। हुक्मनामे को हाथ में लेकर बेंदीया पूछता कि यह आदमी कौन है। उर्षूला जवाब देती है कि यह मुंसिफ का हुक्म है और लोग कह रहे हैं कि वह सरकार की ओर से नियुक्त किया गया अफ़सर है। उपन्यास का यह छोटा–सा प्रसंग यहाँ उद्धृत करना प्रासंगिक होगा।

'उस न्यायाधीश का नाम दॉन अपोलीनार मॉस्कोते था। वह बड़ी ख़ामोशी से मार्कोदो में आया और बेंदीया परिवार की हवेली से थोड़ी ही दूरी पर उसने मेज़–कुर्सी लगाकर अपना एक कमरे का दफ़्तर खोला है। दीवाल पर उसने अपनी सरकार का प्रतीक चिह्न लटका दिया है और दरवाज़े पर लिख दिया : मुंसिफ। मार्कोदो आकर उसने पहला आदेश यह जारी किया कि राष्ट्रीय स्वाधीनता की वर्षगाँठ पर मार्कोदो के सारे घर नीले रंग से पोते जायेंगे। खोसे अर्कादियो बेंदीया जब हाथ में वह हुक्मनामा लेकर पहुँचा तो मॉस्कोते कमरे में लगे एक सोफ़े पर बैठा ऊँघ रहा था।'

बेंदीया ने उससे पूछा, 'क्या यह काग़ज़ तुम्हारा लिखा हुआ है?' दॉन अपोलीनार एक परिपक्व, बुजदिल क़िस्म का आदमी था जिसका चेहरा ललाई–भरा था। उसने कहा–'हाँ।' बेंदीया ने फिर पूछा, 'किस हक़ से?' मॉस्कोते ने दराज से एक काग़ज़ निकालकर मेज़ पर रखा और उसे दिखाते हुए बोला, 'मुझे इस शहर का मुंसिफ़ बनाया गया है।' अर्कादियो बेंदीया ने उस काग़ज़ की तरफ़ देखा भी नहीं।

उसने शान्त भाव से कहा, 'इस शहर में हम कोई भी काग़ज़ी हुक्म नहीं देते और तुम इस बात को गाँठ बाँध लो कि हमें यहाँ मुंसिफ़ों की कोई ज़रूरत नहीं है क्योंकि यहाँ ऐसा कुछ नहीं होता जिसमें इन्साफ़ करना पड़े।'

अपनी आवाज़ को ऊँचा किये बग़ैर उसने विस्तार से मॉस्कोते को बतलाया कि किस तरह उन्होंने गाँव बसाया, किस तरह ज़मीन का बँटवारा किया, रास्ते बनाये और वे सारे काम

किये जो ज़रूरी थे और किसी काम में न तो सरकार के लिए परेशानी पैदा की और न किसी से परेशानी मोल ली। उसने कहा, 'हम लोग इतना शान्ति से रहते हैं कि यहाँ किसी की स्वाभाविक मृत्यु भी नहीं हुई है। तुम देख सकते हो कि हमारे यहाँ अभी तक कोई क़ब्रगाह नहीं है।' इस बात से किसी को कोई मतलब नहीं था कि सरकार ने कोई सहायता नहीं की, बल्कि इसके उलट लोग बहुत ख़ुश थे कि अभी तक सरकार ने उन्हें चैन से रहने दिया है और उम्मीद है कि वह उन्हें इसी तरह रहने देगी क्योंकि उन्होंने इस बस्ती को इसलिए नहीं बसाया कि एक कोई उचक्का कहीं से आकर उन्हें बताये कि उन्हें क्या करना है।

खोसे अर्कादियो बेंदीया ने अन्त में कहा, 'तो बात यह है कि अगर तुम यहाँ एक किसी साधारण आदमी की तरह रहना चाहते हो तो तुम्हारा बिल्कुल स्वागत है। लेकिन अगर तुम लोगों को अपने घर नीले रंग से पोतने के लिए कहकर गड़बड़ फैलाना चाहते हो तो अपना कूड़ा–कबाड़ उठाओ और जहाँ से आये हो वहीं वापस चले जाओ। इसलिए कि मेर धर का रंग सफ़ेद ही रहेगा, कबूतर की तरह।'

दॉन अपोलीनार मॉस्कोते पीला पड़ गया। वह ज़रा–सा पीछे हटा और अपने जबड़ों को भींचते हुए अपमानजनक स्वर में बोला : 'मैं चेतावनी देता हूँ कि मैं हथियारबन्द हूँ।'

'खोसे अर्कादियो बेंदीया को इस बात का ठीक–ठीक अहसास भी नहीं हुआ कि कब उसके हाथों में वह कारगर ताक़त फिर से आ गयी जिससे वह घोड़ों को ज़मीन पर पटक देता था। उसने दॉन अपोलीनार मॉस्कोते का गिरेबान पकड़ा और उसे अपनी आँखों तक उठा लिया।'

'वन हंड्रेड ईयर्स ऑफ़ सॉलिट्यूड' का यह प्रसंग लोगों द्वारा अपने श्रम से और समानता के आधार पर बसाये गये एक मासूम संसार में एक प्रशासनिक अधिकारी, एक सरकार और एक राज्यसत्ता के हस्तक्षेप का प्रसंग है। इस घटना के अन्त में बेंदीया और मॉस्कोते के बीच इन शर्तों के साथ समझौता होता है

कि हर व्यक्ति अपने घर को मनचाहे रंग में रँग सकेगा और दूसरा यह कि हथियारबन्द सैनिक तुरन्त मार्कोदो छोड़ देंगे।

हमारे देश के कई अन्तरंग इलाक़ों में ऐसी घटनाएँ हो रही हैं जहाँ राज्यसत्ता और उसकी मालिक कई अन्तरराष्ट्रीय सत्ताएँ मासूम लोगों की दुनिया, उनकी जीवन पद्धति पर अपनी सत्ता थोप रही हैं और वे प्रतिरोध कर रहे हैं अपने तरीक़े से रहने की ज़िद पर अड़े हुए लेकिन हमारे साहित्य का फ़िलहाल उससे बहुत लेना–देना नहीं दिखता। उसका ज़्यादातर हिस्सा मध्यवर्ग के नये स्वप्नों और सुखभ्रान्तियों पर मुहर लगाता हुआ नज़र आता है। बहुराष्ट्रीय निगमीय वर्चस्व की अधीनता स्वीकार करते हुए वह यह मान रहा है कि मोबाइल जैसी चीज़ों ने दुनिया बदल दी है। मुझे लगता है कि हमें यह नहीं भूलना होगा कि हर दौर में साहित्य को अपनी समकालीन वैचारिकताओं से ही नहीं, बल्कि अपनी समकालीन सत्ताओं से भी अपने रिश्तों को परिभाषित करना पड़ता है। चाहे वह सत्ता राज्य की हो या पूँजी की या बाज़ार की या मनुष्य विरोधी राजनीति की। साहित्य के इतिहास से लेकर हाल तक की प्रगतिशील पीढ़ियों में इस सम्बन्ध की परिभाषाएँ की जाती रही हैं और इस कारण भी बड़े साहित्य की रचना सम्भव हुई। मसलन, रघुवीर सहाय यह मानते थे कि सत्ता और साहित्य के बीच छत्तीस का आँकड़ा होता है। नागार्जुन की नज़र में जिन पाँच बड़े कवियों शमशेर, नागार्जुन, केदारनाथ अग्रवाल, फ़ैज़ और अज्ञेय की जन्मशती इस वर्ष हम मना रहे हैं, उनके साहित्य में भी यह रिश्ता साफ़ दिखता है।

कई वर्ष पहले द्वितीय विश्वयुद्ध के दिनों में हम जैसे विडम्बनावादी लेखकों के सबसे प्रिय कवि और नाटककार बर्टोल्ट ब्रेश्ट ने लेखक के रूप में अपनी भूमिका को रेखांकित करते हुए कहा था :

मेरे ज़माने में सड़कें दलदलों तक जाती थीं
भाषा ने मुझे क़ातिलों के हवाले कर दिया
लेकिन मेरे बग़ैर शासक और भी चैन से रहते
इतनी ही थी मेरी उम्मीद

हमारा साहित्य कुल मिलाकर मध्यवर्ग को सम्बोधित रहा है, क्योंकि हमारा अल्पसंख्यक पाठक वर्ग वहीं से आता है, लेकिन इस मध्यवर्ग में अहसास की, महसूस करने की बहुत कमी हो गयी है। अँग्रेज़ी का एक मुहावरा उस पर सटीक बैठ रहा है कि 'आँखें वही देखती हैं, जो दिमाग़ सोचता है और दिमाग़ वही सोचता है जो दिल महसूस करता है।' खाते–पीते मध्यवर्ग का दिल अब कम महसूस करने लगा है। यह एक सवाल है कि क्या वर्तमान हिन्दी साहित्य के सन्दर्भ में ब्रेश्ट की वह उम्मीद पुरानी और अप्रासंगिक हो चुकी है? क्या हम 'ताक़त के दूसरे चेहरे' को, 'सॉफ्ट पावर' को अपना चहेता मान चुके हैं? और क्या हमारे भीतर मुक्तिबोध के 'क्लॉड ईथरली' के अपराध–बोध का कोई मामूली–सा अंश बचा हुआ है और क्या हम 'अँधेरे में' की इस पंक्ति को अपने दिल, दिमाग़ और आँखों में बचा कर रख सके हैं कि *अरे, मर गया देश/बचे रह गये तुम।*

यह सवाल मैं आज के साहित्यिक जनों पर और ख़ुद पर भी छोड़ता हूँ।

ख़तरे में कविता

क्या कविता ख़तरे में है? यह एक डरावना–सा सवाल है और जब साहित्य अकादेमी से यह एक निमन्त्रण पत्र में लिखित यानी जिसे अँग्रेज़ी में 'इन ब्लैक एंड व्हाइट' कहते हैं रूप में मेरे सामने आया तो मेरा पहला अनुभव डर का ही था। फिर मुझे एक धारणा, जो कि काफ़ी समय से प्रचलित है, याद आयी कि 'इन दिनों कविता कोई नहीं पढ़ता' और यह कि 'कविता का न पढ़ा जाना' एक अन्तरराष्ट्रीय मुहावरा बन चुका है। फिर वरिष्ठ कथाकार और हिन्दी में क़रीब सात हज़ार बिकने वाली सबसे लोकप्रिय पत्रिका 'हंस' के सम्पादक आदरणीय राजेन्द्र यादव और उनके कई इंटरव्यू याद आये जिनके अनुसार कविता न सिर्फ़ ख़तरे में है बल्कि मर भी चुकी है, और कि इक्कीसवीं सदी कविता से मुक्ति की सदी है। थोड़ी देर के लिए हम राजेन्द्र यादव की बात पर विश्वास कर लें तब भी यह सवाल उठता है कि कविता की मृत्यु की यह घोषणा बार–बार क्यों करनी पड़ती है। हर किसी के जीवन में मृत्यु एक बार ही आती है तो क्या उसे एक बार बताना काफ़ी नहीं है? एक दिन मैंने मज़ाक़ में राजेन्द्र जी से कहा कि आपने अपनी अलमारी में एक लाश छिपा रखी है, आप हर बार उसकी ओर इशारा करते हुए कहते हैं कि देखो कविता मर चुकी है और अब आप उसका अन्तिम फ़ोटो रिलीज़ कर दीजिए।

कविता की मृत्यु की घोषणा भी कोई नयी नहीं है। यूरोप में लगभग एक शताब्दी से यह कहा जाता रहा है कि कविता एक मृतप्राय विधा है। 'मदाम बोवारी' के लेखक प्रसिद्ध फ्रांसीसी

उपन्यासकार फ़्लाबेयर कविता को 'पूरी तरह निरर्थक और पुरानी पड़ चुकी चीज़' मानते थे। इसका कारण यह था कि यूरोप में कविता जैसी उदात्त विधा की तुलना में उपन्यास एक अधिक लोकप्रिय विधा थी, उसका एक पाठक समाज और उसके साथ ही एक बाज़ार बन चुका था। फ्रांसीसी उच्च वर्ग की महिलाओं के बीच बहुत चाव से पढ़े जाने वाले बाल्ज़ाक पैसा कमाने के उद्देश्य से ही उपन्यास–लेखन में प्रवृत्त हुए थे और उस समय के सफल उपन्यासकारों की निगाह में कविता एक अनुपयोगी विधा थी। आज के उदारीकरण और भूमण्डलीकरण के समय में उपन्यास का बाज़ार और भी मज़बूत हुआ है जिसका एक प्रमाण यह है कि भारतीय अँग्रेज़ी में इन दिनों कई अर्ध या छद्म लेखक भी उपन्यास लिखकर ख़ूब पैसे कमा रहे हैं और दूसरी तरफ़ भारतीय अँग्रेज़ी कविता की कोई पूछ नहीं है।

मेरे विचार से हर लेखक अपने रचनात्मक जीवन की शुरुआत कविता से करता है। कविता के विरोधी राजेन्द्र यादव ने भी कविताएँ लिखी हैं और उनका एक संकलन 'आवाज़ तेरी है' शीर्षक से प्रकाशित भी हुआ था। हमारे प्रमुख आलोचक, चाहे वे डॉ. रामविलास शर्मा हों या डॉ. नामवर सिंह, एक समय में कवि रह चुके हैं और दरअसल आज जितने आलोचक दृश्य में उपस्थित हैं उनमें से ज़्यादातर कविताएँ लिखते हैं। समाज में हमें ऐसे लोग जब–तब दिख जाते हैं जो वैज्ञानिक, वकील, इंजीनियर, प्रशासक, रेलवे या पुलिस के अफ़सर या तरह–तरह की नौकरियों से अवकाशप्राप्त लोग हैं लेकिन उन्होंने कविताएँ लिखी हैं और या तो उनका कोई संग्रह प्रकाशित हुआ है या वे उन्हें प्रकाशित करने की इच्छा रखते हैं। मैं दो ऐसे लोगों को निजी रूप से जानता हूँ जिनमें एक सर्वोच्च न्यायालय के सम्मानित वकील हैं जिनके पास लगभग 500 से अधिक कविताएँ हैं और उनका एक संग्रह प्रकाशित हुआ है और दूसरे एक साहित्यिक संस्था के ड्राइवर हैं और उनका भी एक संग्रह आ चुका है। मेरे परिचितों में कुछ ऐसी घरेलू महिलाएँ भी हैं जो फ़ुर्सत में

कविताएँ लिख–लिख कर जमा करती जाती हैं और उनका एक सपना है कि वे कभी पुस्तक के रूप में सामने आयें। इस तरह वकीलों से लेकर गृहिणियों तक एक बहुत बड़ा समाज है जो यशःप्रार्थी कवि हुए बग़ैर या काव्यजगत् में प्रवेश किये बग़ैर कविताएँ लिख रहा है। मैं यक़ीन के साथ कह सकता हूँ कि अगर हम ठीक–ठाक पढ़े–लिखे किसी भी व्यक्ति से यह पूछें कि क्या आपने कभी कोई कविता लिखी है तो इसका उत्तर हाँ में होगा, भले ही वह देशभक्ति या भारत माता की वन्दना में लिखी हुई प्रारम्भिक क़िस्म की तुकबन्दियाँ ही क्यों न हों। तब क्या वह बात जो अक्सर मज़ाक़ में कही जाती है कि हमारे यहाँ हर पत्थर के नीचे एक कवि निवास करता है, दरअसल मज़ाक़ नहीं बल्कि सच है और क्या कविता की मृत्यु के बारे में की जाने वाली घोषणाएँ झूठ हैं जो बार–बार इसलिए की जा रही हैं कि वे सच की तरह लगने लगें। लेकिन अगर कविता एक सचमुच मरी हुई चीज़ भी है तो आश्चर्य यह है कि इस मृतक वस्तु का जीवन ख़ासा लम्बा और विराट है। और ऐसा क्यों है कि जब हम कोई अच्छी फ़िल्म, अच्छी चित्रकला, अच्छा नाटक, अच्छा अभिनय, अच्छा नृत्य, अच्छा भाषण, यहाँ तक कि कोई अच्छी वेशभूषा, कोई अच्छी सुबह और अच्छी शाम देखते हैं तो उसकी प्रशंसा में जिस शब्द का उपयोग करते हैं वह है–काव्यात्मक। यानी पोयटिक या शीअर पोयट्री। विलक्षण चीज़ों के गुणों को बतलाने के लिए 'काव्यात्मक' से बेहतर विशेषण अभी तक ईजाद नहीं हो पाया है। मसलन, निर्मल वर्मा और ज्ञानरंजन की कई कहानियाँ, सत्यजित राय की 'चारुलता', श्याम बेनेगल की 'भूमिका', रामकुमार की बहुत–सी पेंटिंग, रतन थियम का रंगमंच सब काव्यात्मक हैं। समाज की ओर निगाह डालें तो शायद लाखों लड़कियाँ होंगी जिनका नाम कविता रखा गया है। भले ही उनके माता–पिता कविता लिखते–पढ़ते न रहे हों तब भी उनका स्वप्न यही रहा होगा कि उनकी बेटियों का व्यक्तित्व कविता की तरह हो। इससे यही पता चलता है कि कविता नाम की परिघटना को व्यापक समाज किस दृष्टि से देखता है।

भूमण्डलीकरण और मास मीडिया के इस दौर में कविता के संकट या उसकी अनुपयोगिता को तरह–तरह से प्रचारित किया जाता है। अख़बारों और व्यावसायिक पत्रिकाओं में कविताएँ प्रकाशित नहीं होतीं या होती भी हैं तो प्रतीकात्मक ढंग से होती हैं। मसलन, बाल दिवस पर बच्चों से सम्बन्धित कविताओं या मदर्स डे पर माँ को सम्बोधित कविताओं या वैलेंटाइंस डे पर रूमानी कविताओं का प्रकाशन। टीवी चैनलों से गम्भीर कविता पहले से ही बहिष्कृत थी और अब हास्य कविता का प्रसारण भी बन्द हो चला है और उसकी जगह प्रॉपर्टी डीलरनुमा मध्यवर्ग को हँसाने के लिए हास्य अभिनेताओं की नक़लें पेश की जाती हैं। एक धारणा यह भी है कि कविता इस समय विज्ञापन की शक्ल ले चुकी है और कविता का कमाल विज्ञापनों में ही दिखाई दे रहा है जिसमें फ़िलहाल कई प्रतिभाएँ लगी हुई हैं। 'ठण्डा मतलब कोकाकोला' जैसे विज्ञापन में भाषा का जितना भी वर्चस्ववाद हो। उसे काव्यात्मक नहीं कहा जाता है। कुल मिलाकर कविता को बाज़ार और मास मीडिया का हिस्सा बनाने की एक हल्की–फुल्की सैद्धान्तिकी बनती हुई दिखती है। लेकिन कविता और मास मीडिया कतई अलग और अक्सर विपरीत विधाएँ हैं। कविता मास मीडिया या मास कल्चर नहीं है। वह जिसे जनक्षेत्र या पब्लिक स्फ़ीयर कहते हैं वहाँ नहीं रहती। एक अच्छे फ़िल्मी गीत और कविता के बीच यह एक निर्णायक फ़र्क़ है। मसलन, गुलज़ार के फ़िल्मी गीत भले ही कई जगह काव्यात्मक बिम्बों से भरे हुए हों, वे काव्य नहीं हैं और साहिर लुधियानवी या शकील बदायूँनी की कई नज़्में फ़िल्म संगीत में निबद्ध होने के बावजूद काव्य का हिस्सा बनी हुई हैं। यह बहुत सम्भव है कि कोई कविता उड़कर मास मीडिया और मास कल्चर में चली जाये, लेकिन वह उसकी एक तात्कालिक ज़रूरी भूमिका ही होगी।

यहाँ अमेरिकी समाज का एक उदाहरण देना प्रासंगिक होगा। 1991 में संयोगवश एक अमेरिका यात्रा के दौरान मैं कुछ दिन न्यूयॉर्क में रहा जहाँ मैंने बीट कवि एलेन गिंसबर्ग के काव्यपाठ

की सूचना पढ़ी जिसका टिकट दस डॉलर प्रति व्यक्ति था। मैं चाहते हुए भी गिंसबर्ग को नहीं सुन सका क्योंकि मुझे समय से पहले घर लौटना पड़ा, लेकिन यह पता चला कि गिंसबर्ग जीवन के उत्तरार्ध में सशुल्क कवितापाठ से ही आजीविका चलाते हैं। दरअसल बेहद उपभोगवादी और गद्यात्मक हो चुके अमेरिकी समाज में जहाँ गम्भीर पत्रिकाएँ भी कविताएँ छापना बन्द कर चुकी हैं, कवि लोग पाठों और आवृत्तियों के माध्यम से ठीकठाक पारिश्रमिक पा लेते हैं। इसमें गिंसबर्ग, लॉरेंस फर्लिंगेटट्ी, डेनिसी लेवरतोव, गैरी स्नाइडर जैसे उन कवियों की बड़ी भूमिका रही है जो प्रायः अमेरिकी साहित्य की मुख्यधारा के हाशिये पर रहे। आश्चर्य नहीं कि ये कवि अमेरिकी साहित्य प्रतिष्ठान की निगाह में अराजक महाकवि वाल्ट ह्विटमैन को अपना आदर्श मानते रहे जिन्होंने कहा था कि 'बड़े कवियों के लिए बड़े श्रोताओं का होना ज़रूरी है।' ह्विटमैन की दृष्टि में ये श्रोता विराट अल्पसंख्यकों का, एक विशाल न कुछ का अनन्त समुदाय थे। इम्मेंस माइनॉरिटी!

हिन्दी में हम ऐसी कल्पना भी नहीं करते। आज़ादी के बाद जनता के सबसे प्रिय कवि नागार्जुन भी टिकट लगाकर कविता पाठ के माध्यम से रोज़ी–रोटी नहीं कमा सकते थे। हाँ, यह सम्भव है कि आज अगर वे सहसा जीवित हो उठें और कहें कि इतने रुपये देने पर ही मैं कविता सुनाऊँगा तो शायद वे काफ़ी धन अर्जित कर लेते। यही बात मुक्तिबोध, शमशेर, त्रिलोचन के बारे में कही जा सकती है जिन्हें जीवित रहते हुए वह सम्मान नहीं मिला जो मृत्यु के बाद उन्हें नसीब हुआ। नागार्जुन के बाद रघुवीर सहाय दूसरे कवि थे जिन्होंने कविता के पाठ की कला और उसके प्रसार को विकसित करने की बहुत कोशिश की, लेकिन उन्हें ज़रूरी सहयोग नहीं मिला। हम लोग मृतात्माओं के पूजक हैं और तुरन्त प्रतिमाएँ और प्रतिमान बना लेते हैं और उन्हें अपने इस्तेमाल में लाने लगते हैं। हमारे लिए मरे हुए लोग विभूतियाँ हैं और जीवित लोग हमारा बौना यथार्थ हैं।

कभी–कभी मैं सोचता हूँ अख़बारों के साप्ताहिक संस्करणों में कविता का एक पूरा पृष्ठ कविता होता, फिर किसी महत्त्वपूर्ण कवि का पूरे पन्ने का इंटरव्यू होता और कविता की किताबों की लम्बी समीक्षाएँ होतीं तो कितना अच्छा था। लेकिन यह कल्पना अगर साकार हो जाये तो क्या कविता के तथाकथित ख़तरों का कोई समाधान होगा? ऐसे ख़तरों के बरअक्स शमशेर बहादुर सिंह की एक उक्ति याद आती है कि 'कवि के लिए उसकी कविता लिखते ही प्रकाशित हो जाती है।'

इस बात में सच्चाई ज़रूर है कि यह गद्य का युग है। कविता काफ़ी हद तक काव्यात्मकता से मुक्त हो रही है, उसमें बहुत अधिक गद्य का प्रवेश हो गया है, वह अपने उदात्त, वैभवपूर्ण और अतिविशिष्ट स्तर से नीचे गिर पड़ी है और कहीं अधिक लोकतान्त्रिक हो गयी है। इब्बार रब्बी की एक पंक्ति याद करें तो *वर्षा में भीगकर मैं महान हो गया।* कई वर्ष पहले बांग्ला के प्रतिबद्ध कवि सुकान्त भट्टाचार्य ने एक कविता में कहा था कि :

हे महाजीवन अब और काव्य नहीं
अब कठिन कठोर गद्य लाओ
भूख के राज्य में पृथ्वी गद्यमय है
चाँद झुलसी हुई रोटी की तरह है।

लेकिन सुकान्त का यह कथन कविता से मुक्ति के लिए नहीं, बल्कि कविता की क्लासिकी भूमिका से मुक्ति के लिए था। यह कविता की बदली हुई भूमिका का स्वीकार था। कभी–कभी यह लगता है कि गद्य जो भूमिका नहीं निभा पाया, उसे अब कविता ने अपना लिया है। निसर्ग और सृष्टि और अन्धकार के रहस्यों का गुणगान करने से अलग वह अपने समय को दर्ज करने और उसकी आलोचना करने की भूमिका में आ गयी है। मोटे तौर पर उसकी इस नयी भूमिका की शुरुआत हम निराला से मान सकते हैं जिन्होंने 'महँगू महँगा रहा', 'राजे ने रखवाली की', 'वह तोड़ती पत्थर', जैसी कविताएँ लिखकर छायावादी उदात्तता और सुकुमारता से कविता को मुक्त करते हुए उसमें एक आलोचनात्मक

स्पेस पैदा कर दिया था। इतने वर्षों बाद भी यह कहा जा सकता है कि अन्तरराष्ट्रीय पूँजीवाद, भूमण्डलीकरण, साम्राज्यवाद, फासीवाद और साम्प्रदायिकता का जितना विरोध कविता में हुआ है किसी दूसरी विधा में नहीं हुआ। ऐसे वक़्त में जब कला की ज़्यादातर विधाएँ बाज़ारोन्मुख हो रही हों या आलोचना का अपना धर्म खो रही हों, कविता अकेली भाषा है जो बाज़ार के आगे घुटने नहीं टेकती और साधारण जन के संसार को अपना संसार बनाये रखती है, भले ही साधारण जन उसे न समझ पाते हों। अपने एक शेर में मीर तकी मीर ने इस विडम्बना को पहचाना था :

गो मिरे शेर हैं खवास पसन्द
पर मुझे गुफ़्तगू अवाम से है।

कविता की परिवर्तित भूमिका के बारे में बहुत सारे उदाहरण हिन्दी और विश्व कविता से दिये जा सकते हैं जिनकी गुंजाइश यहाँ नहीं है। कुल मिलाकर कविता की भूमिका यथास्थिति विरोधी और प्रतिरोधी स्वभाव की रही है लेकिन वह हमेशा उस यथास्थिति को लाँघ जाती है जिसके विरोध में उसे रचा गया होता है। निकारागुआ के महाकवि और पादरी एर्नेस्तो कार्देनाल की एक छोटी–सी कविता के ज़रिये इस भूमिका को संक्षेप में कहा जा सकता है :

हमारी कविताएँ अभी छप नहीं सकतीं
वे हाथों–हाथ घूमती हैं हाथ से लिखी हुई
या साइक्लोस्टाइल की हुई
लेकिन एक दिन लोग उस जालिम को भूल जायेंगे
जिसके ख़िलाफ़ ये कविताएँ लिखी गयी थीं
और कविताएँ पढ़ी जाती रहेंगी।

कई वर्ष पहले जब अमेरिकी अन्तरिक्ष यात्री नील आर्मस्ट्रांग का यान पहली बार चन्द्रमा पर उतरा था और उसकी मिट्टी पृथ्वी पर आयी थी तो इटली के नोबेल पुरस्कार प्राप्त कवि यूजीनियो मोंताले ने कहा था कि भले ही चाँद के रहस्य जान लिए गये हों लेकिन बच्चों के लिए उसका आकर्षण और कौतूहल कभी कम नहीं होगा।

सूरदास के एक पद को याद करें तो 'मैया मोहे चन्द्र खिलौना लैहों' का अर्थ हमेशा बना रहेगा। कविता दरअसल यही करती है कि जिन चीज़ों का रहस्य जान लिया गया है वहाँ फिर से किसी रहस्य को पहचान लेती है। कविता के सामाजिक–राजनीतिक सरोकार भी इस रहस्यात्मकता से मुक्त नहीं होते और शायद यही गुण उसे भाषा की दूसरी विधाओं से अलग करता है। अकाल से पीड़ित लोगों या गुजरात की हिंसा जैसे दारुण यथार्थ पर लिखने वाला कवि भी नहीं जानता कि उसकी कविता का अन्त किस तरह और किस जगह होगा, क्योंकि कविता एक खोजा, जाना, सोचा–समझा हुआ अन्त नहीं है, बल्कि वह एक अन्तहीन सोच और खोज है। मिसाल के तौर पर हम मुक्तिबोध या विष्णु खरे या लीलाधर जगूड़ी और ऐसे कई कवियों को देख सकते हैं जिनकी कविताएँ लम्बे, शुष्क और गद्यात्मक विवरणों से भरी हुई होती हैं लेकिन हम उन्हें इसलिए कविता मानते हैं कि वे किसी मानवीय अनुभव को एक रहस्य और एक अज्ञात की तरह खोज कर ले आती हैं और उसे एक ऐसी निर्मिति बनाती हैं जिससे हम परिचित नहीं थे–चाहे वह अनुभव सुखद या दुखद हो, आनन्ददायी या डरावना। कविता में यह रहस्यात्मकता क्यों होती है? क्या इसलिए कि भाषा के सभी रूपों में कविता सबसे आदिम और इसलिए सबसे प्राकृतिक विधा है? उपन्यास, कहानी, नाटक आदि उतनी स्वाभाविक विधाएँ नहीं हैं क्योंकि वे मनुष्यों की सायास रचनात्मक निर्मितियाँ हैं। कविता एक विचित्र विधा है जिसके रचे जाने के लिए बाहरी उपकरणों की ख़ास ज़रूरत नहीं। काग़ज़, क़लम या पेंसिल की भी नहीं। जब इन चीज़ों की ईजाद नहीं हुई थी तब भी वह अस्तित्व में थी, मनुष्य के मस्तिष्क में रहती थी और उसकी वाणी से बहकर दूर–दूर तक जा सकती है। आलोक धन्वा की एक प्रसिद्ध कविता 'कपड़े के जूते' की अन्तिम पंक्तियाँ कविता के इस रहस्य को समझने में हमारी कुछ मदद कर सकती हैं।

कपड़े के जूते
समय से बाहर झूल रहे हैं
मृत्यु भी अब उन जूतों को
नहीं पहनना चाहेगी
लेकिन कवि उन्हें पहनते हैं
और शताब्दियाँ पार करते हैं।

अन्त में, क्योंकि यह कविता नहीं, लेख है जिसका अन्त मैंने पहले ही सोच लिया था। बचपन की हिन्दी पाठ्यपुस्तक में मैंने रामधारी सिंह दिनकर की एक कविता पढ़ी थी जो मुझे अब भी याद है। उसकी शुरुआत कुछ इस तरह होती है :

हठकर बैठा चाँद एक दिन
माता से यों बोला
सिलवा दो माँ मुझे ऊन का
सुन्दर एक झिंगोला
सनसन करती हवा रात भर
जाड़े से मैं मरता हूँ
ठिठुर–ठिठुर कर किसी तरह से
यात्रा पूरी करता हूँ।

आगे की पंक्तियों में चाँद के इस हठ पर उसकी माँ कहती है कि 'बेटे, मैं तुम्हारे लिए बहुत अच्छा कपड़ा सिलवा तो सकती हूँ लेकिन समस्या यह है कि तुम्हारा आकार और क़द बिल्कुल अनिश्चित है। कभी तुम लगभग अदृश्य हो जाते हो, कभी बहुत पतले दिखते हो तो कभी एक चौथाई या कभी आधा और कभी तीन चौथाई। ऐसे में कोई दर्ज़ी तुम्हारा नाप कैसे ले सकता है।' दिनकर की यह रचना, जिसे हम शायद संसार की महानतम बाल कविताओं में शुमार कर सकते हैं, कविता के बारे में भी दो तथ्यों को एक साथ बतलाती है। एक तो यह कि उसकी माप लेना कठिन है, वह किसी पैमाने में नही अँटती। और दूसरा यह कि वह दुबली–पतली और कभी–कभी अदृश्य हो सकती है, लेकिन इन तमाम ख़तरों के पार चली जाती है।

पैन इंडियन पोएट्री यानी अखिल भारतीय या सर्व भारतीय या अन्तरभारतीय कविता, इस शब्दावली पर मुझे कुछ आश्चर्य हुआ और मैं सोच में पड़ गया। पैन से शुरू होने वाले बहुत से शब्द दिमाग़ में आये। पैन अमेरिकनिज़्म, पैन इस्लामिज़्म, पैन स्लाविज़्म, पैन जर्मनिज़्म। इनमें पैन जर्मनिज़्म तो काफ़ी ख़तरनाक शब्द है। इन सभी पैनों में कहीं–न–कहीं स्थानिकता को एक शक्तिशाली सूत्र में बाँधने का आशय निहित है। यानी स्थानिकता में जो विविधता और बहुलता है, जो लोकतान्त्रिकता है उसे ख़त्म करके उसे एक स्थानिक मोनोलिथ में बदलता है। और शक्ति की एक संरचना बनाता है, इस तरह पैन या अखिल या निखिल प्रत्यय से शुरू होने वाले सामासिक शब्द कहीं–न–कहीं वर्चस्ववादी–हिजेमोनिस्टिक रूप धारण कर लेते हैं। पैन अमेरिकनिज़्म और पैन इस्लामिज़्म की आलोचना भी इसी आधार पर होती रही है।

तो क्या कविता भी पैन इंडियन या अखिल भारतीय हो सकती है। हमारे बहुभाषी देश और अत्यन्त बहुलतावादी देश में क्या ऐसी कविता सम्भव है जिसे हम एक मोनोलिथ की तरह देख सकें। हिन्दी के एक बड़े कवि रघुवीर सहाय ने अपने कई लेखों में कहा था कि कवि द्वारा अनेकता में एकता की जो सरकारी अवधारणा पेश की जाती है वह अत्यन्त भ्रामक है और हमारे समाज की वास्तविकता को समझने के लिए एकता में अनेकता की अवधारणा ही सही है, यानी अनेकता में एकता एक अखिलतावादी अवधारणा है लेकिन एकता में अनेकता एक बहुलतावादी अवधारणा है जब हम अखिल की ओर जाते हैं तो कहीं–न–कहीं बहुल की अनदेखी कर दी जाती है।

जहाँ तक मेरी जानकारी है अखिल भारतीय कविता की कोई सैद्धान्तिकी नहीं बन पायी है। हाँ, अखिल भारतीय उपन्यास यानी पैन इंडियन नॉवेल की अवधारणा की काफ़ी चर्चा हुई है। ऐसा इसलिए हुआ कि उपन्यास पश्चिमी देशों में एक राष्ट्रीय वृत्तान्त–नेशनल नैरेटिव के रूप में शुरू हुआ था और उस पर

कई राष्ट्रीय विमर्श–नेशनल डिस्कोर्स केन्द्रित रहे। यह परम्परा ऑस्कर वाइल्ड के उपन्यासों, फ्रांसीसी उपन्यासों और रूसी उपन्यासों से परवान चढ़ी। रूस में गोगोल, तोल्स्तोय और तुर्गनेव के कई उपन्यासों को राष्ट्रीय वृत्तान्त माना गया। उपन्यास दैनिक अख़बारों में धारावाहिक रूप से छपते थे, उन पर पाठकों के पत्रों और आलोचकीय लेखों के ज़रिये बहसें होती थीं और वे राष्ट्र निर्माण के रूपक की तरह देखे जाते थे। गोगोल का 'डेडसोल्स', तोल्स्तोय का 'अन्ना कैरेनिना', 'युद्ध और शान्ति' और तुर्गनेव का 'पिता और पुत्र' इसी तरह के राष्ट्रीय रूपक बने। गोगोल का 'डेडसोल्स' अगर अपने समय के रूसी समाज को मरी हुई आत्माओं के रूप में देखता है तो तोल्स्तोय अन्ना के माध्यम से एक प्रेम से रहित और स्वार्थ में लिथड़े हुए समाज का चित्रण करते हैं। राष्ट्रीय उपन्यास का चरम तोल्स्तोय के युद्ध और शान्ति को माना जाता है। आलोचकों के अनुसार वह उन्नीसवीं शताब्दी का सर्वश्रेष्ठ राष्ट्रीय वृत्तान्त है, न सिर्फ़ एक महान उपन्यास बल्कि एक विशालकाय महाकाव्य जो नेपोलियन की सेनाओं पर रूसी जनता की विजय के उत्सव को दर्ज करता है। ख़ास बात यह है कि राष्ट्रीय रूपक के स्तर पर उपन्यास का उदय पश्चिम में राष्ट्रराज्यों के निर्माण से जुड़ा हुआ है। उसका इतिहास राष्ट्रराज्यों के इतिहास से अलग नहीं किया जा सकता।

अपने देश की भाषाओं को लें तो यह सही है कि हमारे यहाँ पश्चिमी देशों जैसे राष्ट्रराज्य नहीं बने क्योंकि हम एक बहुत ताक़तवर राष्ट्रराज्य के ही उपनिवेश थे। लेकिन तब भी हमारी भाषाओं में सामन्ती–उपनिवेशीकृत समाज के वृत्तान्त के तौर पर उपन्यास का जन्म हुआ। किसानों, खेतिहरों और दलितों की पीड़ा को लेकर लिखे गये कई उपन्यास इसके उदाहरण हैं। मसलन हम यह कह सकते हैं कि प्रेमचन्द, विभूतिभूषण बन्द्योपाध्याय, ताराशंकर बन्द्योपाध्याय, कन्नड़ के शिवराम कारन्त, मलयालम के तकषि शिवशंकर पिल्लै और वैक्कम मोहम्मद बशीर और ओड़िया के फ़क़ीर मोहन सेनापति एक राष्ट्रीय वृत्तान्त निर्मित करते हैं।

जो मूलतः ग्रामीण है, ग्रामीण में भी दलित या पिछड़ी हुई जातियों या खेतिहर किसानों या अगड़ी लेकिन वंचित जातियों की सामाजिक पीड़ा का ताना–बाना बुनता है और इन्हें पढ़कर हम एक ख़ास समय के समाज की तस्वीर देख सकते हैं। लेकिन कविता में ऐसा पैन इंडियन रूपक खोज पाना काफ़ी कठिन है मसलन हिन्दी के निराला, मुक्तिबोध और नागार्जुन, बांग्ला के जीवनानन्द दास, मराठी के विंदा करंदीकर, मलयालम के अय्यप्पा पणिक्कर, कन्नड़ के गोपाल कृष्ण अडिगा, कश्मीरी के दीनानाथ नादिम...की कविता मिलकर ऐसा कोई राष्ट्रीय विमर्श बनाती है जिसे हम पैन इंडियन पोएट्री या नेशनल पोएट्री डिस्कोर्स कह सके। शायद नहीं क्योंकि कविता हमेशा समाज की केन्द्रीय संरचनाओं का नहीं बल्कि हाशियों का वर्णन करती है।

क्रान्तिकारी वर्गचेतना का प्रमुख कवि : आलोक

आलोक के पहले और अकेले कविता संग्रह 'दुनिया रोज़ बनती है' में कुल इकतालीस कविताएँ हैं, लेकिन आलोक हज़ारों नहीं तो सैकड़ों बार उनका पाठ कर चुका है और श्रोता बार–बार उन्हीं कविताओं को सुनाने की फ़रमाइश करते हैं जिन्हें वे पहले कई बार सुन चुके होते हैं। बाबा नागार्जुन की भी बहुत–सी कविताओं के बारे में ऐसी माँग होती थी। कई बार लगता है, आख़िर क्या बात है कि इतना समय बीतने पर भी लोग उन्हें सुनना चाहते हैं और कहते हैं 'जनता का आदमी' सुनाइए या 'पतंग' या 'भागी हुई लड़कियाँ' सुनाइए और आलोक जब भी उन्हें सुनाता है, लोग पहले की ही तरह विह्वल और विकल हो उठते हैं। क्या यह सिर्फ़ आलोक की कविताओं का रेटारिक, उसकी वाग्मिता है? या फिर संवेदना की एक ऊँची ज़मीन और वह क्लासिकी संरचना है जहाँ आलोक की कविता हमें उठा कर ले जाती है और हम उसके भीतरी सम्मोहन में बँधे हुए कुछ देर के लिए, कविता के समाप्त होंने तक किसी दूसरे संसार में निवास करने लगते हैं। अच्छी कविता हर समय कुछ लाँघती रहती है, परे जाती रहती है, एक अनुभव को व्यक्त करते–करते दूसरे, तीसरे और चौथे अनुभव की ओर चली जाती है और शायद यही वह सामर्थ्य है जो आलोक की कविताओं को इतने वर्षों से जीवित और अटूट रखे हुए है। और आलोक की कविताओं में जो नाटक दिखता है, संवेदन, आवेग और आवेश की जो भंगिमाएँ नज़र आती हैं, वह सब भी इसी वजह से है। उनका प्रभाव पाठक या श्रोता पर कुछ–कुछ 'पतंग' नामक उसकी कविता

के उन धागों की तरह होता है, जो बच्चों के 'रक्त से ही फूटते हैं' और आसमान की तरफ़ चले जाते हैं।

प्रगतिशील लेखक संघ और इप्टा की सक्रियता के दौर के बाद हिन्दी में ऐसे कवियों का होना लगभग बन्द हो गया जो किसी वैचारिक राजनीतिक संघर्ष में से होकर आये हों। नागार्जुन ऐसे कवि ज़रूर हैं और इस हद तक हैं कि जब आन्दोलन नहीं रह गये थे तो वे अपनी कविताओं से ही आन्दोलन पैदा करने लगते थे। आलोक धन्वा दूसरे ऐसे कवि हैं। उससे पहले कुछ हद तक कुमार विकल और बाद में गोरख पाण्डेय की कविता इस चेतना का प्रतिनिधित्व करती हैं। अगर सन् 1967 में नक्सलबाड़ी की 'वसन्त गर्जना' नहीं हुई होती तो आलोक की वह पहली कविता 'गोली दागो पोस्टर' भी सम्भव न हुई होती जिसने उसे तत्काल एक महत्त्वपूर्ण और क्रान्तिकारी कवि का दर्जा दे दिया। ऐसा भी बहुत कम होता है कि कोई कवि अपनी पहली ही कविता से इस तरह प्रतिष्ठा पा जाये। अगली कविता 'जनता का आदमी' के साथ आलोक हिन्दी में क्रान्तिकारी वर्ग चेतना का प्रमुख कवि माना गया। यह कविता व्यापक रूप से अनूदित हुई और जिन भाषाओं में क्रान्तिकारी संघर्षों की कविता लिखी जा रही थी, उनकी यह अपनी कविता ही बन गयी। उसे जगह–जगह दीवारों पर उकेरा गया और उसके कई अंश लोगों को याद हो गये। शायद 1971 या 1972 में आलोक ने पहली बार दिल्ली में इन कविताओं का पाठ किया था और सुनने वालों को विस्मय, उद्वेलन और रोमांच से भर दिया था। उस समय हवा में नक्सलबाड़ी की वसन्त गर्जना की गूँज थी, चारों ओर एक ऐसी हलचल, बेकरारी और उम्मीद नज़र आती थी जैसे कोई बड़ा बदलाव होने वाला हो और हम सब उसकी आहटें सुन रहे हों और उसमें शरीक भी हों। उसकी कविता में वह 'क्रान्तिकारी समझ', *जो तमाम क़लम चलानेवालों को / तमाम हल चलानेवालों से मिल रही थी* और यह एक रोमांचकारी भरोसा था।

यह कविता इस अर्थ में समकालीन कविता से कुछ अलग थी कि उसका यथार्थ इकहरा नहीं था, बल्कि वहाँ एक 'फुलब्लडेडनेस' और समग्र अखण्डित अनुभव था। वह एक क्लासिक अन्दाज़ और मिज़ाज की कविता थी। तब तक कविता में रेटारिक का इस्तेमाल लगभग बहिष्कृत हो चुका था और शमशेर बहादुर सिंह सरीखे बड़े कवि की 'अमन का राग' रेटारिक की सबसे सुन्दर और अन्तिम कविता मानी जाती थी। लेकिन आलोक की 'गोली दागो पोस्टर' और 'जनता का आदमी' एक बार फिर से बतलाती थी कि रेटारिक कितना भव्य और पुरअसर हो सकता है। उस समय तक लम्बी कविता भी चलन से बाहर हो गयी थी, लेकिन आलोक ने लम्बी कविता के फॉर्मेट को फिर से प्रासंगिक बना दिया था। उन्हीं दिनों हिन्दी में अकविता का अल्पायु बोलबाला था, और आलोक की कविता ने उसके तालाब के बासी पानी में जैसे एक पत्थर फेंक दिया था।

आलोक की कविता की प्रेरणाएँ या उत्स हिन्दी कविता में बहुत कम हैं। पुराने प्रगतिशील कविता आन्दोलन से भी उसका कोई ख़ास सम्बन्ध नहीं है। राजकमल चौधरी आलोक से बहुत स्नेह रखते थे, लेकिन उनकी और धूमिल की कविता की कुछ अस्पष्ट या सुदूर छायाएँ ही नज़र आती हैं। शायद उसकी कविता के उत्स बांग्ला कवि जीवनानन्द दास, तुर्की के कवि नाज़िम हिकमत, लातिन अमेरिका के कवि पाब्लो नेरूदा और स्पेन के कवि लोर्का में कहीं ज़्यादा हैं। या फिर बांग्ला की भूखी पीढ़ी के कवि मलय राय चौधरी और क्रान्तिकारी कवि नबारुण भट्टाचार्य की कविता से उसका कुछ साम्य हो सकता है। नबारुण की प्रसिद्ध लम्बी कविता 'यह मृत्यु उपत्यका आमार देश नॉय' का असर भी उतना ही जादुई रहा जितना कि आलोक की कविता 'जनता का आदमी' का। इन दोनों में काफ़ी संरचनात्मक समानताएँ हैं। लेकिन जहाँ तक याद पड़ता है, दोनों कविताओं के लिखे जाने का समय एक ही है।

आलोक की बाद की कविताएँ 'पतंग', 'कपड़े के जूते' आदि यह बताती हैं कि क्रान्ति के कवि का सौन्दर्य–बोध कितना उत्कट और संवेदना कितनी कोमल हो सकती है। 'पतंग' में वह बच्चों के बारे में कहता है, 'उनके रक्त से ही फूटते हैं पतंग के धागे' या 'पृथ्वी को मृदंग की तरह बजाते हुए' और 'कपड़े के जूते' शीर्षक कविता की पंक्तियाँ हैं :

उनके भीतर बारिश का पानी ठहर गया है
हवा तेज़ चलने से बारिश का पानी पैर की तरह हिलता है।

यह उच्चतर सौन्दर्य–बोध पाठक को भी जीवन के जल से भर देता है। 'पतंग' की कुछ और पंक्तियाँ हैं :

सबसे काली रातें भादों की गयीं
सबसे काले मेघ भादों के गये
सबसे तेज़ बौछारें भादों की
मस्तूलों को झुकाती, नगाड़ों को गुँजाती
डंका पीटती तेज़ बौछारें
कुओं और तालाबों को झुलाती
लालटेनों और मोमबत्तियों को बुझाती...।

इस तरह की अभिव्यक्तियाँ आलोक की कविताओं में जगह–जगह हैं। 'रेल', 'नींद', 'रात', 'किसने बचाया मेरी आत्मा को', 'शरद की रातें' जैसी छोटी कविताओं में भी एक बारीक़ और उदात्त क़िस्म की दृश्यात्मकता मिलती है, जिस पर अतियथार्थवादी प्रभाव साफ़ दिखता है। दरअसल, हिन्दी में शमशेर बहादुर सिंह के बाद सुर्रियलिस्टिक आन्दोलन का वास्तविक असर आलोक की कविताओं पर ही रहा है। *खरगोश की आँखों जैसा लाल सवेरा* या *समुद्र उठ रहा था चाँद की ओर/उस तरह सिर्फ़ घोड़े ही उठ सकते हैं, विस्मय तरबूज की तरह, मेरी घिसी हुई पैंट सूर्यास्त से धुल चुकी है इतने नम बैंजनी दाने मेरी परछाईं में* सरीखे काव्यांश अतियथार्थवाद के सुन्दर नमूनों की तरह हैं।

हिन्दी में 'ब्रूनो की बेटियाँ' और 'सफ़ेद रात' की एक ख़ास जगह बन गयी है। इसलिए कि दोनों में एक वैचारिक–राजनीतिक

मज़बूती है। 'ब्रूनो की बेटियाँ' में स्त्रियों के श्रम का इतिहास और शोषित स्त्रियों का प्रतिरोध जिस ढंग से उभरा है, वह विचलित करने वाला है। हिन्दी में ऐसी कविता कोई और नहीं है। यह 'स्त्रियों के श्रम के महाकाव्य' की तरह है। सन् 1977 में बिहार के बेलछी में दलित स्त्रियों को ज़िन्दा जलाये जाने की भीषण घटना की पृष्ठभूमि में लिखी गयी यह कविता एक बहुत बड़े फलक तक जाती है और तमाम शोषित स्त्रियों के मुक्ति संघर्ष और उनके जीवट को एक अनश्वरता प्रदान कर देती है :

क्या था उनके होने में
जिसे जलाकर भी नष्ट नहीं किया जा सकता
...रानियाँ मिट गयीं
जंग लगे टिन जितनी क़ीमत भी का नहीं
रह गयी उनकी याद की
...रानियाँ मिट गयीं
लेकिन क्षितिज तक फ़सल काट...
रही औरतें
फ़सल काट रही है।

'ब्रूनो की बेटियाँ' के बाद आलोक की आख़िरी लम्बी कविता 'सफ़ेद रात' है। यह उसके एकमात्र कविता-संग्रह 'दुनिया रोज़ बनती है' की भी आख़िरी कविता है। दुनिया के युद्धोन्मादियों और साम्राज्यवादियों का प्रतिरोध करने वाली यह कविता जब लिखी गयी थी तब तक इराक़ और अफ़ग़ानिस्तान पर अमेरिका का आक्रमण नहीं हुआ था और न वहाँ के शहरों को बर्बाद किया गया था। यह कविता एक तरह से अमेरिकी नव साम्राज्यवाद और उसके द्वारा किये जाने वाले विनाश की भविष्यवाणी करती हुई आयी और रघुवीर सहाय की कविता 'आने वाला ख़तरा' की ही तरह भविष्य-कथन जैसी साबित हुई :

कहाँ है वह हरे आसमान वाला शहर बगदाद
ढूँढ़ो उसे अब वह अरब में कहाँ है?
पूछो युद्ध सरदारों से इस सफ़ेद हो रही रात में

क्या वे बगदाद को फिर से बना सकते हैं?
वे तो खजूर का एक पेड़ भी नहीं उगा सकते
वे तो रेत में उतना भी पैदल नहीं चल सकते
जितना एक बच्चा ऊँट का चलता है
टूह और गुबार से अन्तरिक्ष की तरह खेलता हुआ
क्या वे एक ऊँट बना सकते हैं?
एक गुम्बद एक तरबूज एक ऊँची सुराही...।

अपनी हर कविता में एक पूर्णता का आग्रही आलोक 'सफ़ेद रात' को लेकर दुविधा में था कि यह संरचनात्मक स्तर पर मुकम्मल हो पायी है या नहीं। उसे इसमें कुछ ढीलापन नज़र आता था। लेकिन आज हम देखते हैं कि 'सफ़ेद रात' बीसवीं सदी के उत्तरार्ध में सामने आये राजनीतिक विघटन और ध्वंस को समझने की एक ज़रूरी कविता बन गयी है। इस सदी के आख़िरी वर्षों में सोवियत संघ के बिखराव और अमेरिका के आक्रमणों ने असंख्य लोगों को विस्थापित किया है, जिनकी आहटें इस कविता में शिद्दत से दर्ज हुई हैं :

एक विशाल शरणार्थी शिविर के दृश्य
हर कहीं उनके भविष्यहीन तम्बू
हम कैसे सफ़र में शामिल हैं
कि हमारी शक्ल आज भी विस्थापितों जैसी
सिर्फ़ कहने के लिए कोई अपना शहर है
कोई अपना घर है
इसके भीतर भी हम भटकते ही रहते हैं।

हमारे दौर की ज़्यादातर कविताओं का स्वभाव अनुक्रियात्मक है : वह पास या दूर की घटनाओं पर अपने संवेदनों के ज़रिये प्रत्युत्तर देती हैं या प्रतिप्रश्न करती हैं। यह प्रतिक्रियात्मकता घटना के होने पर निर्भर होती है। इसके बरअक्स आलोक की कविता एक दूसरी प्रविधि से काम करती है। वह तमाम मनुष्य–विरोधी ताक़तों और अत्याचारों से लड़ने के लिए एक प्रति–सृष्टि की रचना करती है और वहाँ से अपना उत्तर देती या प्रश्न उठाती है।

मसलन, सामन्ती ज़ुल्मों, शोषण और अन्याय के ख़िलाफ़ वर्गचेतना से लैस 'जनता का आदमी', बेलछी हत्याकाण्ड के प्रतिरोध में मेहनतकश औरतों के सौन्दर्य और संघर्ष की महागाथा या बच्चों पर होने वाले अन्यायों के ख़िलाफ़ 'पतंग' की उड़ान या स्त्रियों की ग़ुलामी के बरअक्स 'भागी हुई लड़कियाँ' का वह दृश्यविधान जिसे नारी–मुक्ति के पक्षधर लोग बहुत पसन्द करते हैं। ये सब प्रति–सृष्टियाँ हैं, जिनकी रचना में आलोक का क्लासिकी मिज़ाज काफ़ी काम आता है। इस तरह आलोक आधुनिक खण्डित वृत्तान्तों की बजाय एक महावृत्तान्त के कवि ज़्यादा हैं और वह महावृत्तान्त मार्क्सवाद है...।

आलोक की कविताओं के भीतर कोई–न–कोई यात्रा निहित होती है। 'ब्रूनो की बेटियाँ' में श्रमिक स्त्रियों की यात्रा, 'कपड़े के जूते' में कहीं उपेक्षित पड़े जूतों के जीवन की यात्रा, 'पतंग' में बच्चों से शुरू होकर धरती और आसमान और आसमान से भी परे पतंग की यात्रा और 'भागी हुई लड़कियाँ' में तो शीर्षक के साथ ही एक गति और एक सफ़र है। ज़्यादातर छोटी कविताओं में एक जगह या एक बिन्दु से दूसरे बिन्दु तक जाने के दृश्य हैं। इसी तरह, 'सफ़ेद रात' भी पुराने शहर की छत पर जंगल की एक रात की स्मृति से आरभ होती है और पीली मिट्टी वाले रास्तों और तेज़ महक वाली घास और फ़ुटपाथों से होती हुई शहरों के विध्वंस, शरणार्थी शिविरों के उभरने, युद्ध सरदारों के हमलों से लेकर भगत सिंह की शहादत तक एक विलक्षण यात्रा करती है। दरअसल आलोक की समूची कविता स्थिर निश्चेष्ट बिम्बों की नहीं, बल्कि सफ़र कर रहे, निरन्तर सक्रिय और गतिशील चित्रों की कविता है और इसी से उसकी 'डायनैमिक्स' निर्मित होती है। वहाँ सकर्मक क्रियाओं की बहुतायत इसीलिए है।

'जनता का आदमी' काफ़ी आशावाद से भरी हुई है, जो 'ब्रूनो की बेटियाँ' तक चला आता है। लेकिन फिर आलोक में क्रमशः उदासी भारी होती जाती है और अन्ततः 'सफ़ेद रात' के हताशा

भरे प्रतिरोध में बदल जाती है। इसके क्या कारण हैं? आलोक ख़ुद इस अवसाद को दुनिया में समाजवादी व्यवस्थाओं के ध्वंस और विखण्डन से जोड़ता है। कई लोगों को यह कैफ़ियत दूर की कौड़ी जैसी लग सकती है, लेकिन ऐसा है नहीं। आलोक के मित्र–परिचित जानते हैं कि उसकी काव्यात्मक संवेदना इतने ही व्यापक वैचारिक धरातल पर काम करती आयी है। 'सफ़ेद रात' की ये पंक्तियाँ शायद ऐसी संवेदना के बग़ैर सम्भव नहीं थीं :

भारत में जन्म लेने का
मैं भी कोई मतलब पाना चाहता था
अब वह भारत भी नहीं रहा।
जिसमें जन्म लिया था

मार्क्सवाद का वह महावृत्तान्त दरअसल आलोक की कविता का अन्तःस्थल था जिसके ढहने के साथ भीतर सिर्फ़ एक ऐसी 'उम्मीद' बची रह गयी, 'जो तकलीफ़ जैसी है।'

लम्बी कविताओं की लगभग महाकाव्य संरचना के बीच आलोक की छोटी कविताएँ अलग से दिखाई देती हैं। वे संवेदना के दृश्य–खण्ड हैं, लेकिन उनका तसव्वुर लम्बी कविताओं की तरह किया गया है, तामीर भले ही छोटी कविता की तरह हुई हो। और यह ख़ासियत तो उसकी सभी कविताओं में मिलती है कि हर पंक्ति अपने में इस क़दर सम्पूर्ण हो कि एक स्वतन्त्र कविता हो जाये ऐसी कविताएँ अक्सर सम्भावित लम्बी कविताओं के अंशों जैसी लगती हैं जैसे उन्हें पूरी करने के लिए रख छोड़ा गया हो। लम्बी कविताओं की परिकल्पना से भरी हुई इन कविताओं का छोटा आकार एक ख़ास तरह की विरोधाभासी सुन्दरता पैदा करता है और उनके आकर्षण की एक वजह यह भी है। यहाँ तक कि :

हर भले आदमी की एक रेल होती है
जो मान के घर की ओर जाती है
सीटी बजती हुई
धुआँ उड़ाती हुई छोटी मुकम्मल कविता में
किसी लम्बी कविता का अवशेष लग सकती है

आलोक की कविताओं की आलोचना अगर कोई हो सकती है तो यही कि उनमें समकालीनता और नये अवबोध कुछ कम हैं। उनके स्थापत्य में उस विस्तार और खुलेपन की गुंजाइश ज़्यादा नहीं है जहाँ कोई नया, अप्रत्याशित अनुभव दस्तक देता है या नहीं भी देता है तो कवि उसे अपनी संवेदना में बेहिचक प्रवेश करने देता है। इस मानी में आलोक की कविता के दरवाज़े कुछ कम खुले और ज़्यादा उढ़के हुए हैं। 'जिलाधीश', मैटिनी शो' और 'भूखा बच्चा' जैसी कविताएँ ज़रूर अपवाद हैं और वे आलोक की बाक़ी कविताओं की तुलना में भिन्न आस्वाद की भी हैं। यथार्थ की अप्रत्याशित दस्तकों और आहटों के लिए दरवाज़े खुले छोड़ देने की प्रवृत्ति आलोक की उन कविताओं में दिखाई दे रही है जो उसने हाल के वर्षों में लिखी हैं और जिनके बारे में उसके पुराने अभ्यस्त पाठक कुछ अफ़सोस और कुछ परपीड़क प्रसन्नता के साथ कह रहे हैं कि आलोक में अब वह बात नहीं है जो पहले होती थी। यही नहीं, इस तरह के बहुत से सरलीकरण हिन्दी में फैले हुए हैं और सनसनीखेज़ तात्कालिकताओं के दौर में वे और भी प्रबल हुए हैं और उन्हें सबूत मानते हुए रचना में आयी तथाकथित शिथिलता या किसी बदलाव को तुरन्त रचनाकार के निजी जीवन से जोड़ दिया जाता है। वास्तविकता यह है कि आलोक की हाल की कविताएँ उस परिवर्तन की सूचक हैं जिसे कवि अपनी कविता में लाना चाह रहा था। वह परिवर्तन था–कविता के रूढ़िग्रस्त स्थापत्य को तोड़कर एक अधिक खुली प्रक्रिया की ओर जाने की कोशिश, जो अप्रत्याशित यथार्थों के लिए संवेदना के द्वार खुले रख सके। यह कोशिश आलोक की नयी कविताओं के अनुभव संसार में शिद्दत से दिखाई देती है। उसमें वह पुरानी ऊँचाई, भव्य दृश्यात्मकता और उदात्तता कम हुई है, और बिम्बों में रहने की बजाय अचानक आने वाले अनुभवों, विवरणों और घटनाओं की ओर जाने की बेचैनी है। यह आलोक की नयी यात्रा है और बेशक इसमें वह बात नहीं है, लेकिन शायद कोई बात है जो पैदा होने वाली है।

विलक्षण कवि और बुद्धिजीवी : नबारुण भट्टाचार्य

कविता के अलावा बांग्ला कहानी और उपन्यास में भी नबारुण भट्टाचार्य का अहम योगदान माना जाता है। उनकी कहानियों और 'हरबर्ट' जैसे उपन्यास ने बांग्ला कथा–साहित्य में एक नितान्त नये कथ्य और शिल्प की शुरुआत की जिसमें भद्र समाज से देशनिकाला पाये हुए, अँधेरे हाशियों पर एक भूमिगत क़िस्म का जीवन जी रहे लोगों की अराजक गतिविधि को फंतासी, अतीन्द्रिय कल्पना और जादुई यथार्थवाद की शैली में व्यवस्था विरोधी स्वरूप दिया गया था। 'हरबर्ट' एक सशक्त उपन्यास है और बांग्ला में उसके टक्कर की कृति कोई और नहीं है। इस उपन्यास प नबारुण को साहित्य अकादेमी पुरस्कार मिला और उस पर इसी नाम से एक फ़िल्म भी बनी। उपन्यास के मुख्य पात्र हरबर्ट को भद्र समाज से बहिष्कृत, नाकाम, खब्ती, हास्यास्पद और मृतकों से वार्तालाप करने वाले के रूप में चित्रित किया गया है, लेकिन आत्महत्या के बाद जब विद्युत शवदाह गृह में उसका शव विस्फोट करता है और पूरी इमारत दरक जाती है तो हरबर्ट के बेतुके जीवन का एक राजनीतिक अर्थ स्पष्ट हो उठता है। यह नबारुण की प्रतिबद्ध अन्तर्दृष्टि थी जो एक नितान्त व्यक्तिपरकता को एक वैचारिक आयाम से सम्पृक्त कर देती थी। अपने एक और उपन्यास 'कांगाल मालसाट' में भी नबारुण ने फ्यातरू, चोकटोर जैसे पात्रों की मार्फ़त उस अराजक दुनिया को फिर से उभारा जो कोलकाता जैसे महानगर की निचली सतहों की अँधेरी गहराइयों में रहकर छापामार युद्ध जैसी कार्रवाइयों से राज्यसत्ता

के ख़िलाफ़ अपनी अजीबोग़रीब लड़ाई चलाती रहती है। ये ऐसे चरित्र हैं जिन्हें मध्यवर्ग के लोग 'लुंपेन' मानते हैं और जिनका चित्रण नबारुण की ही एक कविता में इस तरह किया गया है :

हर रात हमारे जुए में
कोई–न–कोई चाँद को जीत लेता है
चाँद को तुड़वाकर हम खुदरा तारे बना लेते हैं
हमारी जेबें फटी हुई हैं
उनके छेदों से तमाम तारे गिर जाते हैं
उड़ कर आकाश में चले जाते हैं।

ख़ास बात यह है कि ऐसे चरित्रों की सृष्टि करने के साथ–साथ नबारुण ने उन्हें राजनीतिक नज़रिये से चित्रित किया, उनकी अराजकता को एक राजनीतिक स्वरूप दिया। ऐसे सभी पात्रों के वैयक्तिक विद्रोह में नबारुण यथास्थितियों और व्यवस्थाओं के ख़िलाफ़ एक युद्ध की स्थिति का आविष्कार करते हैं। इन रचनाओं का शिल्प भी ख़ासा अराजक है और उनमें गोरिल्ला युद्ध की शब्दावली बहुतायत में मिलती है।

नबारुण भट्टाचार्य की संवेदना पर उनके पिता और 'नबान्न' जैसे कालजयी नाटक के लेखक–अभिनेता बिजन भट्टाचार्य का गहरा प्रभाव रहा। उनकी माँ और सुप्रसिद्ध बांग्ला लेखिका महाश्वेता देवी और बिजन भट्टाचार्य जब अलग हुए तो उनका ज़्यादातर समय अपने पिता के पास ही बीता और उन्हीं से नबारुण को अन्याय के आगे घुटने न टेकने और व्यावसायिकता की शर्तों पर काम न करने के संस्कार मिले। बिजन भट्टाचार्य को इप्टा के सुनहरे दौर में बम्बई जाकर फ़िल्म उद्योग में काम करने के कई प्रलोभन मिले थे, लेकिन वे अपने लोगों और रंगमंच को छोड़कर नहीं गये। यह चेतना नबारुण के भीतर भी बरकरार रही और जब उनके एक उपन्यास 'ऑटो' पर बांग्ला के एक व्यावसायिक फ़िल्मकार ने फ़िल्म बनाने की पेशकश की तो उन्होंने आर्थिक अभाव के बावजूद इसकी स्वीकृति नहीं दी। नबारुण पर एक गहरा असर बांग्ला के महान फ़िल्मकार और

उनके मामा ऋत्विक घटक का भी था। जिनकी कुछ फ़िल्मों की शूटिंग के दौरान उन्होंने सहायक के रूप में छोटे–मोटे काम किये थे और अपनी कविता के लिए एक सशक्त सिनेमाई दृश्य विधान भी हासिल किया। उनकी कई कविताएँ ऐसी हैं जिन्हें पढ़ते हुए लगता है जैसे हम एक उथल–पुथल के बिम्बों को देख रहे हों। उसमें इतनी अधिक दृश्यात्मकता है कि जब वे कहते हैं कि :

ज्वालामुखी के मुहाने पर
एक केतली रखी हुई है
वहीं निमन्त्रण है मेरा चाय के लिए
है लेखक, प्रबल पराक्रमी क़लमची
क्या आप वहाँ जायेंगे

तो एकबारगी इस दृश्य पर विश्वास होने लगता है।

नबारुण भट्टाचार्य उन लोगों में से नहीं थे जो एक सत्ता तन्त्र का विरोध करने के लिए किसी दूसरे सत्ता तन्त्र की शरण में चले जाते हैं। वे वास्तविक अर्थों में ऐसे बुद्धिजीवी थे जिसे इटली के मार्क्सवादी चिन्तक एंटोनियो ग्राम्शी आवयविक–ऑर्गेनिक–बुद्धिजीवी कहते थे। द्वितीय विश्वयुद्ध से कुछ पहले ग्राम्शी ने आवयविक बुद्धिजीवी की अवधारणा प्रस्तुत की थी जो पारम्परिक बुद्धिजीवियों (प्रोफ़ेसर, अर्थशास्त्री, वैज्ञानिक वगैरह) के बरअक्स साधारण जन के हित में निरन्तर सक्रिय रहता है और उसका मक़सद प्रभुत्वशाली सामाजिक समूहों के हित में काम करने वाली वर्चस्ववादी शक्तियों का विरोध करना होता है। ऐसा बुद्धिजीवी सार्वजनिक वक्ता या नेता नहीं होता, बल्कि वह कम बोलता है और उसकी जीवन–शैली और पहचान भी विशिष्ट जनों जैसी न होकर और उन लोगों की तरह होती है जिनके लिए वह काम करता है। नबारुण दा का व्यक्तित्व और काम दोनों इस परिभाषा पर खरे उतरते थे। पश्चिम बंग में वाम मोर्चा सरकार के समय उन्होंने सिंगूर और नंदीग्राम में किसानों की ज़मीनें छीनने और उन पर गोलियाँ चलाने के विरोध में बंकिम पुरस्कार लेने से इनकार कर दिया था और जब वाम

मोर्चे से मोहभंग के दौर में राज्य के बहुत–सारे लेखक, कलाकार, अभिनेता और यहाँ तक कि महाश्वेता देवी जैसी हस्ती भी ममता बनर्जी की तृणमूल कांग्रेस का समर्थन करने लगी थीं तो नबारुण दा तृणमूल के ख़तरे से आगाह करते हुए क्रान्तिकारी मार्क्सवादी विकल्प की तलाश पर ज़ोर दे रहे थे।

नबारुण दा से मिलना हर बार एक ऐसे एक्टिविस्ट बुद्धिजीवी से मिलने की तरह था जिसे सर्वहारा क्रान्ति के अधूरे छूट गये 'प्रोजेक्ट' का गहरा अहसास हो और जिसकी हर गतिविधि उसे पूरा करने से जुड़ी हुई हो। इन पंक्तियों के लेखक द्वारा एक बांग्लाभाषी पत्रकार मित्र संदीप रायचौधरी के सहयोग से किया गया 'यह मृत्यु उपत्यका मेरा देश नहीं' संग्रह का अनुवाद उन्हें बहुत प्रिय था। भारतीय भाषाओं में लिखे जा रहे सामाजिक परिवर्तन से प्रतिबद्ध साहित्य को बांग्ला अनुवाद में प्रस्तुत करने के लिए उन्होंने 'भाषाबन्धन' नामक पत्रिका भी निकाली थी। बांग्ला समाज में यह अपने ढंग की अकेली पत्रिका थी, जिसे वे अन्त तक चलाते रहे। 'भाषाबन्धन' की ओर से ही इन पंक्तियों के लेखक की कविताओं के बांग्ला अनुवादों का संग्रह भी प्रकाशित हुआ था। नबारुण इसकी एक मिसाल थे कि मार्क्सवाद कितने अद्‌भुत इन्सान, कितने विलक्षण कवि और बुद्धिजीवी को गढ़ सकता है।

माय और मौसी के बीच

जिन लोगों ने चन्द्रकान्त पाटील को हिन्दी कवियों और दूसरे हिन्दीभाषी दोस्तों की संगत में देखा है, उन्हें तुरन्त यह ख़याल नहीं आता कि पाटील मराठी कवि हैं। वे उन्हें हिन्दी का ही कवि मानकर चलते हैं। इसका कारण यह है कि पाटील हिन्दी समाज और उसकी संस्कृति में इस क़दर घुले–मिले हैं और उनकी बातचीत का अन्दाज़ भी ऐसा है कि हम उनका मराठी होना भूल जाते हैं। हिन्दी कवि चन्द्रकान्त देवताले के लिए लिखी गयी एक कविता में वे कहते हैं :

कवि के मस्तिष्क में
हर शब्द बन जाता है
विशाल वृक्ष
जिसकी जड़ें
पानी की तलाश में
फैल कर धँस जाती हैं हृदय में।

पाटील की कविता का विशाल वृक्ष अपने लिए पानी की खोज में मराठी ही नहीं, बल्कि हिन्दी में भी उतनी ही सहजता से अपनी जड़ें धँसाता आया है। समकालीन मराठी कवियों की बिरादरी में हिन्दी की आधुनिक कविता को बहुत लगाव और अपनत्व के साथ पढ़ा जाता है और विनोद कुमार शुक्ल, चन्द्रकान्त देवताले, विष्णु खरे, लीलाधर जगूड़ी, राजेश जोशी, ज्ञानेन्द्रपति से लेकर कुमार अम्बुज तक कई हिन्दी कवि मराठीभाषियों को बिल्कुल अपने कवि लगते हैं। इसका श्रेय काफ़ी हद तक चन्द्रकान्त पाटील को है।

हिन्दी और मराठी के बीच इस पुल की नींव अगर प्रो. निशिकान्त ठकार ने रखी थी तो उसकी तामीर में चन्द्रकान्त पाटील का ऐतिहासिक योगदान रहा। कई वर्ष पहले उन्होंने मराठी में समकालीन हिन्दी कविता का जो संकलन प्रकाशित किया था, वह इतने वर्ष बीतने के बाद भी प्रासंगिक बना हुआ है और मराठी में हिन्दी कविता का सबसे अच्छा चयन माना जाता है।

ऐसा इसलिए है कि चन्द्रकान्त पाटील सिर्फ़ अनुवादक नहीं हैं, बल्कि हिन्दी कविता और ख़ासतौर से साठोत्तरी कविता से उनका सम्बन्ध बहुत गहरा रहा और उस दौर के कई कवियों से उनकी घनिष्ठ मित्रता रही। हिन्दी कविता से चन्द्रकान्त पाटील का लगाव साठ के दशक से चला आ रहा है। इसका एक कारण शायद यह रहा हो कि तब मराठी में सामाजिक–सांस्कृतिक द्वन्द्वों और टकरावों की कविता बड़े पैमाने पर लिखी जा रही थी। इसे दलित कवि और भी तीखे ढंग से दर्ज कर रहे थे और उस दौर की हिन्दी कविता में भी ऐसे ही विक्षोभ का वातावरण था। वह भूखी पीढ़ी की कविता, अकविता और ब्लैक पैंथर आन्दोलन का समय था जिसकी लहरें हिन्दी और मराठी में उथल–पुथल मचा रही थीं और लघु पत्रिका आन्दोलन भी ज़ोरों पर था। देश की जिन भाषाओं में ऐसे काव्यान्दोलन चल रहे थे, उसके प्रमुख कवियों से चन्द्रकान्त पाटील की अन्तरंगता हुई। मराठी में हिन्दी कविता के इस महत्त्वपूर्ण संकलन के अलावा उन्होंने मुक्तिबोध की लम्बी और प्रसिद्ध कविता 'अँधेरे में' का श्रमसाध्य अनुवाद भी किया। कुछ वर्ष पहले हिन्दी और दूसरी भाषाओं से उनके कुछ और अनुवादों का एक बड़ा संकलन 'कवितान्तर' आया था, जिसे अनुवाद की परम्परा में मील का पत्थर माना जा सकता है। इसके अलावा हिन्दी की दस समकालीन महिला कवियों की प्रतिनिधि कविताओं के उनके अनुवादों की पुस्तक 'संगिनी' तो एक विलक्षण प्रयोग ही है क्योंकि ऐसा संकलन हिन्दी में भी नहीं प्रकाशित हुआ है।

लेकिन यह चन्द्रकान्त पाटील की रचनात्मक और अनुवाद

प्रतिभा का एक पहलू है। दूसरा पहलू यह है कि मराठी–हिन्दी के अलावा दूसरी भाषाओं में भी उनकी यायावरी और आवाजाही हमेशा दोतरफ़ा रही है। आश्चर्य नहीं कि मराठी से हिन्दी में किये गये उनके अनुवाद भी उतने ही महत्त्वपूर्ण हैं। मराठी की दलित कविता को हिन्दी में लाने का यह काम ऐतिहासिक महत्त्व का है। इसकी शुरुआत कई वर्ष पहले तुकाराम के अभंगों से हुई थी। उसके बाद 'सूरज के वंशधर' शीर्षक से मराठी की दलित कविता के उनके अनुवादों का महत्त्वपूर्ण चयन आया। यह उस समय की बात है जब हिन्दी में दलित कविता का उदय भी नहीं हुआ था। फिर प्रसिद्ध नाटककार गोविन्द पुरुषोत्तम देशपांडे के दो नाटकों 'सत्यशोधक' और 'आख़िरी दिन' के पाटील कृत अनुवाद भी लोकप्रिय हुए। और अब पिछले दिनों दलित कविता के उनके नये अनुवादों का एक प्रतिनिधि संचयन भी प्रकाशित हुआ है। इसी तरह, उनके द्वारा सम्पादित 'आवेग', 'साक्षात्कार' और 'वसुधा' के मराठी साहित्य विशेषांकों का भी अपना महत्त्व है जिनके माध्यम से मराठी की उत्कृष्ट रचनाएँ हिन्दी में आ सकीं।

चन्द्रकान्त पाटील के हिन्दी–प्रेम का एक साक्ष्य उनके कविता संग्रह 'अपनी भाषा के समीप' है जिसमें उन्होंने मूल हिन्दी में लिखी गयी अपनी कविताएँ शामिल की हैं। यह बात कुछ आश्चर्यजनक लग सकती है कि मराठी के एक प्रतिष्ठित कवि को हिन्दी में भी कविताएँ लिखने और पुस्तक के रूप में उन्हें प्रकाशित करने की ज़रूरत महसूस हुई। जो भी हो यह एक गहरी भावना का प्रमाण है। और इस संग्रह का नाम भी विलक्षण है–'अपनी भाषा के समीप'। इसका आशय यही है कि हिन्दी पाटील की भाषा के सबसे क़रीब निवास करने वाली भाषा है। प्रसिद्ध हिन्दी कवि शमशेर बहादुर सिंह के कविता संग्रह 'इतने पास अपने' को याद करते हुए हम कह सकते हैं कि चन्द्रकान्त नाम के मराठी कवि हिन्दी के इतने पास हैं और हिन्दी के भी कवि हैं। 'अपनी भाषा के समीप' में संकलित तैंतीस कविताओं का रचनाकाल तीन दशकों में फैला है : सन् 1973 से 2003 तक।

इन तीस वर्षों में हिन्दी कविता के स्वर, शिल्प और मुहावरे में जो बदलाव आये हैं, उन्हें भी हम इस संग्रह में चिह्नित कर सकते हैं। मसलन, आरम्भिक कविताओं में एक व्यक्तिवादी विक्षोभ और निम्नमध्यवर्गीय यथास्थिति से विरोध का स्वर सपाटबयानी और बेबाक़ी के साथ अभिव्यक्त हुआ है। यह व्यक्तिवादी तेवर आगे की कविताओं में व्यंग्य, विडम्बना, करुणा और अन्ततः एक सामाजिक–राजनीतिक शोकगीत, एक मर्सिये की शक्ल लेने लगता है। इसी तरह सन् 1975–76 में आपात्काल के समय लिखी गयी कविताओं में एक गहरी हताशा, दहशत और सन्नाटे के बिम्ब हैं जो समाज और राजनीति के उस स्याह दौर और उसमें रचनात्मक लोगों की मनःस्थिति की ओर संकेत करते हैं। इसी दौर की 'पतझड़', 'रहस्य', 'रात', 'कौन हो तुम', और 'लेकिन' जैसी कविताएँ भी उल्लेखनीय हैं। इसके बाद की कविताओं में 'निस्तब्ध' एक बेजोड़ कविता है जिसे चन्द्रकान्त पाटील 'एक विफल अधूरी कथा' कहते हैं और अपनी भटकन, एक 'शाश्वत निराशा, शाश्वत बेचैनी' और 'आम गिरावट की शाश्वत नैतिक चुभन' के बीच एक 'आत्मान्वेषण' करते हैं। शिल्प की दृष्टि से भी यह कविता विलक्षण है।

'मर्सिये में महफ़ूज़' चन्द्रकान्त पाटील के संग्रह की सबसे मार्मिक कविताओं में से है। यह महान शायर वली दखनी को सम्बोधित है, जिन्हें वली औरंगाबादी भी कहा जाता है और जिनका मज़ार सन् 2002 में गुजरात की राज्य प्रायोजित हिंसा के दौरान हिन्दू उन्मादियों द्वारा ढहा दिया गया। वली औरंगाबादी के लिए एकालाप की शैली में लिखी गयी इस कविता को पढ़ने से लगता है कि कवि ने उन क्रूर परिस्थितियों, देश भर में किये जा रहे साम्प्रदायिक विभाजन और उन्माद को पहले ही देख लिया था जिनकी परिणति सन् 1992 में अयोध्या की बाबरी मस्जिद के विध्वंस, गुजरात के जनसंहार और ख़ुद वली दखनी के मज़ार को मिस्मार करने जैसी घटनाओं में हुई। ग़ौर करने की बात यह है कि यह कविता सन् 1986 यानी गुजरात जनसंहार से 16 साल

पहले की है जब साम्प्रदायिकता हमारे समाज के ताने–बाने को काटने में लगी थी, लेकिन यह भविष्य का एक शोकगीत, एक त्रासदी का विचलित करने वाला पूर्व–कथन साबित हुई। संग्रह में 'उदकमंडलम्', 'कोडेक्कनाल' और 'जोधपुर' जैसी कविताएँ भी हैं जो दृश्यबिम्बों की तरह हैं और पर्यटन स्थलों की दुरवस्था पर मार्मिक टिप्पणी करती हैं। मसलन, 'उदकमण्डलम्' में पर्यटकों ने 'झील, झरने, चट्टानें, खाइयाँ सब ख़रीद लिए हैं' और 'पेड़' पर्यटकों से तंग आ चुके हैं। इसी तरह 'कोडेक्कनाल' को कवि महज़ पेड़ों का एक महानगर मानता है जो विनाश की ओर झुक रहा है। दरअसल, साम्प्रदायिकता, व्यावसायिकता, पर्यावरण के विनाश और मनुष्य के लालच ने हमारे शहरी समाज में जो गिरावट पैदा की है, चन्द्रकान्त पाटील की काव्यदृष्टि उसे विचलित करने वाले ढंग से दर्ज करती है।

'अपनी भाषा के समीप' सिर्फ़ एक मराठी कवि की हिन्दी कविताओं का संग्रह नहीं है, बल्कि यह हिन्दी कविता की परम्परा में नया कुछ जोड़ने वाली किताब भी है। एक कविता में चन्द्रकान्त पाटील कहते हैं :

भीतर का भीतर
बाहर का बाहर
बीचोबीच पहरा देने वाली भाषा नहीं चाहिए।

यह पंक्ति कवि और अनुवादक के रूप में पाटील के काम पर भी खरी उतरती है। वे ऐसी भाषा–बल्कि भाषाओं–के साधक हैं जो पहरेदारी नहीं करतीं, बल्कि दूसरी भाषाओं की ओर दरवाज़े और खिड़कियाँ खोलती हैं, उनके बीच की दीवारों को ढहाती हैं और उनकी दुनियाओं को आपस में मिला देती हैं। मराठी लेखकों के बीच अपनी भाषा को 'माँ' और अनुवाद की भाषा को 'मौसी' कहने का चलन है। प्रसिद्ध मराठी लेखक साने गुरुजी की स्मृति में स्थापित साने गुरुजी ट्रस्ट की ओर से अनुवादों की एक पत्रिका भी प्रकाशित होती है जिसका नाम ही 'माय माउसी' है। चन्द्रकान्त पाटील 'माँ' और 'मौसी' दोनों से एक जैसा प्रेम करते हैं और कभी–कभी लगता है जैसे वे मौसी को ज़्यादा सम्मान देते हैं।

मानी पैदा करता जीवन

यह यक़ीन करना कठिन है कि वीरेन हमारे बीच और इस दुनिया से चला गया है। बार–बार यह भ्रम होता है कि वह यहीं कहीं है, कभी भी मिल जायेगा, मिलते ही गले से लगेगा और अपने मस्तमौलापन में हमें इस तरह बहा ले जायेगा कि हमारी उदासी या नहूसत कम–से–कम उतनी देर के लिए दूर हो जायेगी जितनी देर वह हमारे साथ रहेगा। 'जाना' क्रिया की उसके व्यक्तित्व से संगति नहीं बैठती थी, वह हमेशा 'आता' हुआ होता था और उससे पहली बार मिलने वाले को भी यह नहीं लगता था कि वह पहली बार मिल रहा है। लगातार कम होती हुई संवेदनाओं के इस समय में जब पुराने परिचित भी कभी–कभी इस तरह मिलते हैं जैसे पहली बार मिल रहे हों, वीरेन की शख़्सियत में एक शाश्वत आत्मीयता थी। 'दोस्तो, तुम कि जिनसे ज़िन्दगी में मानी पैदा होते हैं'–शमशेर बहादुर सिंह की यह मशहूर पंक्ति वीरेन की ज़िन्दगी पर पूरी तरह लागू होती थी।

वीरेन से पहली मुलाक़ात को याद करने पर सरोजिनी नगर की बाबू बस्ती का वह कमरा याद आता है जहाँ त्रिनेत्र जोशी और मैं एक सरकारी कर्मचारी शर्मा जी के क्वार्टर में 'सबलेटिंग' में रहते थे। सरोजिनी नगर के पास सफदरजंग हवाई अड्डे से सटी हुई सड़क पर देर रात हम आवारगी करते हुए घूमते थे। रात की उस वीरानी के बीच आसमान में चाँद निकला होता और नीचे वीरेन मज़ाज की मशहूर नज़्म 'आवारगी' को अपनी दमदार आवाज़ में गाता हुआ चलता :

फिर महज़ की आड़ से निकला वो पीला माहताब
जैसे मुल्ले का अमामा जैसे बनिये की किताब
जैसे मुफ़लिस की जवानी जैसे बेवा का शबाब ऐ गमे दिल क्या करूँ
ऐ वहशते दिल क्या करूँ।

हम दोस्त लोग भी तब मुफ़लिस की जवानी जैसे दौर में थे और वह नज़्म हमारे ही जीवन का अक्स लगती थी :

ये रुपहली रात और आकाश पर तारों का जाल
जैसे सूफ़ी का तसव्वुर जैसे आशिक़ का ख़याल
हाय लेकिन कौन जाने कौन समझे जी का हाल।

यह शायद सन् 1970 या 71 की बात है। मैं उन दिनों साप्ताहिक 'हिन्दी पेट्रियट' में था जहाँ मुझे बहुत काम करना पड़ता था। त्रिनेत्र उन्हीं दिनों दिल्ली आया था और रोज़गार खोज रहा था। दोस्तों का एक अच्छा–ख़ासा समूह इर्द–गिर्द जमा हो गया था और तमाम अभावों के बीच हम लोगों ने इस दिल्ली के भीतर अपनी एक दिल्ली खोज ली थी जो कनॉट प्लेस के शामियाना कॉफ़ी हाउस (जिसे शहर के व्यवस्था–विरोधी बुद्धिजीवियों का अड्डा होने के कारण एमरजेंसी के दिनों में संजय गाँधी ने ढहा दिया), मोहन सिंह प्लेस के टेरेस वाले कॉफ़ी हाउस, दोस्तों की नौकरी के छोटे–मोटे दफ़्तरों और सड़कों को पैदल नापने तक फैली हुई थी। कुछ ही समय पहले हुई नक्सलबाड़ी की 'वसन्त गर्जना' की गूँज दिल्ली की हवाओं में भी व्याप्त थी और बौद्धिक दुनिया में लोहियावाद और ग़ैर–कांग्रेसवाद का फ़ैशन था। अकविता–अकहानी आन्दोलन के लेखक और उस समय के प्रतिष्ठित साहित्यकार प्रायः कुछ सम्भ्रान्त क़िस्म के टी–हाउस में बैठते, लेकिन हम उसे यथास्थितिवादी जगह मान कर मोहन सिंह प्लेस को बेहतर समझते जहाँ के कई बेयरों से हमारी इस क़दर दोस्ती हो गयी थी कि हम न सिर्फ़ खाने–पीने का उधार करते, बल्कि घर लौटने के लिए बस का किराया भी उनसे माँग लेते। कॉफ़ी हाउस के निचले तल्ले पर भी चाय की एक दुकान थी

जिसके मालिक एक मुस्लिम थे। लेकिन लोग उन्हें 'पण्डित जी' कहते थे। उनसे भी इसी तरह उधारी का रिश्ता था। आनन्द स्वरूप वर्मा, आलोक धन्वा, अजय सिंह, सईद, प्रभाती नौटियाल, इब्बार रब्बी, गिरधर राठी, असग़र वजाहत आदि से दोस्ती भी इसी दौर की देन है जब कठिन संघर्षों के बाजवूद हम लोग बेपरवाह थे और परिवर्तनकारी लहरों के साथ ख़ुद को शिद्दत से बहता हुआ महसूस करते थे। तमाम मुफ़लिसी के बावजूद एक तत्कालीन स्वप्न और उम्मीद से हमारे चेहरे चमकते रहते थे। जीवन इस क़दर सामूहिक था कि एक अदृश्य–सा कम्यून हमारे दिल और दिमाग़ में बसा हुआ था और हमारे अलग–अलग नाम भी समूहवाचक संज्ञाओं की तरह थे। वीरेन तब इलाहाबाद विश्वविद्यालय में पढ़ता था और जब भी आता, हमारे साथ रुकता। उन दिनों एक पत्रिका में छपी उसकी कविता 'भूगोल–रहित' की चर्चा थी।

कुछ वर्ष बाद जब मैं भोपाल से होता हुआ दैनिक 'अमृत प्रभात' के रविवारी परिशिष्ट को निकालने इलाहाबाद पहुँचा तो वीरेन के साथ एक ही घर में रहने का संयोग हुआ। उन दिनों दिल्ली रंगमंच के विख्यात अभिनेता, शास्त्रीय संगीत के गहरे जानकार और मेरे लिए बड़े भाई का दर्जा रखने वाले विश्व मोहन बडोला वहाँ 'नॉर्दर्न इंडिया पत्रिका' में समाचार सम्पादक थे। इस अँग्रेज़ी दैनिक ने आज़ादी की लड़ाई में अँग्रेज़ों का विरोध करने के कारण प्रतिष्ठा अर्जित की थी और अब वह हिन्दी दैनिक निकालने जा रहा था। मेरे इलाहाबाद पहुँचने से पहले ही बडोला जी ने मेरे रहने की जगह तय कर दी थी : ज़्यादातर बंगाली लोगों और शेखर जोशी, भैरव प्रसाद गुप्त, नरेश मेहता और ज्ञानरंजन जैसे कई लेखकों की बस्ती लूकर गंज और ख़ुसरो बाग़ रोड पर उपेन्द्रनाथ अश्क के घर के बीच एक मकान में एक फ़्लैट था जिसके एक कमरे में वीरेन और उसकी पत्नी रीता भाभी थीं और एक कमरा मेरे पास था जहाँ कुछ दिनों बाद मेरी पत्नी संयुक्ता भी आ गयी थीं। रसोई और बैठक साझा थीं।

रात में रेलवे स्टेशन से ट्रेन के भोंपू की आवाज़ आती तो घर के पास स्थित 'बमपुलिस' से कुत्तों का भौंकना सुनाई देता। कभी–कभी देर रात को घर लौटते समय कुत्तों का समवेत भौंकना तेज़ हो जाता तो वीरेन घबरा जाता, लेकिन मैं कहता : 'डरो नहीं। बस अपनी चाल में थोड़ा–सा फ़ौजी अकड़ पैदा करो, कुत्ते ख़ुद ही डर जायेंगे', और यह तरकीब कारगर साबित होती।

वीरेन 'हिन्दी कविता में मिथक और प्रतीक' विषय पर शोध करने के लिए बरेली कॉलेज से अवकाश लेकर आया था, लेकिन शोध की तरफ़ कम ही तवज्जो देता था। सुबह मैं दफ़्तर चला जाता तो कुछ देर बाद वह भी तैयार होकर एडमंस्टन रोड पर 'पत्रिका हाउस' का रुख करता जहाँ उसके कई दोस्त बन गये थे जिनमें मनोहर नायक प्रमुख था जिसके साथ उसने मेरे इलाहाबाद से लखनऊ चले आने के बाद ज़्यादातर वक़्त बिताया। 'अमृत प्रभात' में वह मनोहर के साथ बैठकर ख़बरें बनाने लगता तो कभी रविवारी परिशिष्ट की रचनाओं का सम्पादन करके बेहतर बना देता। उसने 'घूमता आईना' नाम से एक साप्ताहिक स्तम्भ लिखना भी शुरू किया जिसमें आम तौर पर ख़बरों से बाहर रहने वाली घटनाओं, स्थितियों, जगहों और लोगों के बारे में चुस्त और विलक्षण टिप्पणियाँ होती थीं। शहर के विशाल बँगलों की निर्वात नीरवता, उनके पेड़ों पर जमी धूल, उनके स्थिर पत्तों, विश्वविद्यालय और उसके इर्द–गिर्द के जीवन की हलचलों, भारी–भरकम अँग्रेज़ी नामों वाली सड़कों की दुर्दशा और ऐसी ही विडम्बनाओं की पड़ताल के कारण यह एक लोकप्रिय स्तम्भ बन गया था। एक बार वीरेन ने प्रेमचन्द के बेटे और जाने–माने साहित्यकार अमृतराय के घर की नफासत और सजावट का ज़िक्र करते हुए लिखा कि 'प्रेमचन्द अगर होते तो उन्हें वहाँ प्रवेश करते हुए घबराहट होती।' याद आता है कि अमृतराय इस टिप्पणी से नाख़ुश भी हुए थे। पत्रकारिता से गहरा लगाव वीरेन को बाद में लखनऊ के 'अमृत प्रभात' में शौक़िया राजनीतिक रिपोर्टिंग करने और अन्ततः अध्यापन से छुट्टी लेकर 'अमर उजाला' की

सम्पादकीय तक ले गया जहाँ उसने कई—कुछ अच्छे, कुछ ख़राब युवा पत्रकारों को सँवारने का भी काम किया।

अक्सर हम लोग शामें बिताने सिविल लाइंस आ जाते जहाँ एक छोर पर नीलाभ प्रकाशन और कॉफ़ी हाउस थे, जिनके सामने रेलिंग थी, जिनके ऊपर नीम के दरख़्तों से गिरी हुई पत्तियों की ढेरियाँ बनाकर जलाई जाती थीं और उनका कसैला—सा धुआँ हवा में मन्थर रफ़्तार से घुलता रहता। सिविल लाइंस एक विस्तीर्ण जगह थी, जिसकी धूप—छाँह की झिलमिलाहट चमत्कृत करती थी। उसे अँग्रेज़ों ने बहुत व्यवस्थित तरीक़े से बसाया था, लेकिन उसमें एक ख़ास ग्रामीणता भी बची हुई थी। हमारा कुछ समय नीलाभ प्रकाशन में बीतता और कुछ उससे सटे हुए कॉफ़ी हाउस के भीतर या उसके अहाते में, जहाँ बहुत से नामी—अनामी वकील, लेखक और प्राध्यापक आते—जाते दिखते। इलाहाबाद के प्रायः सभी लेखक कॉफ़ी हाउस आते थे। सबकी अपनी मण्डलियाँ थीं। नयी कविता या 'परिमल' दल के लोग—विजयदेव नारायण साही, रामस्वरूप चतुर्वेदी, जगदीश गुप्त, विपिन कुमार अग्रवाल, लक्ष्मीकान्त वर्मा, केशव चन्द्र वर्मा आदि प्रायः साथ बैठे नज़र आते। हम लोग इन इलाहाबादी दिग्गजों से एक ख़ास दूरी बना कर रहते। वीरेन रामस्वरूप जी के निर्देशन में शोध कर रहा था और अपने काम पर ज़रा भी ध्यान नहीं देता था इसलिए उनसे कतराता और उन्हें देखकर टॉयलेट में भी चला जाता। यह पता चलने पर रामस्वरूप जी ने एक दिन वीरेन को रोका और अपराध—बोध के साथ कहा : 'वीरेन—जी, क्या आप मुझे देखकर टॉयलेट में चले जाते हैं? भई, ऐसा मत कीजिए। आप आराम से शोध कीजिए। जब कभी कोई अध्याय पूरा हो जाये तो मुझे दिखा दीजियेगा।' साही जी की बौद्धिकता और रोमांचकारी मिथकीय कविता के प्रति हम लोगों में वाक़ई सम्मान था लेकिन उनके निकट जाने से भी परहेज़ करते। एक दिन उन्होंने मुझे बुलाकर कहा : 'अरे, आप तो मिलते ही नहीं। मैंने अभी आपकी 'रेल में सात कविताएँ' पढ़ीं और मुझे युवा शमशेर की याद आ गयी।'

सिविल लाइंस के कोने पर एक 'लैंडमार्क' की तरह स्थित उस बड़े चर्च के पास भी हम लोग बैठते, जिसकी ख़ामोशी उसके आकार जितनी बड़ी लगती थी। इतने बड़े चर्च में कोई दिखाई नहीं देता था इसलिए उसका सन्नाटा दिन में भी कुछ रहस्यमय हो उठता और उसके अहाते में जाकर ज़ोर से किसी को पुकारने की इच्छा होती। उसकी रेलिंग पर बैठकर दो–चार बार हमने शराबनोशी भी की।

वीरेन के पास एक पुराना लम्ब्रेटा स्कूटर था और मनोहर के पास एक पुरानी साइकिल, जिसका एक पैडल टूटा हुआ रहता था। इन वाहनों पर बैठकर मैंने इलाहाबाद की सड़कों की काफ़ी सैर की। मनोहर नायक की साइकिल की विचित्र गति थी : भीड़–भरी सड़कों पर वह बहुत तेज़ हो जाती, लेकिन जैसे ही सड़क खाली मिलती, मनोहर का उत्साह और साइकिल का वेग, दोनों मन्द पड़ जाते। मनोहर किसी खिलाड़ी की तरह अजब करतब करता हुआ साइकिल चलाता था। एक बार उसने एक ताँगे के घोड़े के मुँह के नीचे से ही साइकिल निकाल ली और तभी संयोग से ताँगे वाले ने अपना चाबुक फटकारा, जो मेरी पीठ पर आकर लगा। मनोहर के साथ कभी–कभी महादेवी जी के घर जाना भी होता था जहाँ वीरेन के पुराने मित्र रामजी पाण्डे के परिवार से मिलना सुखद लगता। रामजी महादेवी जी का लम्बा साथ देने वाले साहित्यकार गंगाप्रसाद पाण्डे के पुत्र थे और उसी घर में सपरिवार रहते थे। हम लोगों के आने पर अक्सर महादेवी जी बैठक में चली आतीं, एकाध ठहाके लगातीं और हमें कुछ खाये बग़ैर नहीं लौटने देतीं, लेकिन हमारे पास उनसे बात करने के लिए कुछ ख़ास नहीं होता था क्योंकि कुछेक गीतों को छोड़कर हमें महादेवी की रचनाएँ पसन्द नहीं थीं और महादेवी भी शहर के साहित्यिक दायरे में करुणा की निष्क्रिय प्रतिमूर्ति जैसी बन चुकी थीं। अच्छी बात यह थी कि वे थोड़ी देर बाद चली जाती थीं। मनोहर पर उनका विशेष स्नेह था क्योंकि उसकी सितारवादक माँ महादेवी जी के महिला विद्यापीठ की छात्रा और

महादेवी की प्रिय शिष्य रह चुकी थीं। उन्हीं दिनों एक ख़बर या अफ़वाह भी सुनी कि महादेवी जी पर 'शुद्धता' और 'पवित्रता' का ऐसा जुनून सवार रहता है कि किसी नये व्यक्ति से मिलने के बाद वे हमेशा स्नान करती हैं और इस तरह कभी–कभी उन्हें दिन में कई बार नहाना पड़ता है।

इलाहाबाद तब हमारे लिए जीवन्त और जादुई हो उठता था जब जबलपुर से ज्ञानरंजन आते थे। वे जबलपुर में बस गये थे, लेकिन इलाहाबाद उनके भीतर से जाता नहीं था, वह उनकी आत्मा में अपनी ही एक कहानी 'अमरूद के पेड़' या शहर में होने वाले बड़े आकार के मीठे अमरूदों की ख़ुशबू की तरह बसा हुआ था। वे लौट–लौटकर इलाहाबाद आते जैसे कभी गये न हों और उनके प्यार में इतनी भावुकता थी कि जब शहर बर्बाद होने और भू–माफ़िया और बिल्डरों के क़ब्ज़े में आने लगा तो हताश होने के बावजूद उनके प्रेम में कोई कमी नहीं आयी। उनकी आख़िरी कहानी 'अनुभव' इस त्रासद बदलाव को दर्ज भी करती है। ज्ञान भाई के दो संस्मरण और कई कहानियाँ इसके उदाहरण हैं कि वे किस नायाबी और अनन्तता के साथ अपने शहर को जीते थे। यह कहना बेहतर होगा कि उनकी हर रचना का विषय इलाहाबाद है, भले ही उसमें इलाहाबाद न हो। ज्ञान इस शहर के महान 'लघुमानवों' के साथ भूल कर भी नहीं बैठते थे, बल्कि उनकी दोस्ती वीरेन, नीलाभ, बडोला–जी और मुझसे थी या फिर उन लोगों से, जिनका साहित्य से कोई नाता नहीं था, जिन्हें आवारगी और हर जगह 'मिसफिट' रहने का जीवन रास आता था। उनकी गहरी मित्रता कवि प्रभात से भी थी जो कुछ अद्‌भुत कविताएँ लिखने के बावजूद या इसी वजह से पागलपन के शिकार हो गये थे। कहते थे कि एक प्रेम–प्रसंग में निराश होने के बाद वे ख़ुद को सँभाल नहीं पाये। प्रभात कभी एकदम सुबह पैदल आकर हमारे घर में दस्तक देते, हम उन्हें चाय–नाश्ता और कभी–कभी वापस जाने के लिए मामूली–सा पैसा भी देते। कवि होने का ऐसा तर्कातीत और विचलित करने

वाला आयाम मैंने पहली बार देखा था। हम उनसे इतने सम्मान से पेश आते जैसे अपने दौर के निराला से मिल रहे हों। ज्ञान भाई के आने पर जैसे पूरा इलाहाबाद चहक उठता और शहर के बुद्धिजीवी भी ख़ुश हो उठते जैसे कोई बिछुड़ा हुआ घर लौट आया हो। इलाहाबाद आलोचकों और पर–निन्दकों के लिए भी मशहूर रहा है, लेकिन ज्ञान भाई की कभी कोई निन्दा सुनने में नहीं आयी। हद से हद लोग यह शिकायत करते थे कि शहर का सबसे योग्य साहित्यिक बेटा यहाँ से चला गया।

बडोला जी से ज्ञानरंजन की गहरी दोस्ती इलाहाबाद में ही शुरू हुई। उनका घर भी लूकरगंज में ही था जहाँ बहुत–सी शामें गुज़रतीं, पीना–पिलाना होता और बडोला जी अपनी बाँसुरी जैसी मीठी आवाज़ में शास्त्रीय गायन करते। मालकौंस, यमन, शुद्ध कल्याण, मिश्र गारा, पीलू, शिवरंजनी, जनसम्मोहिनी, खम्भावती, मालगुंजी और बहुत से पहाड़ी गीत। फ़िल्मी गीत वे कभी नहीं गाते थे और सिर्फ़ 'मन तड़पत हरि दर्शन को आज' या 'कोई सागर दिल को बहलाता नहीं' और 'हाये रे वो दिन क्यूँ ना आये' को मालकौंस और जनसम्मोहिनी रागों का उम्दा उदाहरण मानते। उन्होंने कई वर्ष तक बाकायदा शास्त्रीय गायन की शिक्षा ली थी और कुछ समय डागर बन्धुओं से ध्रुपद भी सीखा था, लेकिन फिर पत्रकारिता और रंगमंच को समर्पित हो गये। मुझमें शास्त्रीय संगीत के लिए एक दीवानगी थी, इसलिए कभी–कभी तरंग में आकर मैं भी गाने लगता और फिर शरारतन पूछता कि बताइए, यह कौन–सा राग है, तो वे कहते, 'हाँ, तुम भ्रष्ट कल्याण गा रहे हो!' मेरा तथाकथित शास्त्रीय गायन शुरू होने पर वीरेन अपने दोनों कानों पर अँगुलियाँ रख लेता या मेरा मज़ाक़ उड़ाते हुए ख़ुद गाने लगता! लेकिन उनके घर की ये बैठकें सिर्फ़ मौज–मज़े के लिए नहीं थीं, बल्कि उनसे हमारी संगीत संवेदना पुख़्ता हुई और 'पहल' के कविता अंक की योजना भी यहीं बनी जो बाद में 'इस नवान्न में' नाम से पुस्तक रूप में छपा और आज भी याद किया जाता है। बडोला जी के घर सुशीला भाभी का बनाया हुआ

स्वादिष्ट भोजन भी ख़ूब किया। खाने की यादें अश्क जी के घर की भी हैं जहाँ हम अक्सर टमाटर वाले ऑमलेट–पराँठे खाते थे। अश्क जी की पत्नी कौशल्या जी 'गुड्डे' यानी नीलाभ का दोस्त होने के नाते हमारी ख़ूब आवभगत करतीं और अश्क जी चाहते कि हम नीलाभ से ज़्यादा उनकी संगत में बैठें। नीलाभ से अक्सर सुबह की नमस्ते हो जाती थी जब वह अपनी छत पर आता था। वीरेन बहुत पारिवारिक क़िस्म का प्राणी था इसलिए उस घर के सभी लोगों का चहेता था।

इलाहाबाद का वह समय सुन्दर और उर्वर था। जयशंकर प्रसाद की एक कविता पंक्ति 'यौवन तेरी शीतल छाया' में बैठने की तरह। अजनबी हवाओं में उड़ते पत्ते जैसी मेरी ज़िन्दगी में कुछ स्थिरता आयी, वीरेन ने कविता को–अपेक्षाकृत गम्भीरता से लेना शुरू किया और हमारी वैचारिक प्रतिबद्धता मज़बूत हुई। अक्सर मैं वीरेन को कविता लिखने के लिए कोंचता रहता और वह कहता : यार, कल कुछ लाइनें लिखी थीं। मैंने किताबों के बीच कहीं उस काग़ज़ को तिरछा और आड़ा करके रखा है। कभी वह कहता कि मैंने उसे कहीं गोल करके रखा हुआ है और फिर उस तिरछी और आड़ी और गोल कविता को ढूँढ़ने की क़वायद शुरू हो जाती। इसके बावजूद वीरेन ने उस दौर में कुछ बेहतरीन कविताएँ लिखीं। मसलन, 'समय', 'मक्खी', 'समोसे', 'छावनी', 'गाय', 'ऊँट', 'मेरा बच्चा', 'कवि', 'सड़क के लिए सात कविताएँ' आदि और 'पर्जन्य', 'वरुण', 'इन्द्र', 'द्योस' जैसी वैदिक सन्दर्भों की और 'रामसिंह' जैसी कविता भी, जिन्होंने वीरेन को एक महत्त्वूर्ण जनवादी कवि के रूप में पहचान दी। मेरी ही तरह वीरेन के लिखने की रफ़्तार बहुत कम थी क्योंकि कविता के प्रति उसके भीतर कुछ ऐसा भाव था जैसे वह एक पवित्र और मानवेतर काम हो–प्रेम करने की ही तरह–और हम जैसे नश्वर दुनियावी लोग उसे कभी–कभी और वह भी थोड़ा–सा कर सकते हों। *इश्क़ मीर एक भारी पत्थर है, कब ये तुझ नातवां से उठता है*–मीर तकी मीर का यह शेर हमारा आदर्श वाक्य था।

लगता था कि कविता के लिए एक दूसरी तरह का, कबीर, निराला और मुक्तिबोध जैसा बीहड़ जीवन ज़रूरी है। वीरेन कबीर की पंक्तियों को भी उद्धृत करता था :

कबिरा सैल सिशर घर, बाट सलेली सैल
जहाँ न पिपीलिका चढ़ सके, लोगन लादे बैल।

मीर का एक और शेर याद आता : *ले साँस भी आहिस्ता कि नाज़ुक बहुत है काम/आफ़ाक की इस कारगहे शीशागरी का* और इसी के साथ शमशेर जी की कीमियागरी भी याद आती जिनके अद्‌भुत स्नेह की छाया मुझे दिल्ली में नसीब हुई थी। इस तरह हम कविता न लिख पाने की ग्लानि से बचे रहते थे और हमारी लापरवाही और आलस्य का आलम यह था कि ज्ञान भाई मज़ाक़ में हम दोनों को प्रेमचन्द की कहानी 'कफ़न' का 'घीसू–माधव' कहने लगे थे। हम दोनों इस बात पर सहमत थे कि अच्छा मनुष्य होना अच्छा कवि होने से कहीं ज़्यादा ज़रूरी है। किसी बात की आलोचना करने के लिए 'अमानवीय' एक ऐसा शब्द था जो मेरे कारण चलन में आ गया था।

हम लोग क़रीब तीन वर्ष साथ रहे, लेकिन याद नहीं आता कि हमारे बीच कोई गम्भीर मतभेद या विवाद हुआ हो। वीरेन के बेटे तुर्की का जन्म हो गया था और वह अपनी अराजकता और गृहस्थी के बीच एक प्रीतिकर सन्तुलन बनाये रखता और इन दो दुनियाओं को मिलाने में कोई तनाव नहीं महसूस करता। वह शुरू से ही उत्फुल्ल, नाटकीय और लोगों को ख़ुश रखने वाला मनुष्य था। दूसरी तरफ़ मैं अगर असामाजिक नहीं तो कुछ ग़ैर–सामाजिक क़िस्म का व्यक्ति ज़रूर था जिसे अपनी हताशाओं और अवसाद से प्रेम था, और मुझे सामाजिक शऊर देने और थोड़ा–बहुत ख़ुश रहना सिखाने में जिन लोगों की बड़ी भूमिका रही, उनमें वीरेन भी था। ज्ञान भाई की ही तरह उसे भी इलाहाबाद से जैविक क़िस्म का लगाव था : उसकी पढ़ाई वहाँ हुई थी, उसकी ससुराल वहाँ थी और अब वह डी. लिट्. करने भी वहाँ आ गया था। उसकी 'इलाहाबाद : 1970' और

'सड़क के लिए सात कविताएँ' इस प्रेम का उदाहरण हैं—*मैं तुझे ले जाता हूँ अपने साथ / जैसे किनारे को ले जाता है जल।* उस घर में शहर और बाहर के भी बहुत से मित्रों की आवाजाही थी। वह कई कॉमरेडों का रात का ठिकाना भी था जो उन दिनों भूमिगत होने के कारण छद्म नामों से जाने जाते थे और जिनमें से कुछ के वास्तविक नाम हमें बहुत बाद में तब पता चले जब वे भूमिगत जीवन से बाहर आ गये। वे प्रायः देर रात में प्रवेश करते और सुबह होते ही प्रस्थान कर जाते। उनके आने पर वीरेन कुछ ख़ुशी और कुछ आशंका से भर उठता, लेकिन हम यह ज़रूर महसूस करते कि क्रान्तिकारी परिवर्तन के काम में हमारा यह न्यूनतम योगदान है। एक बार इब्बार रब्बी हमारे घर रुका तो शाम को मौज में आकर वीरेन और उसने लोकनाथ गली में जाकर भाँग वाले गुलाब जामुन खा लिये। वीरेन उसे झेल गया लेकिन रब्बी अगले पूरे दिन लगभग बेसुध लेटा रहा। मुझे चिन्ता हुई कि पता नहीं क्या होगा, लेकिन वीरेन इस वानस्पतिक नशे से ग्रस्त विश्वविद्यालय के छात्रवासों में रह चुका था और भाँग के ऐसे असर से परिचित था।

वीरेन को छन्द बहुत आकर्षित करते थे और उन पर उसकी पकड़ भी थी। जनता की पक्षधर कविता तो वह लिखता ही था, लेकिन ऐसी कविता भी लिखने की इच्छा रखता था कि जिसके शब्दों का कोई अर्थ न हो, बल्कि जिसके शब्दों का कहीं अस्तित्व ही न हो और वे उस कविता में ही पहली बार प्रकट हुए हों। इसके लिए कविता और उसके ढाँचे में बड़ी तोड़फोड़ ज़रूरी थी। हमारे सामने अकविता के दौर में लिखी गयी मुद्राराक्षस की 'द्रा द्रा द्रा मु मु मु रा रा रा' जैसी कविताओं के उदाहरण मौजूद थे, लेकिन वीरेन का मक़सद यह नहीं, एक सर्वथा अनस्तित्वात्मक शब्दों की कविता लिखना था। बाद में उसने एक कविता में 'अरे, उरे, पूरे, अपूरे, दरे, अदपूरे' जैसे शब्दों का इस्तेमाल ज़रूर किया लेकिन वे निरर्थक नहीं थे, बल्कि विभिन्न रेलवे डिविज़नों के संकेतक थे। दरअसल वीरेन की संवेदना में निराला—शमशेर

सरीखा क्लासिकी तत्त्व और तोड़–फोड़ करने वाला अवांगार्द एक साथ सक्रिय रहते थे। बाद के वर्षों में उसने 'सूअर के बच्चे का प्रथम वर्षा–दर्शन', 'मानवीकरण', 'कुछ कद्दू चमकाये मैंने' जैसी कविताओं से यह बताया कि वह एक तरफ़ छन्द और दूसरी तरफ़ हमारे समय की विरूपता को किस ख़ूबी के साथ कविता में साध सकता है। उसने जनगीत नुमा रचनाएँ भी लिखीं जिनमें से 'इतने भले नहीं बन जाना साथी', 'आयेंगे उजले दिन ज़रूर' और 'यह हमने कैसा समाज रच डाला है' गोष्ठियों में काफ़ी पढ़ी–गायी जाती हैं। चीज़ों को देखने के उसके विलक्षण कोण की बाबत नीलाभ ने एक बार एक प्रसंग सुनाते हुए कहा, 'सोवियत संघ और फिनलैंड के बीच समुद्र में मछली पकड़ने पर गहरा विवाद हो रहा था और विश्लेषक कहीं सोवियत तो कहीं फिनलैंड के नज़रिये से टिप्पणियाँ कर रहे थे। इस पर एक टिप्पणीकार ने कहा कि अब मछलियों के नज़रिये से इस समस्या को देखा जाना चाहिए। वीरेन के पास वही मछलियों वाला नज़रिया है।'

सन् 1980 में जब 'अमृत प्रभात' लखनऊ से शुरू हुआ तो मुझे सम्पादकीय टीम को जुटाने के लिए वहाँ भेज दिया गया। इलाहाबाद से जाना किसी सुखद सपने से बाहर आने की तरह था जिसका बस एक स्पर्श या आभास हमेशा के लिए भीतर छूट गया हो। लखनऊ में कुछ पुराने दोस्त जुट गये थे : अजय सिंह, मोहन थपलियाल, अनिल सिन्हा। लेकिन वीरेन जब–तब वहाँ आता रहता। अख़बार के समाचार सम्पादक कमलेश बिहारी माथुर उसकी रिपोर्टिंग और भाषा से प्रभावित थे और वीरेन भी पत्रकारिता में आना चाहता था। लखनऊ आकर उसने इन्दिरा गाँधी के रायबरेली दौरे की अच्छी रिपोर्टिंग की थी, लेकिन अन्ततः इलाहाबाद लौट गया ताकि अपना शोध कार्य पूरा कर सके। तीन साल बाद दिल्ली से 'जनसत्ता' का प्रकाशन हुआ तो मुझे उसके संस्थापक–सम्पादक प्रभाष जोशी ने बुला लिया। मैं लखनऊ नहीं छोड़ना चाहता था क्योंकि 'नवभारत टाइम्स' के सम्पादक राजेन्द्र माथुर ने मुझे वहाँ से प्रकाशित होने जा रहे

संस्करण में नियुक्ति दे दी थी, लेकिन वीरेन और मनोहर नायक ने मुझे जबरन और बग़ैर टिकट अपने साथ ट्रेन के ए.सी. डिब्बे में ठूँस दिया जहाँ संडास के पास बेंच पर हमें जगह मिली। मनोहर को भी 'जनसत्ता' में इंटरव्यू के लिए जाना था, लेकिन वीरेन ने अपने घर बरेली उतरकर हमारे लिए दो टिकट लिए और दोनों को दिल्ली पहुँचा दिया। इलाहाबाद और लखनऊ इस तरह मुझसे छूट गये, लेकिन वीरेन का साथ नहीं छूटा और अन्त तक बना रहा।

हमें एक–दूसरे की इतनी आदत हो गयी थी कि वह जब भी दिल्ली आता, शायद पहला फ़ोन मुझे ही करता। इन वर्षों के दौरान हमने मस्ती की, एक साथ जगह–जगह की यात्राएँ कीं, ट्रेनों के टॉयलेट तक में शराब हलक से उतारी, झगड़े भी किये, लेकिन ऐसा कभी नहीं हुआ कि वीरेन ने मेरी किसी बात की गाँठ बाँध ली हो। कितना भी विवाद हो, अगले दिन फ़ोन पर उसकी आवाज़ ज़रूर सुनाई पड़ती 'कहो भइए!' एक बार एक जाने–माने आलोचक ने एक महत्त्वपूर्ण समकालीन कवि की आलोचना में कुछ कहा जो मुझे ग़लत और अनुचित लगा और मैंने उनकी बैठक से यह कह कर वाकआउट कर दिया कि हम कवि लोग हिन्दी का नमक नहीं खाते हैं। वीरेन उस शाम को ख़राब नहीं करना चाहता था, शायद इसलिए मेरा पक्ष नहीं ले रहा था, लेकिन कुछ देर बाद मैंने पीछे मुड़कर देखा कि वीरेन भी चला आ रहा है। मित्रताएँ कसौटियों, आईनों और प्रकाश स्तम्भों की तरह होती हैं, हम उनमें ख़ुद को देखते हैं, ख़ुद को उन पर कसते–परखते हैं ताकि पता चल सके कि हम सही हैं या नहीं और कहीं भटक तो नहीं गये हैं। हम शायद इसी तरह के मित्र थे–एक–दूसरे के भीतर कोई राह ढूँढ़ते हुए, एक–दूसरे के लिए 'साउंडिंग बोर्ड' का काम करते हुए। वीरेन के लिए तो शायद सभी दोस्तियाँ आईनों की मानिन्द थीं जिनमें वह अपना अक्स देखना चाहता रहा। शमशेर जी ने एक बार रघुवीर सहाय को पत्र में लिखा था कि किसी भी कवि के लिए तीन चीज़ें

ज़रूर हैं : ऑक्सीजन, मार्क्सवाद और अवाम के आईने में अपनी छवि। हम इस कसौटी को खुद पर भी लागू करना चाहते थे। यह अकारण नहीं था कि वीरेन मेरी बहकों और सनकों की आलोचना भी करता और यह कहते हुए उन्हें दुरुस्त करने की कोशिश करता कि 'मुझे दूसरों की नहीं, तुम्हारी चिन्ता है।' हमारे परिवार में संयुक्ता और दोनों बच्चों से उसे गहरा लगाव था और उसके आने पर वे ख़ुशी से भर उठते। कुल मिलाकर वह हमारी पीढ़ी का सबसे चहेता कवि हो गया था। कभी–कभी यह ज़रूर लगता कि वह हर दिल अजीज़ी की गिरफ़्त में आ रहा है, किसी के जीवन में हस्तक्षेप करने से कतराता है और हरेक की जड़ता या यथास्थिति को स्वीकार कर लेता है।

यह वीरेन की जीवनोन्मुखता ही थी कि वह कई वर्ष तक कैंसर जैसे रोग से बहादुरी के साथ लड़ता रहा। बार–बार की सर्जरी ने उसके शरीर को जर्जर बना दिया था। कभी–कभी यह आशंका होती थी कि कोई भी मुलाक़ात उससे आख़िरी मुलाक़ात हो सकती है और यह ख़याल आने पर आँखें नम हो जातीं, लेकिन फिर उसके जीवट को देखकर भरोसा बँधता और उसकी कविता की पंक्ति याद आती : *जब आये हैं यहाँ तलक चलकर/ तो आगे भी चलकर जायेंगे* या अर्नेस्ट हेमिंग्वे के उपन्यास 'द ओल्ड मैन एंड द सी' का यह वाक्य याद आता कि 'इन्सान को ख़त्म किया जा सकता है, लेकिन उसे पराजित नहीं किया जा सकता।' गम्भीर बीमारी से जूझने के बावजूद उसने हताशा को घर नहीं करने दिया और उसके व्यवहार में ज़रा भी आत्मदया नहीं आयी। इसका साक्ष्य उन कविताओं में भी मिलता है जो उसने इस दौरान लिखीं और जिनमें सारी यन्त्रणा के हवालों के बावजूद प्रतिरोध, प्रेम और महान आशावाद का उसका पुराना जज़्बा बरकरार दिखता है :

अहर्निश चलते इस महासंग्राम में
हे महाजीवन चल सकूँ कम–से–कम
एक क़दम तेरे साथ

प्रेम के लिए शान्ति के लिए
उन बच्चों के लिए, जिन्होंने अभी चलना ही सीखा है
और बहुराष्ट्रीय पूँजी के कुत्ते
देखो अभी से उन पर घात लगाये हुए हैं।

इसी कविता में वीरेन अपने जीने की लालसा की वजह भी बतलाता है :

उसी आदमखोर जबड़े को थोड़ा सा भी
टूटता हुआ देखने के लालच से भरे हैं
ये मेरे युद्धरत देह और प्राण।

अपनी देह और प्राणों के साथ युद्धरत वीरेन अन्ततः चला गया, लेकिन यह जाना एक अपराजेय व्यक्ति का जाना है।

एक सच्ची रचना की मार्फ़त अक्सर उसके पीछे छिपे रचनाकार की पहचान उभर आती है और कविता हमें उस मनुष्य तक पहुँचा देती है जिसने उसे लिखा है। वीरेन पर यह बात पूरी तरह लागू होती थी कि एक अच्छा कवि पहले एक अच्छा मनुष्य होता है। दरअसल, कविता वीरेन की पहली प्राथमिकता भी नहीं थी, बल्कि उसकी संवेदनशीलता और इन्सानियत के भविष्य के प्रति अटूट आस्था का ही एक विस्तार, एक आयाम थी, उसकी अच्छाई की एक अभिव्यक्ति और एक पगचिह्न थी। तीन कविता संग्रहों में प्रकाशित उनकी कविताएँ अपनी अनोखी विषयवस्तु और शिल्प के प्रयोगों के कारण महत्त्वपूर्ण हैं जिनमें से कई जन आन्दोलनों और सभाओं का हिस्सा भी बनीं और यह देखकर कुछ हैरत होती है कि उनकी रचना एक ऐसे कवि ने की है जो व्यवस्थित होकर नहीं लिखता रहा। यह कविता बहुत मामूली, नगण्य कही जाने वाली चीज़ों और लोगों को प्रतिष्ठित करती है, उनके प्रति अपना प्रेम दर्शाती है और इसी के ज़रिये अपनी प्रतिबद्ध और वाम राजनीति को भी तैयार करती है। वह एक अजन्मे बच्चे को माँ की कोख में फुदकते 'रंगीन गुब्बारे की तरह फूलते–पिचकते, कोई शरारत भरा करतब सोचते हुए' महसूस करती है, दोस्तों की गेंद जैसी बेटियों को अच्छे भविष्य का भरोसा दिलाती है और उसका यह प्रेम मनुष्यों, पशुओं, पक्षियों, वनस्पतियों, हवाओं,

रेलगाड़ियों, फेरी वालों, नीबू, इमली, चूने, पाइप के पानी, पोदीने, पोस्टकार्ड, चप्पल और भात जैसी चीज़ों तक को समेट लेता है। इस उदात्त भावना में पी.टी. ऊषा के लिए जितना लगाव है उतना ही स्याही की दवात में गिरी हुई मक्खी और बारिश में नहाये सूअर के बच्चे के लिए भी है। यहाँ तक कि एक पेड़ पर पीले–हरे चमकते हुए पत्तों को देखकर वह कहता है :

पेड़ों के पास यही एक तरीक़ा है
यह बताने का कि वे भी दुनिया से प्यार करते हैं।

वीरेन की संवेदना के एक सिरे पर शमशेर बहादुर सिंह जैसे 'सौन्दर्य के कवि' हैं तो उसका दूसरा सिरा जनकवि नागार्जुन की देशज और यथार्थपरक कविता से जुड़ता है। दोनों के बीच में निराला हमेशा दिखते हैं, जिनसे वीरेन आज के अँधेरे समय से लड़ने की ताक़त हासिल करता रहा : *मैं कवि हूँ पाया है प्रकाश।* उसकी कविता *पूरे संसार को ढोने वाली/नगण्यता की विनम्र गर्वीली ताक़त* की पहचान करती हुई कविता है जिसके विषय वीरेन से पहले हिन्दी में कभी नहीं आये, उसके दोस्तों और प्रशंसकों की दुनिया भी इतनी बड़ी थी जितनी शायद किसी दूसरे समकालीन कवि की नहीं होगी। हम दोनों के साझा दोस्त असद ज़ैदी ने वीरेन के निधन पर एक जगह मीर की रुबाई :

मिलिए उस शख़्स से जो आमद होवे
गुरूर अपने हुनर पे जिसे कम होवे

का हवाला दिया था जिसमें किसी ऐसे व्यक्ति से मिलने की ख़्वाहिश ज़ाहिर की गयी है जो सचमुच मनुष्य हो, जिसे अपने हुनर पर अहंकार न हो, जो अगर कुछ बोले तो पूरी दुनिया सुनने के लिए इकट्ठा हो जाये और जब वह ख़ामोश हो तो लगे कि एक दुनिया ख़ामोश हो गयी है। वीरेन की शख़्सियत ऐसी थी कि लगता है, उसके ख़ामोश होने से सचमुच एक दुनिया ख़ामोश हो गयी है। यह ख़ामोशी और नीरवता उसके बेशुमार दोस्तों के भीतर बनी हुई रहेगी।

❑❑